suhrkamp taschenbuch
wissenschaft 1502

Die in diesem Band versammelten Texte repräsentieren die Entwicklung der biologischen Theorie des Erkennens von Humberto R. Maturana. Sein besonderes Interesse gilt dabei der Anatomie und Physiologie des Nervensystems, der Physiologie der Wahrnehmung und dem Phänomen der Erkenntnis. Der von ihm entwickelte Begriff der Autopoiesis und seine Betrachtungsweise der Operationen des Nervensystems als eines geschlossenen Systems sind für die Systemtheorie und den Konstruktivismus von entscheidener Bedeutung.

Humberto R. Maturana
Biologie der Realität

Suhrkamp

Übersetzung: Wolfram Karl Köck
(Die deutschen Fassungen der »Einführung«, S. 7-21, sowie der letzten beiden Beiträge »Wissenschaft und Alltagsleben«, S. 320-360, und »Ontologie des Konversierens«, S. 361-379, stammen von Gerda Verden-Zöller.)

Bibliografische Information der Deutschen Nationalbibliothek
Die Deutsche Nationalbibliothek verzeichnet diese Publikation in der Deutschen Nationalbibliografie; detaillierte bibliografische Daten sind im Internet über http://dnb.d-nb.de abrufbar.

5. Auflage 2021

Erste Auflage 2000
suhrkamp taschenbuch wissenschaft 1502

Printed in Germany
Umschlag nach Entwürfen von
Willy Fleckhaus und Rolf Staudt
ISBN 978-3-518-29102-3

Inhalt

Einführung

Dieses Buch enthält eine Sammlung von Arbeiten, in denen ich versuche, Fragen zu beantworten, Fragen wie diese: »Was ist Wissen?« – »Was tun wir, wenn wir von der Realität oder vom Realen sprechen?« – »Was behaupten oder sagen wir, wenn wir von Objektivität reden?« – »Wie spielt sich das Beobachten, der Prozeß des Beobachtens ab?« – Ich halte diese Fragen für grundlegende Fragen. Ich halte sie für Fragen, die darauf hinweisen, wie wir menschliche Wesen leben, für Fragen, die auf biologische Phänomene zurückzuführen sind und daher im biologischen Bereich beantwortet werden müssen. Das tue ich in den hier vorgelegten Essays, und im Prozeß der Beantwortung dieser Fragen entwickle ich eine biologische Theorie der Erkenntnis. Ich beantworte die Fragen, mit denen sich diese Essays befassen, als Naturwissenschaftler, nicht als Philosoph. Zweifelsohne reflektiere ich über das, was ich tue, und über die Gültigkeit dessen, was ich sage, und somit philosophiere ich, aber wenn ich die Fragen über Erkenntnis und Realität beantworte als Fragen, die von der Biologie des menschlichen Lebens handeln, beantworte ich sie als Naturwissenschaftler und entwickle eine naturwissenschaftliche und nicht eine philosophische Theorie des Wissens. Lassen Sie mich deutlich machen, was ich damit sagen will.

Ich gehe davon aus, daß naturwissenschaftliche und philosophische Theorien grundlegend verschiedene Arten von Theorien sind und zwar in Hinblick darauf, was Naturwissenschaftler und Philosophen zu tun wünschen und was sie tatsächlich tun. Naturwissenschaftler und Philosophen sind Personen, die in der Leidenschaft des Erklärens leben, aber ihrem Erklären liegen unterschiedliche Absichten zugrunde. Beide wollen verstehen, und beide betrachten mit dem, was sie erklären wollen, einen umfassenderen Bereich als den ihrer Einzelanliegen. Wenn aber der Moment der tatsächlichen Hervorbringung ihrer Erklärungen und Theorien kommt, dann handeln sie auf unterschiedliche Art und Weise. Der Naturwissenschaftler achtet darauf, das Phänomen oder die Erfahrung, die es zu erklären gilt, nicht aus den Augen zu verlieren, während er unter den Bedingungen, die ich in einem der Essays dieses Buches beschrieben habe, das Kriterium der Validierung naturwissenschaftlicher Erklärungen anwendet. In diesem Prozeß erlaubt der Naturwissenschaftler, daß sich Erklärungsbegriffe und Grundprinzipien der Erklärung verändern, um Zusammenhänge in den Bereichen der Erfahrungen zu bewahren, die die zu erklärenden Phänomene und die zu ihrer Erklärung vorgeschlagenen generativen Mechanismen mit sich bringen. Der Philosoph arbeitet mit einem anderen Ziel bei der Hervorbringung seiner oder ihrer Erklärungen. Der Philosoph ist mit seinen oder ihren logischen Kohärenzen befaßt im Prozeß der Bewahrung einiger fundamentaler Erklärungsbegriffe oder -prinzipien, die er oder sie *a priori* annimmt. In diesem Prozeß verwirft der Philosoph jene Erfahrungen in seinen oder ihren Erklärungen, die nicht mit den von ihm angenommenen grundlegenden Erklärungsbegriffen oder -prinzipien übereinstimmen, und gibt jenen Erfahrungen Gültigkeit, die in Einklang stehen mit seinen fundamentalen Erklärungsprinzipien.

Wenn ich sage, daß ich eine naturwissenschaftliche Theorie der Erkenntnis entwickelt habe, sage ich also, daß ich meine Erklärungen nicht zum Zwecke der Bewahrung grundlegender Erklärungsbegriffe und -prinzipien entwickelt habe, sondern daß ich, im Gegenteil, Erklärungsprinzipien hinter mir gelassen habe durch die Anwendung des Kriteriums der Validierung naturwissenschaftlicher Erklärungen, indem ich Erfahrungen benützt habe, um Erfahrungen zu erklären. Ich will damit auch sagen, daß ich die Theorie der Erkenntnis, die durch diese Essays entsteht, nicht entwickelt habe, um irgendein Ergebnis aufrechtzuerhalten oder zu bekämpfen, für gültig oder für ungültig zu erklären, zu erreichen oder zu widerlegen, und daß die wissenschaftlichen, ethischen und soziologischen Konsequenzen, auf die ich hinweise, genuine Konsequenzen dieser Theorie sind.

Nun möchte ich deutlich machen, daß ich in diesem Bemühen Erfahrung, d.h., das, was wir als Ereignis unterscheiden im Lebensprozeß, das, was uns, in uns oder um uns geschieht, als meinen Ausgangspunkt gewählt habe, denn wir finden uns selbst vor in der Erfahrung in dem Moment, in dem wir eine Frage stellen. Aber ich möchte auch deutlich machen, daß ich, wenn ich von Erfahrung spreche, keinerlei transzendentale Voraussetzung mache und mich nur darauf beziehe, was wir als ein Ereignis

unterscheiden, das wir zu erklären wünschen, wenn wir als menschliche Wesen, die in Sprache operieren, Fragen stellen. Ich mache auch keine transzendentale Annahme, die den erklärenden Beobachter betrifft, und ich betrachte den Beobachter (mich selbst) auch als eine zu erklärende Erfahrung. So sage ich an verschiedenen Stellen, daß es meine Absicht ist, den Beobachter im Prozeß des Beobachtens und die Erkenntnis zu erklären, als Phänomene oder Erfahrungen, die wir unterscheiden, wenn sie in unserem Operieren als lebende Systeme durch unsere Operationen als lebende Systeme entstehen. Ich setze auch nicht das Lebendige als gegeben oder das Leben als Grundprinzip voraus, und es war ein Teil meiner Aufgabe, das Lebendige durch unser Operieren als lebende Systeme als eine Erfahrung zu erklären. Ich sage, daß alle Fragen legitim werden, wenn man die Frage nach dem Beobachter, dem Prozeß des Beobachtens und nach der Erkenntnis akzeptiert, und daß man, wenn man das tut, entdeckt, daß, was man im Prozeß des Erklärens tut, ist: Erfahrung mit Erfahrung zu erklären, ohne irgendeine transzendentale Voraussetzung zu benötigen.
Mit anderen Worten: ich sage, daß wir Beobachter uns in unserer Erfahrung im Prozeß des Beobachtens ereignen, d. h. wir finden uns selbst vor als Beobachter im Prozeß des Beobachtens in dem Moment, in dem wir uns die Frage über unser Operieren als Beobachter im Prozeß des Beobachtens stellen. Weiter sage ich, daß wir, wenn wir die Frage, wie wir als lebende Systeme als Beobachter operieren, akzeptieren und uns selbst geneigt machen, unsere Erfahrungen zu benützen, wenn wir uns als lebende Wesen, die als Beobachter operieren, unterscheiden, um zu erklären, wie wir es tun, dann bleiben wir im Bereich unserer Erfahrungen und brauchen keine transzendentalen *a priori* gegebenen Prinzipien, um unsere Erklärungen zu stützen. Kein *a priori* gegebenes Prinzip ist enthalten weder in der einen noch in der anderen der beiden Aussagen: »Ich sage, daß wir als Wissenschaftler Erfahrung mit Erfahrungen erklären.« – Oder »Ich sage, daß Wissenschaft konstitutiv ein Erklärungsbereich ist, der keine Annahme einer äußeren Realität erfordert, denn sie befaßt sich nur mit Kohärenzen von Erfahrungen.« – Die Effektivität der Wissenschaft liegt genau darin, daß sie sich nur mit den Erfahrungen des Beobachters als eines lebenden Systems befaßt.

Außerdem erweitert Wissenschaft die Erfahrungsbereiche des Beobachters als eines lebenden Wesens; weil sie sich nur mit den Erfahrungen des Beobachters befaßt, befaßt sie sich mit all den Phänomenen (Erfahrungen), die der Beobachter leben kann.

Wir leben eine Kultur, die uns einlädt, sowohl nach linearen Ursachen der Phänomene (Erfahrungen), die wir erklären wollen, zu suchen, als auch dazu, auf eine implizit prädeterministische Art und Weise alle Phänomene auf Primärursachen zu reduzieren. Das Ergebnis dieser Einstellung ist, daß wir Schwierigkeiten haben, Systeme als sich selbst enthaltende Dynamiken zu verstehen und wahrzunehmen, wie Phänomene, die sich in sich nicht überschneidenden phänomenalen Bereichen ereignen, einander modulieren, und wir versuchen ohne Unterlaß ein Phänomen auf das andere zu reduzieren. So leben wir in einer stets gegenwärtigen reduktionistischen Betrachtungsweise und suchen nach äußeren Ursachen für systemische Phänomene. Ich bin der Meinung, daß die große Schwierigkeit, die wir im allgemeinen haben, Erkenntnis als ein systemisches Phänomen zu verstehen, durch diese reduktionistische Betrachtungsweise entsteht, die für alles eine äußere Ursache fordert: So wird die Realität als die Ursache der Erkenntnis betrachtet. In meiner Forschung über das Nervensystem, über Wahrnehmung und Erkenntnis, habe ich nicht nur herausgefunden, daß wir keine äußere oder von der Realität der Erfahrung unabhängige Realität brauchen, um alle Erfahrungen erklären zu können, und damit Erkenntnis, den Beobachter und das Beobachten, sondern daß die Annahme einer äußeren, von der Erfahrung unabhängigen Realität entweder als überflüssig behandelt wird oder das Verstehen der genannten Phänomene als biologische Phänomene stört.

Außerdem leben wir eine Kultur, die die Aufgaben des täglichen Lebens abwertet, nicht nur weil sie als Aktivitäten von Menschen der niedrigen Gesellschaftsklasse betrachtet werden, sondern weil sie als Aktivitäten aufgefaßt werden, für die weniger Intelligenz und Scharfsinn benötigt wird als für technische Aufgaben. Ich widerspreche diesen Ansichten. Ich bin der Meinung, daß die Aufgaben des täglichen Lebens die grundlegenden Aktivitäten unserer menschlichen Existenz sind, weil alle technischen Aktivitäten, wie verfeinert sie auch immer erscheinen mögen, nur Ausdehnungen der Aufgaben des täglichen Lebens sind und faktisch als alltägliche Aufgaben gelebt werden. So ist z. B. die Biologie eine Ausdehnung des sich um die Tiere und Pflanzen des Haushalts Kümmerns, Chemie ist eine Ausdehnung des Kochens, Physik eine Ausdehnung des Hausbaus, und Philosophie ist eine Ausdehnung der Aufgabe, die Fragen von Kindern zu beantworten, und ob es uns gefällt, es so zu sehen oder nicht, wir leben diese technischen Tätigkeiten im täglichen Leben als tägliches Leben. Ich gehe davon aus, daß die gleiche Intelligenz notwendig ist, sich um ein Heim zu kümmern, wie sich um ein Laboratorium oder um eine Industrie zu kümmern, und ebensoviel Intelligenz ist notwendig, um die Probleme in einem Haushalt zu lösen wie die in einer wissenschaftlichen Forschung. Unter diesen Umständen gebe ich zu bedenken, daß das, was erklärt werden muß, das tägliche Leben ist, als die Quelle all unserer Erfahrungen, wie technisch und spezialisiert sie auch immer sein mögen. Wenn wir den Beobachter, das Beobachten und die Erkenntnis als Phänomene des täglichen Lebens verstehen, dann verstehen wir die Phänomene des Beobachtens, der Erkenntnis und das menschliche Wesen als die bewußten Wesen, die wir als Beobachter sind.

Lassen Sie mich nun einige Bemerkungen machen über einige Begriffe, von denen gewöhnlich angenommen wird, daß sie *a priori* gegebene transzendentale Prinzipien sind, was sie in meiner Arbeit nicht sind.

Strukturelle Determiniertheit

Ich behaupte, daß der Begriff der strukturellen Determiniertheit durch eine Abstraktion der Regelmäßigkeiten von Erfahrungen entsteht. Wann immer wir im täglichen Leben die Erfahrung machen, daß strukturelle Determiniertheit nicht erhalten ist, denken wir, daß ein Fehler gemacht worden ist oder daß es sich um Betrügerei handelt oder, im extremsten Fall, daß wir Zeuge eines Wunders werden, d. h. wir sind überrascht. Im täglichen und im technischen Leben beruht die Gültigkeit des Begriffes struktureller Determiniertheit genau darauf, daß er eine Abstraktion der Kohärenzen der Erfahrung ist und nicht eine unabhängig von der Erfahrung gegebene Eigenschaft der Realität. Gleichzeitig gibt es – weil strukturelle Determiniertheit eine Abstraktion von Erfahrungszusammenhängen ist – so viele verschiedene Bereiche struktureller Determiniertheit, als es verschiedene Bereiche erfahrungsgemäßer Kohärenzen gibt. Oder mit anderen Worten: Weil der Begriff struktureller Determiniertheit als eine Abstraktion von Erfahrungszusammenhängen entsteht, bringen wir im täglichen und im technischen Leben so viele Bereiche struktureller Determiniertheit hervor, als wir Bereiche von Erfahrungszusammenhängen leben in den Bereichen, in denen wir leben. Es geschieht allerdings, daß wir den Begriff der strukturellen Determiniertheit zur Kategorie eines transzendentalen ontologischen Prinzips erheben, weil wir mit der Voraussetzung einer äußeren Realität leben und davon ausgehen, daß wir diese Voraussetzung brauchen, um die Erfahrungszusammenhänge zu sichern und zu erklären. Ich benütze keine *a priori* gegebenen transzendentalen ontologischen Prinzipien in den Essays, die in diesem Buch enthalten sind, und ich betrachte es als meine Aufgabe, den Beobachter und den Prozeß des Beobachtens, d. h. mich selbst, als Erfahrungen zu erklären, die entstehen als Unterscheidungen, die ich mache in einer Gemeinschaft von Beobachtern, die auch entsteht in meiner Unterscheidung meiner Erfahrungen, und ich benütze Erfahrungen, um Erfahrungen zu erklären, ohne ihnen einen transzendentalen ontologischen Status zu geben. Ich entstehe als eine Erfahrung, in meiner Operation meine Erfahrung mit meinen Erfahrungen zu erklären.

Erklärungen

Alle Arbeiten dieses Buches beschäftigen sich mit der Erklärung von Alltagserfahrungen. Weiter, wie ich bereits oben angedeutet habe und in den Arbeiten zeige, sind Erklärungen generative Mechanismen, die den Regelmäßigkeiten der Erfahrungen des Beobachters entsprechen, die als ein Ergebnis ihres Operierens die zu erklärenden Erfahrungen entstehen lassen in einem Erfahrungsbereich, der sich von dem unterscheidet, in dem diese stattfinden. Zwei Konsequenzen dessen möchte ich hier betonen. Die eine ist, in dem Maß, in dem der generative Mechanismus, der eine Erklärung ausmacht, und die Erfahrung, die zu erklären ist, sich nicht in demselben phänomenalen Bereich ereignen, ersetzt die Erklärung nicht die Erfahrung, die sie erklärt. So sind strenggenommen Erklärungen keine Operationen, durch die ein phänomenaler Bereich auf einen anderen reduziert wird. Erklärungen sind generative Mechanismen, die sich nicht überschneidende phänomenale Bereiche in einer generativen Weise verbinden. Weiter, wenn eine Erklärung einmal akzeptiert ist, wird das, was sie geltend macht, zu einer Quelle neuer Erfahrungen, indem es der Beobachter in seinen Schlußfolgerungen anwendet. Das ist im besonderen so im Falle wissenschaftlicher Erklärungen, die im Kriterium, durch das sie validiert werden (vgl. Kapitel V), die Ableitung anderer Erfahrungen und der Operationen, die ein Beobachter vollziehen muß, um sie zu leben, enthalten. Das Ergebnis ist: Erklärungen erweitern die Welt, die der Beobachter lebt, und unterschiedliche Arten von Erklärungen erweitern sie auf unterschiedliche Art und Weise. Erklärungen ereignen sich deshalb im Verstehen des Beobachters und sind selbst Erfahrungen, durch die der Beobachter sich selbst sozusagen von außen betrachtet, indem er in Sprache operiert und mit dem, was er oder sie sieht, interagiert. Der andere Punkt ist, daß in dem Maße, in dem der Beobachter seine oder ihre Erfahrungen benützt, um generative Mechanismen vorzuschlagen für die Erfahrungen, die er oder sie erklären will, im Prinzip alle Erfahrungen, die die Beobachter haben können, früher oder später wissenschaftlich erklärt werden können. Alles, was ein Beobachter zu tun hat, um irgend etwas wissenschaftlich zu erklären, ist, in seinem oder ihrem Erfahrungsbereich Erfahrungen zu suchen, durch die er oder sie im Kontext der Befriedigung des Kriteriums der Validierung wissenschaftlicher Erklärungen einen generativen Mechanismus für seine Erfahrung vorschlagen kann. Gleichzeitig sind aus demselben Grund theoretische Wissenschaften als Bereiche der Operationen eines Beobachters mit den Abstraktionen der Kohärenzen seiner oder ihrer Operationen in seinen oder ihren verschiedenen Erfahrungsbereichen möglich.

Zwei Existenzbereiche

Ich behaupte in diesen Arbeiten, daß wir lebenden Systeme in zwei sich nicht überschneidenden Existenzbereichen leben, in dem, in dem sich unsere Körperlichkeit realisiert, und in dem anderen, in dem wir unsere Beziehungen realisieren. Weiter gehe ich davon aus, daß wir menschliche Wesen als Menschen im Bereich unserer Beziehungen existieren, nicht im Bereich unserer Körperlichkeit, auch wenn wir uns in unseren Beziehungen durch unsere Körperlichkeiten realisieren. Dies wird oft zur Quelle der Schwierigkeit, das, was ich sage und wie ich den Beobachter und den Prozeß des Beobachtens erkläre, vollständig zu erfassen. Lassen Sie mich erklären:
Wenn wir als menschliche Wesen in Sprache existieren, wenn wir als Beobachter in unseren relationalen Dynamiken in Sprache operieren, dann besteht den Beobachter und den Prozeß des Beobachtens zu erklären darin, einen generativen Mechanismus vorzuschlagen, durch dessen Operieren sich unser Körper-Sprachhandeln ergibt und mit ihm rekursives Operieren in Sprache und die Konstitution des Beobachtens und des Beobachters. Wenn das geschehen ist, dann ist nichts anderes mehr notwendig. Die Schwierigkeit, der man hier begegnet, entsteht durch die Schwierigkeit, akzeptieren zu können, daß der Beobachter und das Beobachten Operationen sind, nicht Objekte mit einer unabhängigen Existenz. Außerdem bleiben wir als Beobachter und unser Beobachten unberührt von unseren Erklärungen, weil die Erklärung das, was sie erklärt, nicht ersetzt, denn unsere Erklärung sagt nur, daß, wenn der generative Mechanismus realisiert würde, Beobachten stattfinden würde und im Prozeß des Beobachtens der Beobachter unterschieden und damit hervorgebracht würde. So besteht die Hauptschwierigkeit, das, was ich sage, vollständig zu erfassen, darin, unsere relationale Existenz zu akzeptieren, dafür sprechen natürlich nur die Argumente, die Gründe für unsere Existenz als strukturdeterminierte lebende Wesen in zwei phänomenalen Bereichen angeben.

Erkenntnis

In den Arbeiten zeige ich und weise darauf hin, daß Erkenntnis in der Realisierung des Lebensprozesses stattfindet. Ich sage deshalb: Zu leben ist zu wissen (Kapitel I). Gleichzeitig sage ich in anderen Aufsätzen, daß Erkenntnis angemessenes Verhalten in einem bestimmten Bereich ist, gemäß den Unterscheidungen eines Beobachters. Diese beiden Aussagen widersprechen sich nicht, sie deuten auf die gleiche Situation hin. Wenn ein Beobachter ein lebendes System unterscheidet, unterscheidet er es in der Realisierung seines (des lebenden Systems) Lebensprozesses, andernfalls unterscheidet er ein totes Ding. Aber ein lebendes System ist nur lebendig, wenn es sein Leben in Kongruenz mit seinem Medium realisiert, d. h., wenn immer ein Beobachter ein lebendes System unterscheidet, unterscheidet er ein System, das seinen Lebensprozeß in Kongruenz mit seinem Medium auf eine bestimmte Art und Weise realisiert. So besteht die Erklärung der Erkenntnis darin, einen generativen Mechanismus vorzuschlagen, der die Bewahrung der Identität eines Systems in einem der Umstände, in denen es leben kann, zur Folge hat. Gleichzeitig kann das lebende System, da der Beobachter ein lebendes System nicht immer nur als ein lebendes System betrachtet, sondern es auch als eine andere Art von System betrachten kann und dabei die Bewahrung des Lebens als gegeben voraussetzt, für den Beobachter so erscheinen, als würde es Fehler begehen, oder als würde es nicht wissen in dem Bereich, in dem es der Beobachter unterscheidet. Daraus folgt, daß eine Einschätzung des Wissens durch einen Beobachter eine Einschätzung darüber ist, ob das Verhalten des Systems, gemäß dem Kriterium des Beobachters für angemessenes Verhalten in diesem Bereich, angemessen ist oder nicht. Wenn ein Beobachter sagt, daß jemand Wissen hat auf einem bestimmten Gebiet, so sagt er oder sie: »Gemäß dem, was ich für angemessenes Verhalten in diesem Bereich halte, verhält sich diese Person angemessen und ›weiß‹ folglich.« Die Schwierigkeit, das voll zu erfassen, was ich über Erkenntnis sage, liegt hier: In der Schwierigkeit, die wir haben, akzeptieren zu können, daß wir uns mit menschlichen Beziehungen befassen und damit, wie wir in ihnen operieren, wenn wir uns mit Gegenständen der Erkenntnis befassen und nicht mit einer Realität, die unabhängig von unserer Erfahrung existiert.

Lassen Sie mich schließen mit einigen historischen Reflexionen über den Ursprung dieser Arbeit.
Strenggenommen offenbaren diese Arbeiten natürlich meine lebenslange Beschäftigung mit dem Lebendigen, mit Erkenntnis und Verstehen. Ich wurde ein Biologe, nachdem ich begonnen hatte, Medizin zu studieren, und erfüllte damit den Wunsch des Kindes, das ich einmal war. So wurde ich ein Biologe, der an menschlichen Wesen interessiert blieb, während er Anatomie, Physiologie, Zoologie, Botanik, Paläontologie, Entwicklung der Arten, Archäologie, Mythologie ... studierte. Das hatte zur Folge, daß, als ich später, – ab 1968 –, an Untersuchungen über den Sehprozeß arbeitete, mein eigentliches Anliegen das Verstehen menschlichen Wesens war. Ich hatte nie eine mathematische Auffassung, noch war ich beeindruckt oder ernsthaft beeinflußt vom Denken von Leuten, die ein im Grunde mathematisches oder physikalisches Anliegen hatten. Wenn Jerry Lettvin in der Einführung zur 2. Auflage von McCulloch, »The embodiments of mind« sagt, daß Oliver Selfridge großen Einfluß auf unsere Arbeit über das visuelle System des Frosches hatte, spricht er für sich selbst. Oliver Selfridge hatte keinen Einfluß auf mich oder auf mein Denken. Noch denke ich, daß Oliver Selfridges Denken irgendeine Auswirkung auf die Arbeit hatte, die Lettvin und ich zusammen taten. Entscheidend für diese Arbeit aber war, daß ich entdeckte – während ich im Oktober 1958 alleine im Laboratorium im M.I.T. arbeitete –, daß man vom optischen Nerv des Frosches die Aktivitäten von gerichteten Ganglienzellen von der Retina dieses Tieres aufzeichnen konnte. Ich hatte die Ganglienzellen der Retina des Frosches, die mit Methylen Blau gefärbt waren, beobachtet und hatte gesehen, daß einige von ihnen alle ihre Dendriten in eine Richtung bewegt hatten. Ich dachte, sie würden asymmetrisch antworten auf alles, was im Gesichtsfeld geschah, und ich fand die gerichteten retinalen Ganglienzellen, während ich nach solch einer asymmetrischen Antwort Ausschau hielt. Ich bin also in meiner Arbeit im Grunde ein Anatom und ein Physiologe, d.h. ein Biologe geblieben, auch als ich begann, systematischer über lebende Systeme als Systeme nachzudenken.

Ich erwähne diesen kleinen historischen Aspekt, weil ich betonen möchte, daß die Arbeiten dieses Buches zu einer Geschichte biologischen Denkens und nicht zu einer Geschichte mathematischen, physikalischen oder philosophischen Denkens gehören.
Mein erstes biologisches Anliegen trat umfassend in Erscheinung mit der Frage nach der Erkenntnis, als ich 1964 in Versuchen mit Tauben Farbwahrnehmung studierte und dabei feststellte, daß ich die Aktivität der retinalen Ganglienzellen nicht mit den Farben korrelieren konnte, die ich in Begriffen ihrer spektralen Komposition spezifiziert hatte, und ich mich fragte, ob die Aktivität der Retina nicht statt dessen mit den Namen der Farberfahrungen korreliert werden kann. Für mich war es leicht, eine solche Frage zu stellen, nicht aber für meine Kollegen. Eine solche Frage bringt es nämlich mit sich, das Nervensystem in sich selbst zu schließen, und kein Neurophysiologe würde das 1964 bis 65 getan haben, selbst wenn von Rückkoppelung mit der Umgebung (McCulloch) oder von Reafferenz (von Host) gesprochen wurde. Für Physiologen und Biologen im allgemeinen war die Umwelt eine Gegenwart, die gewußt werden konnte, und diese Betrachtungsweise macht es unmöglich, das Nervensystem als ein geschlossenes Netzwerk in Überschneidung mit dem Organismus zu sehen.
Aber als ich mir diese Frage stellte: »Kann die Aktivität der Ganglienzellen der Retina mit dem Namen, den der Beobachter der Farbe gibt, die er oder sie sieht, korreliert werden?«, stürzte meine ganze traditionelle Betrachtungsweise des Nervensystems in sich zusammen, und ich mußte alles neu denken. Und im besonderen hatte ich neu zu denken: Was ist Erkenntnis?
Wenn die Aktivität der Retina bei einer chromatischen Erfahrung mit dem Namen der Farbe, die der Beobachter sah, korreliert, dann, dachte ich, arbeitet das Nervensystem als ein geschlossenes Netzwerk. Aber dann muß auch das Phänomen der Erkenntnis sich aus der Operation des Nervensystems als eines geschlossenen Netzwerkes ergeben und kann nicht dem Erfassen der Eigenschaften einer äußeren, von der Erfahrung unabhängigen Welt entsprechen. Durch diese Veränderung des Verstehens veränderte sich meine Arbeit (1967), und ich konnte nicht fortfahren, die gleiche Forschung wie zuvor zu betreiben. 1968 publizierte ich mit zwei Mitarbeitern (Gabriela Uribe und Samy

Frenk) einen Aufsatz über Farbwahrnehmung, in dem ich zeigte, wie der gesamte Raum unserer chromatischen Unterscheidungen durch die Operation der Retina entsteht, wenn man die Aktivitätsbeziehungen der retinalen Ganglienzellen mit dem Prozeß der Farbbenennung korreliert. (Maturana 1968 in Maturana 1982). Das Schreiben dieses Aufsatzes war für mich ein Wendepunkt in meinem Verstehen der Erkenntnis und des Nervensystems, denn es erlaubte mir zu verstehen, daß wissenschaftliche Erklärungen generative Vorschläge sind und nicht reduktionistische Operationen, und eröffnete mir die Möglichkeit, Anfang 1969 den ersten Aufsatz dieses Buches (»Biology of cognition« – »Biologie der Kognition«) zu schreiben, der damals, 1970, als ein BCL (Biological Computer Laboratory) – Report der Universität von Illinois erschien.

Dieser Aufsatz, »Biologie der Kognition«, ist zugleich der Ausdruck meines biologischen Verstehens in dem Moment, in dem ich ihn schrieb, und die Grundlage meiner gesamten späteren Arbeit. In »Biologie der Kognition« ist der Begriff der Autopoiese enthalten, auch wenn ich in dieser Arbeit noch von »zirkulären Systemen« spreche, der Begriff der Evolution als eines Prozesses der Erhaltung der Organisation mit strukturellen Veränderungen, der Begriff der Sprache als einer Lebensweise in Koordinationen von Koordinationen von Handlungen, auch wenn ich in »Biologie der Kognition« von orientierenden Interaktionen spreche, und der Begriff des Nervensystems als eines geschlossenen Systems. Aber vor allem, ich stelle mein Verstehen der Unterscheidung dessen, was der Beobachter von einem lebenden System sagt, in Begriffen seiner Operationen dar, und was er oder sie sagt, von dem, was er oder sie sieht, als Geschehnis mit dem lebenden System als einer Ganzheit im Bereich seiner Interaktionen. Diese Unterscheidung wird nicht immer verstanden, lassen Sie mich deshalb hier einige Worte darüber sagen.

Der Beobachter erklärt und erklärt in seinem Erklären den Beobachter und den Prozeß des Beobachtens. Was aber der Beobachter erklärt, ist seine oder ihre Erfahrung, nicht eine unabhängige Welt. Er erklärt sich selbst als eine Erfahrung, die in seinen oder ihren Unterscheidungen in Sprache entsteht. Wenn also der Beobachter erklärt, was in einem lebenden System geschieht, dann sagt er, welche Art von Systemoperation stattfinden würde, wenn das, was sie oder er sagt, stattfände. Das Gleiche geschieht, wenn sie oder er den Beobachter oder den Prozeß des Beobachtens erklärt, oder was geschehen würde mit dem lebenden System als Ganzem, wenn das, was er oder sie sagt, geschehen würde. Wenn ich also sage, daß, etwas für den Beobachter und nicht für das System ist, sage ich nicht, daß es subjektiv ist, ich sage vielmehr, daß, wenn das, was der Beobachter sagt, geschehen würde, dann würde das, was er oder sie behauptet, in seinen oder ihren Beziehungen mit dem lebenden System geschehen und nicht in der Operation der Konstitutionsdynamiken des Systems als eines Systems.

Die Arbeiten über Autopoiese, die ich mit Francisco Varela in den Jahren 1972 und 1973 schrieb, sind Erweiterungen verschiedener Teile der Arbeit »Biologie der Kognition«. Die grundlegenden Begriffe der Aufsätze, die ich mit Varela schrieb, sind in »Biologie der Kognition« enthalten. Am Ende des Jahres 1973, nach der Übernahme der Regierung durch das Militär, verließen Francisco Varela und viele andere Mitglieder der Universität von Chile Chile. Ich entschloß mich zu bleiben. Ich wollte wissen, was es heißt, in einer Diktatur zu leben, denn ich wollte das Leben, das die deutschen Menschen, und vor allem mein Freund Heinz von Foerster, in Deutschland während der Hitlerzeit gelebt hatten, verstehen. Ich entschloß mich auch deshalb, in Chile zu bleiben, weil ich mich verantwortlich fühlte für die Studenten und für mein Land. Während dieser Jahre nach 1973 schrieb ich den Aufsatz über Sprache (»Biologie der Sprache«, 1975), der in diesem Buch enthalten ist. Ich schrieb diesen Aufsatz als eine Neuformulierung dessen, was ich in »Biologie der Kognition« über Sprache sage.

1974 entwickelte ich auf einem anthropologischen Kongreß in Frankreich die Unterscheidung zwischen Organisation und Struktur, die sich als grundlegend erwies für meine späteren Arbeiten. Im übrigen, auch »Biologie der Kognition« wurde in Beziehung zu einem anthropologischen Kongreß geschrieben, der 1969 in Chicago stattfand. In beiden Fällen hatte mein Freund Heinz von Foerster vorgeschlagen mich einzuladen, und beide Einladungen wurden für mich zu Gelegenheiten, meine biologischen Reflexionen in den menschlichen Bereich auszudehnen.

Die Unterscheidung zwischen Organisation und Struktur war für mich, und ich denke auch im allgemeinen, eine grundlegende Unterscheidung, die es uns erlaubt zu unterscheiden, was invariant ist und was sich verändern kann in einem System. Alle Arbeiten, die ich danach geschrieben habe, stützen sich auf diese Unterscheidung als eine grundlegende Einsicht, die es erlaubt, strukturelle Determiniertheit zu verstehen.

In den Jahren nach 1973 beschäftigte ich mich mehr und mehr mit menschlichen und sozialen Aspekten und wurde mir in diesem Prozeß der Rolle bewußt, die Emotionen in unserem animalischen und menschlichen Leben spielen. Seit meiner Kindheit habe ich mich für ethische und soziale Anliegen interessiert, aber auf eine ziemlich indirekte, nicht reflektierte Art und Weise. Im Verlauf der siebziger und achtziger Jahre machten sich diese Anliegen verstärkt bemerkbar, als das Verstehen der Phänomene der Erkenntnis und der Sprache mich dazu führte, deren relationalen Charakter zu sehen. So fand ich mich selbst eingesenkt in Reflexionen über den sozialen Bereich aufgrund meines biologischen Verstehens und nicht aufgrund meiner politischen Anliegen. Ich kam zur Ethik und zur Biologie der Liebe durch mein Verstehen unseres Operierens als lebende Systeme, nicht durch politische oder philosophische Anliegen. Als sich mein biologisches Verstehen erweiterte, erweiterte sich auch meine Beschäftigung mit unserem menschlichen Leben. Wir bringen die Welt hervor, die wir leben. Weil das so ist, denke ich, daß wir alle Verantwortung übernehmen müssen für unsere Handlungen im Hinblick auf die Konsequenzen unserer Handlungen für andere menschliche Wesen. Indem ich diese Zeilen schreibe, tue ich das. Ich behaupte nicht, ein reiner Wissenschaftler zu sein, ich lebe und trage mit meinem Leben zur guten und zur schlechten Beschaffenheit unseres menschlichen Lebens bei. Ich bin Teil des menschlichen Krebsgeschwürs, das die Erde zerstört, wie ein zelluläres Krebsgeschwür den Organismus zerstört, der ihm Leben ermöglicht. Ein Krebsgeschwür ist ein Zellwachstum, das sich ausbreitet mit totaler operationaler Gleichgültigkeit oder Nichtbeachtung dessen, was mit den anderen Zellen des Organismus geschieht. So sind wir menschliche Wesen in unserer blinden Ausrichtung auf kontinuierliches Wachstum der Bevölkerung in operationaler Gleichgültigkeit oder Mißachtung dessen, was mit den anderen Wesen dieser Erde und mit uns selbst geschieht, das Krebsgeschwür, das die Erde zerstört. Krebszellen jedoch existieren nicht in Sprache und reflektieren nicht, können nicht reflektieren darüber, was als Konsequenz ihrer kontinuierlichen Reproduktion geschieht. Wir menschliche Wesen aber existieren in Sprache, und wir können reflektieren, und indem wir nachdenken, können wir uns dessen bewußt werden, was durch unser Tun geschieht, und wir können verantwortlich handeln. Mehr noch, indem wir reflektieren, können wir verantwortlich werden für unsere Verantwortlichkeit und frei dazu, die Richtung zu ändern, der wir als menschliche Wesen und als Menschheit folgen, und wir können die Quelle unserer Heilung werden. Das ist jetzt unsere Aufgabe, und ich habe sie als meine Aufgabe angenommen. (Maturana und Verden-Zöller 1993). *(Deutsche Fassung: Gerda Verden-Zöller)*

Biologie der Kognition

Einleitung

Der Mensch ist fähig zu erkennen. Diese Fähigkeit setzt allerdings seine biologische Integrität (Ganzheit, Unversehrtheit) voraus. Der Mensch kann außerdem erkennen, daß er erkennt. Erkennen (Kognition) als basale psychologische und somit biologische Funktion steuert seine Handhabung der Welt, und *Wissen* gibt seinen Handlungen Sicherheit. *Objektives Wissen* scheint möglich, und die Welt erscheint dadurch planvoll und vorhersagbar. Und doch ist *Wissen* als Erfahrung etwas Persönliches und Privates, das nicht übertragen werden kann. Das, was man für übertragbar hält, nämlich *objektives Wissen*, muß immer durch den Hörer geschaffen werden: Der Hörer versteht nur dann, und objektives Wissen erscheint nur dann übertragbar, wenn der Hörer zu verstehen (vor)bereit(et) ist. Kognition als biologische Funktion besteht darin, daß sich die Antwort auf die Frage *Was ist Kognition?* aus dem Verständnis des Erkennens bzw. des Erkennenden aufgrund der Fähigkeit des letzteren zu erkennen ergeben muß.
Genau das ist mein Problem.

Epistemologie

Der zentrale Anspruch der Wissenschaft ist Objektivität: sie [die Wissenschaft] ist bestrebt, mit Hilfe einer wohldefinierten Methodologie Aussagen über die Welt zu machen. Gerade in der Basis dieses Anspruches liegt jedoch ihre Schwäche: die apriorische Annahme, daß objektives Wissen eine Beschreibung dessen darstellt, was man weiß. Eine solche Annahme erfordert die Klärung der Fragen *Worin besteht Erkennen bzw. Wissen?* und *Wie erkennen und wissen wir?*

(a) Das größte Hindernis für das Verständnis der Organisation des Lebendigen liegt darin, daß es nicht möglich ist, sie durch eine Aufzählung ihrer Eigenschaften zu erklären. Sie muß vielmehr als Einheit verstanden werden. Wenn jedoch der Organismus eine Einheit ist, in welchem Sinne stellen dann die ihn konstituierenden Eigenschaften Teile von ihm dar? Die Organismustheorie gibt keine Antwort auf diese Frage, sie formuliert sie lediglich neu, wenn sie betont, es gäbe Organisationselemente, die jeden einzelnen Teil dem Ganzen unterordnen und den Organismus zu einer Einheit machen (vgl. Bertalanffy 1960). Offen bleiben dabei die Fragen *Wie entsteht diese Einheit?* und *Wie weit muß diese Einheit als eine Eigenschaft der Organisation des Organismus gesehen werden und nicht als eine Eigenschaft, die sich aus seiner Lebensweise ergibt?* Eine ähnliche Schwierigkeit besteht für das Verständnis der funktionalen Organisation des Nervensystems, besonders wenn man die höheren Funktionen des Menschen betrachtet. Die Aufzählung der Übertragungsfunktionen aller Nervenzellen würde uns lediglich eine Liste, aber kein System liefern, das zu abstraktem Denken, zur Beschreibung und Selbstbeschreibung fähig ist. Ein solcher Ansatz würde erst die Klärung der Frage erfordern *Wie bedingt die Organisation des Lebendigen Kognition im allgemeinen und Selbst-Kognition im besonderen?*

(b) Organismen sind an ihre Umwelten angepaßt. Man hat es bisher für angemessen gehalten zu sagen, ihre Organisation bilde die »Umwelt«, in der sie leben, ab, und sie hätten durch Evolution Information über diese Umwelt angesammelt, die in ihren Nervensystemen kodiert sei. In ähnlicher Weise ist gesagt worden, daß die Sinnesorgane Informationen über die »Umwelt« einholen, und daß diese Information durch Lernen im Nervensystem kodiert wird (vgl. Young 1967). Diese allgemeine Auffassung erfordert jedoch erst eine Klärung der Fragen *Was bedeutet »Information einholen«?* und *Was wird im genetischen System und im Nervensystem kodiert?*

Eine brauchbare Theorie der Kognition sollte sowohl die epistemologische als auch die biologische Frage beantworten. Dies habe ich mir zum Ziel gesetzt. Der Zweck der vorliegenden Arbeit besteht darin, eine Theorie der Kognition zu entwickeln, die sowohl ein epistemologisches Verständnis des Phänomens der Kognition ermöglicht wie auch eine adäquate Erkenntnis der funktionalen Organisation des erkennenden Organismus, die Phänomene wie begriffliches Denken, Sprache und Bewußtsein hervorbringt.

Im folgenden werde ich keinerlei formale Definitionen für die verwendeten Begriffe wie z. B. »Kognition«, »Leben«, oder »Interaktion« einführen, sondern werde vielmehr ihre Bedeutung aus ihrer Verwendung heraus klar werden lassen. Ich werde so verfahren, weil ich überzeugt bin, daß die interne Konsistenz der Theorie zeigen wird, daß diese Begriffe tatsächlich jene Phänomene adäquat bezeichnen, die ich zu erklären versuche. Außerdem spreche ich als *Beobachter*, und die Gültigkeit dessen, was ich sage, ist in jedem Zeitpunkt durch die Gültigkeit der gesamten Theorie gesichert. Diese wiederum erklärt, so behaupte ich, warum ich es sagen kann. Entsprechend erwarte ich, daß die ganze Arbeit jeden ihrer einzelnen Teile begründet, und daß daher jeder Einzelteil nur im Rahmen des Ganzen seine Rechtfertigung finden kann.

Das Problem

1. Kognition ist ein biologisches Phänomen und kann nur als solches verstanden werden. Jegliche epistemologische Einsicht in den Bereich der Erkenntnis setzt dieses Verständnis voraus.
2. Um dieses Verständnis zu erreichen, müssen zwei Fragen behandelt werden:

Was ist Kognition als Funktion?
Was ist Kognition als Prozeß?

Das Folgende soll diese beiden Fragen beantworten.

Die kognitive Funktion im allgemeinen

Der Beobachter

1. Alles was gesagt wird, wird von einem Beobachter gesagt. Der Beobachter spricht durch seine Äußerungen zu einem anderen Beobachter, der er selbst sein könnte; alles, was den einen Beobachter kennzeichnet, kennzeichnet auch den anderen. Der Beobachter ist ein menschliches Wesen, d. h. ein lebendes System, und alles was lebende Systeme kennzeichnet, kennzeichnet auch ihn.

2. Der Beobachter betrachtet gleichzeitig den Gegenstand, den er untersucht (in unserem Fall einen Organismus), und die Welt, in der dieser Gegenstand sich befindet (die Umwelt des Organismus). Dies gestattet ihm, mit beiden jeweils unabhängig voneinander zu interagieren und außerdem in Interaktionen einzutreten, die notwendigerweise außerhalb des Interaktionsbereichs des beobachteten Gegenstandes liegen.

3. Es ist ein Merkmal des Beobachters, sowohl mit dem beobachteten Gegenstand als auch mit dessen Relationen selbständig interagieren zu können; beide sind für ihn Interaktionseinheiten (Gegenstände, Entitäten).

4. Ein Gegenstand ist für den Beobachter dann ein Gegenstand, wenn er ihn beschreiben kann. Beschreiben heißt die tatsächlichen oder möglichen Interaktionen und Relationen des Gegenstandes aufzählen. Der Beobachter kann folglich einen Gegenstand nur beschreiben, wenn es zumindest einen anderen Gegenstand gibt, von dem er ihn unterscheiden kann, und wenn er Interaktionen oder Relationen zwischen beiden beobachten kann. Dieser zweite Gegenstand, der als Bezugsgröße für die Beschreibung dient, kann jeder beliebige Gegenstand sein. Die letztmögliche Bezugsgröße für jede Beschreibung ist jedoch der Beobachter selbst.

5. Die Menge aller Interaktionen, in die ein Gegenstand eintreten kann, ist sein Interaktionsbereich. Die Menge aller Relationen (Interaktionen durch den Beobachter), in denen ein Gegenstand beobachtet werden kann, ist sein Relationsbereich. Dieser Bereich liegt innerhalb des kognitiven Bereichs des Beobachters. Ein Gegenstand ist ein Gegenstand dann, wenn er einen Interak-

tionsbereich hat, und wenn dieser Bereich Interaktionen mit dem Beobachter einschließt, der dafür einen Relationsbereich angeben kann. Der Beobachter kann einen Gegenstand durch die Angabe seines Interaktionsbereiches definieren. Ein Teil eines Gegenstandes, eine Gruppe von Gegenständen, oder auch ihre Relationen können so durch den Beobachter zu Interaktionseinheiten (Gegenständen) gemacht werden.
6. Der Beobachter kann sich selbst dadurch als einen Gegenstand definieren, daß er seinen eigenen Interaktionsbereich angibt. Er kann stets ein Beobachter dieser Interaktionen bleiben, die er als selbständige Gegenstände behandeln kann.
7. *Der Beobachter ist ein lebendes System, und jede Erklärung der Kognition als eines biologischen Phänomens muß eine Erklärung des Beobachters und seiner dabei gespielten Rolle beinhalten.*

Das lebende System

1. Lebende Systeme sind Interaktionseinheiten. Sie existieren in einer Umgebung. Von einem rein biologischen Standpunkt aus können sie nicht unabhängig von jenem Teil der Umgebung verstanden werden, mit dem sie interagieren: der Nische; noch auch kann diese Nische unabhängig von dem lebenden System, das sie bestimmt, definiert werden.
2. Die lebenden Systeme, wie sie heute auf der Erde existieren, sind durch exergonischen Stoffwechsel, Wachstum und interne molekulare Replikation charakterisiert. Dies alles ist in einem geschlossenen kausalen Kreisprozeß organisiert, der evolutive Veränderungen der *Art* erlaubt, in der die Zirkularität aufrechterhalten wird, aber keine evolutiven Veränderungen zuläßt, die die Zerstörung dieser Zirkularität zur Folge hätten. Der exergonische Stoffwechsel ist notwendig, um Energie für die Synthese spezifischer Polymere (Proteine, Nukleinsäuren, Lipide, Polysaccharide) aus den entsprechenden Monomeren zu liefern, d. h. für Wachstum und Replikation. Spezielle Replikationsverfahren stellen sicher, daß die synthetisierten Polymere spezifisch sind, d. h. daß sie die für ihre Klasse charakteristische monomere Sequenz enthalten; spezifische Polymere (Enzyme) sind für den

exergonischen Stoffwechsel und die Synthese spezifischer Polymere (Proteine, Nukleinsäuren, Lipide, Polysaccharide) notwendig (vgl. Commoner 1965). Diese zirkuläre Organisation stellt ein homöostatisches System dar, dessen Funktion darin besteht, eben diese zirkuläre Organisation selbst zu erzeugen und zu erhalten. Dies geschieht dadurch, daß das System genau jene *Bestandteile* determiniert, die die zirkuläre Organisation spezifizieren und die ihrerseits wiederum durch die zirkuläre Organisation synthetisiert oder erhalten werden. Diese zirkuläre Organisation definiert außerdem ein lebendes System als eine Interaktionseinheit und ist wesentlich für ihre Erhaltung als eine Einheit. Das, was nicht in ihr ist, befindet sich außerhalb oder existiert nicht. Die Organisation des Lebendigen ist jene Art der zirkulären Organisation, in der die *Bestandteile*, die sie bestimmen, eben diejenigen sind, deren Synthese oder Erhaltung die zirkuläre Organisation selbst garantiert. Daher ist das Produkt des Funktionierens der Bestandteile genau die funktionierende Organisation, die diese Teile produziert.

3. Es ist die Zirkularität seiner Organisation, die ein lebendes System zu einer Interaktionseinheit macht. Und es ist eben diese Zirkularität, die vom System erhalten werden muß, damit dieses als lebendes System erhalten bleibt und seine Identität durch verschiedene Interaktionen hindurch bewahren kann. Alle die besonderen Eigenschaften der verschiedenen Arten von Organismen ergeben sich aus dieser grundlegenden Zirkularität. Gleichzeitig aber stützen sie sie, indem sie ihre Erhaltung in all den Interaktionen sichern, die in der sich stets verändernden Umwelt fortwährend ablaufen. Ein lebendes System definiert durch seine Organisation den Bereich aller Interaktionen, in die es überhaupt eintreten kann, ohne seine Identität zu verlieren. Es erhält seine Identität nur solange, als die grundlegende Zirkularität, die es als eine Interaktionseinheit definiert, ungebrochen bleibt. Genaugenommen bleibt die Identität einer Interaktionseinheit, die sich fortwährend verändert, nur mit Bezug auf einen Beobachter erhalten, für den sie als Interaktionseinheit unverändert bleibt.

4. Aufgrund der zirkulären Natur seiner Organisation besitzt ein lebendes System einen selbstreferentiellen Interaktionsbereich – es ist ein selbstreferentielles System. Als Interaktionsein-

heit bleibt es erhalten, weil seine Organisation nur mit Bezug auf die Erhaltung seiner Zirkularität funktionale Bedeutung hat und seinen Interaktionsbereich entsprechend definiert.

5. Lebende Systeme, d. h. Interaktionseinheiten, die durch ihre Ausstattung als lebende Systeme bestimmt sind, können in keine Interaktionen eintreten, die nicht durch ihre Organisation festgelegt werden. Die Zirkularität ihrer Organisation führt sie fortwährend zum gleichen internen Zustand zurück (gleich mit Bezug auf den zyklischen Prozeß). Jeder interne Zustand verlangt, daß bestimmte Bedingungen (Interaktionen mit der Umwelt) erfüllt sein müssen, damit der nächste Zustand herbeigeführt werden kann. Die zirkuläre Organisation impliziert somit die Voraussage, daß eine Interaktion, die einmal stattgefunden hat, wiederum stattfinden wird. Geschieht dies nicht, so zerfällt das System. Findet die vorausgesagte Interaktion jedoch statt, so bewahrt das System seine Integrität (Identität mit Bezug auf den Beobachter) und tritt in eine neue Voraussage ein. Solche Voraussagen können in einer sich fortwährend verändernden Umwelt nur erfolgreich sein, wenn die Umwelt sich hinsichtlich des Vorausgesagten nicht verändert. Die durch die Organisation des lebenden Systems implizierten Voraussagen sind daher nicht Voraussagen von Einzelereignissen, sondern Voraussagen von Klassen von Interaktionen. Jede Interaktion ist eine spezifische Interaktion, jede Voraussage ist jedoch die Voraussage einer Klasse von Interaktionen. Diese Klasse von Interaktionen wird durch jene Merkmale ihrer Elemente definiert, die dem lebenden System die Erhaltung seiner zirkulären Organisation nach der Interaktion und damit erneutes Interagieren erlauben. Dies macht lebende Systeme zu folgernden Systemen [»inferential systems«] und ihren Interaktionsbereich zu einem kognitiven Bereich.

6. Die Nische wird durch die Klassen von Interaktionen definiert, in die ein Organismus eintreten kann. Die Umwelt wird durch die Klassen von Interaktionen definiert, in die der Beobachter eintreten kann und die er als Kontext für seine Interaktionen mit dem beobachteten Organismus auffaßt. Der Beobachter betrachtet Organismus und Umwelt gleichzeitig; er betrachtet jenen Teil der Umwelt als die Nische des Organismus, den er als in dessen Interaktionsbereich liegend *beobachtet*. Mit Bezug auf

den Beobachter *erscheint* die Nische daher als ein Teil der Umwelt, für den beobachteten Organismus stellt die Nische hingegen den gesamten ihm zugehörigen Interaktionsbereich dar, sie kann daher als solche nicht *Teil* einer Umwelt sein, die ausschließlich im kognitiven Bereich des Beobachters liegt. Nische und Umwelt überschneiden sich daher nur in dem Maße, in dem der Beobachter (einschließlich seiner Instrumente) und der Organismus vergleichbare Organisationen besitzen. Aber auch in diesem Falle gibt es immer Teile der Umwelt, für die keinerlei Möglichkeit einer Überschneidung mit dem Interaktionsbereich des Organismus besteht, und es gibt Teile der Nische, für die keinerlei Möglichkeit einer Überschneidung mit dem Interaktionsbereich des Beobachters besteht. Die Organisation eines jeden lebenden Systems impliziert somit die Voraussage einer Nische, und die so vorausgesagte Nische als ein Bereich von Klassen von Interaktionen stellt dessen totale kognitive Realität dar. Interagiert ein Organismus auf eine Weise, die nicht durch seine Organisation vorgeschrieben ist, so tut er dies als etwas Verschiedenes von jener Interaktionseinheit, die durch seine basale Zirkularität definiert ist. Diese Interaktion verbleibt außerhalb seines kognitiven Bereiches, wenngleich sie sehr wohl innerhalb des kognitiven Bereiches des Beobachters liegen kann.

7. Jede Interaktionseinheit kann an Interaktionen mitwirken, die für andere umfassendere Interaktionseinheiten relevant sind. Wenn ein lebendes System dabei seine Identität nicht verliert, kann sich seine Nische so entwickeln, daß sie der größeren Interaktionseinheit einverleibt und dieser damit dienstbar gemacht wird. Wenn auch diese größere Interaktionseinheit ein selbstreferentielles System ist (oder wird), dessen Bestandteile (als selbstreferentielle Systeme) ihrer Erhaltung als einer Interaktionseinheit dienen, dann muß sie selbst der Erhaltung der zirkulären Organisation ihrer Bestandteile dienen (bzw. für deren Erhaltung sorgen). Ein spezifisches selbstreferentielles System kann daher die zirkuläre Organisation eines lebenden Systems haben oder funktional an der zirkulären Organisation seiner Bestandteile mitwirken, oder beides. Der Staat der (Honig-)Bienen ist ein Beispiel für ein solches selbstreferentielles System dritter Ordnung. Es besitzt eine zirkuläre Organisation,

die auf den selbstreferentiellen Systemen zweiter Ordnung, den Bienen, aufbaut. Die Bienen wiederum besitzen eine zirkuläre Organisation, die auf den lebenden Systemen erster Ordnung, den Zellen, beruht. Alle drei Systeme mit ihren jeweiligen Interaktionsbereichen dienen sowohl der Erhaltung ihrer selbst als auch der Erhaltung der anderen.

Evolution

1. Die evolutive Veränderung lebender Systeme ist das Ergebnis jener Eigenschaft ihrer zirkulären Organisation, die die Erhaltung ihrer basalen Zirkularität sicherstellt, die jedoch gleichzeitig in jedem reproduktiven Schritt Veränderungen in der Art der Erhaltung dieser Zirkularität zuläßt. Reproduktion und Evolution sind für die Organisation des Lebendigen nicht wesentlich, sie haben jedoch wesentlich an der historischen Transformation der kognitiven Bereiche der lebenden Systeme auf der Erde mitgewirkt.
2. Eine Interaktionseinheit muß eine interne Veränderung erleiden, soll eine Veränderung im Interaktionsbereich stattfinden, ohne daß sie ihre Identität für den Beobachter verliert. Umgekehrt: der Interaktionsbereich einer Interaktionseinheit verändert sich, ohne daß sie ihre Identität verliert, wenn eine interne Veränderung stattfindet. Ein lebendes System erleidet eine interne Veränderung ohne Identitätsverlust nur dann, wenn die durch die interne Veränderung erzeugten Voraussagen solcher Art sind, daß sie nicht in seine grundlegende zirkuläre Organisation eingreifen. Ein System verändert sich nur, wenn sein Interaktionsbereich sich verändert.
3. Nach der Reproduktion besitzt die neue Interaktionseinheit nur dann den gleichen Interaktionsbereich wie die erzeugende, wenn sie die gleiche Organisation hat. Umgekehrt: die neue Interaktionseinheit hat nur dann einen anderen Interaktionsbereich, wenn ihre Organisation verschieden ist und wenn sich daher andere Voraussagen über die Nische ergeben.
4. Voraussagen über die Nische sind Schlüsse über Klassen von Interaktionen. Interaktionen, die für einen Organismus ununterscheidbar sind, können folglich für einen Beobachter ver-

schieden sein, wenn er einen anderen kognitiven Bereich hat und wenn er sie als verschiedene Elemente einer Klasse beschreiben kann, die durch das Verhalten des Organismus definiert wird. Das gleiche gilt für die Interaktionen, die für den Organismus identisch sind, aber verschieden sind für seine einzelnen Teile (d. h. verschiedene Wirkungen auf diese ausüben). Solche Interaktionen können verschiedene Modifikationen der Zustände des Organismus ergeben, und somit in seinem Interaktionsbereich verschiedene Veränderungsverläufe bestimmen, ohne daß er seine Identität verliert. Diese Veränderungen können die Entstehung von Nachkommen herbeiführen, deren Interaktionsbereiche sich von den Interaktionsbereichen der Eltern unterscheiden. Ist dies der Fall und ein derartig produziertes neues System sagt eine Nische voraus, die nicht verwirklicht werden kann, so zerfällt das System; andernfalls bewahrt es seine Identität, und ein neuer Zyklus setzt ein.

5. Was sich von Generation zu Generation in der Evolution lebender Systeme verändert, das sind jene Eigenschaften ihrer Organisation, die der Erhaltung ihrer basalen Zirkularität dienen, diese jedoch nicht determinieren, und die es den lebenden Systemen erlauben, ihre Identität über Interaktionen hinaus zu erhalten. Was sich also verändert, ist die *Art*, in der die basale Zirkularität erhalten wird, nicht diese basale Zirkularität selbst. Der Aufbau eines lebenden Systems als Interaktionseinheit ist ohne Bedeutung, es kann eine einzelne basale Einheit oder eine Aggregation zahlreicher solcher Einheiten sein, die selbst lebende Systeme sind, die eine größere Einheit ergibt (Vielzeller) oder durch weitere Aggregation solcher zusammengesetzter Einheiten selbstreferentielle Systeme noch höherer Ordnung bildet (Insektenstaaten, Nationen). Was sich in dieser Weise entwickelt, ist stets eine Interaktionseinheit, die durch die Art definiert ist, in der sie ihre Identität aufrechterhält. Die Evolution der lebenden Systeme ist die Evolution der Nischen der durch ihre selbstreferentielle zirkuläre Organisation definierten Interaktionseinheiten und somit die Evolution der kognitiven Bereiche.

1. Ein kognitives System ist ein System, dessen Organisation einen Interaktionsbereich definiert, in dem es zum Zweck der Selbsterhaltung handeln kann. Der Prozeß der Kognition ist das tatsächliche (induktive) Handeln oder Verhalten in diesem Bereich. Lebende Systeme sind kognitive Systeme, und Leben als Prozeß ist ein Prozeß der Kognition. Diese Aussage gilt für alle Organismen, ob diese ein Nervensystem besitzen oder nicht.

2. Tritt ein lebendes System in eine kognitive Interaktion ein, so verändert sich sein interner Zustand in einer für seine Erhaltung relevanten Art, und es tritt darauf in eine neue Interaktion ein, ohne seine Identität verloren zu haben. In einem Organismus ohne Nervensystem (oder seinem funktionalen Äquivalent) sind die Interaktionen chemischer oder physikalischer Natur (ein Molekül wird absorbiert und ein enzymatischer Prozeß wird eingeleitet; ein Photon wird aufgenommen und eine Phase der Photosynthese vollzogen). Die Relationen, die zwischen den physikalischen Ereignissen bestehen, bleiben für einen derartigen Organismus außerhalb seines Interaktionsbereiches. Das Nervensystem nun erweitert den Interaktionsbereich des Organismus dadurch, daß es ihm ermöglicht, seine internen Zustände in einer für ihn relevanten Weise nicht nur durch physikalische Ereignisse, sondern durch »reine Relationen« zu modifizieren. Der Beobachter sieht, daß die Sensoren eines Tieres (z. B. einer Katze) durch einen sichtbaren Gegenstand (z. B. einen Vogel) modifiziert werden. Die Sensoren verändern sich durch physikalische Interaktionen, nämlich die Absorption von Lichtquanten. Das Tier wird durch seine Interaktionen mit den Relationen modifiziert, die zwischen den aktivierten Sensoren bestehen, welche die Lichtquanten an der sensorischen Oberfläche absorbiert haben.

Das Nervensystem erweitert den kognitiven Bereich des lebenden Systems, indem es Interaktionen mit »reinen Relationen« ermöglicht. Das Nervensystem erzeugt keine Kognition.

3. Obwohl das Nervensystem den Interaktionsbereich des Organismus erweitert, indem es in diesen Bereich Interaktionen mit »reinen Relationen« einbringt, steht die Funktion des

Nervensystems im Dienst der notwendigen Zirkularität der Organisation des Lebendigen.

4. Das Nervensystem transformiert durch die Erweiterung des Interaktionsbereiches des Organismus die Interaktionseinheit und unterwirft Handeln und Interagieren im Bereich der »reinen Relationen« dem Prozeß der Evolution. Die Folge davon ist, daß es Organismen gibt, zu deren möglichen Interaktionen als Teilmenge Interaktionen mit ihren eigenen internen Zuständen gehören (d.h. Zuständen, die sich aus externen und internen Interaktionen ergeben), so als ob diese von ihnen unabhängige Gegenstände wären. Sie schaffen damit das scheinbare Paradox, ihren kognitiven Bereich innerhalb ihres kognitiven Bereiches zu enthalten. In uns selbst wird dieses Paradox aufgelöst durch das, was wir »abstraktes Denken« nennen, also durch eine weitere Ausdehnung des kognitiven Bereiches.

5. Die mit Hilfe des Nervensystems mögliche Ausdehnung des kognitiven Bereiches in den Bereich der »reinen Relationen« erlaubt außerdem nicht-physikalische Interaktionen zwischen Organismen, und zwar in der Weise, daß die interagierenden Organismen einander auf Interaktionen innerhalb ihrer jeweiligen kognitiven Bereiche hin orientieren. Hierin liegt die Grundlage der Kommunikation: das orientierende Verhalten wird zu einer Repräsentation der Interaktionen, auf die hin es orientiert, und wird so zu einer Interaktionseinheit eigener Art. Genau dieser Prozeß erzeugt jedoch ein weiteres scheinbares Paradox: es gibt Organismen, die Abbildungen ihrer *eigenen* Interaktionen dadurch erzeugen, daß sie Gegenstände, mit denen sie interagieren, so bestimmen, als ob diese einem unabhängigen Bereich angehörten, während sie als Repräsentationen lediglich ihre eigenen Interaktionen abbilden. In uns selbst wird dieses Paradox auf zwei Arten gleichzeitig aufgelöst:

(a) Wir werden zu *Beobachtern*, indem wir rekursiv Repräsentationen unserer Interaktionen erzeugen. Dadurch, daß wir mit mehreren Repräsentationen gleichzeitig interagieren, erzeugen wir Relationen, mit deren Repräsentationen wir sodann interagieren können. Diesen Prozeß können wir rekursiv wiederholen, verbleiben damit aber immer in einem Interaktionsbereich, der größer ist als der Bereich der Repräsentationen.

(b) Wir erzeugen durch Selbstbeobachtung *Ich-Bewußtsein*. Wir erzeugen Beschreibungen unser selbst (Repräsentationen) und können uns dadurch, daß wir mit unsern Beschreibungen interagieren, in einem endlosen rekursiven Prozeß als uns selbst beschreibend beschreiben.

Die kognitive Funktion im besonderen

Die Nervenzellen

1. Das Neuron ist die anatomische Einheit des Nervensystems, da es eine Zelle ist, und als solche eine selbständige, integrierte, selbstreferentielle, metabolische und genetische Einheit (ein echtes lebendes System).
2. Ein Neuron wird anatomisch und funktional durch einen Kollektorbereich gebildet (d. h. Dendriten, in einigen Fällen auch den Zellkörper und einen Teil des Axons), der über ein Verteilerelement (das Axon, in einigen Fällen auch den Zellkörper und die wichtigsten Dendriten) zusammengeschlossen ist. Dieses Verteilerelement vermag auftretende Erregungen in den Effektorbereich zu leiten, der durch die Endverzweigungen des Axons gebildet wird. Der funktionale Zustand des Kollektorbereichs hängt ab sowohl von seinem internen Zustand (Referenzzustand) als auch vom Aktivitätszustand der mit ihm durch Synapsen verbundenen Effektorbereiche. Der Aktivitätszustand der Effektorbereiche hängt folglich ab sowohl von den Impulsfolgen, die in den entsprechenden Kollektorbereichen erzeugt werden, als auch von den präsynaptischen und nicht-synaptischen Interaktionen mit Verteilerelementen und anderen Effektorbereichen, die im Neuropil und in der unmittelbaren Nachbarschaft der angrenzenden Kollektorbereiche stattfinden können. Dies gilt sogar für den Fall der amakrinen Zellen, in denen die Kollektor- und Effektorbereiche ineinander übergehen können. Das Verteilerelement bestimmt, wo ein Effektor seinen Einfluß ausübt.
3. Ob ein Nervenimpuls, der sich über ein Axon fortpflanzt, an dessen Gabelung in nur einem Zweig oder in beiden Zweigen weitergeleitet wird, hängt ab vom relativen Durchmesser dieser

Zweige und vom Polarisationszustand der Membranen in der Gabelungszone. Das Muster der Effektoraktivität, d.h. das Muster des Impulseintrittes in die einzelnen Zweige, das durch eine Impulsfolge in den Zweigen des Verteilerelementes und des Effektorbereichs eines Neurons hergestellt wird, hängt folglich ab

(i) von der zeitlichen Verteilung der Impulsfolgen, die die Zeitdauer bestimmt, die der axonalen Membran im Verzweigungsbereich für ihre Regeneration vor der Ankunft des nächsten Impulses zur Verfügung steht, und

(ii) von den nicht-synaptischen Einflüssen, die in Form lokaler Wasser- und Ionenbewegungen, verursacht durch die elektrische Aktivität benachbarter Elemente, in den Verzweigungszonen Veränderungen des Durchmessers und der Polarisation hervorrufen und so die Aufnahmefähigkeit der einzelnen Zweige für die ankommenden Nervenimpulse modifizieren können.

4. In jedem Zeitpunkt ist der Aktivitätszustand einer Nervenzelle, der durch das Muster der ihr Verteilerelement durchlaufenden Impulse repräsentiert wird, eine Funktion der raumzeitlichen Konfiguration ihres Inputs. Dieser Input ist bestimmt durch die zwischen den afferenten Neuronen bestehende relative Aktivität, die den Referenzzustand des eigentlichen Kollektorbereiches moduliert. Es ist bekannt, daß das Wiederauftreten einer bestimmten afferenten raumzeitlichen Konfiguration in vielen Neuronen ein Wiederauftreten des gleichen Aktivitätszustandes zur Folge hat, und zwar unabhängig von der Art, in der eine solche raumzeitliche Konfiguration erzeugt wird (vgl. Maturana/Frenk 1963; Morell 1967). Dabei ist zu berücksichtigen, daß zwei Aktivitätszustände in einer gegebenen Zelle dann »gleich« (äquivalent) sind, wenn sie der gleichen Klasse angehören, die durch die von ihnen erzeugten Impulsmuster definiert wird, und nicht deshalb, weil sie eine eineindeutige Abbildung voneinander darstellen. Auch die raumzeitliche Konfiguration des Inputs für ein Neuron, die in diesem das Wiederauftreten eines bestimmten Aktivitätszustandes auslöst, ist eine Klasse afferenter Einflüsse, die durch ein zwischen den aktiven Afferenten und dem Kollektor gegebenes Relationengefüge definiert ist. Eine spezifische

Klasse von Reaktionen wird durch eine spezifische Klasse afferenter Einflüsse ausgelöst.

5. Die Übertragungsfunktion jeder Nervenzelle in ihrem Kollektorbereich ist in jedem Zeitpunkt ein wohldefinierter deterministischer Prozeß (vgl. Segundo/Perkel 1969). Viele Neuronen haben mehrere Übertragungsfunktionen. Verschiedene Klassen afferenter Einflüsse verändern ihre Aktivität in jeweils verschiedener Weise, so daß sie jeweils verschiedene Klassen von Aktivität in ihren Effektorbereichen erzeugen. Da jede Nervenzelle an der Erzeugung der raumzeitlichen Konfiguration afferenter Einflüsse auf die anderen Nervenzellen mitwirkt, müssen alle ihre Aktivitätszustände als signifikant für ihre weiteren Aktivitätszustände betrachtet werden. Es sind somit zwei Aspekte der Aktivität jedes beliebigen Neurons zu berücksichtigen:

(i) die Genese dieser Aktivität, die sowohl mit Bezug auf das Neuron selbst als auch mit Bezug auf seine Afferenten betrachtet werden muß;

(ii) die Mitwirkung dieser Aktivität an der Erregung anderer Neuronen, für die sie einen afferenten Einfluß darstellt, der mit Rücksicht auf diese anderen Neuronen betrachtet werden muß. In beiden Fällen sind die Interaktionen zwischen den betreffenden Neuronen von strikt deterministischer Art, obwohl das, was ein Neuron beeinflußt, nicht notwendigerweise ein anderes Neuron beeinflußt.

6. Die Nervenimpulse, die das Verteilerelement durchlaufen, entstehen dort, wo dieses Element aus dem Kollektorbereich austritt. Jeder Nervenimpuls ist das Ergebnis des Erregungszustandes des Kollektorbereiches in einem bestimmten Zeitpunkt (determiniert durch die raumzeitliche Konfiguration der afferenten erregenden und hemmenden Einflüsse, die auf den Kollektorbereich und auf seine eigenen internen Erzeugungsmechanismen einwirken, wenn solche vorhanden sind). Der Nervenimpuls pflanzt sich sodann fort und erreicht an der Austrittsstelle des Verteilers eine bestimmte Schwelle. Erregende und hemmende Einflüsse überlagern sich jedoch nicht linear; ihre relative Mitwirkung an der Entstehung von Nervenimpulsen und folglich am Aktivitätszustand des Neurons hängt ab von ihrer relativen räumlichen Verteilung im Kollektorbereich. Hem-

mung erfolgt durch Ableitung sich ausbreitender erregender Prozesse. Daher hängt der relative Beitrag einer Erregungs- bzw. Hemmungsstelle zur Erzeugung eines Nervenimpulses davon ab, wo sich diese Stellen im Kollektorbereich mit Bezug aufeinander und mit Bezug auf den Ort des Austrittes des Verteilerelementes befinden. Erregung und Hemmung müssen als integrale Teile der Definition der raumzeitlichen Konfiguration afferenter Einflüsse betrachtet werden und nicht als unabhängige Prozesse. Die Form des Kollektorbereiches (seine Geometrie) determiniert die Klasse bzw. Klassen raumzeitlicher Konfigurationen afferenter Einflüsse, auf welche eine Zelle reagiert.

7. Das Neuropil ist der Ort, an dem sich Verteilerelemente und Effektorbereiche vieler verschiedener Neuronen sowohl miteinander als auch mit den Kollektorbereichen der postsynaptischen Zellen verflechten. Hier finden nicht-synaptische Interaktionen zwischen benachbarten Elementen statt, die aufgrund lokaler Wasser- und Ionenbewegungen, wie sie durch die selbständige elektrische Aktivität der Elemente erzeugt werden, zu Durchmesser- und Polarisierungsänderungen an ihren Verzweigungspunkten führen können. Entsprechend der Zeitkonstante solcher lokaler Veränderungen und der Fähigkeit der Axone, ihren Durchmesser angesichts der neuen Werte homöostatisch zu erhalten, kann das Muster der Verzweigung, wie es durch eine spezifische Impulsserie in einem spezifischen Effektorbereich erzeugt wird, durch solche nicht-synaptische Interaktionen auf mehr oder minder beständige Weise modifiziert werden. Etwas Ähnliches kann in den Kollektorbereichen durch Begleiterscheinungen innerhalb der Synapsen geschehen, wenn die Synapsen einander durch ihre räumliche Nachbarschaft nicht-synaptisch beeinflussen, und so aufgrund ihrer selbständigen elektrischen Aktivitäten untereinander mehr oder minder permanente Änderungen ihrer Größe (Zunahme oder Abnahme) und ihrer Polarisierung (mit den entsprechenden Veränderungen in ihrer Wirksamkeit) bewirken. Das Neuropil kann somit als ein plastisches System aufgefaßt werden, welches gelernten selbstadressierenden Aktivitätszuständen ihre funktionale Bedeutung verleiht. Diese Aktivitätszustände wiederum werden durch die in Interaktionen des Organismus erzeugten nicht-synaptischen und synaptischen Begleiterscheinungen bestimmt. Es ist daher nicht

die Wiederholung des gleichen Aktivitätszustandes, die für das Verhalten bedeutsame neuronale Veränderungen verursachen kann, die dem sich ausbildenden Interaktionsbereich eines Organismus eingeordnet werden, es ist vielmehr das Auftreten lokaler begleitender Aktivitätszustände, die durch scheinbar unverbundene Interaktionen erzeugt werden, welches derartige untergeordnete Veränderungen in der reaktiven Kapazität von Neuronen verursachen kann.

8. Daraus folgt, daß man in einer signifikanten Anzahl von Neuronen, die hinsichtlich der Organisation ihrer verschiedenen Neuropile in den einzelnen Lebewesen variieren können, als Ergebnis der jeweils abgelaufenen Geschichte des Organismus einen fortwährenden Wechsel ihrer Übertragungsfunktionen (vom Kollektor- zum Effektorbereich) oder der Umstände, unter denen sie aktiviert werden, erwarten sollte. Für das Verständnis der funktionalen Organisation des Nervensystems muß man jedoch berücksichtigen, daß Nervenzellen zu jedem Zeitpunkt mit definiten Übertragungsfunktionen auf *Klassen* afferenter raumzeitlicher Konfigurationen ihres Input reagieren, und so definite Zustände von Effektoraktivität erzeugen, und nicht auf *individuelle* afferente Zustände. Außerdem:

(a) Jede Interaktion wird im Nervensystem durch die Folge von Zuständen relativer neuronaler Aktivität repräsentiert, die zu dem Verhalten führt, das sie erzeugt. Dieses Verhalten sollte in dem Maße wiederholbar sein, in dem die Interaktion (Folge von Zuständen relativer Aktivität) reproduzierbar ist, solange also die historische Transformation des Nervensystems (Lernen) dies nicht unmöglich macht.

(b) Das Nervensystem funktioniert stets in der Gegenwart, und es kann nur verstanden werden als ein System, das in der Gegenwart funktioniert. Die Gegenwart ist das für eine Interaktion notwendige Zeitintervall; Vergangenheit, Zukunft und Zeit existieren nur für den Beobachter. Auch wenn viele Nervenzellen ihre Arbeitsweise fortlaufend verändern mögen, kann ihre jeweilige Vorgeschichte dem Beobachter klarmachen, wie ihre gegenwärtige Operationsweise zustandegekommen ist, nicht jedoch, wie sie jetzt tatsächlich verläuft, noch worin ihre gegenwärtige Mitwirkung an der Erzeugung bestimmter Verhaltensweisen besteht.

(c) Jedes Verhalten wird durch eine Folge von Zuständen an den (externen und internen) Rezeptoroberflächen definiert, die der direkten oder indirekten Unterordnung dieses Verhaltens unter die Erhaltung der basalen Zirkularität des lebenden Systems Rechnung tragen. Da das Nervensystem sich durch Erfahrung fortlaufend verändert, entspricht jede vom Beobachter festgestellte Verhaltenswiederholung einer Sequenz von Interaktionen, die dieser Unterordnung unabhängig von den sie erzeugenden neuronalen Prozessen genügt. Je komplexer der Interaktionsbereich eines Organismus, desto indirekter ist diese Unterordnung (die Unterordnung einer adäquaten Verhaltensweise unter eine andere), sie ist jedoch nicht weniger streng.

(d) Ein Organismus ist eine Einheit in dem Maße, in dem sein Verhalten die Erhaltung seiner basalen Zirkularität (und damit Identität) erzielt, und zwei Verhaltensweisen sind äquivalent, wenn sie der gleichen Klasse von Anforderungen für diese Erhaltung genügen. Aus diesem Grunde bedarf ein Organismus als eine sich selbst regulierende homöostatische Organisation keines konstanten Verhaltens seiner deterministischen Teilelemente (in diesem Falle der Neuronen), wenn diese im Prozeß der Erzeugung von Verhalten verändert werden. Die Gleichheit von Verhalten wird daher mit Bezug auf einen Beobachter oder eine zu erfüllende Funktion definiert.

Obwohl also jedes Neuron zu jedem Zeitpunkt deterministisch mit einer definiten Übertragungsfunktion arbeitet und ein definites Aktivitätsmuster in seinem Effektorbereich erzeugt, können sich die Übertragungsfunktionen und die Muster der Effektoraktivität in vielen Neuronen von einem Augenblick zum anderen verändern. Dennoch wird der Organismus das erzeugen, was der Beobachter »das gleiche Verhalten« nennen würde. Auch das Umgekehrte ist der Fall, und der Organismus kann durch das, was der Beobachter »verschiedene Verhaltensformen« nennen würde, seiner Unterordnung unter ein und denselben Aspekt, nämlich den der Erhaltung seiner basalen Zirkularität, genügen.

9. Diese Vorstellungen machen deutlich, daß das Neuron *nicht* als die *funktionale* Einheit des Nervensystems betrachtet werden kann. Kein Neuron kann eine festgelegte funktionale Rolle in der Produktion von Verhalten spielen, wenn es seine Mitwirkung fortlaufend verändern muß. Aus dem gleichen Grunde kann auch eine festgelegte Anhäufung von Zellen nicht als eine funktionale Einheit des Nervensystems betrachtet werden. Nur Verhalten selber kann als funktionale Einheit des Nervensystems aufgefaßt werden.
10. Wenn Nervenzellen auf Klassen afferenter Konfigurationen und nicht auf individuelle afferente Zustände reagieren, müssen sie notwendigerweise bestimmte afferente Konfigurationen als äquivalent behandeln, die sich durch Interaktionen ergeben, welche für den Beobachter ohne Zusammenhang sind.

Architektur

1. In jedem konkreten Nervensystem läßt sich der überwiegende Teil (und vielleicht die Gesamtheit) seiner Neuronen wohldefinierten morphologischen Klassen zuteilen, deren jede durch ein spezifisches Verteilungsmuster der Kollektor- und Effektorbereiche ihrer Elemente charakterisiert ist. Die Elemente der gleichen Klasse sind folglich durch ähnliche Relationen untereinander und mit anderen Klassen von Neuronen verbunden; die Formen der Nervenzellen (Kollektorbereich, Verteilerelement, Effektorbereich) bestimmen ihre Konnektivität. Diese Formen sind genetisch determiniert und haben sich durch die Evolution herausgebildet. Die gesamte Architektur des Gehirns ist genetisch determiniert und hat sich durch die Evolution herausgebildet. Die folgenden Konsequenzen sind wesentlich für ein Verständnis des Nervensystems:

(a) Es gibt eine notwendige genetische Variabilität in der Form von Nervenzellen, und ebenso eine Variabilität, die sich durch Interaktionen des Organismus mit selbständigen Einzelereignissen während seiner Entwicklung ergibt. Die funktionale Organisation des Nervensystems muß so beschaffen sein, daß sie diese zweifache Variabilität verkraften kann.

(b) Aufgrund der genetischen und somatischen Variabilität können keine zwei Nervensysteme von Lebewesen der gleichen Art identisch sein (besonders dann nicht, wenn diese Vielzeller sind), und beide gleichen einander nur in dem Maße, in dem sie entsprechend dem gleichen allgemeinen Bauplan organisiert sind. Es ist nämlich die solchermaßen Klassen definierende Organisation, und nicht irgendeine spezifische Konnektivität, die die Funktionsweise eines beliebigen konkreten Nervensystems determiniert.

2. Aufgrund der Formen der Nervenzellen und deren Anordnung kommt es im allgemeinen zu starker Überlappung in den Kollektor- und Effektorbereichen von Neuronen der gleichen Klasse. Auch die räumliche Verteilung verschiedener Klassen von Neuronen und die zwischen diesen bestehenden Verknüpfungen sind derart, daß jeder einzelne Teil des Nervensystems gewöhnlich mit vielen anderen Teilen gleichzeitig verbunden ist. Die jeweils verbundenen Teile differieren jedoch von Spezies zu Spezies, und daher besitzen diese jeweils verschiedene Interaktionsfähigkeiten.

3. Der Organismus endet an der Grenze, die seine selbstreferentielle Organisation für die Erhaltung seiner Identität definiert. An dieser Grenze finden sich Sensoren (sensorische Oberflächen), durch welche der Organismus im Bereich der Relationen interagiert, und Effektoren (Effektoroberflächen), durch welche das Nervensystem die Lage des Organismus in diesem Bereich modifiziert. Die sensorischen Oberflächen werden im allgemeinen durch Anhäufungen sensorischer Elemente (Zellen) mit ähnlichen, wenn auch nicht identischen Eigenschaften (Klassen von Eigenschaften) gebildet, die hinsichtlich ihrer Interaktionsweise mit dem Nervensystem die allgemeinen Charakteristika von Neuronen aufweisen. Wenn daher der Organismus in eine Interaktion innerhalb des physikalischen Interaktionsbereiches der Sensoren eintritt, wird in der Regel nicht nur *ein* sensorisches Element, sondern es werden viele dieser Elemente erregt. Auch die Effektoren sind mannigfaltiger Art und unterscheiden sich untereinander in der Weise, in welcher sie die Rezeptoroberflächen des Organismus während der Interaktionen verändern: eine Aktion führt immer zu einer Veränderung im Aktivitätszustand der Rezeptoroberflächen.

4. Die architektonische Organisation des Nervensystems ist der Ebene der Sensor- und Effektoroberflächen untergeordnet. Diese Unterordnung hat zwei Aspekte:

(i) die Rezeptor- und Effektoroberflächen wirken (projizieren) bis in das Zentralnervensystem, behalten jedoch ihre spezifischen topologischen Relationen bei;

(ii) die durch diese Reichweite der Rezeptor- und Effektoroberflächen spezifizierten topologischen Relationen bilden die Basis für die gesamte architektonische Ordnung des Zentralnervensystems. Damit ergibt diese architektonische Ordnung ein System, welches diese Oberflächen in der Weise miteinander verbindet, daß das Auftreten bzw. Nichtauftreten bestimmter Begleiterscheinungen an Aktivität in den verschiedenen Neuropilen möglich ist.

Damit werden wohldefinierte funktionale Relationen zwischen diesen Oberflächen festgelegt, und gleichzeitig wird angegeben, wie diese Oberflächen einander modifizieren. Trivialerweise gilt: Das Nervensystem kann keinerlei Verhalten hervorrufen, welches begleitende Aktivitätszustände zur Folge hat, für die keinerlei anatomische Basis vorhanden ist. Aus seiner architektonischen Organisation ergibt sich, daß jeder einzelne Punkt des Zentralnervensystems einen anatomischen Ort für mögliche spezifische funktionale Begleiterscheinungen darstellen kann. Daraus folgt, daß jede lokale Verletzung des Nervensystems notwendig in lokal gebundener Weise auf die Möglichkeit der Synthese eines bestimmten Verhaltens (eines Zustandes neuraler Aktivität) einwirkt.

Funktion

1. Die Funktionsweise des Nervensystems ist an seine anatomische Organisation gebunden. Das Funktionieren des Nervensystems hat zwei Aspekte: der eine betrifft den Interaktionsbereich, wie er durch das Nervensystem definiert ist (Relationen im allgemeinen), der andere jenen besonderen Teil dieses Bereiches, der von einer bestimmten Spezies genutzt wird (besondere Klassen von Relationen); verschiedene Spezies interagieren mit verschiedenen Mengen von Relationen (besitzen verschiedene Nischen).

2. Das Nervensystem interagiert nur mit Relationen. Da jedoch das Funktionieren des Nervensystems anatomisch bedingt ist, werden diese Interaktionen notwendigerweise über physikalische Interaktionen vermittelt. Damit ein Tier visuell Objekte voneinander unterscheiden kann, müssen die Rezeptoren in seinen Augen Lichtquanten absorbieren und dadurch aktiviert werden. Die Objekte, die das Tier sieht, sind jedoch nicht durch die Quantität des absorbierten Lichtes determiniert, sondern durch die Relationen, die zwischen den durch die Rezeptoren hervorgerufenen Aktivitätszuständen innerhalb der funktionalen Organisation der Retina bestehen. Da außerdem der Interaktionsbereich des Organismus durch dessen Struktur definiert wird, werden Relationen, mit denen das Nervensystem interagiert, durch diese Voraussage definiert und treten im Interaktionsbereich des Organismus auf. Die Organisation des lebenden Systems definiert einen »Standpunkt«, eine Tendenz oder Einstellung, von denen aus die Interaktionen stattfinden, und determiniert die möglichen Relationen, die dem Nervensystem zugänglich sind. Die Anatomie der Retina und die Eigenschaften der verschiedenen Zellentypen definieren, welche der Relationen, die zwischen den aktiven Rezeptoren bestehen, wenn ein bestimmtes Objekt gesehen wird, dem Nervensystem zugänglich sein können (vgl. Maturana 1964). Im allgemeinen definiert die anatomische und funktionale Organisation des Nervensystems (die Interaktionsmuster seiner verschiedenen Bestandteile und deren relative Gewichte, seien sie angeboren oder durch Erfahrung gelernt), welche Relationen zwischen seinen Neuronen es in einer bestimmten Interaktion modifizieren wird.

3. Aufgrund der Eigenschaften der Neuronen und aufgrund der Architektur des Nervensystems verursachen Interaktionen innerhalb des Nervensystems Aktivität in Zellverbänden. Aus den gleichen Gründen kann eine beliebige Zelle unter vielen verschiedenen Interaktionsbedingungen des Organismus den gleichen Aktivitätszustand zeigen. Es ist daher unter keinen Umständen möglich, die Aktivität einer bestimmten Zelle mit einer bestimmten Interaktion des lebenden Systems zu assoziieren. Findet eine bestimmte Interaktion auf der Ebene der Sensoren statt, so sind die Relationen, die dem Nervensystem zugänglich sind, auf dieser Ebene durch einen bestimmten Zustand relativer

Aktivität der wahrnehmenden Elemente gegeben und nicht durch den Aktivitätszustand eines ganz bestimmten Elementes (vgl. Maturana/Uribe/Frenk 1968). Obwohl nun operationale Lokalisierungen im Nervensystem festgestellt werden können (vgl. Geschwind 1965), müssen diese Lokalisierungen dennoch als Bereiche verstanden werden, in denen spezifische Interaktionsmodalitäten konvergieren, und nicht als Lokalisierungen von Fähigkeiten oder Funktionen. Entsprechend der Organisationsweise des Nervensystems, wie ich sie herausgestellt habe, müßten lokale Läsionen diskrete funktionale Mängelerscheinungen produzieren, indem sie die Konvergenz von Aktivitäten behindern, die für die Synthese eines spezifischen Verhaltens (eines Aktivitätszustandes) notwendig sind. Die anatomische und funktionale Organisation des Nervensystems sichert die Synthese von Verhalten, nicht eine Repräsentation der Welt. Man kann folglich nur in die Synthese von Verhalten eingreifen. Das Nervensystem ist in bezug auf die Interaktionsoberflächen des Organismus lokalisiert, nicht aber hinsichtlich der Repräsentationen der Interaktionen, die es erzeugen kann.

Repräsentation

1. Die anatomische und funktionale Organisation des Nervensystems ist im wesentlichen uniform. In all seinen verschiedenen Teilen werden die gleichen Funktionen und Operationen (Erregung, Hemmung, laterale Interaktion, rekursive Inhibition etc.) ausgeführt, wenn auch in verschiedenen Kontexten, und auf verschiedene Weise integriert. Eine teilweise Zerstörung des Nervensystems ändert nichts an dieser basalen Uniformität, und auch wenn die unveränderten Teile nicht das gleiche bewerkstelligen wie das Ganze, so zeigen sie sich in ihrer Operationsweise mit dem unveränderten Ganzen identisch. Jenseits der Schranke der Sensoren scheint das Nervensystem als spezifische Organisationsform für den Beobachter an jedem beliebigen für eine Untersuchung ausgewählten Punkt anzufangen. Die Antwort auf die Frage *Was ist der Input des Nervensystems?* hängt vollkommen vom gewählten Beobachtungsstandpunkt ab. Diese basale Uniformität der Organisation kann am besten durch die

folgende Feststellung ausgedrückt werden: das einzige, was dem Nervensystem an irgendeiner Stelle zugänglich ist, sind Zustände relativer Aktivität zwischen Nervenzellen, und das einzige, was durch einen bestimmten Zustand relativer Aktivität verursacht werden kann, sind Zustände relativer Aktivität in anderen Nervenzellen, die die Zustände relativer Aktivität bilden, auf die sie reagieren. Die Effektorneuronen machen hiervon keine Ausnahme, da sie dadurch, daß sie eine Effektoraktivität verursachen und eine Interaktion erzeugen, eine Veränderung des Zustandes relativer Aktivität der Rezeptorelemente an den Rezeptoroberflächen herbeiführen. Dies hat eine fundamentale Konsequenz: *Wenn Zustände nervöser Aktivität ihren Ursprung nicht direkt anzeigen (durch Begleitereignisse, durch ihre örtliche Bindung, oder durch die Folgen der neuen Interaktionen, die sie erzeugen), gibt es keine mögliche Unterscheidung zwischen intern und extern entstandenen Zuständen nervöser Aktivität.*

2. Die Relationen, mit denen das Nervensystem interagiert, sind Relationen, die durch die physikalischen Interaktionen des Organismus gebildet werden und daher von dessen anatomischer Organisation abhängen. Für den Beobachter interagiert der Organismus mit einem bestimmten Gegenstand, den der Beobachter in seinem kognitiven Bereich beschreiben kann. Was jedoch das Nervensystem des beobachteten Organismus modifiziert, das sind die Veränderungen in der Aktivität der mit den sensorischen Elementen verbundenen Nervenzellen, Veränderungen, die hernach eine Verkörperung der Relationen darstellen, die durch die Interaktion entstanden sind. Diese Relationen sind nicht jene, die entsprechend der Beschreibung des Beobachters zwischen Teileigenschaften des Gegenstandes im kognitiven Bereich des Beobachters gelten. Es handelt sich vielmehr um Relationen, die in der Interaktion selber erzeugt werden und die sowohl von der strukturellen Organisation des Organismus als auch von den Eigenschaften der Welt abhängen, die dem durch die Organisation des Organismus definierten Interaktionsbereich entsprechen. Immer dann, wenn eine solche Relation an der sensorischen Oberfläche wieder auftritt, entsteht der gleiche Zustand relativer Aktivität in den mit den sensorischen Elementen in Kontakt befindlichen Neuronen. Zwei Interaktionen, die den gleichen Zustand relativer Aktivität erzeugen, sind für das

Nervensystem identisch, gleichgültig, wie verschieden sie im kognitiven Bereich des Beobachters sein mögen.

3. Jede Relation wird durch einen Zustand relativer Aktivität der Nervenzellen verkörpert, jeder Zustand relativer Aktivität wirkt sich jedoch auch insofern aus, als er die relative Aktivität anderer Nervenzellen modifiziert. Auf diese Weise werden Relationen durch ihre Verkörperung in Form von Zuständen relativer Aktivität zu Einheiten interner Interaktionen und erzeugen zusätzliche Relationen. Diese wiederum werden durch Zustände relativer Aktivität verkörpert, welche ihrerseits wiederum zu Einheiten interner Interaktionen werden können, und so weiter in rekursiver Weise.

4. Findet eine externe Interaktion statt, so wird der Aktivitätszustand des Nervensystems durch die Veränderung der relativen Aktivität jener Neuronen modifiziert, die in enger Verbindung mit den sensorischen Elementen die in der Interaktion gegebenen Relationen verkörpern. Es ließe sich folglich sagen, daß die verschiedenen so erzeugten Aktivitätszustände lediglich die an den sensorischen Oberflächen aufgrund der Interaktion des Organismus gegebenen Relationen repräsentieren und keineswegs eine unabhängige Umwelt oder aber deren Beschreibung in Form von Gegenständen, die ausschließlich im kognitiven Bereich des Beobachters liegen.

Findet eine interne Interaktion statt, so wird der Aktivitätszustand des Nervensystems durch einen seiner eigenen Teilzustände relativer Aktivität, der eine Menge von Relationen verkörpert, modifiziert. Das, was jedoch der neue Zustand relativer Aktivität repräsentiert, sind die in der internen Interaktion gegebenen Relationen und keineswegs eine unabhängige Menge von Relationen oder deren Beschreibung mit Hilfe irgendwelcher Arten von Gegenständen, z. B. Gedanken, die ausschließlich im kognitiven Bereich des Beobachters liegen.

5. Die Klassen von Relationen, die verkörpert werden können, werden definiert

(i) durch die Evolution der allgemeinen strukturellen Organisation des Organismus, im besonderen der Sensoren, durch die die Klassen der Relationen, die dem Nervensystem zugänglich sind, definiert werden;

(ii) durch die Evolution einer spezifischen Organisation des

Nervensystems, die für jede Klasse von Lebewesen (Art) die spezifische Art definiert, in der diese Relationen ein für ihre Erhaltung relevantes Verhalten erzeugen.

6. Für jede Klasse von Relationen gilt, daß die spezifischen Relationen, die sich als Ergebnis konkreter Interaktionen ergeben, in einer Menge spezifischer Aktivitätszustände verkörpert werden, die in der Gegenwart auftreten. Dies ist der Fall unabhängig von der Geschichte des Systems. Die Relevanz des durch jene Aktivitätszustände erzeugten Verhaltens für die Erhaltung des lebenden Systems ist jedoch geschichtsabhängig und kann sowohl durch die Stammesgeschichte der Art als auch durch vorausgegangene Erfahrungen des Organismus bedingt sein. Im ersten Falle würde ich von Instinktverhalten sprechen, im zweiten von erlerntem Verhalten. Die Beschreibung des Lernens durch vorausgegangenes und gegenwärtiges Verhalten erfolgt im kognitiven Bereich des Beobachters; der Organismus selbst verhält sich stets in der Gegenwart. Der Beobachter vermag jedoch Interaktionen, die sich nicht wiederholen, durch Interaktion mit von ihm erzeugten Beschreibungen so zu behandeln, als ob sie gegenwärtig wären. Dieses scheinbare Paradox wird aufgelöst durch die Entwicklung der Vorstellung der Zeit (Vergangenheit, Gegenwart und Zukunft) als einer neuen Erweiterung des Interaktionsbereiches. Immer dann, wenn eine Interaktion stattfindet, die ein Element einer zum erstenmal erfahrenen Klasse ist, genügt es, daß auf den dadurch erzeugten Aktivitätszustand die Unterdrückung eines besonderen begleitenden internen Aktivitätszustandes folgt (der sich in dem zeigt, was der Beobachter das Gefühl der Angst oder Ungewißheit nennt), so daß der Organismus das Wiederauftreten einer Interaktion der gleichen Klasse, die ohne einen solchen Begleitzustand auftritt, als nicht neu erfährt (in dem Sinne, daß er ein festgelegtes Verhalten, wie es in Abwesenheit von Angst auftritt, erzeugen kann), und es folglich als *bekannt* erfährt. Jede Erfahrung ohne Angst kann als bekannte Erfahrung beschrieben werden und damit als Basis für den funktionalen Begriff der Zeit dienen.

7. Es besteht kein Unterschied hinsichtlich der Art der Verkörperung von Relationen, die durch externe oder interne Interaktionen erzeugt sind. Beide Arten sind Mengen von Zuständen neuronaler Aktivität und können als Repräsentationen der Inter-

aktionen bezeichnet werden. Für ein Nervensystem, das imstande ist, mit eigenen internen Zuständen so zu interagieren, als ob diese unabhängige Gegenstände wären, ergeben sich zwei Konsequenzen:

(i) Die Unterscheidung zwischen extern und intern erzeugten Interaktionen kann sich nur ergeben durch Begleitereignisse, die auf den Ursprung des durch diese Interaktionen verursachten Aktivitätszustandes verweisen (d. h. darauf, ob sie durch eine sensorische Oberfläche oder intern entstanden sind), oder durch das Ergebnis neuer durch sie ausgelöster Interaktionen. Ein Nervensystem, das imstande ist, seine intern erzeugten Aktivitätszustände als verschieden von seinen extern erzeugten zu behandeln, das also imstande ist, die Ursprünge von Interaktionen zu unterscheiden, ist zu abstraktem Denken fähig.

(ii) Das Nervensystem kann mit den Repräsentationen seiner Interaktionen (und folglich auch der Interaktionen des Organismus) in unendlich rekursiver Weise interagieren.

8. Vier Erläuterungen:

(i) Begriffe wie Verkörperung oder Repräsentation drücken die Übereinstimmung aus, die der Beobachter zwischen Relationen oder Mengen von Relationen und verschiedenen Aktivitätszuständen des Nervensystems beobachtet, und liegen als solche in seinem kognitiven Bereich. Sie beschreiben die funktionale Organisation des Nervensystems im kognitiven Bereich des Beobachters und verweisen auf die Fähigkeit des Nervensystems, einige seiner eigenen Zustände als unabhängige Größen zu behandeln, mit denen es interagieren kann. Diese Zustände kennzeichnen jedoch nicht die Art der funktionalen Unterordnung des Nervensystems unter seine eigenen Zustände. Diese Unterordnung ist die eines funktional geschlossenen, zustandsdeterminierten, ultrastabilen Systems, das durch Interaktionen moduliert wird (vgl. Ashby 1960).

(ii) Die Geschlossenheit der funktionalen Organisation des Nervensystems ist eine Folge des selbstreferentiellen Interaktionsbereichs der Organisation des Lebendigen. Jede Zustandsänderung des Organismus muß eine weitere Zustandsänderung hervorrufen, und so weiter in rekursiver

Weise, wobei seine basale Zirkularität stets erhalten bleibt. Das Nervensystem ist anatomisch und funktional so organisiert, daß es bestimmte Relationen zwischen den Rezeptor- und Effektoroberflächen des Organismus konstant hält. Nur auf diese Weise kann der Organismus seine Identität erhalten, während er sich in seinem Interaktionsbereich bewegt. Jedes durch das Nervensystem gesteuerte Verhalten muß daher (notwendigerweise aufgrund der architektonischen Organisation des Nervensystems) durch Veränderungen an den Effektoroberflächen zu spezifischen Veränderungen an den Rezeptoroberflächen führen, die wiederum Veränderungen an den Effektoroberflächen erzeugen, welche erneut ... usw. in rekursiver Weise. Verhalten ist daher ein funktionales Kontinuum, das dem Leben des Organismus durch alle seine Transformationen in seinem selbstreferentiellen Interaktionsbereich hindurch Einheit verleiht. Die stammesgeschichtliche Unterordnung der Architektur des Zentralnervensystems unter die Topologie der sensorischen und effektorischen Oberflächen erweist sich somit als eine offensichtliche Notwendigkeit.

(iii) Die Fähigkeit des Nervensystems, mit seinen eigenen internen Zuständen zu interagieren, so als ob diese internen Zustände unabhängige Gegenstände wären, führt diese internen Zustände als modulierende Faktoren in das Verhaltenskontinuum ein. Dies erfordert eine anatomische und funktionale interne Abbildung, so daß die interne Organisation des Nervensystems sich auf sich selbst projizieren kann, wobei es seine morphologischen und funktionalen topologischen Relationen beibehält, ebenso wie dies die Rezeptor- und Effektoroberflächen bei ihren eigenen Projektionen tun. All dies scheint mit der Herausbildung des Neokortex in Säugetieren eine autonome stammesgeschichtliche Entwicklung genommen zu haben. Der Neokortex bildet sich aus zu einem Zentrum interner anatomischer Projektion, und seine Evolution in dieser Hinsicht wird durch eine zunehmende Abhängigkeit des Organismus von seinen eigenen Zuständen nervöser Aktivität begleitet.

(iv) Die Geschlossenheit der funktionalen Organisation des Nervensystems (die nur hinsichtlich der Modulationen durch Interaktionen offen ist) wird besonders bei systematischen Beobachtungen klar, die explizit die Unterordnung des Verhaltens unter die Korrelation der Aktivität der Rezeptor- und Effektoroberflächen zeigen (vgl. Kohler 1962; Held/Hein 1963). Experimente wie die von Held und Hein zeigen, daß eine Katze nicht imstande ist, ihre Umwelt bei normalem Licht visuell zu beherrschen, wenn sie im Dunkeln aufgezogen und lediglich passiv, d. h. von einer zweiten Katze, herumbewegt wurde. Aus solchen Beobachtungen wird klar, daß die »visuelle Handhabung« einer Umwelt keine Handhabung einer Umwelt ist, sondern die Herstellung einer Menge von Korrelationen zwischen Effektor- (Muskel-) und (propriozeptiven und visuellen) Rezeptoroberflächen, so daß ein spezifischer Zustand in den Rezeptoroberflächen einen spezifischen Zustand in den Effektoroberflächen hervorruft, der wiederum einen neuen Zustand in den Rezeptoroberflächen erzeugt ... usw. Verhalten gleicht einem Instrumentenflug, bei dem die Effektoren (Motoren, Klappen etc.) ihren Zustand verändern, um die Werte der Meßinstrumente des Piloten konstant zu halten oder zu verändern, und zwar entsprechend einer genau angegebenen Variationssequenz, die entweder festgelegt ist (durch Evolution) oder während des Fluges aufgrund der Flugsituation verändert werden kann (durch Lernen). Das gleiche ergibt sich aus den Experimenten zur angeborenen Tiefenwahrnehmung (vgl. Gibson 1950), die zeigen, daß es ein angeborenes System von Korrelationen zwischen bestimmten Rezeptorzuständen und Effektorzuständen gibt. Der Rückgriff auf eine angeborene Tiefenwahrnehmung ist eine Beschreibung, die im kognitiven Bereich des Beobachters liegt und sich nur auf Relationen zwischen Elementen bezieht, die in seinem kognitiven Bereich liegen; als Prozeß jedoch entspricht dieses angeborene Verhalten augenscheinlich einer Optimierung von sensorischen Zuständen.

1. Ein lebendes System ist aufgrund seiner zirkulären Organisation ein induktives System und funktioniert in prognostizierender Weise; was einmal geschehen ist, ereignet sich wieder. Seine Organisation (die genetische wie die sonstige) ist konservativ und wiederholt nur das, was funktioniert. Aus diesem gleichen Grunde sind lebende Systeme historische Systeme. Die Relevanz eines bestimmten Verhaltens oder einer Verhaltensklasse ist immer durch die Vergangenheit festgelegt. Der Zielzustand (in der Sprache des Beobachters), der die Entwicklung des Organismus steuert, wird, von Mutationen abgesehen, durch das Genom des Elternorganismus bestimmt. Das gleiche gilt für Verhalten im allgemeinen; der gegenwärtige Zustand ist immer durch den vorausgegangenen Zustand bestimmt, der den Bereich möglicher Modulationen durch unabhängige Begleiterscheinungen einschränkt. Wenn ein bestimmter Zustand relativer Aktivität in den Nervenzellen ein bestimmtes Verhalten verursacht, so sollte das Wiederauftreten des »gleichen Zustandes« relativer Aktivität das »gleiche Verhalten« erzeugen, gleichgültig, wie dieses Wiederauftreten zustandekommt. Die Relevanz eines solchen Verhaltens wird durch seine Bedeutung für die Erhaltung der Organisation des Lebendigen determiniert, und nur mit Bezug auf diese Relevanz sind darauffolgende Verhaltensäußerungen gleich. Im Zuge der Erweiterung des kognitiven Bereiches im Laufe der Evolution haben sich die Verhaltenstypen ebenso verändert wie die Art der Realisierung ihrer Relevanz; verschiedene Verhaltenstypen sind relevant für die Erhaltung der basalen Zirkularität der Organisation des Lebendigen in verschiedenen Interaktionsbereichen und folglich in verschiedenen Bereichen kausaler Relationen.

2. Da die Nische eines Organismus die Menge aller Interaktionsklassen darstellt, in die dieser eintreten kann, und da der Beobachter den Organismus in einer von ihm definierten Umwelt betrachtet, erscheint ihm jedes Verhalten des Organismus als eine Aktualisierung der Nische, d. h. als eine Umweltbeschreibung erster Ordnung (von jetzt ab bezeichnet durch BESCHREIBUNG). Diese BESCHREIBUNG ist jedoch eine Beschreibung durch das Verhalten (die Interaktionen) des beobachteten

Organismus und nicht eine Beschreibung mit Hilfe von Repräsentationen von Umweltzuständen. Die Relation zwischen Verhalten und Nische liegt ausschließlich im kognitiven Bereich des Beobachters.

3. Ein Organismus kann das Verhalten eines anderen Organismus auf zwei grundlegende Arten modifizieren:

(i) indem er mit ihm auf solche Weise interagiert, daß beide Organismen aufeinander gerichtet werden, und zwar so, daß das Verhalten jedes der beiden genau durch das Verhalten des jeweils anderen bedingt ist, wie z. B. beim Paarungs- und Kampfverhalten. Auf diese Weise kann von zwei Organismen eine Kette von ineinander verzahnten Verhaltensformen erzeugt werden; und

(ii) indem er das Verhalten des anderen Organismus auf einen Teil von dessen Interaktionsbereich hin orientiert, der von der gegenwärtigen Interaktion verschieden ist, aber mit der Orientierung des Interaktionsbereiches des orientierenden Organismus vergleichbar ist. Dies kann nur stattfinden, wenn die beiden Organismen in ihren Interaktionsbereichen weitgehend übereinstimmen. In diesem Fall wird keine Kette von ineinander verzahnten Verhaltenseinheiten hervorgerufen, da das nachfolgende Verhalten der beiden Organismen von den Ergebnissen selbständiger, wenn auch paralleler Interaktionen abhängt.

Im ersten Fall läßt sich sagen, daß die beiden Organismen interagieren, im zweiten Fall, daß sie kommunizieren. Der zweite Fall stellt die Basis für das sprachliche Verhalten dar; der erste Organismus erzeugt (für den Beobachter erkennbar) eine BESCHREIBUNG seiner Nische, welche zusätzlich zu ihrer eigenen Bedeutung das Verhalten (innerhalb des kognitiven Bereichs des ersten Organismus wie auch unabhängig davon) des zweiten Organismus auf eine Interaktion hin orientiert, aus welcher sich ein dem ersten Organismus paralleles, jedoch mit ihm nicht verbundenes Verhalten ergibt. Das so durch Orientierung hervorgerufene Verhalten ist denotativ: es weist auf ein Merkmal der Umwelt hin, welches der zweite Organismus in seiner Nische antrifft und durch angemessenes Verhalten BESCHREIBT und das er als eine selbständige Größe behandelt. Für den Beobachter ist das Orientierungsverhalten eine Beschreibung zweiter Ordnung (von jetzt ab durch Kursivsatz gekennzeichnet: *Beschreibung*), die das repräsentiert, was sie seiner Auffassung nach denotiert. Im Gegensatz dazu ist das Orientierungsverhalten des ersten Organismus für den zweiten konnotativ und impliziert für ihn eine Interaktion innerhalb seines kognitiven Bereiches, die, wenn aktualisiert, ein Verhalten verursacht, welches einen spezifischen Aspekt seiner Nische BESCHREIBT. Was Orientierungsverhalten konnotiert, ist eine Funktion des kognitiven Bereiches des Orientierten, nicht des Orientierenden!

4. In einer Orientierungsinteraktion verursacht das Verhalten des ersten Organismus, als kommunikative *Beschreibung*, einen spezifischen Aktivitätszustand im Nervensystem des zweiten; dieser Aktivitätszustand verkörpert die durch die Interaktion erzeugten Relationen und repräsentiert das Verhalten des zweiten Organismus (BESCHREIBUNG seiner Nische), das durch das Orientierungsverhalten des ersten konnotiert wird. Diese Repräsentation als ein Zustand neuronaler Aktivität kann vom Nervensystem im Prinzip als eine Interaktionseinheit behandelt werden. Der zweite Organismus kann auf diese Weise, wenn er dazu fähig ist, mit Repräsentationen seiner eigenen BESCHREIBUNG seiner Nische interagieren, so als ob diese selbständige Größen wären. Dies erzeugt nun noch einen weiteren Interaktionsbereich (und folglich eine weitere Dimension des kognitiven Bereichs), den Bereich der Interaktion mit Repräsentationen von Verhalten (Interaktionen), einschließlich Orientierungsinteraktionen, so als ob diese Repräsentationen innerhalb der Nische selbständige Gegenstände wären: den *sprachlichen* Bereich.

5. Wenn ein Organismus eine kommunikative *Beschreibung* erzeugen und dann mit dem Aktivitätszustand interagieren kann, der diese repräsentiert, und somit eine andere derartige *Beschreibung* erzeugt, welche auf diese Repräsentation hin orientiert ... usw., so kann dieser Prozeß im Prinzip in einer potentiell unendlich rekursiven Weise weitergeführt werden, und der Organismus wird zu einem *Beobachter*: er erzeugt sprachliche Äußerungen als einen Bereich von Interaktionen mit Repräsentationen kommunikativer *Beschreibungen* (orientierende Verhaltensweisen).

Wenn sich ein solcher Beobachter weiterhin durch Orientierungsverhalten auf sich selbst orientieren und dann kommunikative *Beschreibungen* erzeugen kann, die ihn selbst auf seine *Beschreibung* dieser Selbstorientierung hin orientieren, so kann er, indem er dies rekursiv fortsetzt, sich selbst als sich selbst *beschreibend beschreiben* ... usw. ohne Ende. Damit erzeugt sprachliche Äußerung durch kommunikative *Beschreibung* das scheinbare Paradox der Selbst*beschreibung*: (Ich-)Bewußtsein, d. h. einen neuen Interaktionsbereich.

6. Ein Nervensystem, das fähig ist, rekursiv mit seinen eigenen Zuständen zu interagieren, so als ob diese selbständige Größen wären, kann dies tun unabhängig davon, wie diese Zustände erzeugt werden, und kann diese rekursiven Interaktionen im Prinzip ohne Ende wiederholen. Seine einzige Beschränkung liegt in der Notwendigkeit, daß die progressive Transformation seines aktuellen und potentiellen Verhaltens, die in einem solchen System eine notwendige Begleiterscheinung des Verhaltens selber ist, direkt oder indirekt der basalen Zirkularität der Organisation des Lebendigen dienen muß. Der sprachliche Bereich, der Beobachter und das Ich-Bewußtsein sind jeweils möglich, weil sie sich als verschiedene Bereiche der Interaktion des Nervensystems mit seinen eigenen Zuständen in Situationen ergeben, in denen diese Zustände verschiedene Modalitäten der Interaktionen des Organismus repräsentieren.

Denken

1. Ich bin der Auffassung, daß in einem zustandsdeterminierten Nervensystem der neurophysiologische Prozeß, der darin besteht, daß das System mit einigen seiner eigenen internen Zustände so interagiert, als ob diese unabhängige Größen wären, dem entspricht, was wir Denken nennen. Solche internen Zustände nervöser Aktivität, die im übrigen anderen Zuständen nervöser Aktivität ähnlich sind, wie sie zur Erzeugung von Verhalten beitragen, z. B. bei Reflexmechanismen, erzeugen Verhalten dadurch, daß sie spezifische Zustandsänderungen im Nervensystem bewirken. In dieser Auffassung sind sowohl Denken als auch Reflexmechanismen neurophysiologische Prozesse,

durch welche Verhalten in einer deterministischen Weise hervorgerufen wird. Sie unterscheiden sich jedoch darin, daß wir bei einer Reflexhandlung in unserer *Beschreibung* eine Kette nervöser Interaktionen verfolgen können, die mit einem spezifischen Aktivitätszustand an den sensorischen Oberflächen einsetzt. Im Falle des Denkens dagegen setzt die Kette nervöser Interaktionen, die zu einem bestimmten Verhalten (Veränderung an den Effektoroberflächen) führt, mit einem unterscheidbaren Aktivitätszustand des Nervensystems selbst ein, wie immer dieser auch verursacht sein mag. Denken ist folglich ein Operationsmodus des Nervensystems, der funktional dessen interne (möglicherweise vielfache) anatomische Projektion auf sich selbst widerspiegelt.

2. Der Denkprozeß, wie er eben charakterisiert worden ist, ist notwendigerweise unabhängig von Sprache. Daß dies auch für den Fall des von uns sogenannten »abstrakten Denkens« des Menschen gilt, wird aus den Beobachtungen von Menschen mit getrennten Hirnhemisphären klar (vgl. Gazzaniga/Boden/Sperry 1965). Diese Beobachtungen zeigen, daß die Unfähigkeit der sprachfreien Hemisphäre zu sprechen nicht ausschließt, daß in ihr Operationen ablaufen, die der Beobachter mit abstraktem Denken bezeichnen würde, und daß das Fehlen von Sprache lediglich impliziert, daß sie keine sprachlichen Äußerungen erzeugen kann. Wenn wir über Begriffe oder Vorstellungen sprechen, *beschreiben* wir unsere Interaktionen mit Repräsentationen unserer *Beschreibungen* und wir denken mit Hilfe unserer Operationen im sprachlichen Bereich. Die Schwierigkeit ergibt sich daraus, daß wir Denken mit Hilfe von Ausdrücken oder Begriffen so behandeln, als ob es in irgendeiner Art und Weise nur dem Menschen eigen bzw. den Vorstellungen, die in den *Beschreibungen* verkörpert sind, isomorph wäre, anstatt auf den funktionalen Prozeß zu achten, der diese *Beschreibungen* möglich macht.

Natürliche Sprache

1. Sprachliches Verhalten ist Orientierungsverhalten; es orientiert den zu Orientierenden innerhalb seines kognitiven Bereiches auf Interaktionen hin, die unabhängig sind von der Art der

orientierenden Interaktionen selbst. In dem Maße, in dem der Teil seines kognitiven Bereiches, auf den hin der Orientierte orientiert wird, nicht genetisch determiniert ist und durch Interaktionen spezifiziert wird, kann ein Organismus im Prinzip einen anderen auf jeden beliebigen Teil seines kognitiven Bereiches hin orientieren, und zwar mit Hilfe beliebiger Verhaltensweisen, die ebenfalls durch Interaktionen bestimmt werden. Nur dann jedoch, wenn die Interaktionsbereiche der beiden Organismen in bestimmtem Maße vergleichbar sind, sind solche konsensuellen Orientierungsinteraktionen möglich bzw. können die beiden Organismen ein konventionelles, aber dennoch spezifisches System kommunikativer *Beschreibungen* entwickeln, um einander auf kooperative Klassen von Interaktionen hin zu orientieren, die für beide relevant sind.

2. Ein Verständnis des stammesgeschichtlichen Ursprungs der natürlichen Sprachen erfordert, daß die diesen zugrundeliegende biologische Funktion, die sie erzeugen konnte, adäquat bestimmt wird. Ein solches Verständnis war bisher unmöglich, weil Sprache als ein denotatives Symbolsystem für die Übertragung von Information aufgefaßt worden ist. Wenn die biologische Funktion der Sprache tatsächlich solcher Art wäre, würde ihre stammesgeschichtliche Entwicklung die Existenz der Denotationsfunktion voraussetzen, die notwendig ist, um ein Symbolsystem für die Übertragung von Information zu entwickeln. Gerade die stammesgeschichtliche Entwicklung dieser Funktion soll aber erklärt werden! Umgekehrt, sobald erkannt ist, daß die Sprache konnotativ und nicht denotativ ist und daß ihre Funktion darin besteht, den zu Orientierenden innerhalb seines kognitiven Bereiches zu orientieren, und nicht darin, auf selbständige Entitäten zu verweisen, dann wird klar, daß gelernte Orientierungsinteraktionen eine Funktion nicht-sprachlichen Ursprungs enthalten, welche unter dem Selektionsdruck zu rekursiver Anwendung im Zuge der Evolution das System kooperativer konsensueller Interaktionen zwischen Organismen erzeugen kann, das die natürliche Sprache ist. Spezifische Orientierungsinteraktionen entstehen wie alles andere erlernte Verhalten aus der Substitution eines Interaktionstyps für einen anderen als Ursache eines bestimmten Verhaltens. Ihr Ursprung als eine Funktion des allgemeinen Lernvermögens des Nervensystems

ist vollkommen unabhängig von den Komplexitätsgraden des Systems kooperativer Interaktionen, die durch ihre rekursive Anwendung entstehen können. Orientierungsinteraktionen fallen im Bereich der Lebewesen besonders bei den nicht-menschlichen Primaten ins Auge, bei denen leicht festgestellt werden kann, wie das hörbare und sichtbare Verhalten eines Einzeltieres andere Tiere innerhalb ihrer entsprechenden kognitiven Bereiche orientiert (vgl. Jay 1968), oder auch bei den Delphinen, die offenbar ein kompliziertes und wirkungsvolles System auditiver kooperativer Interaktionen entwickelt haben (vgl. Lilly 1967). Auf der Basis dieser Tatsachen behaupte ich, daß erlernte Orientierungsinteraktionen, zusammen mit einer Verhaltensweise, die die selbständige rekursive Ausdehnung des Interaktionsbereiches des Organismus gestattet, wie z. B. geselliges Leben (vgl. Gardner/Gardner 1969), und/oder Werkzeugherstellung und -gebrauch, eine selektive Grundlage für die Evolution jener Art von Orientierungsverhalten geboten haben müssen, die bei Hominiden zur Entwicklung der gegenwärtigen Sprachen geführt hat.

3. Verhalten (Funktion) hängt ab von der anatomischen Organisation (Struktur) des lebenden Systems. Anatomie und Verhalten können folglich nicht in legitimer Weise voneinander getrennt werden, und die Evolution des Verhaltens ist die Evolution der Anatomie und umgekehrt. Die Anatomie liefert die Grundlage für das Verhalten und folglich für dessen Variabilität. Das Verhalten schafft die Voraussetzungen für den Prozeß der natürlichen Selektion und folglich für die historischen Veränderungen der Anatomie des Organismus. Struktur und Funktion sind jedoch beide auf die Perspektive der Interaktionen des Systems zu beziehen und können nicht unabhängig von den Bedingungen untersucht werden, die das System als eine Interaktionseinheit definieren. Was nämlich unter einer Perspektive eine Interaktionseinheit ist, kann unter einer anderen lediglich als Bestandteil einer größeren Einheit erscheinen oder mehrere unabhängige Einheiten darstellen. Es ist gerade die Dynamik dieses Prozesses der Individuation als eines historischen Prozesses, in dem jeder Zustand, den ein sich veränderndes System erreicht hat, eine Interaktionseinheit werden kann, sobald ein entsprechender Bereich vorhanden ist, die die Evolution lebender

Systeme zu einem deterministischen Prozeß von notwendigerweise zunehmender Kompliziertheit macht. In der Evolution der Sprache hat die natürliche Selektion durch ihr Einwirken auf das Orientierungsverhalten zu anatomischen Transformationen geführt. Das Orientierungsverhalten nämlich stellt eine Funktion dar, die bei starker Inanspruchnahme die Kooperation zwischen geselligen Lebewesen verstärkt. Die so herbeigeführten anatomischen Transformationen bilden die Voraussetzung für eine größere Komplexität des Orientierungsverhaltens und eine entsprechende Mannigfaltigkeit der Interaktionen, auf die hin der Mensch in seinem kognitiven Bereich orientiert werden kann. Die Komplexität des Orientierungsverhaltens hat durch die erhöhte Komplexität und Variabilität des motorischen Verhaltens zugenommen, insbesondere durch Vokalisation und Werkzeugherstellung. Die Verschiedenartigkeit der Interaktionen, auf die hin der Mensch orientiert werden kann, hat sich durch die gleichzeitig stattfindende Erweiterung der internen Projektion des Gehirns auf sich selbst vergrößert, und zwar mit Hilfe neuer Querverbindungen zwischen verschiedenen Kortexbereichen (im Vergleich zu anderen Primaten), zwischen kortikalen Bereichen und subkortikalen Nuklei (vgl. Geschwind 1964), und möglicherweise auch zwischen verschiedenen kortikalen Schichten und zellulären Systemen innerhalb des Kortex selber.

4. Solange die Sprache als denotativ aufgefaßt wird, muß sie als Mittel der Übertragung von Information gesehen werden, so als ob etwas von Organismus zu Organismus übertragen würde, und als ob dadurch der Bereich der Ungewißheit des »Empfängers« entsprechend den Spezifikationen des »Senders« reduziert werden sollte. Erkennt man jedoch, daß die Sprache konnotativ ist, nicht denotativ, und daß ihre Funktion darin besteht, den zu Orientierenden innerhalb seines kognitiven Bereiches zu orientieren, und zwar ohne Rücksicht auf den kognitiven Bereich des Orientierenden, so wird klar, daß es keine Informationsübertragung durch Sprache gibt. Es ist dem Orientierten überlassen, wohin er durch selbständige interne Einwirkung auf seinen eigenen Zustand seinen kognitiven Bereich orientiert. Seine Wahl wird zwar durch die »Botschaft« verursacht, die so erzeugte Orientierung ist jedoch unabhängig von dem, was diese

»Botschaft« für den Orientierenden repräsentiert. Im strengen Sinne gibt es daher keine Übertragung von Gedanken vom Sprecher zum Gesprächspartner. Der Hörer erzeugt Information dadurch, daß er seine Ungewißheit durch seine Interaktionen in seinem kognitiven Bereich reduziert. Konsens ergibt sich nur durch kooperative Interaktionen, wenn das sich dabei ergebende Verhalten jedes Organismus der Erhaltung beider Organismen dienstbar gemacht wird. Ein Beobachter, der eine kommunikative Interaktion zwischen zwei Organismen betrachtet, die beide bereits einen konsensuellen sprachlichen Bereich entwickelt haben, kann die Interaktion als denotativ beschreiben. Ihm erscheint die Botschaft (das Zeichen) so, als ob sie das durch das Verhalten des Orientierten BESCHRIEBENE (spezifizierte) Objekt denotierte, und das Verhalten des Orientierten scheint somit durch die Botschaft determiniert zu werden. Weil jedoch das Ergebnis der Interaktion im kognitiven Bereich des Orientierten unabhängig von der Bedeutung der Botschaft für den kognitiven Bereich des Orientierenden determiniert wird, liegt die denotative Funktion der Botschaft lediglich im kognitiven Bereich des Beobachters und nicht in der operativen Wirksamkeit der kommunikativen Interaktion. Das kooperative Verhalten, welches sich zwischen den interagierenden Organismen aus diesen kommunikativen Interaktionen entwickeln kann, stellt einen sekundären Prozeß dar, der unabhängig ist von ihrer operativen Wirksamkeit. Daß es in alltäglicher Sprechweise akzeptabel erscheint, von einer Übertragung von Information zu sprechen, hat seinen Grund darin, daß der Sprecher stillschweigend voraussetzt, der Hörer sei mit ihm selbst identisch und besitze folglich den gleichen kognitiven Bereich wie er selbst (was nie der Fall ist), und sich dann sehr wundert, wenn ein »Mißverständnis« entsteht. Eine solche Einstellung gilt für von Menschen erzeugte Kommunikationssysteme, bei denen die Identität von Sender und Empfänger implizit oder explizit durch den Hersteller definiert ist und eine Botschaft notwendigerweise bei der Rezeption die gleiche Menge von Zuständen selektiert, die sie bei der Emission repräsentiert, wenn sie nicht während der Übertragung gestört wird. Dies gilt jedoch nicht für natürliche Sprachen.

5. Es bleibt dem Gesprächspartner überlassen auszuwählen,

wohin er sich in seinem kognitiven Bereich aufgrund einer sprachlichen Interaktion orientiert. Da der Auswahlmechanismus, wie in jedem neuronalen Prozeß, zustandsabhängig ist, schränkt der Aktivitätszustand, aus dem die Auswahl (der neue Zustand neuronaler Aktivität) abgeleitet werden muß, die möglichen Auswahlakte ein und stellt somit den Bezugshintergrund des Orientierten dar. Das gleiche gilt für den Sprecher. Der Aktivitätszustand, aus dem sich seine kommunikative *Beschreibung* (sprachliche Äußerung) ergibt, stellt den Bezugshintergrund dar, der seine Auswahl bestimmt. Alle die Interaktionen, die den jeweiligen Bezugshintergrund der Gesprächspartner spezifizieren, ergeben den Kontext, in dem eine bestimmte sprachliche Interaktion stattfindet. Jede sprachliche Interaktion ist somit notwendigerweise kontextabhängig, und diese Abhängigkeit ist streng deterministischer Art sowohl für den Orientierenden wie auch für den Orientierten, trotz des unterschiedlichen Hintergrunds der beiden Prozesse. Nur für den Beobachter gibt es Zweideutigkeit in einer von ihm verfolgten sprachlichen Interaktion, dies deshalb, weil er keinen Zugang zu dem Kontext hat, in dem sie stattfindet. Der Satz *They are flying planes* ist für beide Gesprächspartner eindeutig, unabhängig von dem darauffolgenden Verhalten, das er in beiden verursacht. Für den Beobachter jedoch, der den Verlauf der darauffolgenden Interaktionen vorhersagen will, ist er mehrdeutig.

6. Betrachtet man sprachliche Interaktionen als Orientierungsinteraktionen, so wird klar, daß es unmöglich ist, Semantik und Syntax funktional voneinander zu trennen, so sehr sie auch in ihrer Beschreibung durch den Beobachter trennbar erscheinen mögen. Dies aus zwei Gründen:

(i) Eine Folge kommunikativer *Beschreibungen* (in unserem Falle: Wörter) muß erwartungsgemäß im Orientierten eine Folge sukzessiver Orientierungen in seinem kognitiven Bereich verursachen, deren jede sich aus dem Zustand ergibt, den die jeweils vorausgegangene hinterlassen hat. *They are flying planes* demonstriert dies ganz klar. Jedes einzelne Wort der Kette orientiert den Zuhörer auf eine spezifische Interaktion in seinem kognitiven Bereich hin, die in einer besonderen Weise relevant ist (wie sich aus dem dadurch erzeugten Verhalten ablesen läßt), und zwar bedingt durch die vorausgegangene Orientierung. Das Problem sollte nicht dadurch verschleiert werden, daß es den Anschein hat, daß der Beobachter das Wort *are* (oder jedes beliebige Wort) leichter beschreiben kann, indem er sich auf seine grammatischen und lexikalischen Funktionen bezieht, als daß er die Art der dadurch verursachten Orientierung (im Sinne von Verhalten oder Interaktionen) zu bestimmen vermag. Der Beobachter spricht, und jede von ihm gegebene Erklärung des Wortes *are* liegt im Beschreibungsbereich, während die durch das Wort selbst verursachte Orientierung als eine Änderung des Zustandes des Hörers eine interne Interaktion in *dessen* kognitivem Bereich darstellt.

(ii) Eine vollständige Sequenz kommunikativer *Beschreibungen* kann selbst eine kommunikative *Beschreibung* sein. Ist die gesamte Sequenz einmal abgeschlossen, so kann sie den Zuhörer aus der Perspektive des Zustandes orientieren, in den sie ihn geführt hat. Die Grenze für entsprechende Komplizierungen liegt ausschließlich in der Fähigkeit des Nervensystems, zwischen seinen eigenen überhaupt unterscheidbaren internen Zuständen zu unterscheiden und mit ihnen so zu interagieren, als ob sie selbständige Gegenstände wären.

7. Das Sprachverhalten ist ein historischer Prozeß kontinuierlicher Orientierung. Der neue Zustand, in dem das System sich nach einer sprachlichen Interaktion befindet, ergibt sich direkt aus dem sprachlichen Verhalten. Die Regeln der Syntax und der generativen Grammatik (vgl. Chomsky 1968) beziehen sich auf Regularitäten, die der Beobachter im Sprachverhalten erkennt (wie er sie in *jedem* Verhalten erkennen würde). Diese Regularitäten sind durch die funktionale Organisation des Systems bedingt und legen die in jedem beliebigen Zeitpunkt möglichen Interaktionen fest. Solche Regeln liegen als Regeln ausschließlich im kognitiven Bereich des Beobachters, d. h. im Bereich der Beschreibung, da die Übergänge von Zustand zu Zustand als interne Prozesse in jedem System nicht mit der Art der durch sie verursachten Interaktionen zusammenhängen. Jede Korrelation zwischen verschiedenen Interaktionsbereichen gehört ausschließlich zum kognitiven Bereich

des Beobachters und ergibt sich in Form von Relationen, die durch seine gleichzeitigen Interaktionen mit beiden entstehen.

8. Der koordinierte Zustand neuronaler Aktivität, der ein Verhalten als eine Serie von Effektor- und Rezeptorzuständen spezifiziert und dessen Bedeutung sich in einem konsensuellen Bereich ausbildet, unterscheidet sich in bezug auf seine neurophysiologische Erzeugung nicht von anderen koordinierten Zuständen neuronaler Aktivität, die andere Verhaltensformen mit angeborener oder erlernter Bedeutung spezifizieren (Gehen, Fliegen, Spielen eines Musikinstrumentes). Wie komplex die motorischen und sensorischen Koordinationen des Sprechens auch immer sein mögen, die Eigentümlichkeit des sprachlichen Verhaltens liegt dennoch nicht in der Komplexität oder der Art der Folgen von Effektor- und Rezeptorzuständen, die es konstituieren, sondern in der Relevanz, die solches Verhalten für die Aufrechterhaltung der basalen Zirkularität der interagierenden Organismen durch die Entwicklung des konsensuellen Bereichs der Orientierungsinteraktionen erlangt. Sprechen, Gehen oder Musizieren unterscheiden sich nicht hinsichtlich der Art der koordinierten neuronalen Prozesse, durch die sie bestimmt werden, sondern in den Teilbereichen der Interaktion, in denen sie ihre Relevanz erlangen.

9. Orientierungsverhalten eines Organismus mit einem Nervensystem, das imstande ist, rekursiv mit seinen eigenen Zuständen zu interagieren, erweitert dessen kognitiven Bereich dadurch, daß es ihm ermöglicht, rekursiv mit *Beschreibungen* seiner Interaktionen zu interagieren. Daraus folgt:

(i) Natürliche Sprache ist entstanden als ein neuer Interaktionsbereich, in dem der Organismus durch die *Beschreibungen* seiner Interaktionen modifiziert wird. Diese *Beschreibungen* werden durch Aktivitätszustände des Nervensystems verkörpert, und die Evolution des Organismus wird somit seinen Interaktionen in den Bereichen der Beobachtung und des (Ich-)Bewußtseins unterworfen.

(ii) Natürliche Sprache ist notwendigerweise generativ, da sie sich aus der rekursiven Anwendung der gleichen Operation (als neurophysiologischem Prozeß) auf die Resultate dieser Anwendung ergibt.

(iii) Neue Folgen von Orientierungsinteraktionen (neue Sätze) innerhalb des konsensuellen Bereichs sind notwendigerweise für den Gesprächspartner verständlich (sie orientieren ihn), weil jeder ihrer Bestandteile als ein Teil des konsensuellen Bereiches, zu dessen Definition er beiträgt, spezifische Orientierungsfunktionen hat.

Gedächtnis und Lernen

1. Lernen als Prozeß besteht in der Transformation des Verhaltens eines Organismus durch Erfahrung, und zwar auf eine Weise, die direkt oder indirekt der Erhaltung seiner basalen Zirkularität dient. Entsprechend der zustandsdeterminierten Organisation des lebenden Systems im allgemeinen und des Nervensystems im besonderen ist diese Transformation ein historischer Prozeß. Dabei stellt jede Verhaltensweise eine Grundlage dar, auf der neue Verhaltensweisen sich entwickeln, sei es durch Veränderungen in den möglichen Zuständen, die sich als Ergebnis einer Interaktion in ihr entwickeln können, sei es durch Veränderungen der Übergangsregeln von einem Zustand zum anderen. Der Organismus lebt somit in einem kontinuierlichen Entwicklungsprozeß, der durch eine endlose Abfolge von Interaktionen mit unabhängigen Gegenständen spezifiziert wird.

2. Lernen erfolgt so, daß das gelernte Verhalten des Organismus für den Beobachter durch die Vergangenheit gerechtfertigt erscheint, d.h. durch die Einverleibung einer Repräsentation der Umwelt, die durch Erinnerung modifizierend auf sein gegenwärtiges Verhalten einwirkt. Trotzdem arbeitet das System selbst in der Gegenwart, und Lernen läuft für das System als atemporaler Prozeß der Transformation ab. Ein Organismus kann nicht im vorhinein determinieren, wann er sich im Fluß der Erfahrung verändert und wann nicht, noch kann er im vorhinein festlegen, welchen optimalen funktionalen Zustand er erreichen soll. Sowohl die Vorteilhaftigkeit eines besonderen Verhaltens als auch die Verhaltensform selbst können nur *a posteriori* festgestellt werden, und zwar als Ergebnis des tatsächlichen Verhaltens des Organismus, das im Dienste der Aufrechterhaltung seiner basalen Zirkularität steht.

3. Das lernende Nervensystem ist ein deterministisches System mit einer relativistischen, sich selbst regulierenden Organisation. Das Nervensystem definiert seinen Interaktionsbereich durch die Zustände neuronaler Aktivität, die es konstant hält, und zwar sowohl intern als auch an den sensorischen Oberflächen. Es bestimmt diese Zustände in jedem Zeitpunkt durch sein Funktionieren und durch das Lernen selbst (historische Transformation). Es muß folglich imstande sein, kontinuierliche Transformationen durchzumachen, und zwar sowohl in den von ihm konstant gehaltenen Zuständen als auch in der Art, in der es diese erreicht, so daß jede Interaktion, in der neue Klassen von Begleiterscheinungen auftreten, es effektiv in der einen oder der anderen Richtung modifiziert (Lernkurven). Da diese Transformation als ein kontinuierlicher Entwicklungsprozeß ohne jede vorgängige Festlegung eines Endzustandes ablaufen muß, kann sich die endgültige Spezifizierung und Optimierung einer neuen Verhaltensweise nur aus der kumulativen Wirkung vieler gleichgerichteter Interaktionen ergeben.

4. Die bereits gegebene Analyse des Nervensystems zeigte, daß die in ihm durch jede Interaktion verursachten Zustände neuronaler Aktivität die in der Interaktion gegebenen Relationen verkörpern und nicht Repräsentationen der Nische oder der Umwelt, wie der Beobachter sie beschreiben würde. Diese Analyse zeigte weiterhin, daß solche Verkörperungen, funktional gesehen, Veränderungen der Reaktivität des Nervensystems als eines in sich geschlossenen Systems auf die modulierenden Einflüsse weiterer Interaktionen darstellen. Was der Beobachter »Erinnerung« und »Gedächtnis« nennt, kann folglich kein Prozeß sein, durch welchen der Organismus jede neue Erfahrung mit einer gespeicherten Repräsentation der Nische konfrontiert, bevor er eine Entscheidung trifft, sondern muß Ausdruck eines modifizierten Systems sein, das bereit ist, ein für seinen gegenwärtigen Aktivitätszustand relevantes neues Verhalten zu synthetisieren.

5. Es ist bekannt, daß viele Neuronen ihre Übertragungsfunktionen aufgrund verschiedener Begleitaktivitäten verändern, die in den Neuropilen ihrer Kollektor- und Effektorbereiche vor sich gehen. Wenn auch nicht bekannt ist, welcher Art diese Veränderungen sind (Entwicklung neuer Synapsen oder Verän-

derung ihrer Größe, Membranenveränderungen, Veränderungen der Muster der Impulsausbreitung an den Verzweigungsstellen der Axone), so kann aus der relativistischen Organisation des Nervensystems abgeleitet werden, daß sie wahrscheinlich lokale morphologische und funktionale Veränderungen ergeben, die keine besondere Interaktion repräsentieren, aber permanente Veränderungen der Reaktivität des Systems herbeiführen. Diese anatomische und funktionale Transformation des Nervensystems muß notwendigerweise kontinuierlich vor sich gehen, und zwar in Form von Veränderungen, die von den Zellen solange stabilisiert werden können, bis die nächste Modifikation eintrifft, welche mit Bezug auf die vorausgegangene in jeder Richtung erfolgen kann, oder in Form von Veränderungen, die nach einer bestimmten Anzahl von Interaktionen von selbst zur Ruhe kommen.

6. Alle Veränderungen des Nervensystems während eines Lernprozesses müssen ohne Behinderung seines fortlaufenden Funktionierens als selbstregulierendes System erfolgen. Die Einheit des lebenden Systems, die ein Beobachter über dessen fortwährende Transformation hinaus feststellt, ist eine streng funktionale. Was daher dem Beobachter konstant erscheint, wenn er feststellt, daß das gleiche Verhalten in einer anderen Situation wiederum ausgeführt wird, das ist eine Menge von Relationen, die er als dieses Verhalten charakterisierend definiert, und zwar unabhängig von jeder Veränderung des neurophysiologischen Prozesses, durch welche es erreicht wird, oder unabhängig von jedem anderen nicht berücksichtigten Aspekt des Verhaltens selbst. Lernen im Sinne einer Relation zwischen verschiedenen sukzessiven Verhaltensweisen eines Organismus liegt als Beschreibung *seiner* geordneten Erfahrungen im kognitiven Bereich des Beobachters. Dabei ergibt sich das jeweils gegenwärtige Verhalten aus der Transformation eines vergangenen Verhaltens. In gleicher Weise ist Gedächtnis im Sinne eines Bezuges auf eine Repräsentation der vergangenen Erfahrungen des lernenden Organismus eine Beschreibung des Beobachters, und zwar der geordneten Interaktionen seiner selbst mit dem beobachteten Organismus. Ein Gedächtnis als einen Speicher von Repräsentationen der Umwelt, die für verschiedene Gelegenheiten abgerufen werden können, gibt es als neurophysiologische Funktion nicht.

7. Die einer Interaktion folgende Veränderung des Systemzustandes in der Weise, daß bei jedem neuerlichen Auftreten einer ähnlichen Interaktion ein bestimmter intern determinierter Begleitzustand nicht auftritt, obwohl das gleiche Oberflächenverhalten durchlaufen wird, ist für ein System hinreichend, um zwei im übrigen äquivalente Interaktionen als verschiedene Elemente der gleichen Klasse aufzufassen. Dieser eigentümliche Zustand könnte als Repräsentation der emotionalen Konnotation der Unsicherheit beschrieben werden, die immer dann gegeben ist, wenn eine Klasse von Interaktionen das erste Mal erfahren wird und die nach einer solchen Erfahrung unterdrückt wird. Das Fehlen eines solchen Begleitzustandes würde von da an ausreichen, alle wieder auftretenden Interaktionen der gleichen Klasse anders (nämlich als bekannte) aufzufassen. Ich behaupte, daß derartige Modifikationen der Reaktivität des Nervensystems die Basis dafür darstellen, daß die Erfahrungen eines lebenden Systems durch »Wiedererkennen« in einer einzigen Richtung angeordnet werden, ohne daß Repräsentationen der Nische gespeichert würden. Erstmalige Interaktionen, die aufgrund eines Irrtums des Systems nicht vom oben erwähnten internen Begleitzustand (emotionale Konnotation der Unsicherheit) begleitet sind, würden so behandelt werden, als ob sie bekannt wären, wie z. B. im *déjà vu.* Umgekehrt würde eine Manipulation der Unterdrückung des begleitenden Aktivitätszustandes, der dieser emotionalen Konnotation entspricht, zur Folge haben, daß jede wieder eintretende Interaktion als unbekannt behandelt würde (Verlust rezenter Erfahrung).

8. Ist ein solches System zu sprachlicher Äußerung fähig, so erzeugt es durch die Unterstellung einer linearen Ordnung seiner Erfahrungen, entsprechend ihrer Unterschiedlichkeit in bezug auf ihre emotionalen Konnotationen, den zeitlichen Bereich, und obwohl es weiterhin als atemporales System in der Gegenwart funktioniert, interagiert es mit seinen Beschreibungen im zeitlichen Bereich. Vergangenheit, Gegenwart und Zukunft bzw. Zeit im allgemeinen gehören ausschließlich in den kognitiven Bereich des Beobachters.

Der Beobachter: Epistemologische und ontologische Konsequenzen

1. Der kognitive Bereich ist der gesamte Interaktionsbereich des Organismus. Der kognitive Bereich kann erweitert werden, wenn neue Interaktionsformen erzeugt werden. Instrumente vergrößern unseren kognitiven Bereich.

2. Die Möglichkeit der Erweiterung des kognitiven Bereichs ist unbeschränkt. Diese Erweiterung ist ein historischer Prozeß. Unser Gehirn, das Gehirn des Beobachters, hat sich im Laufe der Evolution zu einem Instrument für die Unterscheidung zwischen Relationen spezialisiert, und zwar intern wie auch extern erzeugter Relationen, Relationen jedoch, die durch und über Interaktionen gegeben sind und die in den Zuständen relativer Aktivität seiner Neuronen verkörpert werden. Diese Zustände relativer Aktivität, die vom Standpunkt des Beobachters aus Interaktionen repräsentieren, stellen für das Gehirn, ein für die Optimierung seiner signifikanten sensorischen und internen Zustände rückgekoppeltes System, Mechanismen der internen Determination seiner Veränderungen dar. Diese Spezialisierung des Nervensystems auf die Unterscheidung zwischen Zuständen relativer Aktivität seiner Neuronen hat zwei Aspekte: der eine hat zu tun mit der funktionalen Organisation der Nervenzellen, die durch ihre Reaktionen zwischen verschiedenen Zuständen relativer Aktivität unterscheiden, die auf sie einwirken, der andere bezieht sich auf die Fähigkeit des Nervensystems als einer neuronalen Organisation, zwischen seinen eigenen Zuständen insofern zu unterscheiden, als diese durch die weiteren Aktivitätszustände, die sie erzeugen, unterschieden und spezifiziert werden. Aus dieser Fähigkeit des Nervensystems, unterscheidend mit seinen eigenen Zuständen in einem kontinuierlichen Prozeß der Selbsttransformation zu interagieren, und zwar unabhängig davon, wie diese Zustände erzeugt werden, entsteht Verhalten als ein Kontinuum von auf sich selbst bezogenen funktionalen Transformationen. Wir können in keiner absoluten Weise sagen, was einen Input für unser Nervensystem (das Nervensystem des Beobachters) darstellt, da jeder seiner Zustände sein Input sein und es als eine Interaktionseinheit modifizieren kann. Wir können sagen, daß jede interne Interaktion uns

verändert, da sie unseren internen Zustand, unsere Einstellung oder Perspektive (als einen funktionalen Zustand) modifiziert, von welchen aus wir in eine neue Interaktion eintreten. Folglich werden in jeder Interaktion mit Notwendigkeit neue Relationen erzeugt und in neuen Aktivitätszuständen verkörpert. Wir interagieren mit diesen in einem Prozeß, der sich als historische und unbegrenzte Transformation fortwährend vollzieht.

3. Der Beobachter erzeugt eine gesprochene *Beschreibung* seines kognitiven Bereichs (der seine Interaktionen mit Instrumenten und durch Instrumente einschließt). Welche *Beschreibung* er jedoch auch immer macht, jede solche *Beschreibung* entspricht einer Menge zulässiger Zustände relativer Aktivität in seinem Nervensystem, die die in seinen Interaktionen gegebenen Relationen verkörpern. Diese zulässigen Zustände relativer Aktivität ebenso wie jene, die durch diese rekursiv erzeugt werden, werden durch die anatomische und funktionale Organisation des Nervensystems ermöglicht, d. h. durch dessen Fähigkeit, mit seinen eigenen Zuständen zu interagieren. Das Nervensystem seinerseits hat sich als ein System entwickelt, das strukturell und funktional der basalen Zirkularität der Organisation des Lebendigen dient und folglich eine unausweichliche Logik verkörpert: jene Logik, die die Anpassung ermöglicht zwischen der Organisation des lebenden Systems und den Interaktionen, in die dieses eintreten kann, ohne seine Identität zu verlieren.

4. Der Beobachter kann ein System *beschreiben*, welches ein System hervorbringt, das *beschreiben* kann, also einen Beobachter. Eine gesprochene Erklärung ist eine Paraphrase, eine *Beschreibung* der Synthese dessen, was erklärt werden soll; der Beobachter erklärt den Beobachter. Eine gesprochene Erklärung liegt jedoch im Bereich sprachlicher Äußerung. Nur eine vollständige Reproduktion ist eine vollständige Erklärung.

5. Der Bereich sprachlicher Äußerung ist ein geschlossener Bereich, und es ist unmöglich, aus ihm durch sprachliche Äußerung hinauszutreten. Da der sprachliche Bereich ein geschlossener Bereich ist, ist es möglich, die folgende ontologische Aussage zu machen: *Die Logik der Beschreibung ist die Logik des beschreibenden (lebenden) Systems (und seines kognitiven Bereichs).*

6. Diese Logik erfordert ein Substrat für die Realisierung

sprachlicher Äußerungen. Wir können jedoch nicht in absoluter Weise über dieses Substrat reden, da wir es *beschreiben* müßten und da eine *Beschreibung* eine Menge von Interaktionen darstellt, in welche *der Beschreiber* und der Zuhörer eintreten können, und da ihre Äußerungen über diese Interaktionen eine weitere Menge *deskriptiver* Interaktionen sind, die im gleichen Bereich verbleiben. Obwohl also dieses Substrat aus epistemologischen Gründen erforderlich ist, kann darüber nichts außer dem durch die obige ontologische Aussage Festgestellten ausgesagt werden.

7. Wir leben als Beobachter in einem Gesprächsbereich und interagieren mit *Beschreibungen* unserer *Beschreibungen* auf rekursive Weise und erzeugen so fortlaufend neue Interaktionselemente. Wir sind jedoch als lebende Systeme geschlossene Systeme, moduliert durch Interaktionen, durch welche wir selbständige Gegenstände definieren, deren Realität einzig und allein in den Interaktionen liegt, die sie (ihre BESCHREIBUNG) festlegen.

8. Aus epistemologischen Gründen können wir sagen: es gibt Eigenschaften, diese sind vielfältig und bleiben durch Interaktionen hindurch konstant. Die Invarianz der Eigenschaften über Interaktionen hinaus bildet den funktionalen Ursprung für Gegenstände (oder: Interaktionseinheiten). Da Gegenstände durch die sie definierenden Interaktionen (Eigenschaften) erzeugt werden, erzeugen Gegenstände mit verschiedenen Eigenschaftsklassen unabhängige Interaktionsbereiche: *jeder Reduktionismus ist ausgeschlossen.*

Probleme der Neurophysiologie der Kognition

1. Der Beobachter kann stets in einem Interaktionsbereich verbleiben, der seine eigenen Interaktionen umfaßt. Er besitzt ein Nervensystem, das imstande ist, mit seinen eigenen (d. h. des Nervensystems) Zuständen zu interagieren. Dieses Nervensystem erlaubt ihm, rekursiv mit Repräsentationen seiner (d. h. des Beobachters) Interaktionen zu interagieren, und zwar dann, wenn ein funktionaler Kontext gegeben ist, der die Zustände des Nervensystems als Repräsentationen der Interaktionen defi-

niert, aus denen sie entstehen. Dies ist möglich, weil aufgrund der allgemeinen Organisationsweise des Nervensystems kein qualitativer Unterschied zwischen intern und extern erzeugten Aktivitätszuständen besteht und weil jeder einzelne spezifische Aktivitätszustand nur mit Bezug auf andere Aktivitätszustände des Systems bestimmbar ist.

2. Ein Organismus mit einem Nervensystem, das imstande ist, mit seinen eigenen Zuständen und mit gelernten Orientierungsinteraktionen zu interagieren, ist zu *Beschreibungen* fähig und damit imstande, ein Beobachter zu sein. Der Organismus kann es lernen, sich auf sich selbst hin zu orientieren und sich so selbst zu *beschreiben* (vgl. Gardner/Gardner 1969). Ein solcher Organismus wird dadurch, daß er sich selbst als sich selbst *beschreibend* in rekursiver Weise *beschreibt*, zu einem sich selbst beobachtenden System, das den Bereich des Ich-Bewußtseins als Bereich der Selbstbeobachtung erzeugt. Ich-Bewußtsein ist folglich kein neurophysiologisches Phänomen, es ist vielmehr ein Epiphänomen, das als unabhängiger Interaktionsbereich aus dem selbstorientierenden Verhalten entsteht und vollständig im sprachlichen Bereich liegt. Daraus ergeben sich zweierlei Konsequenzen:

(i) Der sprachliche Bereich erfordert als ein Bereich des Orientierungsverhaltens zumindest zwei interagierende Organismen mit vergleichbaren Interaktionsbereichen, so daß sich ein kooperatives System konsensueller Interaktionen entwickeln kann, in dem das jeweils entstehende Verhalten der beiden Organismen für beide relevant ist. Die Spezifizierbarkeit der Orientierungsinteraktionen durch Lernen erlaubt in diesem Bereich eine rein konsensuelle (kulturelle) Evolution, ohne daß dadurch notwendigerweise eine weitere Evolution des Nervensystems bedingt wird. Aus diesem Grunde sind sowohl der sprachliche Bereich im allgemeinen als auch der Bereich des Ich-Bewußtseins im besonderen im Prinzip von dem sie erzeugenden biologischen Substrat unabhängig. Im tatsächlichen Werdeprozeß des lebenden Systems ist diese Unabhängigkeit keine vollständige. Einerseits nämlich bestimmt die anatomische und neurophysiologische Organisation des Gehirns durch Determination der tatsächlichen Möglichkeiten für das Zusammenfließen verschiedener Aktivitätszustände im Gehirn sowohl den Bereich möglicher Interaktionen des Organismus mit Relationen als auch die Komplexität der Muster von Orientierungsinteraktionen, die es unterscheiden kann. Andererseits schränkt die Tatsache, daß der sprachliche Bereich notwendigerweise der Aufrechterhaltung der basalen Zirkularität des Organismus dient, indem er Verhaltensweisen erzeugt, die diese Zirkularität direkt oder indirekt stützen, die Arten des Verhaltens ein, die der Organismus ausführen kann, ohne daß dieser unmittelbar oder bei späterer Gelegenheit zerfällt oder in seiner Reproduktion eingeschränkt wird. Obwohl also folglich die rein konsensuellen Aspekte der kulturellen Evolution von einer gleichzeitigen Evolution des Nervensystems unabhängig sind, sind dennoch jene Aspekte der kulturellen Evolution, die auf der Möglichkeit beruhen, neue Klassen von begleitenden Aktivitäten im Nervensystem herzustellen und die so neue Relationen zwischen im übrigen unabhängigen Bereichen erzeugen, nicht in dieser Weise unabhängig. Sobald daher ein kultureller Bereich hergestellt ist, wird die danach erfolgende Evolution des Nervensystems notwendigerweise diesem in dem Maße untergeordnet, in dem er die funktionale Geltung der neuen Arten von begleitenden Aktivitäten determiniert, welche durch genetische Variabilität im Nervensystem entstehen können.

(ii) Da Ich-Bewußtsein und sprachlicher Bereich im allgemeinen keine neurophysiologischen Phänomene darstellen, ist es unmöglich, sie durch Erregung, Hemmung, Netzstrukturen, Kodierung oder was sonst noch zur Neurophysiologie gehören mag, zu erklären. Der sprachliche Bereich wird in der Tat nur dadurch vollständig erklärt, daß gezeigt wird, wie er sich aus der rekursiven Anwendung von Orientierungsinteraktionen auf die Ergebnisse dieser Anwendungen ausbildet, ohne daß er als Bereich durch das neurophysiologische Substrat eingeschränkt würde. Das eigentliche Problem besteht in der Notwendigkeit, in rein physiologischer Weise und ohne Bezug auf »Sinn«- oder »Bedeutungs«-Kategorien die Synthese des Verhaltens im allgemeinen und die Synthese des Orientierungsverhaltens im besonderen zu erklären. Die grundlegenden Bestrebungen in dieser Hinsicht sollten daher darin bestehen, folgende Probleme zu verstehen und zu lösen:

a) *Wie interagiert das Nervensystem so mit seinen eigenen Zuständen, und wie wird es durch diese so modifiziert, als ob sie selbständige Gegenstände wären?*
b) *Wie sind diese Zustände neurophysiologisch zu bestimmen, wenn sie hinsichtlich ihrer Leistung definiert werden, bestimmte interne oder sensorische Zustände des Systems herbeizuführen?*
c) *Wie wird eine bestimmte Effektorleistung synthetisiert, die definiert wird durch die relativen Aktivitätszustände, die sie in den sensorischen Oberflächen und im System selbst erzeugt?*
d) *Wie determinieren die zweifachen oder dreifachen internen anatomischen Projektionen des Nervensystems auf sich selber seine Fähigkeit, bestimmte seiner eigenen Zustände herauszugreifen und mit ihnen selbständig zu interagieren?*

3. In jedem beliebigen Zeitpunkt reagiert jede einzelne Nervenzelle auf deterministische Weise und entsprechend wohldefinierten Übertragungsfunktionen auf Klassen raumzeitlicher Aktivität, die in ihrem Kollektorbereich durch die auf sie einwirkenden afferenten Einflüsse ausgelöst werden. Dies geschieht unabhängig davon, wie diese afferenten Einflüsse entstehen. Diese Art der zellulären Tätigkeit stellt die Basis für einen assoziativen Prozeß dar, in dessen Verlauf immer dann, wenn ein bestimmter Aktivitätszustand im Nervensystem hergestellt wird, alle Neuronen aktiv werden, für die dieser Zustand die relevanten Klassen afferenter Einflüsse erzeugt. Die auf diese Weise neurophysiologisch verstandene Assoziation ist ein unvermeidbarer Prozeß, der alle Zellen, die zu irgendeinem Zeitpunkt durch einen bestimmten Zustand des Nervensystems aktivierbar sind, aktiv werden läßt. In einer solchen Vorstellung haben »Sinn-«/»Bedeutungs«-Kategorien keinen Platz, da »Sinn« als eine *Beschreibung* durch den Beobachter die Relevanz bezeichnet, die eine Verhaltensweise für die Erhaltung der basalen Zirkularität des Organismus hat, und zwar als Folge der Selbstregulierung, und nicht die Relevanz für die Mechanismen der Entstehung von Verhalten. Assoziation im Sinne von Repräsentationen, die

durch Bedeutung verbunden sind, gehört ausschließlich zum kognitiven Bereich des Beobachters. Das Nervensystem ist ein System, das bestimmte Zustände relativer Aktivität durch sein Funktionieren konstant hält, sowohl intern als auch an den sensorischen Oberflächen, und zwar lediglich mit Bezug auf einige seiner anderen Zustände relativer Aktivität. In diesem Zusammenhang sind die folgenden Überlegungen zu seiner funktionalen Organisation von Bedeutung:

(i) Das Nervensystem kann als ein System beschrieben werden, das sich entwickelt hat, um die speziellen Aufgaben der Unterscheidung zwischen Zuständen neuronaler relativer Aktivität (besonders im Menschen) zu erfüllen, deren jeder durch das von ihm erzeugte Verhalten definiert ist. Dies gilt für angeborenes und erlerntes Verhalten in Situationen, in denen jedes Verhalten entweder durch eine Menge von konstant gehaltenen Aktivitätszuständen oder durch deren sowohl intern als auch an den sensorischen Oberflächen stattfindende Veränderungen definiert wird.

(ii) Die basale Nervennetzstruktur und die ursprüngliche reaktive Kapazität der Nervenzellen, mit denen jedes Lebewesen entwicklungsgemäß ausgestattet ist, sichern ein basales Ausbreitungsmuster der nervösen Aktivität, wo immer in dem Lebewesen diese entstehen mag. Die Entwicklung bestimmt und determiniert daher ein anfängliches Verhaltensrepertoire, auf dem alles neue Verhalten durch historische Verhaltenstransformationen aufgebaut wird (vgl. Lorenz 1966).

(iii) Jede Modifikation der Übertragungsfunktionen einer Nervenzelle oder der Umstände, unter denen eine raumzeitliche Aktivitätskonfiguration im Kollektor- oder Effektorbereich eines Neurons als Resultat spezifischer neuer Begleiterscheinungen an Aktivität entsteht, erfolgt als eine Modifikation eines vorgegebenen Verhaltensmodus eines Systems, das einige seiner Zustände konstant erhält. Jede Veränderung, die zur Synthese eines modifizierten Verhaltens beiträgt, muß als solche unmittelbar durch andere Veränderungen begleitet sein, die in einem Prozeß entstehen, durch welchen sich das System der Erhaltung seiner eigenen Zustände anpaßt. Es ist also die unmittelbare Relevanz eines Verhaltens in der Gegenwart, die für das Lernen signifikant ist, und nicht sein möglicher Wert für zukünftige Aktionen, der nur im kognitiven Bereich des Beobachters gegeben ist.

(iv) Es ist offensichtlich, daß das Nervensystem nicht im vorhinein jene Begleiterscheinungen an Aktivität determinieren kann, aufgrund derer es sich auf permanente Weise so verändern würde, daß es zukünftige Bedürfnisse des Organismus befriedigt. Es muß folglich immer dann unmittelbar nicht-selektive Veränderungen erleiden, wenn eine neue Begleitaktivität in ihm entsteht. Damit dies geschehen kann, muß das Nervensystem imstande sein, auch trotz der fortwährenden Transformation seiner Fähigkeit, Verhalten zu synthetisieren, erfolgreich zu arbeiten. Dies ergibt sich notwendigerweise aus der fortlaufenden Veränderung der neurophysiologischen Begleiterscheinungen, die die effektiven raumzeitlichen Aktivitätskonfigurationen determinieren, welche auf die Kollektorbereiche seiner einzelnen Neuronen einwirken. Es scheint daher von fundamentaler Wichtigkeit für die funktionale Transformation des Systems zu sein, daß viele seiner Neuronen fähig sind, ihre relative Mitwirkung an der Synthese von Verhalten als Elemente verschiedener Zustände relativer neuronaler Aktivität zu verändern, und zwar unabhängig davon, ob dies von einer Veränderung ihrer Übertragungsfunktionen begleitet ist oder nicht. Unter diesen Bedingungen besteht das tatsächliche Problem für das wirkungsvolle Arbeiten des Nervensystems darin, zu jedem beliebigen Zeitpunkt die optimale Aktivitätskonfiguration zu erzeugen, die notwendig ist, ein bestimmtes Verhalten zu synthetisieren. Da jedoch diese fortlaufende Transformation der funktionalen Kapazität des Nervensystems notwendigerweise im Zuge fortlaufenden erfolgreichen Verhaltens stattfindet, bedarf eine solche Optimierung keiner anderen Spezifikation als eben der Herstellung erfolgreichen Verhaltens durch die konvergierende Transformation des Verhaltens selbst.

(v) Da das Nervensystem ein folgerndes System ist, d. h. da es so funktioniert, als ob jeder Zustand, der einmal eingetreten ist, wiederum eintreten wird, muß ein signifikantes Merkmal seiner Organisation seine notwendige und fortwährende

Transformation sein. Diese ist eine Funktion der neuen Begleiterscheinungen an Aktivität, welche in ihm auftreten. Diese funktionale Anforderung könnte z. B. erfüllt sein, wenn irgendeine lokale Begleitaktivität in den Neuropilen die Nervenzellen in einer deterministischen und spezifischen Weise verändert, die keine Größe oder kein Ereignis repräsentiert, sondern die die neurophysiologischen Bedingungen modifiziert, unter denen die entsprechenden postsynaptischen Neuronen aktiviert werden. Dies kann eintreten, wenn die Wahrscheinlichkeit der Impuls-Ausbreitung an den Verzweigungsstellen der afferenten Axone in den Neuropilen permanent durch zusammentreffende neue Aktivitäten in den Nachbarstrukturen in der einen oder der anderen Richtung modifiziert wird, wobei die Nachbarstrukturen bei Fehlen synaptischer Interaktion durch lokale Ströme lokale Wachstums- oder Verkümmerungsprozesse in den Verzweigungsbereichen dieser Axone verursachen. Wäre dies der Fall, so würden vier Dinge eintreten:

(a) der Zustand des Nervensystems würde sich verändern und folglich auch sein Verhalten, und zwar entsprechend den neuen Begleiterscheinungen an Aktivität, die durch seine verschiedenen Interaktionen in den Neuropilen erzeugt werden.

(b) Jeder Aktivitätszustand des Systems (als ein Zustand relativer neuronaler Aktivität) wäre durch die in den Neuropilen erzeugten Begleiterscheinungen an Aktivität definiert, so daß er im Falle ihres Wiederauftretens wieder auftritt.

(c) Jeder neue funktionale Zustand der Neuropile würde notwendigerweise die Basis für ihre weitere Modifikation darstellen, und zwar so, daß ihre morphologische und funktionale Organisation ständiger historischer Transformation unterworfen blieben.

(d) Diese Veränderungen der Neuropile würden die Mitwirkung der verschiedenen Neuronen an der Synthese von Verhalten verändern, und zwar unabhängig davon, ob es sich um Veränderungen in ihren Übertragungsfunktionen durch Veränderungen der Bedingungen ihrer Aktivierung handelt oder nicht. Wenn daher eine

Klasse von Interaktionen für den Organismus immer wieder auftritt (wie durch den Beobachter beschrieben), so kann im strengen Sinn kein vergangenes Verhalten wieder ausgeführt werden, sondern es muß jeweils immer ein neues adäquates Verhalten synthetisiert werden, das im Kontext des gegenwärtigen morphologischen und funktionalen Zustandes des Systems der Aufrechterhaltung der vom System selbst definierten Aktivitätszustände genügt, sowohl an den sensorischen Oberflächen wie auch intern.

4. Lernen ist kein Prozeß der Akkumulation von Repräsentationen der Umwelt, es ist ein kontinuierlicher Prozeß der Transformation von Verhalten durch kontinuierliche Veränderung der Fähigkeit des Nervensystems, solches Verhalten zu synthetisieren. Erinnerung hängt nicht von der unbestimmt langen Aufbewahrung einer strukturellen Invariante ab, die einen Gegenstand repräsentiert (z. B. eine Idee, ein Bild, oder ein Symbol), sondern von der funktionalen Fähigkeit des Systems, bei Vorliegen bestimmter rekurrenter Bedingungen ein Verhalten zu erzeugen, das die rekurrenten Anforderungen erfüllt oder das der Beobachter als den erneuten Vollzug eines vorausgegangenen Verhaltens klassifizieren würde. Die Bemühungen um die Erforschung des Lernprozesses müssen daher zwei grundlegende Fragen beantworten:

(i) *Welche Veränderungen kann ein Neuron (in jedem seiner Bestandteile) erfahren, die es für eine bestimmte Zeit konstant erhalten kann und die auf definite Weise seine mögliche Mitwirkung an verschiedenen Konfigurationen relativer neuronaler Aktivität modifizieren?*

(ii) *Welche Art der Organisation des Nervensystems würde kontinuierliche Veränderungen der relativen Aktivität seiner anatomischen Komponenten erlauben, wie sie aus verschiedenen Begleiterscheinungen in ihrer Aktivität hervorgehen, und dennoch die Synthese eines Verhaltens gestatten, das lediglich durch die von ihm erzeugten Zustände relativer neuronaler Aktivität definiert wird und nicht durch die dabei mitwirkenden Bestandteile?*

5. Das Nervensystem ist ein streng deterministisches System, dessen Struktur die möglichen Verhaltensweisen bestimmt, die

aus seiner Funktionsweise entstehen (synthetisiert werden) können. Diese Funktionsweise variiert von Art zu Art und auch entsprechend der reaktiven Perspektive, aus der diese Verhaltensweisen entstehen. Die reaktive Perspektive, die der Beobachter die emotionale Stimmung nennen würde, bestimmt kein spezifisches Verhalten, sondern determiniert den (aggressiven, furchterregenden, gehemmten etc.) Charakter des Verlaufes der Interaktion (vgl. Kilmer/McCulloch/Blum 1968). Veränderungen während der Entwicklung, der Reifung, durch Hormoneinwirkung, Drogen oder Lernen modifizieren nicht den deterministischen Charakter dieser Organisation, sondern verändern die Fähigkeit des Systems, zu einem beliebigen Zeitpunkt Verhalten zu synthetisieren. Obwohl außerdem jedes Verhalten oder jeder funktionale Zustand stets durch einen Prozeß historischer Transformation aus vorgegebenen Verhaltensweisen oder funktionalen Zuständen entsteht, funktioniert das Nervensystem in der Gegenwart, und die vergangene Geschichte wirkt in der Synthese von Verhalten nicht als ein operativer neurophysiologischer Faktor mit; noch auch gilt dies für den »Sinn«, die »Bedeutung« bzw. die Relevanz eines spezifischen Verhaltensmodus. Zeit und Sinn sind wirksame Ursachen im sprachlichen Bereich, besitzen jedoch keine neurophysiologischen Korrelate in der Organisation des Nervensystems, die durch ein spezifisches Charakteristikum seiner Organisation erreicht worden wären. Sie entstehen vielmehr aus dem Funktionieren seiner Bestandteile (welche immer das sein mögen), jedes auf seine Weise unter Bedingungen, die die Gesamtheit dieser Bestandteile als eine Interaktionseinheit in einem Bereich definieren (vgl. Lindauer 1967, als Beispiel für einen sozialen Organismus). Unabhängig von diesen Bedingungen ist ihnen keinerlei Realität zuzusprechen. Es gibt daher keinen spezifischen neurophysiologischen Prozeß, der für diese Einheit verantwortlich gemacht werden und sie erklären könnte. Obwohl außerdem das Nervensystem in einem strengen Sinne anatomische Bestandteile besitzt, besitzt es keine funktionalen Bestandteile, da jede Verstümmelung eine funktionierende Einheit hinterläßt, die zwar vom ursprünglichen System verschiedene Eigenschaften besitzen mag, wie sie sich in seinen möglichen Interaktionen ausdrücken, die jedoch im entsprechenden Gesamtbereich eine Einheit darstellt. Das

Nervensystem erscheint nur dem Beobachter unvollständig, der es als ein Objekt aus der Perspektive dessen beobachtet, was es seiner Meinung nach sein sollte. Jeder Bestandteil des Nervensystems, den der Beobachter *beschreibt*, wird im Interaktionsbereich seiner Beobachtungen definiert und gehört als Bestandteil nicht dem System an, das er abbilden soll. Jede Funktion hat eine sie verkörpernde und ermöglichende Struktur, diese Struktur ist jedoch durch die Funktion in ihrem Operationsbereich als eine Menge von Relationen zwischen ebenso in diesem Bereich definierten Elementen definiert. Die Neuronen sind die anatomischen Einheiten des Nervensystems, nicht jedoch die Strukturelemente seines Funktionierens. Die Strukturelemente des funktionierenden Nervensystems sind noch nicht definiert worden, und wenn sie einmal definiert werden, werden sie wahrscheinlich als Invarianten der relativen Aktivitäten zwischen Neuronen formuliert werden müssen, die in irgendeiner Weise durch Invarianten von Relationen zwischen neuronalen Verbindungen und nicht als separate anatomische Größen verkörpert werden. Diese begriffliche Schwierigkeit ist bei vom Menschen erzeugten Systemen nicht so ins Auge gefallen, weil das System der Relationen (die Theorie), das die vom *Beschreiber* (vom Beobachter) definierten Teile integriert, von diesem bereitgestellt und in seinem Interaktionsbereich bestimmt wird. Diese Relationen erscheinen folglich dem Beobachter so evident, daß er sie als Ergebnis der Beobachtung der Teile auffaßt. Er täuscht sich allerdings selbst, wenn er leugnet, genau die unformulierte Theorie zu liefern, die die Struktur des Systems verkörpert, welche er auf die Teile projiziert. In einem selbstreferentiellen System wie z. B. einem lebenden System ist die Situation anders: der Beobachter kann lediglich eine *Beschreibung* seiner Interaktionen mit Teilen anfertigen, die er durch Interaktionen definiert. Diese Teile liegen jedoch ausschließlich in seinem kognitiven Bereich. Wenn er nicht explizit oder implizit eine Theorie vorlegt, die die relationale Struktur des Systems verkörpert und seine *Beschreibung* der Bestandteile begrifflich überschreitet, kann er es nie verstehen. Die vollständige Erklärung der Organisation des Nervensystems (und des Organismus) wird sich folglich nicht aus einer besonderen Beobachtung oder detaillierten Beschreibung und Aufzählung seiner Teile ergeben, sondern wie jede

Erklärung aus der begrifflichen oder konkreten Synthese eines Systems, das das leistet, was das Nervensystem (oder der Organismus) leistet.

Schlußfolgerungen

Das in der Einführung gesetzte Ziel ist nun erreicht. Mit der *Beschreibung* der selbstreferentiellen zirkulären Organisation der lebenden Systeme und der Analyse der Interaktionsbereiche, die durch eine solche Organisation bestimmt werden, habe ich die Entstehung eines selbstreferentiellen Systems gezeigt, das imstande ist, *Beschreibungen* zu erzeugen, und das durch Orientierungsinteraktionen sowohl mit anderen ähnlichen Systemen als auch mit sich selber den konsensuellen sprachlichen Bereich und den Bereich des Ich-Bewußtseins zu erzeugen vermag: ich habe damit die Entstehung des Beobachters gezeigt. Allein dieses Ergebnis genügt dem am Anfang erhobenen grundsätzlichen Anspruch: *»Der Beobachter ist ein lebendes System, und jedes Verständnis der Kognition als eines biologischen Phänomens muß den Beobachter und die von ihm dabei gespielte Rolle erklären«*.

Gleichzeitig wird damit auch die Gültigkeit meiner Analyse bewiesen.

Obwohl die Antworten auf die verschiedenen in der Einleitung gestellten Fragen und die grundlegenden Konsequenzen der Analyse soweit im Text selber zu finden sind, als die Theorie ihre eigene Ausarbeitung adäquat begründet, möchte ich verschiedene Schlußfolgerungen explizit formulieren:

1. Die Organisation des Lebendigen ist eine zirkuläre Organisation, die die Erzeugung oder Aufrechterhaltung der *Bestandteile* sicherstellt, die diese zirkuläre Organisation herstellen, und zwar so, daß das Ergebnis des Funktionierens der Bestandteile eben die Organisation ist, die wiederum diese Bestandteile erzeugt. Ein lebendes System ist folglich ein homöostatisches System, dessen homöostatische Organisation seine eigene Organisation als Variable enthält, die durch die Erzeugung und das Funktionieren der sie spezifizierenden *Bestandteile* hindurch konstant gehalten wird. Ein lebendes System wird durch eben diese

Organisation als eine Interaktionseinheit definiert. Daraus folgt, daß lebende Systeme eine Teilklasse der Klasse der zirkulären und homöostatischen Systeme sind. Weiterhin wird evident, daß die oben angesprochenen Bestandteile als Teile des lebenden Systems nicht vom Beobachter bestimmt werden können, sondern daß dieser ein System nur in die Teile zerlegen kann, die er durch seine Interaktionen definiert. Diese Teile liegen notwendigerweise ausschließlich in seinem kognitiven Bereich und werden operational durch sein Analyseverfahren determiniert. Außerdem sind die Relationen, aufgrund derer der Beobachter behauptet, daß diese Teile ein einheitliches System bilden, Relationen, die sich nur durch ihn selbst ergeben, d. h. durch seine gleichzeitigen Interaktionen mit den Teilen des Systems und dem Gesamtsystem; die Teile gehören folglich ausschließlich zu seinem kognitiven Bereich. Obwohl also der Beobachter ein lebendes System in von ihm definierte Teile zerlegen kann, repräsentiert die *Beschreibung* dieser Teile kein lebendes System bzw. kann kein solches repräsentieren. Im Prinzip sollte ein Teil durch seine Relationen innerhalb der Einheit definiert werden können, zu deren Aufbau er durch sein Operieren und seine Interaktionen mit anderen Teilen beiträgt. Dies läßt sich jedoch nicht erreichen, da die Zerlegung einer Ganzheit in Teile durch den Beobachter eben jene Relationen zerstört, die für die Charakterisierung der Teile als der effektiven Bestandteile dieser Ganzheit signifikant sind. Diese Relationen können auch nicht durch eine *Beschreibung* erfaßt werden, die im kognitiven Bereich des Beobachters liegt und lediglich seine Interaktionen mit den neuen Einheiten widerspiegelt, die er durch seine Analyse erzeugt. In einem strengen Sinne besitzt eine Ganzheit daher keine Teile, und eine Ganzheit ist eine Ganzheit nur in dem Maße, in dem sie einen Interaktionsbereich besitzt, der sie als verschieden von dem definiert, wofür sie eine Ganzheit ist. Auf sie kann nur Bezug genommen werden, wie oben auf das lebende System, indem ihre Organisation durch den Bereich der Interaktionen charakterisiert wird, die diese Unterscheidung bestimmen. In diesem Zusammenhang ist der Begriff des *Bestandteiles* nur aus erkenntnistheoretischen Gründen notwendig, um auf die Genese der Organisation der Ganzheit im Laufe der *Beschreibung* zu verweisen. Ein solcher Begriffsgebrauch bedeutet jedoch nicht, daß die Einheit notwendig aus Teilen zusammengesetzt ist.

2. Der besondere Fall der selbstreferentiellen zirkulären Organisation jedes lebenden Systems legt dafür einen geschlossenen Interaktionsbereich fest, der den kognitiven Bereich des lebenden Systems darstellt. Dem System ist keine Interaktion möglich, die nicht durch diese Organisation vorgeschrieben ist. Der Prozeß der Kognition besteht folglich für jedes lebende System darin, durch sein tatsächliches Verhalten in seinem geschlossenen Interaktionsbereich ein Verhaltensfeld zu erzeugen, und nicht darin, eine selbständige Außenwelt zu begreifen oder zu beschreiben. Unser kognitiver Prozeß (der kognitive Prozeß des Beobachters) unterscheidet sich von den kognitiven Prozessen anderer Organismen lediglich in den Interaktionsarten, in die wir eintreten können, wie z. B. in den sprachlichen Interaktionen, und nicht in der Art des kognitiven Prozesses selbst. In diesem streng subjektabhängigen kreativen Prozeß ist induktives Schließen eine notwendige Funktion (Verhaltensweise), die sich aus der selbstreferentiellen zirkulären Organisation ergibt. Diese Organisation behandelt jede Interaktion und den diese erzeugenden internen Zustand so, als ob diese wiederholt werden sollten und als ob sie Elemente einer Klasse wären. Jede Erfahrung ist folglich für ein lebendes System in funktionaler Hinsicht die Erfahrung eines allgemeinen Falles, und es ist gerade der besondere Fall, nicht der allgemeine, für den viele unabhängige Einzelerfahrungen erforderlich sind, um ihn als Durchschnitt verschiedener Interaktionsklassen bestimmen zu können. Wenn also vergangene Interaktionen durch die von ihnen in Organismen bzw. deren Nervensystemen verursachten historischen Transformationen zwar die induktiven Schlüsse determinieren, die die Organismen bzw. Nervensysteme in der Gegenwart vollziehen, so wirken sie dennoch nicht am induktiven Prozeß selbst mit. Induktives Schließen als strukturelles Merkmal der Organisation des Lebendigen und des Denkprozesses ist geschichtsunabhängig bzw. unabhängig von den Relationen zwischen Vergangenheit und Gegenwart; diese gehören ausschließlich dem Bereich des Beobachters an.

3. Sprachliche Interaktionen orientieren den Zuhörer innerhalb seines kognitiven Bereiches, sie spezifizieren jedoch nicht den

Verlauf seines darauf folgenden Verhaltens. Die basale Funktion der Sprache als eines Systems des Orientierungsverhaltens besteht nicht in der Übermittlung von Information oder in der Beschreibung einer unabhängigen Außenwelt, über die wir sprechen können, sondern in der Erzeugung eines konsensuellen Verhaltensbereiches zwischen sprachlich interagierenden Systemen im Zuge der Entwicklung eines kooperativen Interaktionsbereiches.

4. Mit Sprache interagieren wir in einem Bereich von *Beschreibungen*, in dem wir notwendigerweise auch dann verbleiben, wenn wir über die Welt oder über unser Wissen darüber Behauptungen aufstellen. Dieser Bereich ist begrenzt und unendlich zugleich; begrenzt, weil alles, was wir sagen, eine *Beschreibung* ist, und unendlich, weil jede *Beschreibung* in uns selbst die Basis für neue Orientierungsinteraktionen und folglich neue *Beschreibungen* konstituiert. Aus diesem Prozeß der rekursiven Anwendung von *Beschreibungen* entsteht das (Ich-)Bewußtsein als ein Epiphänomen, als ein Bereich der Selbstbeschreibung, der kein anderes neurophysiologisches Substrat als das neurophysiologische Substrat des Orientierungsverhaltens selbst besitzt. Der Bereich des (Ich-)Bewußtseins als ein Bereich der rekursiven Selbstbeschreibung ist somit auch begrenzt und unendlich.

5. Ein lebendes System ist kein zielgerichtetes System. Es ist wie das Nervensystem ein stabiles, zustandsdeterminiertes und streng deterministisches System, das in sich selbst geschlossen ist und durch Interaktionen moduliert wird, die nicht durch sein Verhalten spezifiziert werden. Diese Modulationen sind jedoch als Modulationen nur dem Beobachter erkennbar, der den Organismus bzw. das Nervensystem von außen betrachtet, d. h. aus seiner eigenen begrifflichen *(deskriptiven)* Perspektive als in einer Umwelt befindlich und als Element seines Interaktionsbereiches sieht. Im Gegensatz dazu besteht das Funktionieren des selbstreferentiellen Systems nur in der Abfolge seiner eigenen selbsterhaltenden Zustände. Wird diese Unterscheidung nicht gemacht, so riskiert man den Fehler, in die Erklärung des Organismus und des Nervensystems Merkmale von Interaktionen *(Beschreibungen)* einzuschließen, die ausschließlich zum kognitiven Bereich des Beobachters gehören.

6. Es ist eine große Versuchung, über das Nervensystem so zu reden wie über ein stabiles System mit Input. Ich lehne diese Redeweise ab, da sie die Sache vollkommen verfehlt: sie führt nämlich die durch unseren Eingriff als Beobachter verursachte Verzerrung in die Erklärung von Systemen ein, deren Organisation als vollständig selbstreferentiell verstanden werden muß. Was in einem lebenden System vor sich geht, entspricht dem Geschehen bei einem Instrumentenflug, bei dem der Pilot keinen Zugang zur Außenwelt hat und lediglich als Regulator der durch seine Fluginstrumente angezeigten Werte fungieren darf. Seine Aufgabe ist es, eine bestimmte Abfolge der von seinen Instrumenten angezeigten Meßwerte einzuhalten, entweder gemäß einem vorgeschriebenen Plan oder gemäß einem Plan, der sich durch diese Meßwerte selbst ergibt. Der Pilot, der sein Flugzeug verläßt, ist erstaunt darüber, daß ihm seine Freunde zu perfektem Flug und perfekter Landung gratulieren, die er in absoluter Dunkelheit ausgeführt hat. Er fühlt sich verwirrt, da er seinem Wissen nach in jedem einzelnen Zeitpunkt nichts anderes getan hat, als die von seinen Instrumenten angezeigten Werte innerhalb bestimmter Grenzen zu halten. Diese Aufgabe wird in keiner Weise durch die Beschreibung repräsentiert, die seine Freunde (Beobachter) von seinem Verhalten geben.
Lebende Systeme haben in bezug auf ihre funktionale Organisation weder Input noch Output, obwohl sie bei Störungen ihre eingestellten Zustände konstant halten. Nur in unseren *Beschreibungen*, dann nämlich, wenn wir solche Systeme als Teile von uns definierter größerer Systeme auffassen, können wir behaupten, daß dies der Fall ist. Wenn wir für unsere Analyse der Organisation des Lebendigen einen solchen *deskriptiven* Standpunkt einnehmen, passen wir unser Verständnis dieser Organisation unwillkürlich Vorstellungen an, die nur für vom Menschen erzeugte (fremdreferentielle) Systeme Gültigkeit haben. Für diese Systeme sind aufgrund der zweckbedingten Planung ihrer Rolle in den sie umfassenden größeren Systemen Input- und Outputfunktionen in der Tat von fundamentaler Wichtigkeit. Dies kann aber zu Mißverständnissen führen. In der Organisation der lebenden Systeme besteht die Rolle der Effektoroberflächen nur darin, die eingestellten Zustände der Rezeptoroberflächen konstant zu halten, und nicht darin, auf eine

Umwelt einzuwirken, wie adäquat eine solche Beschreibung für die Analyse von Adaptionsprozessen oder anderen Prozessen auch immer erscheinen mag. Das Erfassen dieses Sachverhaltes ist grundlegend für jedes Verständnis der Organisation lebender Systeme.

7. Der kognitive Bereich des Beobachters ist begrenzt, aber unbeschränkt. Der Beobachter kann in endlos rekursiver Weise mit Repräsentationen seiner Interaktionen interagieren und durch sich selbst Relationen zwischen im übrigen unabhängigen Bereichen herstellen. Diese Relationen sind *neue Sachverhalte*, die durch den Beobachter entstehen und die nicht mehr (und nicht weniger) an Wirkung zeigen, als er ihnen durch sein Verhalten verleiht. Er schafft (erfindet) daher sowohl Relationen und erzeugt (spezifiziert) die Welt (den Interaktionsbereich), in der er lebt, indem er seinen kognitiven Bereich durch rekursive *Beschreibungen* und Repräsentationen seiner Interaktionen fortlaufend erweitert. *Neues* ist somit ein notwendiges Ergebnis der historischen Organisation des Beobachters, die jeden erreichten Zustand zum Ausgangspunkt für die Herstellung des nächsten Zustandes macht; dieser kann daher keine genaue Wiederholung irgendeines vorausgegangenen Zustandes sein. Diese unvermeidbare Eigenschaft wird gewöhnlich mit Kreativität bezeichnet.

8. Die Logik der *Beschreibung* und folglich des *Verhaltens* im allgemeinen ist notwendigerweise die Logik des beschreibenden Systems. Ist *Verhalten als eine referentielle und deterministische Abfolge von Zuständen nervöser Aktivität gegeben, in der jeder Zustand den nächsten innerhalb des gleichen Bezugsrahmens determiniert,* so kann darin unmöglich ein Widerspruch auftreten, solange der Bezugsrahmen nicht durch dazwischentretende Interaktionen verändert wird. Findet eine Veränderung des Bezugsrahmens statt, während ein bestimmtes *Verhalten* sich entwickelt, so entsteht ein neues Verhalten in der Weise, daß die auf die Veränderung folgenden Zustände mit Bezug auf dieses Verhalten bestimmt werden. Hat ein Beobachter den Eindruck, daß die neue Folge von Zuständen (das neue Verhalten) den vorausgegangenen Zuständen widerspricht, so ist dies der Fall, weil er einen selbständigen und konstanten Bezugsrahmen unterstellt, in dem die einander folgenden Zustandssequenzen (die Einzel-

verhalten) einander widersprechen. Ein solcher Widerspruch liegt jedoch ausschließlich im kognitiven Bereich des Beobachters bzw. dessen, was den jeweiligen unabhängigen konstanten Bezugsrahmen darstellt. Widersprüche (Inkonsistenzen) entstehen somit nicht im Zuge der Erzeugung von *Verhalten*, sondern gehören in den Bereich, in dem die verschiedenen *Verhaltensweisen* dadurch Signifikanz erlangen, daß sie durch die Interaktionen des Organismus mit einem umfassenden Bezugsrahmen konfrontiert werden. Denken und Sprechen sind folglich als *Verhaltens*modi notwendigerweise logisch konsistent, was ihre Entstehung angeht. Was der Beobachter an ihnen *rational* nennt, weil sie als Verkettungen nicht-kontradiktorischer sequenzabhängiger *Beschreibungen* erscheinen, ist Ausdruck dieser notwendigen logischen Konsistenz. Daraus folgt, daß Inkonsistenzen *(Irrationalitäten)* im Denken und Sprechen, die dem Beobachter auffallen, aus Kontextveränderungen in den erzeugenden Umständen entstehen, während der unabhängige Bezugsrahmen, den der Beobachter beibringt, unverändert bleibt.

9. Aufgrund der Art des kognitiven Prozesses und der Funktion der sprachlichen Interaktionen können wir nichts über das aussagen, was unabhängig von uns ist und womit wir nicht interagieren können. Dies würde eine *Beschreibung* implizieren, und eine *Beschreibung* als Verhaltensweise repräsentiert lediglich in Interaktionen gegebene Relationen. Da die Logik der *Beschreibung* die gleiche ist wie die Logik des *beschreibenden* Systems, können wir zwar die epistemologische Notwendigkeit eines Substrats für die möglichen Interaktionen behaupten, wir können jedoch dieses Substrat hinsichtlich seiner vom Beobachter unabhängigen Eigenschaften nicht kennzeichnen. Daraus folgt, daß eine Realität als eine Welt unabhängiger Gegenstände, über die wir reden können, notwendigerweise eine Fiktion des rein *deskriptiven* Bereiches ist und daß wir den Begriff der Realität gerade auf den Bereich der *Beschreibungen* anwenden sollten, in dem wir, die *beschreibenden* Systeme, mit unseren Beschreibungen so interagieren, als ob diese unabhängige Gegenstände wären. Diese veränderte Auffassung des Begriffs der Realität muß richtig verstanden werden. Wir sind es gewöhnt, über die Realität so zu reden, daß wir einander durch sprachliche Interaktionen auf das hin orientieren, was wir für sensorische Erfahrungen

konkreter Gegenstände halten, was jedoch, wie im Falle von Gedanken und *Beschreibungen*, in Zuständen relativer Aktivität zwischen Neuronen besteht, die wiederum neue *Beschreibungen* erzeugen. Die Frage *Was ist der Gegenstand der Erkenntnis?* wird damit sinnlos. Es gibt keine Gegenstände der Erkenntnis. Wissen heißt fähig sein, in einer individuellen oder sozialen Situation adäquat zu operieren. Wir können über das Substrat, in dem unser kognitives Verhalten gegeben ist, nicht reden, und worüber wir nicht reden können, darüber müssen wir schweigen, wie Wittgenstein betont hat (vgl. Wittgenstein 1922). Dieses Schweigen bedeutet jedoch nicht, in Solipsismus oder irgendeine Art metaphysischen Idealismus zu verfallen. Es bedeutet, daß wir anerkennen, daß wir als denkende Systeme in einem Bereich von *Beschreibungen* leben, wie bereits Berkeley (1709; 1710) betont hat, und daß wir durch *Beschreibungen* die Komplexität unseres kognitiven Bereiches unbeschränkt vergrößern können. Unser Weltbild und die von uns gestellten Fragen müssen sich daher entsprechend verändern. Diese Neufassung der Realität als eines Bereiches von *Beschreibungen* widerspricht außerdem weder dem Determinismus noch der Voraussagbarkeit in den verschiedenen Interaktionsbereichen, im Gegenteil, sie liefert das Fundament dafür, indem sie zeigt, daß sie eine notwendige Folge des Isomorphismus der Logik der *Beschreibung* und der Logik des *beschreibenden* Systems sind. Dies macht außerdem deutlich, daß Determinismus und Voraussagbarkeit nur im Bereich dieses Isomorphismus Geltung haben, d. h. daß sie nur für die Interaktionen, die einen Bereich definieren, gültig sind.

10. Es gibt die Auffassung, daß das genetische System und das Nervensystem Informationen über die Umwelt kodieren und diese in ihrer funktionalen Organisation repräsentieren. Diese Auffassung ist unhaltbar; das genetische System und das Nervensystem kodieren Prozesse, die Folgen von Transformationen aus Initialzuständen bestimmen, welche nur durch ihre tatsächliche Realisierung dekodiert werden können, sie kodieren nicht *Beschreibungen*, welche der Beobachter von einer Umwelt anfertigt und die ausschließlich in *seinem* kognitiven Bereich liegen (vgl. Bernal 1965). Dieses Problem sei durch das folgende Beispiel veranschaulicht:

Angenommen, wir wollen zwei Häuser bauen. Wir beschäftigen

dafür zwei Gruppen von je 13 Arbeitern. Wir bestimmen einen der Arbeiter der ersten Gruppe als Vorarbeiter und geben ihm ein Buch mit allen Plänen des Hauses, die auf einheitliche Art die Anordnung der Mauern, der Wasserrohre, der Elektroanschlüsse, der Fenster etc. und mehrere perspektivische Ansichten des fertigen Hauses zeigen. Die Arbeiter studieren die Pläne und bauen unter Leitung des Vorarbeiters das Haus, wobei sie Schritt für Schritt den durch die *Beschreibung* vorgeschriebenen Endzustand approximieren. Für die zweite Gruppe bestimmen wir keinen Vorarbeiter, wir stellen die Arbeiter lediglich in einer Reihe auf dem Grundstück auf und geben jedem von ihnen ein Buch, jedem das gleiche, das ausschließlich Nachbarschaftsanweisungen enthält. Diese Anweisungen bestehen nicht aus Wörtern wie *Haus, Rohre* oder *Fenster*, noch auch enthalten sie Zeichnungen oder Pläne des zu erbauenden Hauses; sie stellen nur Instruktionen über das dar, was ein Arbeiter in den verschiedenen Positionen und den verschiedenen Relationen tun soll, in denen er sich im Zuge der Veränderung seiner Positionen und Relationen jeweils findet.
Obwohl diese Bücher alle identisch sind, lesen bzw. wenden die Arbeiter verschiedene Instruktionen an, da sie aus verschiedenen Positionen ansetzen und verschiedene Abfolgen von Veränderungen durchlaufen. Das Endergebnis ist in beiden Fällen das gleiche, nämlich ein Haus. Die Arbeiter der ersten Gruppe erbauen jedoch etwas, dessen endgültige Erscheinung sie die ganze Zeit hindurch kennen, während die Arbeiter der zweiten Gruppe keine Vorstellungen von dem haben, was sie bauen, noch auch solche erreicht haben müssen, wenn sie fertig sind. Für den Beobachter bauen beide Gruppen ein Haus, und er weiß dies von Anfang an, das Haus jedoch, das die zweite Gruppe baut, liegt nur in seinem kognitiven Bereich; das von der ersten Gruppe erbaute Haus liegt jedoch auch in den kognitiven Bereichen der Arbeiter. Die Kodierung ist in beiden Fällen augenscheinlich verschieden. Die Instruktionen des der ersten Gruppe übergebenen Buches kodieren das Haus tatsächlich und klarerweise so, wie es der Beobachter *beschreiben* würde, und der Dekodierungsauftrag der Arbeiter besteht darin, in zielgerichteter Weise Dinge zu tun, die die Konstruktion des *beschriebenen* Endzustandes approximieren; aus diesem Grunde muß das Haus

in ihrem kognitiven Bereich liegen. Im zweiten Falle kodieren die in jedem der 13 identischen Bücher enthaltenen Instruktionen kein Haus. Sie kodieren einen Prozeß, der eine Abfolge sich verändernder Beziehungen konstituiert, welche, wird sie unter bestimmten Bedingungen durchlaufen, ein System mit einem Interaktionsbereich ergibt, das keinerlei innere Beziehung zum betrachtenden Beobachter aufweist. Die Tatsache, daß der Beobachter dieses System ein Haus nennt, ist ein Merkmal seines kognitiven Bereiches und nicht des Systems selbst. Im ersten Falle ist die Kodierung isomorph der *Beschreibung* des Hauses durch den Beobachter und stellt tatsächlich eine Repräsentation davon dar, im zweiten Falle ist sie dies nicht. Der erste Fall ist typisch für die Art, auf die der Beobachter die Systeme, die er baut, kodiert, der zweite entspricht der Art, auf die das Genom und das Nervensystem Kodes für den Organismus bzw. für das Verhalten konstituieren. Man würde in diesen Kodes niemals irgendeine Isomorphie mit der *Beschreibung* finden, die der Beobachter von den sich ergebenden Systemen, mit denen er interagiert, anfertigt. In welchem Sinne könnte man dann davon sprechen, daß das genetische System und das Nervensystem Information über die Umwelt kodieren? Der Begriff der Information bezieht sich auf den Grad der Unsicherheit im Verhalten des Beobachters innerhalb eines von ihm definierten Bereichs von Alternativen, daher gilt der Begriff der Information nur innerhalb seines kognitiven Bereiches. Man könnte daher höchstens sagen, daß das genetische System und das Nervensystem dann Information, und zwar durch ihre Selbstspezifizierung, erzeugen, wenn sie sich in ihrem Wachstum und in ihren Verhalten progressiv dekodieren und dabei vom Beobachter betrachtet werden.

11. Es gibt verschiedene Interaktionsbereiche. Diese verschiedenen Bereiche können einander aber nicht erklären, weil es nicht möglich ist, die Phänomene eines Bereichs durch die Elemente eines anderen zu erzeugen; man verbleibt immer in ein und demselben Bereich. Ein Bereich kann die Elemente eines anderen Bereiches erzeugen, nicht jedoch dessen Phänomenologie, die in jedem Bereich durch die Interaktionen seiner Elemente bestimmt wird, und die Elemente eines Bereiches werden ausschließlich durch den von ihnen erzeugten Bereich definiert.

Jeder Nexus zwischen verschiedenen Bereichen wird durch den Beobachter hergestellt. Dieser kann mit den verbundenen Zuständen nervöser Aktivität, die durch seine gleichzeitig verlaufenden Interaktionen in mehreren Bereichen oder durch Interaktionen mit unabhängigen *Beschreibungen* dieser Interaktionen in seinem Gehirn erzeugt werden, so interagieren, als wären sie ein einziger Gegenstand. Der Beobachter erzeugt durch diese begleitenden Interaktionen in verschiedenen Bereichen (oder durch die Interaktionen mit mehreren *Beschreibungen* innerhalb des deskriptiven Bereichs) Relationen zwischen verschiedenen Bereichen (oder zwischen verschiedenen *Beschreibungen*) als Zustände neuronaler Aktivität, die in ihm zu definiten Verhaltensweisen *(Beschreibungen)* führen, welche diese verknüpften Interaktionen als singuläre unabhängige Gegenstände repräsentieren. Die Anzahl und die Arten der Relationen, die der Beobachter auf diese Weise erzeugen kann, sind aufgrund seiner rekursiven Interaktionen mit *Beschreibungen* potentiell unendlich. Relationen also, die als Zustände neuronaler Aktivität aus den gleichzeitigen Interaktionen des Beobachters in verschiedenen (physischen und relationalen) Bereichen entstehen, konstitutieren die Elemente eines neuen Bereiches, in dem der Beobachter als ein denkendes System interagiert, reduzieren jedoch nicht einen phänomenologischen Bereich auf einen anderen. Es ist vielmehr die gleichzeitige logische Isomorphie der neuen Elemente (Relationen) mit ihren Ursprungssystemen aufgrund ihrer Entstehungsweise (Klassenüberschneidung), die dem so erzeugten neuen Bereich *(den Beschreibungen)* seine explanatorische Kraft verleiht. Eine Erklärung ist immer eine Reproduktion, eine konkrete Reproduktion aufgrund der Synthese eines äquivalenten natürlichen Systems, oder eine begriffliche Reproduktion aufgrund einer Beschreibung, aus der sich ein dem ursprünglichen System logisch isomorphes ergibt, sie ist jedoch niemals eine Reduktion eines phänomenologischen Bereichs auf einen anderen. Ein adäquates Verständnis dieser Irreduzibilität ist grundlegend für das Erfassen der biologischen Organisationen, ihrer Epiphänomene und ihrer gemeinsamen Evolution.

Viele der Folgerungen für Bewußtsein und Erkenntnis, die sich aus dieser Art der Analyse ergeben, sind bisher von Naturwissenschaftlern und Philosophen auf die eine oder andere Weise in intuitivem Verständnis vorgelegt worden, niemals jedoch meines Wissens auf adäquater biologischer und epistemologischer Grundlage. Ich habe dies mit der Unterscheidung zwischen dem Bereich des Beobachters und dem Bereich des Organismus getan und außerdem dadurch, daß ich die entsprechenden radikalen Schlüsse aus den sich aus der zirkulären selbstreferentiellen Organisation der lebenden Systeme ergebenden Konsequenzen gezogen habe:

(i) die Konsequenzen der funktional geschlossenen Natur der relativistischen Organisation des Nervensystems, eines Systems, das fortwährend durch Relationen neuronaler Aktivität transformiert wird, ohne jemals außerhalb seiner selbst zu treten;

(ii) die Konsequenzen aus der nicht-informativen Orientierungsfunktion sprachlicher Interaktionen.

Erst nach dieser Analyse kann die funktionale Komplexität der lebenden und sprachlich interagierenden Systeme angemessen erfaßt werden, ohne daß sie durch solch magische Wörter wie Bewußtsein, Symbolisierung oder Information verschleiert wird. Der größte Teil der Einzelarbeit muß natürlich noch geleistet werden, der grundlegende erste Schritt, die Definition der Perspektive, aus der die Beobachtung erfolgen muß, ist jedoch getan. Als Schlußbemerkung könnte man ein weiteres scheinbares Paradox anführen, welches allerdings auf das Begriffsproblem verweist:

Lebende Systeme im allgemeinen und ihre Nervensysteme im besonderen sind nicht geschaffen, die Umwelt zu handhaben, obwohl sie nur durch die Evolution ihrer Handhabung der Umwelt das geworden sind, was sie sind, Systeme der Art nämlich, daß wir imstande sind, das über sie zu sagen, was wir über sie sagen.

Postskriptum

Keine wissenschaftliche Arbeit sollte ohne explizite Berücksichtigung ihrer ethischen Konsequenzen unternommen werden; im gegebenen Fall sollen die folgenden besonders hervorgehoben werden:

1. Der Mensch ist ein deterministisches und relativistisches selbstreferentielles System, dessen Leben seine eigentümliche Dimension durch (Ich-)Bewußtsein erhält. Ethik und Moral entstehen als Kommentare, die der Mensch durch Selbstbeobachtung über sein Verhalten abgibt. Er lebt in einem sich fortwährend verändernden Bereich von Beschreibungen, den er durch rekursive Interaktionen innerhalb dieses Bereiches erzeugt. Dieser Bereich enthält kein anderes konstantes Element in seiner historischen Transformation als die aufrechterhaltene Identität des interagierenden Systems, d. h. der Mensch verändert sich und lebt in einem sich verändernden Bezugsrahmen in einer Welt, die fortlaufend von ihm erzeugt und transformiert wird. Erfolgreiche Interaktionen, die direkt oder indirekt zur Erhaltung der Organisation seines Lebens beitragen, stellen die einzige endgültige Bezugsgröße für gültiges Verhalten innerhalb des Bereichs der Beschreibungen und folglich für Wahrheit dar. Da jedoch lebende Systeme selbstreferentielle Systeme sind, ist jeder endgültige Bezugsrahmen notwendigerweise ein relativer. Aus diesem Grunde ist kein absolutes Wertesystem möglich, und alle Wahrheit und Falschheit im kulturellen Bereich ist notwendigerweise relativ.
2. Die Sprache überträgt keine Information. Ihre funktionale Rolle besteht in der Erzeugung eines kooperativen Interaktionsbereiches zwischen Sprechern durch die Entwicklung eines gemeinsamen Bezugsrahmens, auch wenn jeder Sprecher ausschließlich in seinem eigenen kognitiven Bereich operiert, in dem jede letztgültige Wahrheit durch persönliche Erfahrung bedingt ist. Da ein Bezugsrahmen durch die Klassen der Auswahlakte definiert wird, die er ermöglicht, kann das sprachliche Verhalten nur rational sein, d. h. determiniert durch Relationen der Notwendigkeit innerhalb des Bezugsrahmens, in dem es sich entwikkelt. Niemand kann folglich jemals rational von einer Wahrheit

überzeugt werden, die nicht bereits implizit in seinen Grundauffassungen enthalten war.

3. Der Mensch ist ein rationales Lebewesen, das seine rationalen Systeme so konstruiert, wie alle rationalen Systeme konstruiert werden, d. h. auf der Basis willkürlich akzeptierter Wahrheiten (Prämissen). Da er selbst ein relativistisches selbstreferentielles deterministisches System ist, kann dies nicht anders sein. Wenn jedoch nur ein relatives, willkürlich gewähltes Bezugssystem möglich ist, besteht die unausweichliche Aufgabe des Menschen als eines seiner selbst bewußten Lebewesens, das ein Beobachter seiner eigenen kognitiven Prozesse sein kann, darin, explizit einen Bezugsrahmen für sein Wertsystem auszuwählen. Dieser Aufgabe hat sich der Mensch stets dadurch entzogen, daß er sich Gott als einer absoluten Quelle der Wahrheit oder der Selbsttäuschung durch die Vernunft überlassen hat. Durch Vermengung der Bezugssysteme und dadurch, daß in *einem* Bereich mit Relationen argumentiert wird, die für einen *anderen* gelten, läßt sich alles rechtfertigen. Die Grundüberzeugung, auf die ein Mensch sein rationales Verhalten gründet, ist notwendigerweise seiner persönlichen Erfahrung untergeordnet und erscheint als ein Wahlakt, der eine Präferenz ausdrückt, die nicht rational vermittelt werden kann.

Die Alternative zur Vernunft als der Quelle für ein universales Wertesystem ist daher die ästhetische Verführung zur Annahme eines Bezugsrahmens, den der Mensch ganz speziell dafür aufbaut, seine Wünsche (und nicht seine Bedürfnisse) zu erfüllen, und der daher die Funktionen definiert, die jene (kulturelle und materielle) Welt erfüllen muß, in der der Mensch leben will.

(Deutsche Fassung: Wolfram Karl Köck)

[Erstveröffentlichung: »Biology of Cognition«, Report 9.0, Biological Computer Laboratory, Department of Electrical Engeneering, University of Illinois, Urbana-Champaign/Illinois, USA, 1970.]

Biologie der Sprache: die Epistemologie der Realität

Vorbemerkungen

Ich bin Biologe und kein Linguist. Ich werde daher als Biologe über die Sprache sprechen und dabei zwei grundlegende biologische Fragen erörtern, nämlich:

1. Welche Prozesse müssen in einem Organismus ablaufen, damit dieser einen sprachlichen Bereich mit einem anderen Organismus aufbauen kann?
2. Welche Prozesse laufen in einer sprachlichen Interaktion ab, die es einem Organismus (uns) erlauben, Ereignisse zu beschreiben und vorherzusagen?

Dies soll mein Beitrag zur Würdigung Eric H. Lennebergs sein, soweit man einen Wissenschaftler überhaupt dadurch ehren kann, daß man über die eigene Arbeit spricht. Ich will ihm aber nicht nur wegen seiner großen Leistungen Anerkennung zollen, sondern vor allem auch, weil er die Fähigkeit besaß, seine Studenten zu inspirieren, wie das Symposium zeigte, aus dem dieses Buch hervorging. Ich kann dies nur dadurch tun, daß ich die ehrenvolle Einladung annehme, meine Auffassung der Biologie, der Sprache und der Realität darzulegen.
Ich werde daher über Sprache als Biologe sprechen. Dabei werde ich Sprache gebrauchen, unabhängig davon, daß eben diese Verwendung der Sprache, um über Sprache zu sprechen, den Kern des Problems darstellt, mit dem ich mich befassen will.

Epistemologie

Da ich als Naturwissenschaftler über Sprache schreibe und damit versuche, mich mit den biologischen Phänomenen zu beschäftigen, die an der Erzeugung und Verwendung von Sprache beteiligt sind, werde ich zunächst die folgenden epistemologischen Annahmen formulieren, um die Sprache, die ich verwenden will, klarzumachen.

Als Naturwissenschaftler machen wir naturwissenschaftliche Aussagen. Diese Aussagen werden durch das Verfahren validiert, das wir gebrauchen, um sie zu erzeugen: durch die naturwissenschaftliche Methode. Diese Methode kann durch die folgenden Operationen dargestellt werden:

(a) Beobachtung eines Phänomens, das als zu erklärendes Problem angesehen wird;
(b) Entwicklung einer erklärenden Hypothese in Form eines deterministischen Systems, das ein Phänomen erzeugen kann, welches mit dem beobachteten Phänomen isomorph ist;
(c) Generierung eines Zustandes oder Prozesses des Systems, der entsprechend der vorgelegten Hypothese als vorhergesagtes Phänomen beobachtet werden soll;
(d) Beobachtung des so vorhergesagten Phänomens.

In der ersten Operation bestimmt der Beobachter ein Beobachtungsverfahren zur Eingrenzung des Phänomens, das er zu erklären versuchen wird. In der zweiten Operation entwickelt der Beobachter ein begriffliches oder ein konkretes System als ein Modell jenes Systems, welches nach seiner Auffassung das beobachtete Phänomen erzeugen kann. In der dritten Operation verwendet der Beobachter das vorgeschlagene Modell, um einen Zustand oder einen Prozeß zu generieren, welcher als vorhergesagtes Phänomen im modellierten System beobachtet werden soll. In der vierten Operation schließlich versucht er das vorhergesagte Phänomen als konkreten Fall des modellierten Systems zu beobachten. Wenn es dem Beobachter gelingt, diese zweite Beobachtung erfolgreich durchzuführen, dann behauptet er, daß das Modell validiert worden ist, daß das untersuchte System mit ihm isomorph ist und sich entsprechend verhält. Abgesehen von all den notwendigen Einschränkungen bezüglich der genauen Herstellung des Modells sowie all den notwendigen Versuchen, die zweite Beobachtung als Kontrollbeobachtung zu widerlegen, ist dies alles, was die naturwissenschaftliche Methode zuläßt.
Dies ist uns allen bekannt. Dennoch sind wir uns selten der Tatsache bewußt, daß eine Beobachtung die Realisierung einer ganzen Reihe von Operationen ist, die notwendig einen Beob-

achter als ein System mit Eigenschaften voraussetzen, die es ihm gestatten, eben diese Operationen auszuführen, und daß folglich diese Eigenschaften des Beobachters den Bereich seiner möglichen Beobachtungen determinieren. Da außerdem nur jene Aussagen, die wir als Beobachter mit Hilfe der naturwissenschaftlichen Methode erzeugen, naturwissenschaftliche Aussagen sind, entgeht uns auch gewöhnlich, daß Naturwissenschaft notwendigerweise ein Bereich sozial akzeptierter operationaler Aussagen ist, der durch ein Verfahren validiert wird, welches denjenigen Standard-Beobachter definiert, der eben die für die Erzeugung dieser Aussagen notwendigen Operationen ausführen kann. Mit anderen Worten, wir machen uns gewöhnlich nicht klar, daß die Naturwissenschaft ein geschlossener kognitiver Bereich ist, in dem alle Aussagen notwendig subjektabhängig sind, d. h. nur in dem Interaktionsbereich Geltung haben, in dem der Standard-Beobachter operiert. Als Beobachter setzen wir den Beobachter gewöhnlich stillschweigend voraus, und weil wir damit gleichzeitig seine Universalität unterstellen, schreiben wir viele der invarianten Merkmale unserer Beschreibungen, die dennoch strikt auf den Standard-Beobachter zu beziehen sind, einer Realität zu, die ontologisch objektiv und von uns unabhängig sein soll. Die Leistungsfähigkeit der Naturwissenschaft beruht aber gerade auf ihrer Subjektabhängigkeit, denn eben diese erlaubt es uns, den Handlungsbereich zu bewältigen, in dem wir existieren. Erst dann, wenn wir den Beobachter zum Gegenstand unserer naturwissenschaftlichen Untersuchung machen und verstehen wollen, *was* er tut, wenn er naturwissenschaftliche Aussagen macht, und *wie* diese Aussagen operational wirksam werden, stoßen wir auf Probleme, solange wir die Subjekt-Bedingtheit der Naturwissenschaft nicht erkennen. Da ich eine naturwissenschaftliche Beschreibung des Beobachters als eines Systems geben will, das der Beschreibungen (der Sprache) fähig ist, muß ich die Subjektabhängigkeit der Naturwissenschaft zu meinem Ausgangspunkt machen.

Als Naturwissenschaftler wollen wir Erklärungen für die von uns beobachteten Phänomene liefern. Wir wollen also begriffliche oder konkrete Systeme entwickeln, die nach unserer Absicht isomorph sind den (Modellen von) Systemen, die die beobachteten Phänomene erzeugen. Jede Erklärung ist in der Tat stets die bewußte Reproduktion bzw. Neuformulierung eines Systems oder Phänomens, die von einem Beobachter einem anderen Beobachter angeboten wird, der sie akzeptiert oder ablehnt, indem er zugibt bzw. leugnet, daß sie ein Modell des zu erklärenden Systems oder Phänomens ist. Entsprechend stellen wir fest, daß ein System oder Phänomen naturwissenschaftlich erklärt worden ist, wenn ein Standard-Beobachter akzeptiert, daß die Relationen oder Prozesse, die es als System oder Phänomen einer besonderen Klasse definieren, begrifflich oder konkret reproduziert worden sind.

Ein Beobachter muß bei jeder Erklärung zwei grundlegende Operationen ausführen:

(a) die genaue Kennzeichung (und Abgrenzung) des Systems (der zusammengesetzten Einheit) oder des Phänomens, das erklärt werden soll;

(b) die Identifizierung und Abgrenzung der Bestandteile sowie der Relationen zwischen diesen Bestandteilen, die die begriffliche oder konkrete Reproduktion des zu erklärenden Systems oder Phänomens erlauben. Diese beiden Operationen sind nicht unabhängig voneinander, und der Beobachter, der ein zu erklärendes System oder Phänomen bestimmt, definiert damit den Bereich, in dem dieses existiert, und legt so den Bereich seiner möglichen Bestandteile und deren Relationen fest. Wenn der Beobachter umgekehrt die konkreten Bestandteile und deren Relationen bestimmt, die er in der Erklärung zu verwenden beabsichtigt, legt er damit den Bereich fest, zu dem sie gehören und in dem das reproduzierte System existieren wird. Jede Art der Erklärung, die ein Beobachter akzeptiert, hängt jedoch von den für ihn *a priori* gültigen Kriterien der Validierung seiner Aussagen ab. Der Beobachter kann sich daher entweder für eine *mechanistische* oder eine *vitalistische* Erklärung entscheiden.

In einer mechanistischen Erklärung akzeptiert der Beobachter explizit oder implizit, daß die Eigenschaften des zu erklärenden Systems durch Relationen zwischen den Bestandteilen des Systems erzeugt werden und nicht aus den Eigenschaften dieser Bestandteile selbst abzuleiten sind. Das gleiche gilt für die mechanistische Erklärung eines Phänomens, wenn der Beobachter explizit oder implizit akzeptiert, daß die charakteristischen Merkmale des zu erklärenden Phänomens sich aus den Relationen zwischen seinen konstitutiven Prozessen ergeben und nicht aus den charakteristischen Merkmalen dieser Prozesse selbst abzuleiten sind. Demgegenüber nimmt der Beobachter in einer vitalistischen Erklärung explizit oder implizit an, daß die Eigenschaften des Systems oder die charakteristischen Merkmale des zu erklärenden Phänomens in den Eigenschaften oder den charakteristischen Merkmalen zumindest *eines* Bestandteiles oder Prozesses zu finden sind, die das System oder Phänomen bilden. In einer mechanistischen Erklärung sind Relationen zwischen den Bestandteilen notwendig, in einer vitalistischen Erklärung sind sie überflüssig. Ein Beispiel für eine mechanistische Erklärung: das Gewicht eines Körpers ist die Summe der Gewichte seiner Bestandteile. Die Relation *Summe*, die auf die Bestandteile angewendet wird, die durch ihre Eigenschaft »Gewicht« definiert sind, determiniert die Eigenschaft »Gewicht« des ganzen Körpers. Ein Beispiel für eine vitalistische Erklärung gibt Jacques Monod mit einer Feststellung in seinem Buch *Zufall und Notwendigkeit* (Orig. 1970): »Die *ultima ratio* aller teleonomen Strukturen und Funktionen lebender Systeme liegt in der Abfolge der Aminosäuren in den Polypeptidketten, die in der Tat Embryos der Maxwellschen Dämonen der Biologie sind, nämlich der globulären Proteine. Auf dieser Ebene chemischer Organisation liegt in einem sehr realen Sinne das Geheimnis des Lebens, wenn es überhaupt eines gibt.« Diese Aussage beantwortet die Frage »Welche Systeme sind lebende Systeme?« mit Bezug auf die Eigenschaften eines Bestandteils solcher Systeme.

In einer mechanistischen Erklärung unterscheidet der Beobachter explizit oder implizit zwischen einem System und seinen Bestandteilen, und er behandelt das System und die Bestandteile als operational verschiedene Arten von Einheiten aus disjunkten Mengen, die einander nicht überschneidende Phänomenbereiche erzeugen. Die von einem Beobachter in einer mechanistischen Erklärung behauptete Korrespondenzbeziehung zwischen dem Phänomenbereich, der von einem System erzeugt wird, und dem Phänomenbereich, der von dessen Bestandteilen erzeugt wird, wird von dem Beobachter durch voneinander unabhängige Interaktionen sowohl mit dem System als auch mit dessen Bestandteilen hergestellt und bedeutet keine phänomenale Reduktion des einen Bereiches auf den anderen. Sollte der Eindruck einer solchen phänomenalen Reduktion entstehen, dann ist dies auf die Tatsache zurückzuführen, daß die *Beschreibung* all der verschiedenen Phänomene im scheinbar gleichen Bereich erfolgt, die durch den Beobachter hergestellte Beziehung aber verloren geht, wenn ohne die nötige Sorgfalt verfahren wird. Aus der durch eine mechanistische Erklärung beschriebenen Realität folgt daher die Möglichkeit der endlosen Erzeugung von einander nicht überschneidenden Phänomenbereichen, die sich aus der rekursiven Konstitution (Organisation) neuer Klassen von Einheiten durch die rekursive neuartige Kombination von bereits definierten Einheiten ergibt. Aus epistemologischen Gründen sind daher mechanistische Erklärungen ihrem Wesen nach nicht-reduktionistisch.

Bei vitalistischen Erklärungen ist die Situation das genaue Gegenteil: sie unterscheiden nicht zwischen den von einer Einheit und den von deren Bestandteilen erzeugten Phänomenbereichen. Die durch vitalistische Erklärungen beschriebene Realität ist daher notwendig die Realität einer endlichen Anzahl von Phänomenbereichen. Aus epistemologischen Gründen sind vitalistische Erklärungen daher ihrem Wesen nach reduktionistisch.

Operationale Merkmale einer mechanistischen Erklärung

Der Beobachter

Ein Beobachter ist ein Mensch, ein lebendes System, das Beschreibungen anfertigen und bestimmen kann, was er als von ihm selbst verschiedene Einheit abgrenzt und für Manipulationen oder Beschreibungen in Interaktion mit anderen Beobachtern verwendet. Ein Beobachter kann in rekursiver Weise praktische und begriffliche Unterscheidungen treffen, und er ist imstande, so zu operieren, als ob er sich außerhalb der Umstände bewegte (also verschieden von ihnen wäre), in denen er sich befindet. Alles was gesagt wird, wird von einem Beobachter zu einem anderen Beobachter gesagt, der er selbst sein kann.

Die Einheit

Eine Einheit ist eine konkrete oder begriffliche, dynamische oder statische Entität, die durch Operationen der Abgrenzung bestimmt wird, die sie von einer Umgebung abtrennen und ihr charakteristische Eigenschaften zuweisen. Eine Einheit kann von einem Beobachter als einfach oder als zusammengesetzt definiert werden. Wird sie als einfache Einheit definiert, dann werden die durch die Operationen ihrer Abgrenzung ihr zugewiesenen Eigenschaften als konstitutiv aufgefaßt, und die Frage nach deren Ursprung stellt sich nicht. Wird die Einheit als zusammengesetzt definiert, dann wird angenommen, daß sie aus Bestandteilen besteht, die durch weitere Abgrenzungsoperationen bestimmt werden können, und außerdem, daß sie durch eine spezifische Organisation realisiert wird, die ihre Eigenschaften festlegt, indem sie die Relationen zwischen ihren Bestandteilen angibt, die den Bereich definieren, in dem die Einheit als einfache Einheit behandelt werden kann.

Die Organisation

Das Wort »Organisation« kommt vom griechischen *organon* »Instrument«; es bezieht sich auf die spezifische Mitwirkung der Bestandteile an der Konstitution einer zusammengesetzten Einheit und somit auf die Relationen zwischen den Bestandteilen, die ein System als zusammengesetzte Einheit einer bestimmten Klasse definieren und seine Eigenschaften als derartige Einheit festlegen. Die Organisation einer zusammengesetzten Einheit bestimmt daher die Klasse der Entitäten, zu der diese Einheit gehört. Daraus folgt, daß der Begriff (oder Gattungsname), den wir zur Bezeichnung einer Klasse von Entitäten verwenden, auf die Organisation der zusammengesetzten Einheiten verweist, die Elemente dieser Klasse sind. Vom kognitiven Gesichtspunkt folgt also daraus, daß es für die Definition oder Identifikation eines Systems als einer zusammengesetzten Einheit einer besonderen Klasse notwendig und hinreichend ist, seine Organisation zu formulieren oder darzustellen. Eine mechanistische Erklärung ist eine explizite oder implizite subjektabhängige Aussage, aus der die Organisation eines Systems bzw. deren Beschreibung notwendig folgt.

Die Struktur

Dieses Wort kommt vom lateinischen *struere* »bauen« und bezieht sich auf die Prozesse der Bildung einer zusammengesetzten Einheit wie auch deren Bestandteile. Es bezeichnet somit die konkreten Bestandteile und Relationen, wie diese beim Aufbau einer konkreten zusammengesetzten Einheit zusammenwirken müssen. Ein Beobachter kann zwar ein ihm bereits bekanntes System an seinen Bestandteilen erkennen, er kann jedoch ein ihm unbekanntes System nicht allein durch die Angabe seiner Struktur definieren oder näher bestimmen; dafür muß er die Organisation des Systems darlegen.

»Organisation« und »Struktur« sind daher nicht synonym. Die Organisation eines Systems definiert dieses als eine zusammengesetzte Einheit und legt seine Eigenschaften als Einheit durch die Bestimmung eines Bereichs fest, in dem es als unanalysierbares Ganzes interagieren (und folglich beobachtet werden) kann, das mit konstitutiven Eigenschaften ausgestattet ist. Die Eigenschaften einer zusammengesetzten Einheit als eines unanalysierbaren Ganzen erzeugen einen Raum, in dem sie als einfache Einheit operiert. Im Gegensatz dazu legt die Struktur eines Systems den Raum fest, in dem dieses als eine zusammengesetzte Einheit existiert, die durch Interaktionen ihrer Bestandteile beeinflußt werden kann, die Struktur determiniert jedoch nicht seine Eigenschaften als Einheit. Eine unanalysierbare Einheit kann mit einem Namen versehen und durch einen Begriff erfaßt werden, der auf die Konstellation der sie definierenden Eigenschaften verweist, sie hat jedoch keine Organisation und keine Struktur. Eine einfache Einheit verfügt lediglich über eine Konstellation von Eigenschaften, sie existiert als Elementareinheit in dem Raum, den diese Eigenschaften erzeugen. Daraus folgt, daß räumlich getrennte zusammengesetzte Einheiten (Systeme) die gleiche Organisation, aber verschiedene Strukturen haben können und daß die Identität einer zusammengesetzten Einheit sich solange nicht ändert, als ihre Organisation invariant bleibt. Wenn der Wandel der Struktur einer Entität auch ihre Organisation verändert, dann ändert sich auch die Identität dieser Entität und sie wird zu einer neuen zusammengesetzten Einheit, die zu einer anderen Klasse gehört und die wir mit einem anderen Namen bezeichnen. Wenn die Struktur einer zusammengesetzten Einheit sich wandelt, deren Organisation jedoch invariant bleibt, dann wird ihre Identität bewahrt, sie bleibt ein Element ihrer ursprünglichen Klasse, und wir ändern auch ihren Namen nicht. Daraus folgt, daß es für die Erklärung eines Systems notwendig und hinreichend ist, seine Organisation zu reproduzieren. Wenn allerdings ein konkretes System reproduziert werden soll, müssen sowohl seine Organisation als auch seine Struktur reproduziert werden.

Die Eigenschaft

Eine Eigenschaft ist ein charakteristisches Merkmal einer Einheit, das durch eine Operation der Unterscheidung bestimmt und definiert wird. Die Feststellung einer Eigenschaft setzt daher immer einen Beobachter voraus.

Der Raum

Der Raum ist der Bereich der möglichen Interaktionen einer Menge von Einheiten – einfacher Einheiten oder zusammengesetzter Einheiten, die als einfache Einheiten interagieren –, dessen Dimensionen durch die Eigenschaften dieser Einheiten festgelegt werden. Für eine zusammengesetzte Einheit gilt einmal, daß sie in dem Raum existiert, den ihre Bestandteile als Einheiten festlegen, da sie durch die Eigenschaften ihrer Bestandteile interagiert, und zum anderen, daß sie als Einheit in dem Raum verwirklicht wird, den ihre Eigenschaften als einfache Einheit bestimmen. Jede Definition einer Einheit legt einen Raum fest.

Immer dann, wenn zwei oder mehrere Einheiten durch das Zusammenwirken ihrer Eigenschaften ihre relative Position zueinander in dem Raum, den sie festlegen, modifizieren, findet eine Interaktion statt. Wenn zwei oder mehrere zusammengesetzte Einheiten als einfache Einheiten behandelt werden, dann werden sie in dem Raum verwirklicht, den sie als einfache Einheiten bestimmen, und interagieren in ihm. Wenn sie jedoch als zusammengesetzte Einheiten behandelt werden, dann interagieren sie durch die Eigenschaften ihrer Bestandteile und existieren in dem Raum, den die Bestandteile bestimmen.

Strukturdeterminierte Systeme[1]

Strukturdeterminierte Systeme erfahren ausschließlich Veränderungen, die durch ihre Organisation und ihre Struktur determiniert sind. Diese sind entweder Zustandsveränderungen (definiert als Veränderungen ihrer Struktur ohne Verlust ihrer Identität) oder führen zu ihrer Auflösung (definiert als Veränderungen ihrer Struktur mit Identitätsverlust).

Für diese Systeme gilt:

(a) sie können nur Interaktionen durchlaufen, die entweder ihre Struktur verändern und zu Zustandsveränderungen führen, oder die sie auflösen, indem sie Zustandsveränderungen auslösen, die zum Verlust ihrer Identität führen;

(b) die Zustandsveränderungen aufgrund von Störeinwirkungen werden durch die Eigenschaften der einwirkenden Entitäten nicht im einzelnen bestimmt, sondern nur ausgelöst;

(c) auch die Strukturveränderungen, die zu ihrer Zerstörung führen, werden durch die Eigenschaften der zerstörenden Entität nicht im einzelnen bestimmt, sondern dadurch nur ausgelöst;

(d) die Struktur dieser Systeme legt die Relationen fest, die aufgrund der Interaktionen zwischen ihren Bestandteilen auftreten müssen, wenn die jeweils von außen bedingten

1 Ich habe diese Systeme auch »zustandsdeterminierte Systeme« genannt (1975).

Zustandsveränderungen eintreten sollen, sie legt daher die Konfiguration von Eigenschaften fest, die eine Entität aufweisen muß, um mit diesen Systemen zu interagieren und um auf sie verändernd oder zerstörend einzuwirken.

Organisation und Struktur eines strukturdeterminierten Systems determinieren daher

(a) den Bereich der Zustände des Systems, indem sie die Zustände bestimmen, die das System im Ablauf seiner internen Dynamik oder aufgrund seiner Interaktionen einnehmen kann,

(b) den Bereich seiner Beeinflußbarkeit, indem sie die passenden Eigenschaftskonfigurationen des Mediums eingrenzen, die auf das System einwirken können, und

(c) den Bereich seiner Auflösung, indem sie alle Eigenschaftskonfigurationen des Mediums angeben, die zur Zerstörung des Systems führen können.

Wäre der von einem System aufgrund einer Interaktion eingenommene Zustand durch die Eigenschaften der Entität bedingt, mit der das System interagiert, dann wäre die Interaktion eine »instruktive« Interaktion. Systeme, die instruktiven Interaktionen unterliegen, können mit wissenschaftlichen Verfahren nicht analysiert werden. Alle instruierbaren Systeme würden nämlich aufgrund gleicher Einwirkung denselben Zustand einnehmen und notwendigerweise für den Standardbeobachter ununterscheidbar sein. Zwei Systeme können vom Standardbeobachter nämlich deshalb unterschieden werden, weil sie aufgrund von als identisch aufgefaßten Einwirkungen unterschiedliche Zustände einnehmen und daher nicht-instruierbare Systeme sind. Die naturwissenschaftliche Methode gestattet uns lediglich die Bearbeitung von Systemen, deren Strukturveränderungen auf die Relationen und Interaktionen ihrer Bestandteile zurückgeführt werden können und die daher als strukturdeterminierte Systeme operieren. Strukturdeterminierte Systeme kennen keine instruktiven Interaktionen. Angesichts dieser Tatsache ist jede Beschreibung einer Interaktion als Instruktion (oder als Informationsübertragung) bestenfalls metaphorisch; sie gibt keinesfalls das tatsächliche Operieren der Systeme wieder, die Gegenstand naturwissenschaftlicher Beschreibung und Untersuchung sind. Jede naturwissenschaftliche Behauptung ist folglich eine Aussage, die sich notwendig auf ein strukturdeterminiertes System bezieht, das der Standardbeobachter als Modell jenes strukturdeterminierten Systems anbietet, das nach seiner Auffassung für seine Beobachtung verantwortlich ist. Aus epistemologischen Gründen sind naturwissenschaftliche Vorhersagen daher Berechnungen der Zustandsabfolgen von strukturdeterminierten Systemen. Zufall oder Indeterminismus gehen in naturwissenschaftliche Behauptungen nur als rechnerische Artefakte ein, die in Modellen verwendet werden, welche objektive Systeme voraussetzen, die nicht im einzelnen beobachtet werden können. Sie spiegeln daher keinerlei ontologische Notwendigkeit.

Die Koppelung von Strukturen

Organisation und Struktur eines strukturdeterminierten Systems determinieren für einen Beobachter sowohl dessen Zustandsbereich als auch den Bereich seiner Beeinflußbarkeit jeweils im Sinne einer Menge von realisierbaren Möglichkeiten. Ein Beobachter kann nämlich für jedes beliebige strukturdeterminierte System, das er sich vorstellt oder beschreibt, verschiedene Abfolgen von Zuständen bestimmen, die aus entsprechend verschiedenen Abfolgen von Außeneinwirkungen entstehen, indem er das System in seiner Vorstellung unter verschiedenen Interaktionsbedingungen betrachtet. Was jedoch im Verlauf der Ontogenese (der individuellen Geschichte) jedes beliebigen strukturdeterminierten Systems geschieht, ist dies: die Struktur des Mediums, in dem das System interagiert und folglich existiert, die als unabhängiges dynamisches System operiert und sich aufgrund von Interaktionen verändert, erzeugt die konkrete historische Abfolge von Einflüssen, die aus der Menge der möglichen Zustandsfolgen des Systems jene auswählen, welche verwirklicht werden. Wenn die Struktur des Mediums, die dem Bereich der Beeinflußbarkeit des strukturdeterminierten Systems entspricht, redundant oder rekurrent ist, dann unterliegt das strukturdeterminierte System rekurrenten Einwirkungen; wenn die Struktur des Mediums sich beständig verändert, dann wird das strukturdeterminierte System auf eine ständig sich verändernde Weise beeinflußt; wenn sich schließlich die dem

System zugeordnete Struktur des Mediums aufgrund des Operierens des strukturdeterminierten Systems verändert, dann wird dieses System sich verändernden Einwirkungen ausgesetzt, die mit der Abfolge seiner eigenen Zustände verkoppelt sind. Wenn ein strukturdeterminiertes System nun aufgrund seiner Interaktionen Zustandsveränderungen erleidet, die zu Strukturveränderungen in seinen Bestandteilen (und nicht nur in deren Relationen untereinander) führen, dann spreche ich von einer plastischen Systemstruktur zweiter Ordnung und von plastischen Interaktionen des Systems. Ist dies der Fall, dann selektieren die plastischen Interaktionen eines solchen Systems innerhalb des Systems selbst Folgen von Strukturveränderungen zweiter Ordnung, die zur Transformation sowohl des Bereichs seiner möglichen Zustände als auch des Bereichs seiner Beeinflußbarkeit führen. Das Ergebnis der fortgesetzten Interaktionen eines strukturell plastischen Systems in einem Medium mit redundanter oder rekurrenter Struktur kann daher in der fortgesetzten Selektion einer Struktur des Systems bestehen, die einen Bereich möglicher Zustände und ebenso einen Bereich möglicher Einwirkungen auf das System so festlegt, daß das System rekurrent in seinem Medium operieren kann, ohne sich aufzulösen. Ich nenne diesen Prozeß »Strukturenkoppelung« oder »strukturelle Koppelung«. Wenn das Medium selbst ein strukturell plastisches System ist, dann können die beiden plastischen Systeme durch die reziproke Selektion plastischer Strukturveränderungen im Laufe ihrer Interaktionsgeschichte reziprok strukturell gekoppelt werden. In einem solchen Fall werden die strukturell plastischen Zustandsveränderungen des einen Systems zu Einwirkungen auf das andere und umgekehrt, und zwar so, daß ein ineinandergreifender, wechselseitig selektiver und wechselseitig Interaktionen auslösender Bereich von Zustandsfolgen entsteht.

Lebende Systeme und Nervensysteme

Lebende Systeme: Autopoiese[2]

Lebende Systeme sind autonome Entitäten, auch wenn sie für ihre konkrete Existenz und ihren Stoffwechsel ein Medium benötigen; alle mit ihnen zusammenhängenden Erscheinungen sind unabhängig von der Art, in der ihre Autonomie verwirklicht wird. Die Prüfung des gegenwärtigen biochemischen Wissens zeigt, daß diese ihre Autonomie sich daraus ergibt, daß sie als Systeme organisiert sind, die sich ständig selbst erzeugen. Diese sich selbst erzeugende Organisation kann folgendermaßen näher bestimmt werden.

Es gibt eine Klasse dynamischer Systeme, die – als Einheiten – verwirklicht werden als Netzwerke der Produktion (und Auflösung) von Bestandteilen, welche

(a) durch ihre Interaktionen in rekursiver Weise an der Verwirklichung des Netzwerks der Produktion (und Auflösung) der Bestandteile mitwirken, das sie selbst erzeugt, und welche

(b) durch die Festlegung seiner Grenzen eben dieses Netzwerk der Produktion (und Auflösung) von Bestandteilen als eine Einheit in dem Raum konstituieren, den sie bestimmen und in dem sie existieren. Francisco Varela und ich haben solche Systeme *autopoietische Systeme* und ihre Organisation als *autopoietische Organisation* bezeichnet (Maturana/Varela 1973). Ein autopoietisches System, das im physikalischen Raum existiert, ist ein lebendes System – oder, etwas genauer, der physikalische Raum ist der Raum, den die Bestandteile lebender Systeme festlegen und in dem sie existieren (Maturana 1975).

Mit dieser Kennzeichnung der Organisation lebender Systeme wird nichts hinsichtlich ihrer Struktur festgelegt, diese kann vielmehr jede Form aufweisen, die der autopoietischen Organisation genügt. Es wird außerdem nichts über das Medium gesagt, in dem ein autopoietisches System existieren kann, noch über seine Interaktionen oder Stoffwechselprozesse mit dem Me-

2 »Autopoiese« besteht aus den griechischen Wörtern für »selbst« und »machen«.

dium, die beliebiger Art sein können, solange sie die Bedingungen erfüllen, die durch die Struktur des Systems, durch welche die Autopoiese verwirklicht wird, gegeben sind. Da ein autopoietisches System als Einheit durch seine Autopoiese definiert wird, hat es lediglich die einzige konstitutive Bedingung zu erfüllen, daß alle seine Zustandsfolgen zur Autopoiese führen; in jedem anderen Falle zerfällt das System. Ein autopoietisches System ist daher, solange es autopoietisch bleibt, ein geschlossenes dynamisches System, dessen Erscheinungsformen sämtlich seiner Autopoiese untergeordnet und dessen Zustände sämtlich Zustände der Autopoiese sind. Daraus ergeben sich einige grundlegende Konsequenzen.

Autonomie

Die Geschlossenheit der Autopoiese ist die allgemeine Bedingung der Autonomie autopoietischer Systeme. Diese autopoietische Geschlossenheit wird im besonderen Fall der Lebewesen durch den ständigen Strukturwandel unter Bedingungen fortgesetzten Stoffwechsels mit dem Medium verwirklicht. Da die Gesetze der Thermodynamik jene Einschränkungen formulieren, die für die Entitäten des physikalischen Raums und somit für jedes System gelten, das aus ihnen aufgebaut ist, kann die autopoietische Geschlossenheit lebender Systeme diese Einschränkungen nicht verletzen, sondern bildet eine spezifische Art der Verwirklichung der Autopoiese in einem Raum, in dem die thermodynamischen Beschränkungen gelten. Daraus folgt, daß ein strukturell plastisches lebendes System entweder als strukturdeterminiertes homöostatisches System operiert, das seine Organisation unter Bedingungen fortgesetzten Strukturwandels invariant hält, oder daß das System zerfällt.

Differenzierung der Phänomene

Bei der Erörterung des Begriffs der Erklärung habe ich festgestellt, daß ein Naturwissenschaftler zwei Phänomenbereiche zu unterscheiden hat, wenn er eine zusammengesetzte Einheit beobachtet:

(a) den Bereich der Phänomene der Bestandteile der Einheit, d. h. den Bereich, in dem alle Interaktionen der Bestandteile stattfinden, und

(b) den Bereich der Phänomene der Einheit, d. h. den Bereich, der durch die Interaktionen der zusammengesetzten Einheit als einer einfachen Ganzheit bestimmt wird. Wenn die zusammengesetzte Einheit ein lebendes System ist, wird der erste Phänomenbereich, in dem die Interaktionen der Bestandteile mit Bezug auf das von ihnen konstituierte lebende System beschrieben werden, durch den Bereich der physiologischen Phänomene gebildet; der zweite Phänomenbereich, in dem ein lebendes System als eine einfache Ganzheit betrachtet wird, die mit den Bestandteilen der Umwelt interagiert, in der seine Autopoiese verwirklicht wird, ist der Bereich der Verhaltensphänomene. Vom Gesichtspunkt der Verhaltensbeschreibung interagiert ein lebendes System daher als einfache Ganzheit in dem Raum, den es durch seine Interaktionen als Ganzheit bestimmt und in dem es seine Relationen mit den Bestandteilen seiner Umwelt aufgrund dieser Interaktionen verändert; vom Gesichtspunkt der Physiologie interagieren die Bestandteile des lebenden Systems untereinander und/oder mit Elementen des Mediums in ihrem Raum, und dementsprechend verändern sich ihre Struktur und/oder ihre Relationen untereinander. Dem Beobachter jedoch, der gleichzeitig beide Phänomenbereiche betrachtet, erscheinen die Veränderungen der Relationen zwischen den Bestandteilen als Zustandsveränderungen des lebenden Systems, die dessen Eigenschaften und folglich dessen Interaktionen in seiner Umwelt modifizieren – und all dies drückt sich dann in der Beschreibung aus, daß die Physiologie des Organismus dessen Verhalten erzeugt. Da jedoch diese beiden Phänomenbereiche einander nicht überschneiden, bedeuten die Relationen, die ein Beobachter zwischen den Phänomenen des einen und den Phänomenen des anderen Bereichs herstellt, keine phänomenale Reduktion, und aus dem vom Beobachter festgestellten operativen Erzeugungszusammenhang zwischen Physiologie und Verhalten folgt keineswegs eine notwendige Übereinstimmung zwischen den beiden. *Vor* der Beachtung eines *tatsächlichen* Erzeugungszusammenhangs können daher in keinem Fall die Phänomene des einen Bereichs von den Phänomenen des anderen deduziert werden. Die Geltung eines Erklärungszusammenhangs, wie ihn der Beobachter *a posteriori* als Beschreibung einer beobachteten Erzeugungsabhängigkeit zwischen einem spezifischen physiologischen Phänomen und einem gegebenen Verhalten behauptet, ist notwendigerweise von der besonderen Struktur des lebenden Systems abhängig, die im Augenblick der Beobachtung die Zustandsveränderungen determiniert, welche der Beobachter als Verhalten wahrnimmt.

Der vom Beobachter in seiner Beschreibung behauptete Erklärungszusammenhang ist daher keine logische Deduktion, denn dies wäre nur der Fall, wenn Verhaltensphänomene und physiologische Phänomene zum gleichen Phänomenbereich gehörten. Daraus folgt, daß der Beobachter zur Erklärung einer konkreten Verhaltensweise eines lebenden Systems die Erzeugung und Verankerung der spezifischen Strukturen des Organismus und seiner Umwelt angeben muß, die das in Frage stehende Verhalten in dem Augenblick, in dem es auftritt, ermöglichen.

Anpassung

Die Geschichte des strukturellen Wandels einer autopoietischen Einheit ohne Identitätsverlust ist deren Ontogenese. Die Verbindung der sich verändernden Struktur einer strukturell plastischen autopoietischen Einheit mit der sich wandelnden Struktur des Mediums wird ontogenetische Anpassung genannt. Die Geschichte fortlaufend erzeugter, historisch miteinander verbundener Einheiten, wie sie durch Fortpflanzungsprozesse in geregelter Folge geschaffen werden, ist deren Evolution. Die Verbindung der sich wandelnden Strukturen der in solcher geregelter Folge erzeugten Einheiten mit dem sich verändernden Medium wird evolutionäre Anpassung genannt.

Ontogenetische und evolutionäre Anpassung lebender Systeme ergeben sich aus der Selektion der Strukturen, die die Autopoiese der lebenden Systeme in dem Medium, in dem sie existieren, erlauben. In beiden Fällen wirkt Selektion als differentielle Verwirklichung von Strukturen, die aus dem operationalen Zusammenspiel von Systemen hervorgeht, die jeweils mit spezifischen, unabhängig voneinander bestimmten Bereichen struktureller Vielfalt und Plastizität ausgestattet sind. Die gesamte für evolutionäre Selektion verfügbare strukturelle Vielfalt lebender Systeme wird von allen diesen Systemen selbst aufgrund ihrer genetischen Ausstattung in jedem einzelnen Fortpflanzungsschritt parallel erzeugt, und die Selektion selbst erfolgt als differentielles Überleben oder als differentiell erfolgreicher Fortpflanzungsschritt. Die für die Selektion ontogenetischer Veränderungen verfügbare strukturelle Vielfalt lebender Systeme ist in jedem Augenblick durch den Bereich der Beeinflußbarkeit jedes einzelnen lebenden Systems gegeben, und die entsprechende Selektion erfolgt im Verlauf der Geschichte jedes Individuums entsprechend der Abfolge der vom Medium gebotenen (Stör-) Einflüsse. Es bedarf hier keines Beispiels evolutionärer Selektion. Zur Veranschaulichung ontogenetischer Selektion mögen die folgenden beiden Fälle dienen:

(i) Bei Wirbeltieren ergeben sich spezifische Immunreaktionen aus der differentiellen Vermehrung von Zellen, die zur Erzeugung von Antikörpern imstande sind, wenn der Organismus mit Antigenen konfrontiert wird, die als differentielle Auslöser bestimmen, welche Zellen sich vermehren (Edelman 1975).

(ii) Die Konsolidierung von Knochenlamellen entsprechend gegebenen Drucklinien ist ein Ergebnis der präferentiellen Reabsorption von Lamellen, auf die kein Druck ausgeübt wird, und zwar aus einer Masse von Lamellen, die in ständigem Wandel begriffen ist und ursprünglich ohne jede präferentielle Beziehung zu vorhandenem Druck abgelagert bzw. aufgebaut worden war (J. Y. Lettvin, persönliche Mitteilung 1976).

Anpassung ist folglich stets ein trivialer Ausdruck für den strukturellen Zusammenschluß eines strukturell plastischen Systems und eines Mediums. Anpassung ergibt sich stets aus den Interaktionsfolgen eines plastischen Systems in seinem Medium, die im plastischen System Strukturveränderungen oder Zustandsveränderungen auslösen, die in jedem Augenblick eine Struktur selektiv herstellen, die entweder der Struktur des Mediums entspricht (d. h. dieser Struktur homomorph ist), in dem das System operiert (interagiert, sich verhält), oder die das System zerstört. Daraus folgt, daß die Übereinstimmung zwischen der Struktur eines Mediums (eines Ortes im Medium) und der Struktur eines lebenden Systems, das als autopoietische Einheit in diesem Medium operiert, stets das Ergebnis der Geschichte ihrer wechselweisen Interaktion ist, in der beide als voneinander unabhängige strukturdeterminierte Systeme operieren. Außerdem wird diese Geschichte als Ergebnis ihres strukturellen Zusammenschlusses im Verlauf einer solchen Entwicklung sowohl in der Struktur des lebenden Systems als auch in der Struktur des Mediums verkörpert, obwohl beide Systeme notwendigerweise als strukturdeterminierte Systeme durch streng lokal determinierte Prozesse ausschließlich in der Gegenwart aktiv sind. Auch wenn daher vom kognitiven Standpunkt adäquates Verhalten als ein Beispiel der Anpassung nicht verstanden werden kann ohne Bezug auf Geschichte und Verhaltenskontext, ist adäquates Verhalten vom operationalen Gesichtspunkt lediglich ein Ausdruck der strukturellen Übereinstimmung zwischen Organismus und Medium in der Gegenwart, an der Geschichte als operatives Element nicht mitwirkt. Geschichte ist notwendig, um zu erklären, wie ein bestimmtes System oder Phänomen entstanden ist, sie ist jedoch ohne Bedeutung für die Erklärung des Operierens des Systems oder Phänomens hier und jetzt.

Selektion

Auch wenn jede Selektion, ob durch Evolution oder durch Ontogenese, zur Koppelung von Strukturen führt (denn das, was selektiert wird, ist immer eine Struktur), ist Selektion stets die Folge der operationalen Auseinandersetzungen eines zusammengesetzten Systems in dem Medium, in dem es als einfache Einheit vermittels der Eigenschaften seiner Bestandteile interagiert. Der Prozeß der Selektion in lebenden Systemen besteht daher in der differentiellen Wirksamkeit des konkreten Operierens der unterschiedlichen Strukturen verschiedener Organismen derselben Art, die nebeneinander existieren, oder auch desselben Organismus in verschiedenen Phasen seiner individuellen Geschichte. Selektion erfolgt daher stets in einem Bereich, der orthogonal zum Existenzbereich dessen liegt, was selektiert wird (von dem Bereich also verschieden ist). Eben dieses Merkmal des Selektionsprozesses erlaubt es dem Beobachter zu behaupten, daß Selektion aufgrund des funktionalen Wertes der selektierten Strukturen stattfindet. Mit einer solchen Beurteilung *a posteriori* wird aber der irreführende Eindruck erweckt, daß Selektion eine semantische Koppelung darstelle, die in einer unendlichen Vielfalt von Strukturen verwirklicht werden könne. Mit anderen Worten: obwohl eine derartige metaphorische Beschreibung in funktionalistischen (semantischen) Begriffen nützlich ist, um das orthogonale Verhältnis zwischen dem Bereich, in dem die selektiven Interaktionen stattfinden, und dem Bereich, in dem die selektierten Strukturen existieren, auszudrücken, ist das Ergebnis jeder Selektion die Koppelung von Strukturen, da die operationale Funktionstüchtigkeit des selektierten Systems ausschließlich von der spezifischen, auf diese Weise zwischen seiner eigenen Struktur und der entsprechenden Struktur des Mediums hergestellten Übereinstimmung abhängig ist. Es ist außerdem eben dieses Merkmal des Selektionsprozesses, das die Vielfalt aufeinanderfolgender oder gleichzeitiger Strukturenkoppelungen gestattet, wie sie in evolutionärer oder ontogenetischer Anpassung auftreten können. Wenn die Organisation eines Systems homöostatisch invariant gehalten wird, wie dies bei autopoietischen Systemen der Fall ist, dann ist Anpassung die homöostatische, durch Verhalten (d. h. durch das Operieren des autopoietischen Systems in seinem Medium) bewirkte Verklammerung der strukturellen Koppelungen eines Systems (Ontogenese) oder einer Reihe von Systemen (Evolution) mit ihrem jeweiligen statischen oder sich wandelnden Medium.

Das Nervensystem bzw. neuronale Netzwerk

Das Nervensystem ist ein Netzwerk interagierender Neuronen, das den Phänomenbereich neuronaler Interaktionen erzeugt, der der Autopoiese des Organismus dient, in den es eingebettet bzw. dessen Bestandteil es ist. Um daher das Nervensystem als System zu erklären, ist es notwendig und hinreichend, die Organisation darzustellen, die ein neuronales Netzwerk definiert, das den Phänomenbereich seiner neuronalen Interaktionen als konstitutiven Bestandteil eines autopoietischen Systems erzeugt, wie z. B. bei den *Metazoa*.

Eine derartige Organisation kann folgendermaßen beschrieben werden. Das Nervensystem wird als System (als Einheit) durch Relationen definiert, die es zu einem geschlossenen Netzwerk interagierender Neuronen machen, so daß jegliche Veränderung des Zustandes relativer Aktivität einer Menge seiner Neuronen stets zu einer Veränderung des Zustandes relativer Aktivität einer anderen (oder derselben) Menge von Neuronen führt: alle Veränderungen der relativen neuronalen Aktivität des Nervensystems führen stets zu anderen Veränderungen relativer neuronaler Aktivität. Hinsichtlich seiner Zustandsdynamik ist das Nervensystem ein geschlossenes System.

Ein geschlossenes neuronales Netzwerk weist in seiner Organisation weder Input- noch Outputoberflächen auf. Auch wenn ein solches System durch die Interaktionen seiner Bestandteile beeinflußt werden kann, besteht sein Operieren als System ausschließlich in Zuständen relativer neuronaler Aktivität und deren Veränderungen, unabhängig von dem, was der Beobachter über ihren Ursprung feststellen mag. Bei einem geschlossenen System existieren Innen und Außen nur für den Beobachter, der das System betrachtet, nicht aber für das System selbst. Die sensorischen und effektorischen Oberflächen, die ein Beobachter bei einem konkreten Organismus beschreiben kann, machen das Nervensystem nicht zu einem offenen neuronalen Netzwerk, denn die Umwelt, in der der Beobachter sich befindet, bildet lediglich ein intervenierendes Element, durch welches die effektorischen und die sensorischen Neuronen interagieren und so die Geschlossenheit des Netzwerks aufrechterhalten. Aus dieser Organisation des Nervensystems ergeben sich mehrere grundlegende Konsequenzen.

Geschlossenheit

Würde der Beobachter eines Nervensystems, sei es in einem konkreten Experiment, sei es in seiner Vorstellung, sich in einen synaptischen Spalt stellen, die präsynaptischen und postsynaptischen Oberflächen beobachten und die Transfereigenschaften des so von ihm hergestellten Systems mit Hilfe von Input- und Outputrelationen beschreiben, so würde er ein offenes Netzwerk und kein Nervensystem beschreiben. Eben dies geschieht aber dann, wenn ein Beobachter den Organismus als System beschreibt, das voneinander unabhängige sensorische und effektorische Oberflächen für seine Interaktionen mit der Umwelt besitzt. Damit öffnet der Beobachter das Nervensystem, zerstört seine Organisation und erzeugt damit ein anderes System, das als offenes Netzwerk organisiert ist und das man mit Hilfe von hierarchischen Transferfunktionen beschreiben kann, die jedoch nur für jenes Bezugssystem relevant sind, das der Beobachter selbst einführt, wenn er die Zustandsveränderungen des Nervensystems beschreibt, indem er sie auf die Zustandsveränderungen der Umwelt (des beobachtbaren Mediums) abbildet. Als geschlossenes neuronales Netzwerk operiert das Nervensystem jedoch ausschließlich so, daß es Relationen relativer neuronaler Aktivität erzeugt, die durch seine Struktur und nicht durch die Umweltverhältnisse bestimmt sind, die Zustandsveränderungen des Nervensystems auslösen können.

Verhalten

Als Verhalten betrachtet der Beobachter die sich wandelnden Relationen und Interaktionen eines Organismus mit dessen Umwelt, die ihm durch Folgen von Zustandsveränderungen bestimmt zu sein scheinen, die ihrerseits im Organismus durch Folgen von Zustandsveränderungen des Nervensystems erzeugt werden. Der Beobachter kann außerdem ohne Schwierigkeit jedes konkrete Verhalten durch sinn- und zweckbezogene (funktionalistische oder semantische) Begriffe beschreiben, die Werte oder Funktionen ausdrücken, wie sie der Beobachter dem Verhalten mit Bezug auf die Verwirklichung der Autopoiese des Organismus zumißt. Und dennoch ist dem Beobachter gleichzeitig klar, daß die Abfolge der sich verändernden Relationen relativer neuronaler Aktivität des Nervensystems als eines strukturdeterminierten Systems, die eine bestimmte Verhaltensweise hervorzurufen scheint, keineswegs durch irgendwelche funktionalen oder semantischen Werte definiert wird, wie er sie einem solchen Verhalten zumessen mag, sondern daß diese Abfolge im Gegenteil notwendig durch die Struktur des Nervensystems im Moment der Verwirklichung des Verhaltens determiniert ist.
Ein Beispiel mag diese Situation verdeutlichen. Wir wollen betrachten, wie ein Instrumentenflug vor sich geht. Der Pilot ist von der Außenwelt abgeschnitten. Er kann nicht mehr tun, als die Instrumente des Flugzeugs hinsichtlich gewisser Abfolgen

von Veränderungen ihrer Meßwerte zu bedienen. Wenn der Pilot jedoch nach der Landung das Flugzeug verläßt, begrüßen ihn Frau und Freunde voller Freude und meinen: »Was für eine tolle Landung das war! Wir haben wegen des dichten Nebels große Angst gehabt!« Der Pilot aber kann nur verwundert antworten: »Landung? Was meint ihr? Ich bin weder geflogen noch bin ich gelandet, ich habe nur bestimmte Relationen im Inneren des Flugzeugs so gesteuert, daß ich in einer Reihe von Instrumenten eine bestimmte Abfolge von Werten bekam!« Was im Flugzeug stattgefunden hat, wurde einmal durch die Struktur des Flugzeugs, zum anderen durch den Piloten bestimmt und war unabhängig von der Art des Mediums und dessen Störeinwirkungen, die durch die Zustandsdynamik des Flugzeugs kompensiert wurden: Flug und Landung sind für die innere Dynamik des Flugzeugs irrelevant. Vom Gesichtspunkt des Beobachters jedoch ermöglicht die innere Dynamik des Flugzeugs nur dann einen Flug, wenn die Struktur des Flugzeugs mit der Struktur des Mediums entsprechend übereinstimmt; ist dies nicht der Fall, kommt kein Flug zustande, auch dann nicht, wenn in einer nicht geeigneten Umwelt die innere Zustandsdynamik des Flugzeugs von der inneren Zustandsdynamik eines Flugzeugs, das fliegend beobachtet wird, ununterscheidbar sein mag. Daraus folgt, daß angemessenes Verhalten notwendig ausschließlich das Ergebnis adäquaten strukturellen Zusammenspiels des Organismus (des dynamischen Systems) und des Mediums ist, da die Zustandsdynamik eines Organismus oder eines Nervensystems oder irgendeines dynamischen Systems stets durch die Struktur des Systems determiniert wird.

Koppelung

Wenn ein lebendes System über ein Nervensystem verfügt, so bedeutet dies keine Veränderung der Art des Operierens des lebenden Systems als einer strukturdeterminierten autopoietischen Einheit, es bedeutet lediglich eine Erweiterung des Bereichs möglicher Zustände des lebenden Systems durch die Einbeziehung strukturdeterminierter Relationen relativer neuronaler Aktivität in das autopoietische Netzwerk. Die beobachtbare Wirkung der Relationen relativer neuronaler Aktivität auf die Verwirklichung der Autopoiese eines gegebenen Organismus in seinem Medium ist das Ergebnis der strukturellen Koppelung von Nervensystem und Organismus bzw. zwischen diesen und dem Medium.

Die Begründung der strukturellen Koppelung autopoietischer Systeme läßt sich folgendermaßen zusammenfassen. Wenn Interaktionen einer zusammengesetzten Einheit im Raum ihrer Bestandteile Interaktionen vermittels ihrer Bestandteile (d. h. strukturelle Interaktionen) sind und wenn sich aufgrund einer strukturellen Interaktion die Bestandteile einer Einheit oder deren Relationen untereinander verändern, dann verändert sich auch die Struktur der Einheit; die Identität der Einheit bleibt jedoch invariant, wenn diese Strukturveränderung keine Veränderung der Organisation der zusammengesetzten Einheit nach sich zieht. Eine zusammengesetzte Einheit, deren Struktur sich wandeln kann, während ihre Organisation invariant bleibt, ist eine plastische Einheit, und die strukturellen Interaktionen, die diese Invarianz nicht zerstören, sind Störeinwirkungen. Da es ein konstitutives Merkmal autopoietischer Systeme ist, daß sie ihre Organisation unter Bedingungen strukturellen Wandels homöostatisch aufrechterhalten, muß die Verwirklichung der Autopoiese eines plastischen lebenden Systems unter Bedingungen von Störeinflüssen, wie sie ständig von einem sich verändernden Medium erzeugt werden, zur Selektion einer Struktur des lebenden Systems führen, die in seinem autopoietischen Netzwerk spezifische Prozesse (Zustandsveränderungen) verkörpert, welche durch spezifische Zustandsveränderungen des Mediums ausgelöst werden können; ist dies nicht der Fall, zerfällt das System. Das Ergebnis der Herstellung einer solchen dynamischen Strukturenübereinstimmung, d. h. struktureller Koppelung, besteht in dem konkret wirksamen raumzeitlichen Zusammenspiel der Zustandsveränderungen des Organismus mit den rekurrenten Zustandsveränderungen des Mediums, solange der Organismus autopoietisch bleibt.

Die gleiche allgemeine Begründung gilt auch für das Nervensystem im besonderen. Die Organisation des Nervensystems als eines geschlossenen Netzwerks interagierender Neuronen muß invariant bleiben, seine Struktur kann sich jedoch verändern, wenn sie mit den Strukturveränderungen anderer Systeme gekoppelt wird, in die es eingebettet wird; dies gilt etwa für einen Organismus, damit für das Medium, in dem dieser Organismus als eine autopoietische Einheit existiert, oder schließlich rekursiv für das Nervensystem selbst. Wenn die Struktur des Nervensystems sich verändert, verändert sich auch der Bereich möglicher Zustände relativer neuronaler Aktivität des Nervensystems und somit der Bereich möglicher Verhaltensweisen des Organismus selbst. Wenn der Organismus daher aufgrund der Strukturveränderungen des Nervensystems seine Autopoiese fortsetzen kann, kann die veränderte Struktur des Nervensystems die Ausgangsbasis für eine neue Strukturveränderung darstellen, die ebenso die Fortsetzung der Autopoiese gestattet. Dieser Prozeß kann im Prinzip in rekursiver Weise ohne Ende wiederholt werden, solange der Organismus am Leben ist.

Es ist epistemologisch notwendig, daß die ontogenetische strukturelle Koppelung des Nervensystems mit dem Organismus, mit dem Medium und mit sich selbst durch rekursive selektive Interaktionen erfolgt. Welche Interaktionen welche Strukturveränderungen in einem konkreten Nervensystem selektieren, hängt vom jeweiligen besonderen Fall ab. Es gibt gut dokumentierte Beispiele, die ich hier jedoch nicht ausführen will. Ich will jedoch anfügen: Soweit das Nervensystem als geschlossenes neuronales Netzwerk operiert, kann sein entsprechendes Operieren im Bereich der Relationen zwischen relativen neuronalen Aktivitäten nicht zu Strukturveränderungen zweiter Ordnung führen. Da Neuronen jedoch außer ihrer Mitwirkung an dem geschlossenen neuronalen Netzwerk des Nervensystems auch Eigenschaften besitzen, die allen Zellen gemeinsam sind, können sie chemisch oder physikalisch durch die Produkte anderer Zellen des Organismus beeinflußt werden, ob diese zum Nervensystem oder zum Medium gehören oder nicht. Diese Einwirkungen, die in operationaler Hinsicht orthogonal zum Bereich der Relationen neuronaler Aktivität, in dem das Nervensystem operiert, verlaufen, können in den Neuronen Strukturveränderungen auslösen, die zu Strukturveränderungen zweiter Ordnung im Nervensystem und so zu Veränderungen seines Zustandsbereichs führen, die wiederum (für den Beobachter) Verhaltensänderungen bewirken. Da diese orthogonal verlaufenden Einwirkungen selektive Interaktionen darstellen, müssen

sich aus ihnen Selektionen im Bereich der möglichen Strukturen des Organismus ergeben, d.h. im Bereich der Beeinflußbarkeit des Organismus, und zwar aufgrund der räumlichen und zeitlichen Begleitprozesse chemischer und physikalischer Einwirkung auf Neuronen, die ihrerseits durch die Struktur des Mediums bestimmt sind, in das das Nervensystem eingebettet ist. An dieser Stelle sollte nun deutlich sein, daß die einzige Struktur des Nervensystems, die diese Art des Strukturwandels zuläßt, die eines homöostatischen geschlossenen neuronalen Netzwerks ist, das Relationen relativer neuronaler Aktivität erzeugt und invariant hält, die durch orthogonal zu diesem Operationsbereich verlaufende Interaktionen und somit durch die konkrete Verwirklichung der Autopoiese des Organismus, den das Nervensystem integriert, selektiert werden.
Solange die Autopoiese andauert,
(a) selektiert die fortwährende ontogenetische strukturelle Koppelung des Nervensystems eine Struktur des neuronalen Netzwerks, die die Relationen relativer neuronaler Aktivität erzeugt, welche an der ständigen Autopoiese des Organismus in dem Medium mitwirkt, mit dem er verkoppelt ist,
(b) mag die Koppelung der Struktur des Nervensystems an die des Organismus, des Mediums, oder seiner selbst, wie sie durch adäquates Verhalten (Interaktionen ohne Zerstörung des Organismus) bestätigt wird, einem Beobachter als semantische Koppelung erscheinen, da dieser jedem Verhalten funktionale Bedeutung oder Sinn zuweisen und daher die dem Verhalten zugrundeliegende Physiologie so beschreiben kann, als ob sie durch derartige semantische Beziehungen verursacht würde.

Lernen und Instinkt

Wenn die strukturelle Koppelung eines Organismus an sein Medium im Laufe der Evolution erfolgt, dann ist die Struktur des Organismus in einem bestimmten Moment das Ergebnis dieser Evolution, d.h. eines Entwicklungsprozesses, und nicht das Resultat der individuellen Interaktionsgeschichte des Organismus. Jedes an einem Organismus festgestellte Verhalten, das durch eine Zustandsdynamik bestimmt wird, die von Strukturen abhängig ist, welche von der Spezies im Verlaufe der Evolution

erworben worden sind, wird vom Beobachter Instinktverhalten genannt. Entwickelt sich jedoch die Koppelung der Struktur des Organismus an sein Medium im Verlaufe seiner Ontogenese und ist sein Nervensystem daran beteiligt, dann kann ein Beobachter von Lernen sprechen, weil er adäquates Verhalten als Ergebnis der Zustandsdynamik eines Nervensystems beobachtet, dessen Struktur durch Erfahrung ausgebildet (selektiert) worden ist. Wenn der Beobachter unter diesen Umständen zwischen gelerntem Verhalten und Instinktverhalten zu unterscheiden sucht, wird er feststellen, daß beide Verhaltensweisen in ihrer konkreten Verwirklichung in gleicher Weise durch die Strukturen des Nervensystems bzw. des Organismus determiniert und in dieser Hinsicht völlig ununterscheidbar sind. Die Unterscheidung zwischen gelerntem und instinktivem Verhalten gehört ausschließlich zur Geschichte der Herstellung der für sie verantwortlichen Strukturen.
Jede Beschreibung des Lernens im Sinne des Erwerbs einer Repräsentation der Umwelt ist daher bloß metaphorisch und ohne jeden Erklärungswert. Außerdem ist eine derartige Beschreibung notwendig irreführend, da sie ein System voraussetzt, das instruktiven Interaktionen unterliegt; ein solches System ist daher epistemologisch ausgeschlossen. Das Problem wird außerdem einfacher, wenn keinerlei Instruktionsvorstellung verwendet wird, denn Lernen erscheint dann als die fortgesetzte ontogenetische Verkoppelung der Struktur eines Organismus mit seinem Medium, und zwar in einem Prozeß, dessen Richtung durch den selektiven Strukturwandel des Organismus determiniert wird, wie er ständig durch das Verhalten bewirkt wird, das der Organismus durch seine in vorausgegangenen plastischen Interaktionen selektierte Struktur erzeugt. Die Bedeutung, die ein Beobachter also *a posteriori* einer konkreten gelernten Verhaltensweise zumißt, spielt für die Bestimmung der Struktur, die diese Verhaltensweise verwirklicht, keine Rolle. Obwohl es uns Menschen allerdings möglich ist, von einem Metabereich der Beschreibung ein Lernziel festzulegen, benennt dieses Lernziel lediglich eine bestimmte Tendenz bzw. Richtung innerhalb eines Selektionsbereichs, keineswegs eine zu erwerbende Struktur. Diese kann nur im Verlauf der tatsächlichen Lerngeschichte (der ontogenetischen Strukturenkoppelung)

ausgebildet werden, da sie von dieser Geschichte abhängig ist. Ein lernendes System hat keinerlei triviale Erfahrungen (Interaktionen), da alle Interaktionen zu einer Strukturveränderung führen, auch wenn die selektierte Struktur zur Stabilisierung eines konkreten Verhaltens führen mag.

Da schließlich das Nervensystem als geschlossenes neuronales Netzwerk operiert, ist die Ausführung gelernten oder instinktiven Verhaltens als jeweiliger Ausdruck einer strukturellen Koppelung stets die Aktivität eines raumzeitlichen Netzwerks von Relationen relativer neuronaler Aktivität, das einem Beobachter als Netzwerk sensomotorischer Korrelationen erscheint. Wenn das beobachtete Verhalten Instinktverhalten ist und in einer inadäquaten Umwelt verwirklicht wird, behauptet der Beobachter, es sei Instinktverhalten in einem Vakuum. Ist das beobachtete Verhalten jedoch gelernt und tritt in einer unangemessenen Umwelt auf, dann spricht der Beobachter von einem Fehler. In beiden Fällen ist die Situation jedoch dieselbe: es handelt sich nämlich um eine durch die Umstände bedingte Entkoppelung der Strukturen, wie sie in der operationalen Unabhängigkeit der Zustandsdynamik des Organismus und der Zustandsdynamik des Mediums begründet ist, wenn die jeweiligen Zeitverläufe des Strukturenwandels eine Koppelung der Strukturen nicht zulassen.

Wahrnehmung

Wenn ein Beobachter einen Organismus in seinem Medium interagieren sieht, hält er dessen Verhalten in jedem Interaktionszyklus für zweckmäßig, die Außeneinwirkungen der Umwelt auf den Organismus zu kompensieren. Der Beobachter beschreibt die Adäquatheit des Verhaltens so, als ob sie das Ergebnis des Erwerbs irgend einer Eigenschaft der Umwelt (»Information«) durch den Organismus wäre und als ob der Organismus folglich imstande wäre, die adäquaten Zustandsveränderungen zu berechnen, die die Fortsetzung seiner Autopoiese erlauben; und er nennt einen derartigen Prozeß Wahrnehmung. Da es keine instruktiven Interaktionen gibt, ist diese Beschreibung sowohl operational falsch als auch in irreführender Weise metaphorisch. Wenn der Beobachter andererseits ein Verhalten, das er gewöhnlich unter Bedingungen dessen, was er Wahrnehmung nennt, antrifft, außerhalb der adäquaten Umwelteinwirkungen beobachtet, behauptet er, daß das beobachtete Verhalten Ergebnis einer Illusion oder Halluzination sei. Im Funktionieren des Nervensystems (und des Organismus) kann es jedoch keinen Unterschied zwischen Illusionen, Halluzinationen oder Wahrnehmungen geben, da ein geschlossenes neuronales Netzwerk zwischen intern und extern ausgelösten Veränderungen relativer neuronaler Aktivität nicht unterscheiden kann. Jede derartige Unterscheidung gehört ausschließlich zum Beschreibungsbereich eines Beobachters, in dem Innen und Außen für das Nervensystem und den Organismus definiert werden. Bei jedem Lebewesen ist es die Struktur seines Nervensystems bzw. die Struktur des ganzen Organismus und nicht die Struktur des Mediums, die jene strukturellen Konfigurationen des Mediums determiniert, die als sensorische Störeinflüsse wirken können und die den Verlauf der inneren Zustandsveränderungen bestimmen, die der Organismus aufgrund einer spezifischen Interaktion durchläuft. Da diese Strukturen außerdem das Ergebnis der strukturellen Koppelung des Organismus und seines Mediums sind, machen die Geschlossenheit der Organisation des Nervensystems und des Organismus Wahrnehmung zu einem Ausdruck der strukturellen Koppelung eines Organismus und seines Mediums, die von Illusionen oder Halluzinationen nur im sozialen Bereich unterschieden werden kann.

Sprache und konsensuelle Bereiche

Konsensuelle Bereiche

Wenn zwei oder mehr Organismen in rekursiver Weise als strukturell plastische Systeme interagieren und jeder Organismus so zum Medium der Verwirklichung der Autopoiese des anderen wird, ergibt sich wechselseitige ontogenetische Strukturenkoppelung. Vom Gesichtspunkt eines Beobachters scheint es, daß die operationale Effektivität der verschiedenen Verhaltensweisen strukturell gekoppelter Organismen für die Verwirklichung ihrer Autopoiese unter reziproken Interaktionen im Ver-

lauf der Geschichte ihrer Interaktionen bzw. durch ihre Interaktionen erreicht worden ist. Außerdem erscheint einem Beobachter der durch derartige ontogenetische Strukturenkoppelung gebildete Interaktionsbereich als ein Netzwerk von Sequenzen wechselweise ausgelöster ineinandergreifender Verhaltensweisen, das ununterscheidbar ist von dem, was er als konsensuellen Bereich bezeichnen würde. In der Tat sind die verschiedenen Verhaltensweisen, die auftreten, sowohl beliebig als auch kontextbedingt. Die Verhaltensweisen sind beliebig, da sie jede Form annehmen können, solange sie als Auslöser in den Interaktionen operieren; sie sind kontextbedingt, da ihre Mitwirkung an den ineinandergreifenden Interaktionen innerhalb des Bereichs nur hinsichtlich der den Bereich bildenden Interaktionen definiert ist. Ich werde daher den Bereich ineinandergreifender Verhaltensweisen, der sich aus der ontogenetischen reziproken Koppelung der Strukturen strukturell plastischer Organismen ergibt, einen konsensuellen Bereich nennen (Maturana 1975).
Ist ein solcher konsensueller Bereich einmal auf dieselbe Weise wie die Koppelung von Strukturen zwischen mehreren Systemen hergestellt, dann kann jedes Element einer solchen Koppelung durch ein neues System ersetzt werden, das hinsichtlich der für die Koppelung notwendigen Strukturmerkmale gleich ausgestattet ist. Ein konsensueller Bereich ist daher mit Bezug auf die ihn konstituierenden ineinandergreifenden Verhaltensweisen geschlossen, er ist jedoch mit Bezug auf die Organismen oder Systeme, die diese verwirklichen, offen.

Beschreibungen

An einem konsensuellen Bereich ist für den Beobachter bedeutsam, daß die beobachteten Organismen so beschrieben werden können, daß sie gleichzeitig als zusammengesetzte und als einfache Einheiten existieren und daß sie damit zwei einander nicht überschneidende Phänomenbereiche definieren. Im ersten Bereich kann der Beobachter die Organismen beschreiben, wie sie vermittels der Eigenschaften ihrer Bestandteile interagieren, im zweiten, wie sie aufgrund ihrer Merkmale als Einheiten interagieren. In beiden Fällen kann die Interaktion der Organismen ohne Rückgriff auf semantische Vorstellungen wie Funktion oder Bedeutung auf streng operationale Weise beschrieben werden. Wenn ein Beobachter jedoch mit einem anderen Beobachter kommuniziert, definiert er einen Metabereich, aus dessen Perspektive ein konsensueller Bereich als Bereich ineinandergreifender Unterscheidungen, Hinweise oder Beschreibungen erscheint, je nachdem, wie der Beobachter auf das beobachtete Verhalten Bezug nimmt.

Wenn ein Beobachter jedes unterscheidbare Verhalten als eine Repräsentation der Umweltverhältnisse auffaßt, die es auslösen, betrachtet er dieses Verhalten als eine Beschreibung und den konsensuellen Bereich, in dem das Verhalten stattfindet, als einen Bereich ineinandergreifender Beschreibungen tatsächlicher Umweltzustände, die durch die Verhaltensweisen, die sie repräsentieren, definiert werden. Jede Beschreibung setzt daher stets eine Interaktion voraus. Und genau dies tun wir als Beobachter, wenn wir Beschreibungen anfertigen: wir handeln in aufeinander bezogener Weise zusammen mit anderen Beobachtern in einem konsensuellen Bereich, der durch unsere direkte (Mutter-Kind-Beziehung) oder indirekte (Mitgliedschaft in derselben Gesellschaft) Strukturenkoppelung ontogenetisch erzeugt wird. Wenn der Beobachter jedoch vergißt, daß die Adäquatheit der ineinander verzahnten und einander auslösenden Zustandsveränderungen der aufeinander einwirkenden Systeme im konsensuellen Bereich das Ergebnis ihrer ontogenetischen Strukturenkoppelung ist, kann er den konsensuellen Bereich so beschreiben, als ob er ein in sich geschlossenes deskriptives System bildete, in dem beschreibende Interaktionen den Organismen Information liefern, mit der sie die jeweils notwendigen Zustände erzeugen, um die beschriebene Umwelt zu handhaben. Verfährt man so, dann nimmt man einmal instruktive Interaktionen an, die jedoch aus epistemologischen Gründen ausgeschlossen sind, zum anderen verliert man den Bereich der Beschreibungen als Metabereich, der nur in einem konsensuellen Bereich mit Bezug auf einen anderen Bereich existiert. Zur weiteren Klärung mögen die folgenden Erörterungen dienen:

1. Wenn die Organismen, die in einem konsensuellen Bereich operieren, in rekursiver Weise durch interne Zustände beeinflußt werden können, die durch ihre konsensuellen Interaktionen

erzeugt werden, und wenn sie die durch diese rekursiven Interaktionen erzeugten Verhaltensweisen als Bestandteile ihres Verhaltens in ihren konsensuellen Bereich einbeziehen können, dann wird Konsensualität zweiter Ordnung hergestellt, aus deren Perspektive das konsensuelle Verhalten erster Ordnung operational eine Beschreibung der Umstände darstellt, die es auslösen. Für die Herstellung dieser Konsensualität zweiter Ordnung und folglich für das Auftreten der rekursiven Operation des Konsensus über Konsensus, die zur rekursiven Anwendung von Beschreibungen auf Beschreibungen führt, ist es jedoch notwendig, daß alle Prozesse der wechselseitigen Beeinflussung, die Beschreibungen eingeschlossen, im selben Bereich stattfinden.

2. Das strukturell plastische Nervensystem von Lebewesen ermöglicht diese rekursive Abbildung aller Interaktionen des Organismus und des Nervensystems ebenso wie des Großteils (wenn nicht aller) ihrer internen Prozesse in einem einzigen Phänomenbereich. Da das Nervensystem als geschlossenes neuronales Netzwerk operiert, in dem alle Aktivitätszustände Relationen relativer neuronaler Aktivität sind, werden alle Interaktionen und alle Zustandsveränderungen des Organismus (sein Nervensystem eingeschlossen), die das Nervensystem beeinflussen, unabhängig von ihrer Entstehung notwendig auf denselben Bereich von Relationen relativer neuronaler Aktivitäten abgebildet. Wie gesagt, ergibt sich daraus die ontogenetische rekursive strukturelle Koppelung des strukturell plastischen Nervensystems an seine eigene sich verändernde Struktur, und zwar durch einen Prozeß, in dem die Abfolge struktureller Veränderungen durch die Abfolge struktureller (Stör-)Einwirkungen determiniert wird, die entweder durch diese Strukturveränderungen selbst oder durch die Interaktionen des Organismus in seinem Medium erzeugt werden.

3. Der Umfang dieser rekursiven ontogenetischen Strukturenkoppelung hängt bei jedem Einzelorganismus einmal von dem Grad der strukturellen Plastizität seines Nervensystems ab, zum anderen von dem Ausmaß, in dem die Struktur seines Nervensystems in jedem Augenblick das Auftreten distinkter Relationen relativer neuronaler Aktivität erlaubt, die als innere strukturelle (Stör-)Einwirkungen funktionieren. Findet dies in auch nur geringfügigem Maße innerhalb der Grenzen eines konsensuellen

Bereichs statt, und zwar so, daß die in konsensuellem Verhalten erzeugten Relationen neuronaler Aktivität selbst zu (Stör-)Einwirkungen bzw. Bestandteilen weiteren konsensuellen Verhaltens werden, dann wird operational ein Beobachter erzeugt. Mit anderen Worten: Wenn ein Organismus aufgrund der Abbildung aller seiner Zustände auf Aktivitätszustände seines Nervensystems durch Relationen beeinflußt werden kann, die in seinem Nervensystem durch Relationen zwischen Relationen neuronaler Aktivität erzeugt und durch unterschiedliche Interaktionen ausgelöst werden, und wenn er diese konsensuell als Bestandteile eines konsensuellen Bereichs zweiter Ordnung unterscheidet, dann wird das Verhalten des Organismus ununterscheidbar vom Verhalten eines Beobachters; der konsensuelle Bereich zweiter Ordnung, den der Organismus mit anderen Organismen herstellt, wird ununterscheidbar von einem semantischen Bereich. Und nochmals in anderen Worten: Wird ein Organismus in seinem Operieren innerhalb eines konsensuellen Bereichs zweiter Ordnung beobachtet, so erscheint er dem Beobachter so, als ob sein Nervensystem mit internen Repräsentationen der äußeren Umstände seiner Interaktionen interagierte und als ob die Zustandsveränderungen des Organismus durch den semantischen Wert dieser Repräsentationen determiniert würden. Das Operieren des Nervensystems besteht jedoch aus nichts anderem als der strukturdeterminierten Dynamik sich verändernder Relationen relativer neuronaler Aktivität, wie dies für ein geschlossenes neuronales Netzwerk kennzeichnend ist.

4. »Repräsentation«, »Bedeutung« und »Beschreibung« sind Begriffe, die ausschließlich zum Operieren eines lebenden Systems in einem konsensuellen Bereich gehören und von einem Beobachter definiert werden, um konsensuelles Verhalten zweiter Ordnung zu benennen. Aus diesem Grunde haben diese Begriffe keinerlei Erklärungswert hinsichtlich des tatsächlichen Operierens lebender Systeme als autopoietischer Systeme, auch wenn sie durch strukturelle Koppelung entstehen. Eine Beschreibung setzt nämlich immer eine Interaktion eines Mitgliedes eines konsensuellen Bereichs voraus, und der Bereich der Beschreibungen ist notwendig begrenzt durch die möglichen Interaktionen eines lebenden Systems vermittels der Eigenschaften seiner Bestandteile.

Sprache

Das Wort »Sprache« bezeichnet primär die Fähigkeit zu sprechen, das gesprochene Wort bzw. die gesprochene Rede, und in verallgemeinerter Weise jedes konventionelle Symbolsystem, das zu Zwecken der Kommunikation verwendet wird.
Eine Sprache wird gewöhnlich – ob in ihrer beschränkten oder in ihrer allgemeinen Auffassung – als denotatives System symbolischer Kommunikation betrachtet, das aus Wörtern zusammengesetzt ist, die Entitäten unabhängig von dem Bereich bezeichnen, in dem sie selbst existieren. Denotation ist jedoch keine primitive Operation, sie setzt Übereinstimmung voraus, Konsens hinsichtlich der Abgrenzung sowohl des Bezeichnenden als auch des Bezeichneten. Wenn Denotation daher keine primitive Operation ist, kann sie auch keine primitive sprachliche Operation sein. Sprache muß als Ergebnis von irgendetwas anderem entstehen, das seinerseits Denotation für sein Zustandekommen nicht benötigt, Sprache jedoch mit all ihren Konsequenzen als ein trivial notwendiges Resultat entstehen läßt. Dieser fundamentale Prozeß ist die ontogenetische Koppelung von Strukturen, die zur Entwicklung eines konsensuellen Bereiches führt.
Innerhalb eines konsensuellen Bereiches operieren die verschiedenen Bestandteile einer konsensuellen Interaktion nicht als Denotanten; ein Beobachter könnte höchstens sagen, daß sie die Zustände der Beteiligten *konnotieren*, die in aufeinander bezogenen Abfolgen wechselseitige Zustandsveränderungen auslösen. Denotation entsteht erst in einem Metabereich, und zwar als ein *a-posteriori*-Kommentar eines Beobachters hinsichtlich der Konsequenzen des Verhaltens der interagierenden Systeme.
Wenn die primäre Operation für die Herstellung eines sprachlichen Bereiches die ontogenetische Strukturenkoppelung ist, dann sind die primären Bedingungen für die Entstehung der Sprache im Prinzip allen autopoietischen Systemen in dem Maße gemeinsam, in dem sie strukturell plastisch sind und rekursive Interaktionen durchlaufen können.
Sprachverhalten ist Verhalten in einem konsensuellen Bereich. Wenn sprachliches Verhalten in rekursiver Weise stattfindet, d. h. in einem konsensuellen Bereich zweiter Ordnung, und zwar so, daß die Bestandteile des konsensuellen Verhaltens in rekursi-

ver Weise im Prozeß der Erzeugung neuer Bestandteile des konsensuellen Bereichs kombiniert werden, dann wird eine Sprache erzeugt. Die von einer Sprache im Laufe ihrer Geschichte erreichte Vielfalt hängt daher notwendigerweise sowohl von der potentiellen Verhaltensvielfalt der Organismen ab, welche an dem konsensuellen Bereich mitwirken, als auch von der historischen Verwirklichung solcher Verhaltensweisen und Unterscheidungen. Die verschiedenen sowohl mißlungenen als auch erfolgreichen Versuche, einen sprachlichen Interaktionsbereich mit Schimpansen herzustellen, belegen dies (Linden 1976). Immer dann nämlich, wenn versucht wurde, einen hinreichend differenzierten Bereich beliebiger Unterscheidungen, die sowohl Schimpanse als auch Beobachter treffen konnten (z. B. visuelle oder manuelle Unterscheidungen), mit einem zumindest kommensurablen Bereich nicht beliebiger (biologisch signifikanter) Unterscheidungen, der wiederum beiden gemeinsam ist, zu verknüpfen, konnte in der Tat ein sich ständig erweiternder sprachlicher Bereich entwickelt werden. Wenn umgekehrt versucht wurde, zwei Unterscheidungsbereiche zu koppeln, deren Differenziertheit beim Schimpansen und beim Beobachter unterschiedlich war, erwies es sich als unmöglich, einen erweiterbaren sprachlichen Bereich herzustellen. Die Zeichensprache der Gehörlosen ist ein weiterer Beleg.

Sprachliche Regularitäten

Da ich in dieser Kennzeichnung der Sprache weder Grammatik noch Syntax erwähnt habe, müssen noch die folgenden Erläuterungen gegeben werden:

1. Das Verhalten eines Organismus wird in einem Interaktionsbereich entsprechend den Bedingungen definiert, unter denen der Organismus seine Autopoiese verwirklicht. Ist der Organismus strukturell plastisch, erfolgt seine ontogenetische strukturelle Koppelung an sein Medium durch selektive Interaktionen, wie sie durch sein Verhalten definiert werden. Welche Struktur oder welche Physiologie in einer spezifischen Geschichte der Interaktionen eines spezifischen Organismus jedoch selektiert werden, wird durch die jeweilige Struktur des Organismus und nicht durch die Art des selektierenden Verhaltens bestimmt.

Daraus folgt die dem Biologen wohlbekannte Tatsache, daß unterschiedliche Physiologien selektiert werden können, mit denen unterschiedliche Organismen oder ein und derselbe Organismus in unterschiedlichen Phasen seiner Ontogenese dasselbe Verhalten erzeugen können. Die Regularitäten oder Regeln, die ein Beobachter daher an der Ausführung irgendeines besonderen Verhaltens, sei dies Paarungsverhalten, Jagen oder Sprechen, bei verschiedenen Organismen beschreiben kann, verweisen nicht auf Homomorphien der jeweils zugrundeliegenden Physiologie. Die Regularitäten der Ausführung des Verhaltens gehören zu dem Bereich, in dem das Verhalten von einem Beobachter beschrieben wird, und nicht zur zugrundeliegenden Physiologie. Aus den beschreibbaren Regularitäten des Sprachverhaltens der Angehörigen eines konsensuellen Bereiches ist daher nicht zwingend auf die Identität der zugrundeliegenden Physiologien zu schließen, die das sprachliche Verhalten der Individuen erzeugen. Nur wenn die ursprünglichen Strukturen der miteinander übereinstimmenden Organismen isomorph gewesen wären, ließen sich bestimmte Isomorphismen in der Physiologie der sich ähnlich verhaltenden Organismen erwarten, die an einem konsensuellen Bereich mitwirken. Ein derartiges Zusammentreffen wäre jedoch Ergebnis historischer Zufälligkeit, nicht Ergebnis struktureller Notwendigkeit.

2. Jede Art von Verhalten wird durch Operationen verwirklicht, die rekursiv angewendet werden können oder auch nicht. Wenn bei bestimmten Verhaltensweisen Rekursion möglich ist und wenn sie zu Verhaltensweisen derselben Art führt, dann wird ein geschlossener Bereich der Erzeugung von Verhalten hergestellt. Hierfür gibt es viele Beispiele: eines davon ist menschlicher Tanz, ein weiteres menschliche Sprache. Für menschliche Sprache ist jedoch kennzeichnend, daß diese Rekursion durch das Verhalten der Organismen in einem konsensuellen Bereich erfolgt. In diesem Zusammenhang kann die syntaktische oder grammatische Oberflächenstruktur einer konkreten natürlichen Sprache lediglich die Beschreibung der Regularitäten hinsichtlich der Verkettung der Elemente des konsensuellen Verhaltens sein. Im Prinzip kann diese Oberflächensyntax beliebig sein, da ihre Ausbildung von der Geschichte konsensueller Koppelung abhängig und kein notwendiges Ergebnis irgendeiner notwendi-

gen Physiologie ist. Umgekehrt kann die »universale Grammatik« der Linguisten als die notwendige Menge grundlegender Regeln, die allen natürlichen Sprachen gemeinsam sein soll, nur in der Universalität des Prozesses rekursiver Strukturenkoppelung liegen, der beim Menschen durch die rekursive Anwendung der Bestandteile eines konsensuellen Bereichs außerhalb dieses konsensuellen Bereichs entsteht. Die Ursachen dieser Fähigkeit rekursiver Strukturenkoppelung sind nicht selbst konsensuell, sie sind struktureller Art und hängen ausschließlich mit dem Operieren des Nervensystems als eines geschlossenen neuronalen Netzwerks zusammen. Diese Fähigkeit rekursiver Strukturenkoppelung liegt außerdem sowohl den gesprochenen Sprachen wie auch den anderen Zeichensystemen der Menschen, ebenso aber auch den mit Hilfe künstlicher Zeichen und symbolischer Objekte hergestellten sprachlichen Bereichen mit Schimpansen zugrunde (Gardner/Gardner 1969; Premack 1974). Die Struktur, die daher für eine universale Grammatik erforderlich ist, die als Fähigkeit rekursiver Strukturenkoppelung im Prozeß des Operierens des Nervensystems verstanden wird, ist folglich nicht ausschließlich menschlich. Die Bedingungen der Evolution, die zur Ausbildung der gesprochenen Sprache beim Menschen geführt haben, sind allerdings spezifisch menschlich.

3. Einem Beobachter scheinen sprachliche Interaktionen bedeutungsvoll und kontextabhängig. Was jedoch in den Interaktionen in einem konsensuellen Bereich tatsächlich stattfindet, sind streng strukturdeterminierte ineinandergreifende Verkettungen von Verhalten. Jedes Verhaltenselement eines Organismus in einem konsensuellen Bereich wirkt als Auslöser auf einen anderen Organismus. Das Verhalten des Organismus A wirkt auf Organismus B und löst in diesem eine interne Zustandsveränderung aus, die eine neue strukturelle Basis für seine weiteren Interaktionen bildet und ein Verhalten erzeugt, das seinerseits den Organismus A beeinflußt, der auf ... Organismus B einwirkt, welcher ..., und so weiter in rekursiver Weise, bis der Prozeß beendet wird, indem aufgrund struktureller Veränderungen von A und B ein Verhalten erzeugt wird, das nicht zum konsensuellen Bereich gehört, oder irgendeine davon unabhängige Interaktion von außen eingreift, die die Organismen aus dem konsensuellen Bereich hinausführt.

Was in einer sprachlichen Interaktion geschieht, ist daher ausschließlich von der konkreten Struktur des Organismus abhängig, der die Interaktion durchläuft. Für einen Beobachter, der den strukturellen Zustand der sprachlich interagierenden Organismen nicht kennt, kann das Ergebnis einer sprachlichen Interaktion mehrdeutig sein, so als ob der tatsächliche syntaktische Wert einer sprachlichen Verhaltensäußerung durch irgendeine innere, nicht zugängliche Regel bestimmt würde. Und doch gibt es für jeden der konkret sprachlich interagierenden Organismen keinerlei derartige Mehrdeutigkeit. Ihre innere Struktur und ebenso der strukturelle Hintergrund, auf dem ihre sprachlichen Interaktionen als Auslösereinflüsse operieren, ist in jedem Augenblick durch ihre vorausgegangenen Interaktionen und durch ihre jeweils vorausgegangene Strukturdynamik in eindeutiger Weise determiniert. Der Kontext, von dem daher das Ergebnis einer sprachlichen Interaktion abhängig ist, ist vollständig durch die Strukturen der interagierenden Organismen determiniert, auch wenn dies dem Beobachter nicht bekannt ist. Der zufällig mitgehörte Satz »SEHEN SIE SIE« ist nur für den Beobachter mehrdeutig, der das Ergebnis der Interaktion ohne zureichendes Wissen um die strukturellen Zustände der sprechenden Organismen vorhersagen will. Die Frage eines beobachtenden Linguisten wäre: »Wie kann ich den syntaktischen Oberflächenwert der Bestandteile des Satzes bestimmen, wenn ich seine Tiefenstruktur, die die jeweilige Oberflächenstruktur determiniert, nicht kenne, oder wenn ich den semantischen Wert des Satzes nicht kenne, der seine Tiefenstruktur und somit auch seine Oberflächensyntax bestimmt?« Diese Frage ist in der Tat irrelevant, denn sie hat nichts mit den Prozessen zu tun, die in sprachlichen Interaktionen ablaufen und deren Ergebnis im konsensuellen Bereich bestimmen. Oberflächen- und Tiefenstrukturen sind Merkmale einer bestimmten Art der Beschreibung sprachlicher Äußerungen, nicht Merkmale der Prozesse der Erzeugung solcher Äußerungen.

4. Um den evolutionären Ursprung natürlicher Sprache zu verstehen, bedarf es der Erkenntnis der grundlegenden biologischen Prozesse, die sie erzeugen können. Bis heute ist dieses Verstehen unmöglich gewesen, da Sprache als ein denotatives System symbolischer Kommunikation betrachtet wurde. Würde Sprache in

Interaktionen tatsächlich so funktionieren, dann würde ihr evolutionärer Ursprung die Existenz der Denotationsfunktion, d. h. Übereinstimmung hinsichtlich der Bedeutungen der jeweiligen Bestandteile eines Kommunikationssystems voraussetzen. Denotation ist aber eben jene Funktion, deren evolutionärer Ursprung erklärt werden muß. Wenn wir erkennen, daß Sprache ein System generativer konsensueller Interaktionen ist und daß Denotation lediglich eine rekursive konsensuelle Operation ist, die ausschließlich in einem Bereich des Konsensus und nicht in Prozessen operiert, durch welche sprachliche Interaktionen stattfinden, dann wird ganz klar, daß Sprache die notwendige evolutionäre Folge der rekursiven Interaktionen von Organismen ist, die geschlossene, strukturell plastische Nervensysteme haben, und zwar aufgrund einer Selektion, die durch ein Verhalten verwirklicht wird, das sich durch die Strukturenkoppelung interagierender Organismen in einem Bereich sich ständig erweiternder Umweltvielfalt vollzieht.

Kommunikation

Die Aufgabe eines Beobachters, der ein Kommunikationsproblem zu lösen hat, besteht entweder in der Konstruktion eines Systems mit Sender- und Empfängerkomponenten, die durch ein Leitelement verbunden sind, so daß für jeden unterscheidbaren Zustand, der im Sender produziert wird, ein einziger unterscheidbarer Zustand im Empfänger erzeugt wird, oder darin, ein vorgegebenes System so zu behandeln, als ob es wie das eben beschriebene technische System funktionierte. Da es in den operationalen Bereichen, die wir hier erörtern, keine instruktiven Interaktionen gibt, müssen Sender und Empfänger operational kongruent sein, damit das Phänomen der Kommunikation entstehen kann. Mit anderen Worten: der Bereich möglicher Zustände des Senders und der Bereich möglicher Zustände des Empfängers müssen homomorph sein, so daß jeder Zustand des Senders einen eindeutigen Zustand des Empfängers auslöst. Wird ein Kommunikationssystem vom Beobachter gebaut, dann wird derartige Homomorphie durch die Konstruktion selbst hergestellt; wird ein vorgegebenes System von einem Beobachter als Kommunikationssystem beschrieben, setzt dieser entsprechende Homomorphie in seiner Beschreibung voraus. In der Tat kann jede Interaktion in trivialer Weise als Kommunikation beschrieben werden. Es muß daher gesehen werden, daß die gegenwärtige Auffassung der Kommunikation als einer Situation, in der die interagierenden Systeme die Zustände des jeweils anderen durch die »Übertragung von Information« bestimmen, entweder falsch oder irreführend ist. Nimmt man dabei an, daß instruktive Interaktionen stattfinden, dann ist diese Auffassung falsch, soll sie lediglich metaphorisch sein, dann ist sie irreführend, da sie zu Modellen führt, die instruktive Interaktionen zumindest unterstellen. Derartige Irrtürmer treten häufig auf, wenn die semantische Funktion der Sprache erklärt werden soll.

Aus diesen Überlegungen ergibt sich, daß ein ausgebildeter sprachlicher Bereich ein Kommunikationssystem ist, das eine Verhaltenshomomorphie spiegelt, die durch die Koppelung von Strukturen entsteht. Mit anderen Worten: sprachliche Kommunikation findet immer dann statt, wenn ontogenetische Strukturenkoppelung erreicht worden ist; sie ist in diesem Sinne trivial, da sie zeigt, daß lediglich das System des Technikers verwirklicht worden ist. Was jedoch im Prozeß der Herstellung von Kommunikation durch die Entwicklung ontogenetischer Strukturenkoppelung und die Ausbildung des konsensuellen Bereiches geschieht, ist keineswegs trivial. In diesem Prozeß gibt es keine Verhaltenshomomorphie bei den interagierenden Organismen, und obwohl diese selbst streng als strukturdeterminierte Systeme operieren, ist alles, was aufgrund ihrer Interaktionen in dem System, das sie gemeinsam aufbauen, geschieht, neu und antikommunikativ, auch wenn sie in anderen konsensuellen Bereichen bereits zusammenwirken mögen. Führt ein solcher Prozeß zu einem konsensuellen Bereich, dann handelt es sich dabei im strengen Sinne um eine »Kon-Versation«, um ein Sich-Miteinander-Wenden-Und-Drehen, und zwar auf solche Weise, daß alle Beteiligten nicht-triviale Strukturveränderungen so lange erfahren, bis Verhaltenshomomorphie erreicht ist und Kommunikation stattfinden kann. Diese prä-kommunikativen oder antikommunikativen Interaktionen, wie sie im Laufe einer Konversation stattfinden, sind kreative Interaktionen, die zu neuem

Verhalten führen. Die Voraussetzungen für eine solche Konversation (gemeinsame Interessen, räumliche Nähe, Freundschaft, Liebe oder was immer die Organismen zusammenführen mag), die bewirken, daß die Organismen ihre Interaktion so lange fortsetzen, bis ein konsensueller Bereich hergestellt wird, bilden den Bereich, in dem die Selektion ontogenetischer Strukturenkoppelung erfolgt. Ohne diese Voraussetzungen könnte ein konsensueller Bereich nie hergestellt werden und Kommunikation im Sinne der Koordination nicht-kreativer, ontogenetisch erworbener Verhaltensweisen niemals zustande kommen.

Realität

Das Wort »Realität« kommt vom lateinischen *res* »Ding«. Die grundlegende Operation, die ein Beobachter ausführen kann, ist die Operation der Unterscheidung, der Eingrenzung einer Entität durch die operationale Sonderung dieser Entität von einer Umgebung. Was sich aus einer solchen Operation der Unterscheidung ergibt und somit eingegrenzt werden kann, ist ein Gegenstand mit den Eigenschaften, die die Operation der Unterscheidung bestimmt, ein Gegenstand, der in dem Raum existiert, der durch diese Eigenschaften gebildet wird. Realität ist daher der Bereich der Gegenstände und folglich das, was als real eingegrenzt werden kann. Damit steht außer Frage, was Realität ist: ein Bereich, der durch Operationen des Beobachters bestimmt wird. Die verbleibende Frage ist eine Frage im Bereich der Kognition; es ist die Frage nach der Objektivität. Mit anderen Worten, um die am Anfang gestellten Fragen zu paraphrasieren: »Wie ist es möglich, daß wir Menschen über Gegenstände sprechen, Gegenstände beschreiben können und Ereignisse im Sinne beobachtbarer Gegenstände vorhersagen können?«

Nach all dem in diesem Kapitel Gesagten müßte die Antwort auf diese Frage eindeutig sein. Ich will jedoch als Beobachter das Wichtigste rekapitulieren.

Zunächst zeigte die epistemologische Analyse unserer Arbeit als Naturwissenschaftler, daß alle naturwissenschaftlichen Aussagen notwendig subjektabhängig sind, auch die, die ich eben jetzt als Naturwissenschaftler mache, wenn ich über das Problem der Objektivität schreibe.

Sodann zeigte die Analyse der Organisation des lebenden Systems sowie des Nervensystems,

(a) daß beide geschlossene Systeme sind und daher keinerlei Möglichkeiten bieten, eine objektive Realität zu beschreiben, und

(b) daß das effektive Operieren eines lebenden Systems (einschließlich des Nervensystems) in dem Medium, in dem es (als autopoietische Einheit) verwirklicht wird, das Ergebnis seiner strukturellen Koppelung an eben jenes Medium ist.

Schließlich zeigte die Analyse der Sprache,

(a) daß Sprache in einem konsensuellen Bereich existiert, der durch die Interaktionen geschlossener Systeme erzeugt wird und nicht im Bereich der Zustände jedes individuellen Systems, und

(b) daß eine Beschreibung stets eine Interaktion des beschreibenden Systems voraussetzt.

Wir wollen nun als Autor wie als Leser die Rolle eines Super-Beobachters einnehmen und zwei Fragen beantworten, die erneut Umformulierungen der am Anfang gestellten Fragen sind:

(i) Wie ist es möglich, daß Menschen, die geschlossene autopoietische Systeme sind, über Gegenstände sprechen und Gegenstände beschreiben können?

(ii) Wie ist es möglich, wenn Sprache Verhalten in einem konsensuellen Bereich ist, daß Menschen Sprache verwenden können, um Ereignisse, die individuell erlebt und erfahren werden, vorherzusagen?

Antwort des Super-Beobachters auf die erste Frage

Menschen können über Gegenstände sprechen, da sie die Gegenstände, über die sie sprechen, eben dadurch erzeugen, daß sie über sie sprechen. Das bedeutet, Menschen können über Gegenstände sprechen, da sie diese erzeugen, indem sie Unterscheidungen treffen, die diese Gegenstände in einem konsensuellen Bereich eingrenzen, und da Sprechen, operational gesehen, im selben Phänomenbereich stattfindet, in dem auch Gegenstände als Relationen relativer neuronaler Aktivitäten in einem geschlossenen neuronalen Netzwerk definiert werden. Mit anderen Worten: es ist für uns als Super-Beobachter klar, daß Menschen nur über das sprechen können, was sie durch ihre Operationen der Unterscheidung eingrenzen können, und daß sie als strukturdeterminierte Systeme nur Unterscheidungen treffen können, die ihre strukturelle Koppelung an ihr Medium (andere Organismen eingeschlossen) zuläßt. Entsprechend konstituieren die Zustandsveränderungen, die Menschen oder deren Instrumente in ihren Interaktionen erfahren, die Eingrenzung und Beschreibung der Gegenstände, die als Elemente in ihre konsensuellen Bereiche eingehen. Ihre Zustandsveränderungen werden dabei stets durch ihre Strukturen determiniert, und ihre Strukturen sind das Ergebnis ihrer strukturellen Koppelungen. Offensichtlich ist dies möglich, da trotz der Tatsache, daß jede interne oder externe Interaktion eines Organismus auf Relationen relativer neuronaler Aktivitäten seines Nervensystems abgebildet wird, diese dann, wenn sie nicht als individuelle Erfahrungen unterschieden werden können, sozial im Sinne von Verhalten innerhalb eines konsensuellen Bereiches unterschieden werden können. Daraus folgt, daß Beschreibungen zwar letztlich stets Interaktionen des Organismus vermittels seiner Bestandteile voraussetzen, Sprache jedoch Beschreibungen von Entitäten in ebenso vielen verschiedenen Bereichen erlaubt, wie konsensuell definiert werden können, wie weit entfernt von tatsächlichen Interaktionen sie auch einem Beobachter erscheinen mögen. Sprachliche Beschreibungen finden stets als konsensuelle Unterscheidungen von Relationen relativer neuronaler Aktivität in den sprechenden Organismen statt, und konsensuelle Unterscheidungen setzen stets Interaktionen zwischen Organismen vermittels ihrer Bestandteile voraus. Sprechende Menschen befinden sich daher in zwei einander nicht überschneidenden Phänomenbereichen: im Bereich ihrer inneren Zustände einerseits, im Bereich ihrer Interaktionen innerhalb des konsensuellen Bereichs andererseits. Da diese Bereiche einander nicht überschneiden, kann keiner auf den jeweils anderen reduziert werden, auch wenn ein Beobachter eine Homomorphie zwischen ihnen herstellen kann. Dies ist für mich als Super-Beobachter einleuchtend, da ich außerhalb beider Bereiche stehe. Für den Menschen, der spricht, ist jedoch alles, was existiert, sein jeweiliger Erfahrungsbereich (seine internen Zustände), auf den alles abgebildet wird, und jeder Mensch operiert mit Erfahrungen so, als ob eine phänomenale Reduktion stattgefunden hätte. Könnte er jedoch dazu gebracht werden, ein Super-Beobachter zu sein, würde er die Legitimität dieser vielfachen einander nicht überschneidenden Phänomenbereiche akzeptieren, in denen er operieren kann, ohne reduktionistische Erklärungen zu fordern.

Zusammenfassend also: Auch wenn viele Räume mit Hilfe der Sprache beschrieben werden können, kann kein Raum beschrieben werden, der nicht auf die Zustandsveränderungen der sprachlich interagierenden Organismen vermittels der Interaktionen ihrer Bestandteile abgebildet werden kann. Der letztgültige Raum, den eine zusammengesetzte Einheit daher in einem konsensuellen Bereich beschreiben kann, ist der Raum, in dem ihre Bestandteile existieren; der Raum, in dem ihre Bestandteile existieren, determiniert den letztmöglichen Interaktionsbereich, durch den eine zusammengesetzte Einheit an der Erzeugung eines konsensuellen Bereiches mitwirken kann. Der menschliche Beschreibungsbereich ist daher sowohl begrenzt als auch unendlich. Er ist begrenzt, da jede Beschreibung, die ein Mensch anfertigt, notwendig eine Interaktion vermittels seiner Bestandteile voraussetzt; er ist unendlich, da durch das Operieren des Nervensystems jedes Individuum stets in rekursiver Weise neue Phänomenbereiche durch die konsensuelle Bestimmung neuer Einheiten definieren kann, die aus bereits verfügbaren Einheiten zusammengesetzt werden. Allgemein ist daher der Raum, den die Bestandteile eines zusammengesetzten Systems definieren, der Basisraum eines solchen Systems. Menschen bestimmen ihren Basisraum, d. h. den Raum, den sie als zusammengesetzte Einheiten durch die Beschreibung ihrer Bestandteile durch ihre Interaktionen vermittels ihrer Bestandteile definieren, als den *physikalischen Raum*. Daraus folgt, daß der kognitive Bereich des Menschen, der menschliche Beschreibungsbereich, notwendig geschlossen ist: jede menschliche Behauptung setzt eine Interaktion voraus. Worüber der Mensch nicht sprechen kann, darüber muß er schweigen.

Antwort des Super-Beobachters auf die zweite Frage

Wenn der Gebrauch der natürlichen Sprache für die Organismen, die eine solche besitzen, darin besteht, ihre Autopoiese durch ihr Verhalten in einem konsensuellen Bereich zu verwirklichen, dann ist zunächst klar, daß effektive sprachliche Interaktionen zwischen Organismen (sprachliche Interaktionen, die ihr Operieren innerhalb des konsensuellen Bereichs ohne Verlust der Autopoiese unterstützen) notwendig einmal Ausdruck ihrer reziproken Koppelung von Strukturen, zum anderen Ausdruck der Veränderungen der Relationen relativer neuronaler Aktivitäten in ihren jeweiligen Nervensystemen sind, wie sie durch ihre Strukturen determiniert und durch ihre Interaktionen selektiert werden.

Aus der Perspektive eines Beobachters ist es weiterhin klar, daß die Relationen relativer neuronaler Aktivitäten, die im Nervensystem des Organismus stattfinden, der an einem konsensuellen Bereich teilhat, entweder aus seiner strukturellen Koppelung an andere Angehörige des konsensuellen Bereiches hervorgehen und so (für den Beobachter) externe Interaktionen repräsentieren, oder daß sie aus rekursiver struktureller Koppelung des Nervensystems an seine eigene Struktur entstehen und so (für den Beobachter) interne Interaktionen repräsentieren. Relationen der ersten Art entsprechen Gegenständen, die in einem konsensuellen sozialen Bereich unterschieden werden; Relationen der zweiten Art entsprechen Gegenständen, die in einem privaten, persönlichen Bereich bestimmt werden, der den sozialen Bereich überlappen kann oder auch nicht. Die ersteren entsprechen Erfahrungen innerhalb einer konsensuellen Realität, die letzteren Erfahrungen einer privaten individuellen Realität. Da eine Vorhersage die Verwirklichung des Zustandes eines Modells in einem konsensuellen Bereich ist und da sowohl das Operieren in einem konsensuellen Bereich als auch alle externen und internen Interaktionen eines Organismus, die sein Nervensystem einbeziehen, in gleicher Weise als Konfigurationen sich verändernder Relationen relativer neuronaler Aktivitäten in seinem Nervensystem verwirklicht werden, kann eine Vorhersage unter diesen Umständen nur einer Konfiguration von Relationen relativer neuronaler Aktivitäten entsprechen, die hergestellt werden soll, wenn bestimmte Operationen (d. h. andere Relationen relativer neuronaler Aktivitäten) verwirklicht werden. Wenn die zu verwirklichenden Operationen aus Relationen relativer neuronaler Aktivitäten entstehen, die externen Interaktionen entsprechen, dann gehört die Vorhersage zum Bereich der konsensuellen Realität, wenn die zu verwirklichenden Operationen aus Relationen relativer neuronaler Aktivitäten entstehen, die internen Interaktionen entsprechen, dann gehört die Vorhersage zum Bereich privater Wirklichkeit. In jedem Falle jedoch werden Vorhersagen als tatsächliche Erfahrungen verwirklicht, d. h. als konkrete Zustände des Organismus, die durch die Verwirklichung der Operationen erzeugt werden, aus denen die Vorhersagen bestehen, wenn die Organismen innerhalb der Bereiche struktureller Koppelungen operieren, in denen die Vorhersagen gemacht werden. Mit anderen Worten, die Verwirklichung einer Vorhersage in einem konsensuellen Bereich ist ein notwendiges Ergebnis der strukturellen Koppelung, die den konsensuellen Bereich bildet. Nur dann, wenn sie Operationen außerhalb des konsensuellen Bereichs, in dem sie gemacht wird, erforderlich macht, wird eine Vorhersage nicht erfüllt. Die Operation eines strukturdeterminierten Systems ist notwendigerweise vollkommen, d. h. sie folgt einem Verlauf, der ausschließlich durch Nachbarschaftsrelationen innerhalb seiner Struktur und durch nichts anderes determiniert ist. Nur in einem Bereich sekundärer Semantik, wie etwa im Bereich des Verhaltens, kann ein Beobachter einen Irrtum behaupten, wenn seine Erwartungen nicht erfüllt werden, da die Operationen des Organismus entgegen der Auffassung des Beobachters zeigen, daß er nicht strukturell an das Medium angeschlossen ist, in dem der Beobachter den Organismus beobachtet und dessen Verhalten vorhersagt.

Die Reduktion des Beobachters auf den konkreten Akteur

Diese Antworten eines menschlichen Beobachters in der Rolle des Super-Beobachters betreffen auch sein eigenes Operieren als Beobachter, da das Operieren eines Beobachters das Operieren in einem konsensuellen Bereich zweiter Ordnung ist. Auch wenn wir also die Rolle des Super-Beobachters gespielt haben, um die Art des Funktionierens sprachlicher Interaktionen aufzuzeigen, kann kein Mensch in effektiver Weise als absoluter Super-Beobachter operieren, da sein Beschreibungsbereich geschlossen ist. Dies schwächt jedoch keineswegs die Argumentation, die vollständig gültig bleibt, auch wenn der Super-Beobachter zum Beobachter zurückgeschnitten wird, da sie nur auf Relationen gegründet ist, die zu einem konsensuellen Bereich zweiter Ordnung gehören und es einem Beobachter gestatten, eine derartige Rolle zu spielen: die Rolle eines Beobachters zweiter Ordnung, des Beobachters des Beobachters in seinem Medium.

Wir leben in einem Bereich subjektabhängiger Realitäten, und diese Bedingung ist das notwendige Ergebnis unseres Existierens als strukturdeterminierte geschlossene autopoietische Systeme. Wir sind jedoch nicht wie die angeketteten Menschen in der Höhle von Platons Staat, die nur die Schatten objektiver Gegenstände sahen, welche zumindest im Prinzip mit absoluter Realität verbunden werden konnten. Wir sind eher wie Pharmakologen, die biologisch aktive Substanzen mit Hilfe der Zustandsveränderungen ihrer biologischen Sonden beschreiben. Es gibt keine Ähnlichkeit zwischen den Zustandsveränderungen eines weiblichen Kaninchens und dem Hormon, das diese Zustandsveränderungen hervorbringt; kein Mensch behauptet, daß dies so wäre. Und doch sind lange Zeit (auch in Ermangelung anderer Methoden) viele Substanzen durch die Zustandsveränderungen biologischer Sonden entdeckt und gekennzeichnet worden. Andere Methoden sind außerdem nicht in irgendeiner entscheidenden Weise von der pharmakologischen verschieden. Dies ist auch nicht neu. Es wird jedoch selten eingesehen und noch viel seltener im Bereich der Naturwissenschaften ernstgenommen, daß wir Menschen in unseren kognitiven Bereichen ebenso wie der Pharmakologe operieren und daß wir daher nur so operieren können, daß wir uns selbst als biologische Sonden verwenden und damit jene Realitätsbereiche bestimmen und beschreiben, in denen wir leben. Daß wir dafür lebende Systeme sein müssen, ist offensichtlich keine notwendige Bedingung, für uns aber eine existentielle Voraussetzung, die entscheidet, wie unsere Realitätsbereiche erzeugt werden; alle unsere Operationen sind nämlich wie bei allen lebenden Systemen der Aufrechterhaltung der Invarianz unserer Autopoiese untergeordnet.

Schluß

Was ein Organismus tun kann, wird durch seine Organisation und seine Struktur determiniert und bildet seinen kognitiven Bereich. Die Art, in der wir (Menschen) Erkenntnis bestimmen, zeigt, daß wir eben dies implizit oder explizit akzeptieren: wir stellen in einem gegebenen Bereich eine Frage und erwarten als Antwort eine Handlung oder die Beschreibung einer Handlung in eben demselben Bereich. Die Tatsache, daß wir im allgemeinen fordern, daß Menschen sich ihres Wissens bewußt seien – d.h., daß sie als Beobachter leben –, ändert nichts an diesem Sachverhalt. Unser kognitiver Bereich ist begrenzt und unendlich in der gleichen Weise, in der unser Realitätsbereich begrenzt und unendlich ist. Wissen setzt Interaktionen voraus, und wir können nicht aus unserem Interaktionsbereich, der geschlossen ist, hinaustreten. Wir leben daher in einem Bereich subjektabhängiger Erkenntnis und subjektabhängiger Realität. Dies bedeutet, daß die Fragen »Was ist der Gegenstand der Erkenntnis?« oder »Was ist die objektive Realität eines Gegenstandes?« sinnlos werden, wenn sie durch einen absoluten Beobachter beantwortet werden sollen, denn ein derartiger absoluter Beobachter ist in unserem kognitiven Bereich grundsätzlich unmöglich. In der Tat ist jedes Wissen einer transzendenten, absoluten Realität grundsätzlich unmöglich; würde eine angenommene transzendente Realität unserer Beschreibung zugänglich werden, dann wäre sie nicht transzendent, da eine Beschreibung stets Interaktionen voraussetzt und folglich nur subjektabhängige Realitäten enthüllen kann.

Wir können daher höchstens sagen, daß der Beobachter durch seine Interaktionen (auch mit Hilfe von Instrumenten) eine Beschreibung des Realitätsbereichs erzeugt und daß der Beobachter ein System von Systemen (ein System des Konsensus) beschreiben kann, das zur Entstehung von Systemen führt, die beschreiben können: also zu Beobachtern. Daraus folgt, daß aufgrund der Geschlossenheit des Bereichs der Beschreibung der

Beobachter die folgende ontologische Aussage machen kann: Die Logik jeder Beschreibung ist isomorph der Logik des Operierens des beschreibenden Systems.
Offensichtlich bleibt somit als einziges der Beobachter. Und doch existiert auch der Beobachter nicht allein, da seine Existenz notwendig zumindest ein weiteres Wesen voraussetzt, das eine notwendige Bedingung für die Herstellung des konsensuellen Bereichs ist, in dem er als Beobachter existiert. Was jedoch die Einzigartigkeit jedes Beobachters ausmacht und jeden Beobachter einsam macht, sind einmal seine Erfahrungen, die notwendigerweise innerhalb seiner operationalen Geschlossenheit verbleiben müssen, und zum anderen seine Fähigkeit, durch Konsensualität zweiter Ordnung so zu operieren, als ob er sich außerhalb der Situation befände, in der er sich befindet, und als ob er somit seine eigene Lage als Beobachter beobachten könnte.

Postskriptum: Kreativität und Freiheit

Der Großteil dessen, was ich gesagt habe, ist von Philosophen seit der Antike intuitiv erkannt und akzeptiert worden, niemand hat jedoch bis jetzt eine Erklärung angeboten, die die biologische Eigenart der Phänomene Kognition und Realität nachweisen konnte. Diese Arbeit ist ein derartiger expliziter Versuch (vgl. auch Maturana 1970; 1975). Außerdem ist bis heute noch nicht gezeigt worden, daß es keinen Widerspruch zwischen der Subjektabhängigkeit unserer Realität und unserem erfolgreichen Operieren in einer sozial gültigen und scheinbar objektiven physikalischen Welt gibt. Da eine Beschreibung stets eine Interaktion voraussetzt und da die beschreibenden Systeme ihre Bestandteile durch ihre Interaktionen vermittels ihrer Bestandteile beschreiben, gibt es einen konstitutiven Homomorphismus zwischen Beschreibungen und zwischen Verhalten im allgemeinen und auch zwischen dem Operieren der Systeme, die beschreiben können. Wir erzeugen daher buchstäblich die Welt, in der wir leben, indem wir sie leben. Wenn eine Unterscheidung nicht vorgenommen wird, dann existiert die Entität nicht, die durch diese Unterscheidung eingegrenzt werden würde; wird eine Unterscheidung durchgeführt, dann existiert die geschaffene Entität nur in dem Bereich der Unterscheidung, unabhängig davon, wie die Unterscheidung ausgeführt wird. Es gibt keine andere Art der Existenz für eine derartige Entität.

Was sind nun in diesem Zusammenhang Kreativität und Freiheit?

Antworten auf diese Fragen sind häufig durch die irrtümliche Vermengung von Determiniertheit und Vorhersagbarkeit sowie durch den Glauben an das objektive Auftreten des Phänomens der Wahl erschwert worden. Wenn ein System strukturdeterminiert ist, dann bedeutet dies, daß es deterministisch ist und daß in seinem Operieren jede freie Wahl ausgeschlossen ist; es bedeutet jedoch nicht, daß das System notwendigerweise vorhersagbar ist. Determinismus ist ein Merkmal des Operierens eines Systems, während Vorhersagbarkeit und freie Wahl Ausdrücke sind, die den Wissensstand des Beobachters spiegeln. Wenn das beobachtete System und das Medium, in dem das System beobachtet wird, bekannt sind, dann scheint das System in seinen Interaktionen auf keine Alternativen zu treffen, da das System und sein Medium für den Beobachter ein einziges vorhersagbares System bilden; sind System oder Medium unbekannt, dann scheint das System in seinen Interaktionen auf Alternativen zu treffen, da System und Medium operational voneinander unabhängige Systeme für den Beobachter bilden, der ihren weiteren Verlauf nicht vorhersagen kann: in einem solchen Fall projiziert der Beobachter seine Unsicherheit auf das System und behauptet, daß das System eine Wahl treffen muß. Ein völlig unbekanntes System ist für den unwissenden Beobachter chaotisch, wie immer deterministisch es dem wissenden Beobachter erscheinen mag, der es als strukturdeterminiertes System erfaßt. Ist dies einmal verstanden, dann wird deutlich, daß etwas Neues stets ein Ereignis darstellt, das in einem Bezugssystem gesehen wird, von dem aus es von einem Beobachter nicht hätte vorhergesagt werden können.

Tritt ein Organismus in eine Interaktion ein, die sich aus bestimmten Umständen ergibt, d. h. aus der Begegnung mit einem operational davon unabhängigen System (das Teil des Organismus selbst sein könnte), dann hätten die dadurch ausgelösten Zustandsveränderungen des Organismus von einem Beobachter

aufgrund des Operierens des Organismus allein nicht vorhergesagt werden können. Für den Beobachter führt der Organismus eine neue Unterscheidung aus und bestimmt eine neue Realität. Dies ist Kreativität: die Erzeugung von (für den Beobachter unerwarteten) Unterscheidungen durch einen Organismus, und zwar durch seine Interaktionen mit Systemen, an die er nicht strukturell gekoppelt ist (d. h. die operational von ihm unabhängig sind) und an die er aufgrund eben dieser Interaktionen strukturell gekoppelt werden kann. Da die Struktur eines Organismus (einschließlich seines Nervensystems) sich aufgrund seines autopoietischen Prozesses in einem operational von ihm unabhängigen Medium beständig wandelt, sind Organismen zumindest potentiell in der Lage, ihre strukturellen Koppelungen ständig zu verändern, somit ständig andere Systeme anzutreffen und fortgesetzt Zustandsveränderungen zu erfahren, die aus ihrer eigenen Perspektive allein unvorhersagbar sind. Kreativität ist somit notwendig ein Merkmal lebender Systeme.
Wenn ein Organismus in einem Bereich existiert, der nicht alle seine Interaktionen determiniert und er somit Interaktionen mit anderen Systemen durchlaufen kann, herrscht in dem Bereich der Existenz des Organismus Freiheit. Der Organismus ist frei, obwohl sein Operieren deterministisch ist, wenn er konsensuelle Bereiche zweiter Ordnung generieren kann; er kann nämlich dann als rekursiver Beobachter seiner Verhältnisse operational voneinander unabhängige konsensuelle Gegenstände generieren. Dies ist in der ganzen Menschheitsgeschichte stets wohl verstanden worden. Wenn ein Mensch das soziale System beobachten kann, das er durch sein Verhalten erzeugt, kann er es ablehnen und so zu einem Auslöser des Wandels werden; kann er jedoch nur Interaktionen durchlaufen, die durch das von ihm mitintegrierte soziale System bestimmt sind, dann kann er kein Beobachter des Systems werden, und sein Verhalten kann dieses System nur bestätigen. Daher zielt alle politische Gewaltherrschaft explizit oder implizit darauf, Kreativität oder Freiheit zu reduzieren, indem sie alle sozialen Interaktionen vorschreibt, um Menschen als Beobachter auszuschalten und die eigene Herrschaft zu stabilisieren. Um dieses Ziel vollständig zu erreichen, muß jedoch die typisch menschliche Lebensweise der Kreativität vollständig unterdrückt werden, und dies ist solange unmöglich,

als die Fähigkeit der Erzeugung konsensueller Bereiche zweiter Ordnung gegeben bleibt, wie sie etwa der Gebrauch der menschlichen Sprache erfordert.
Jeder Mensch steht als autopoietisches System allein auf der Welt. Wir wollen jedoch nicht beklagen, daß wir in einer subjektabhängigen Realität existieren müssen. Auf diese Weise ist das Leben interessanter, denn die einzige Transzendenz unserer individuellen Einsamkeit, die wir erfahren können, entsteht durch die konsensuelle Realität, die wir mit anderen schaffen, d. h. durch die Liebe zueinander.

(Deutsche Fassung: Wolfram Karl Köck)

[Erstveröffentlichung: »Biology of Language: the epistemology of reality«, in: *Psychology and Biology of Language and Thought.* Essays in honour of Eric H. Lenneberg (eds. G. A. Miller/Eliz. Lenneberg), New York: Academic Press 1978, 27-63.]

Ontologie des Beobachtens

Die biologischen Grundlagen des Selbst-Bewußtseins und des physikalischen Bereichs der Existenz

1. Zielsetzung

Mein Ziel besteht darin, Kognition als ein biologisches Phänomen zu erklären und zu zeigen, wie Sprache und Selbst-Bewußtsein entstehen und die ontologischen Grundlagen des physikalischen Bereichs der Existenz als eines kognitiven Grenzbereichs hervorbringen. Ich setze hierfür zwei unausweichliche Erfahrungsbedingungen, die gleichermaßen mein Problem und meine Erklärungsinstrumente sind:

(a) Kognition ist ein biologisches Phänomen, das als solches erklärt werden muß, denn es ist eine unbestreitbare Tatsache, daß jede Veränderung der Biologie unseres Nervensystems auch unsere kognitiven Fähigkeiten verändert.

(b) Wir leben als Menschen in der Sprache und benutzen die Sprache für unsere Erklärungen; diese Tatsache ist unmittelbar einleuchtend und auch an diesem Beitrag selbst nachvollziehbar. Diese beiden Erfahrungsbedingungen setze ich als Ausgangspunkt, denn ohne sie kann ich keinen Versuch einer Erklärung unternehmen; sie sind mein Problem, da ich sie erklären will, und sie sind unvermeidlich meine Instrumente, da ich Kognition und Sprache benötige, um Kognition und Sprache zu erklären.

Mit anderen Worten, ich will Kognition und Sprache *nicht* als gegebene und unerklärbare Eigenschaften auffassen, sondern als Phänomene des Bereichs unserer menschlichen Erfahrungen ansetzen, die aus unserer Lebenspraxis hervorgehen und die daher als biologische Phänomene erklärt werden müssen. Gleichzeitig will ich die Tatsache unserer Existenz in Sprache benutzen, um zu zeigen, wie der physikalische Bereich der Existenz als ein kognitiver Bereich in unserer Sprache entsteht. Ich will also zeigen, daß der Beobachter und das Beobachten als biologische Phänomene ontologisch primär sind gegenüber dem Objekt und dem physikalischen Bereich der Existenz.

2. Das Problem

Ich setze Kognition als das Grundproblem, und ich werde die Sprache im Verlauf der Erklärung der Kognition erklären. Wir Menschen bestimmen Kognition in einem Bereich so, daß wir erst den Bereich mit einer Frage eingrenzen und sodann in diesem angemessenes und wirksames Verhalten oder Handeln fordern. Wenn die von uns wahrgenommene Antwort auf unsere Frage uns als angemessenes Verhalten oder Handeln in dem durch die Frage festgelegten Bereich zufriedenstellt, dann akzeptieren wir sie als einen Ausdruck von Kognition in diesem Bereich und stellen fest, der Mensch, der unsere Frage so beantwortet, verfüge über Wissen. Wenn also jemand beansprucht, die mathematische Algebra zu beherrschen, also ein Algebraiker zu sein, dann verlangen wir von ihm, daß er dies in dem Bereich, den wir als Algebra festlegen, unter Beweis stellt, und wenn er in diesem Bereich unseren Vorstellungen gemäß angemessen handelt, sehen wir seinen Anspruch als erfüllt an. Wird unsere Frage aber in dem durch die Frage definierten Bereich nicht durch ein aus unserer Sicht angemessenes Verhalten oder Handeln beantwortet, dann löst sich das Wesen auf, dessen Leistung verlangt wurde (der Algebraiker in unserem Fall), oder es verschwindet, es verliert seine Klassenidentität als Entität des durch unsere Frage festgelegten operationalen Bereichs, und der Fragesteller handelt weiterhin so, als ob es nicht existierte. Da also angemessenes Verhalten (oder angemessenes Handeln) das einzige Kriterium ist, das wir haben und benutzen können, um Kognition festzustellen, werde ich angemessenes Verhalten oder angemessenes Handeln in jedem beliebigen durch eine Frage festgelegten Bereich als das Phänomen ansetzen, das erklärt werden muß, wenn wir Kognition erklären wollen.

3. Die Antwort

Ich bin Biologe, und aufgrund meiner Erfahrung als Biologe behandle ich daher das Phänomen der Kognition als ein biologisches Phänomen. Da ich als Biologe Naturwissenschaftler bin, werde ich als Naturwissenschaftler eine biologische Erklärung des Phänomens der Kognition entwickeln. Ich werde dabei folgendermaßen vorgehen:

(a) Ich werde gemäß einer naturwissenschaftlichen Erklärung (Abschnitt 4) explizieren, was ich als adäquates Verhalten ansehe, damit alle Konsequenzen meiner Erklärung für den Leser klar werden und ihm vor allem deutlich wird, ob und wann das Ziel der Erklärung erreicht ist.

(b) Ich werde meine erkenntnistheoretische Position mit Bezug auf die Idee der Objektivität explizieren (Abschnitt 5), damit der ontologische Status meiner Erklärung klar wird.

(c) Ich werde die Begriffe explizieren, die ich in meiner Erklärung verwende, indem ich zeige, in welcher Weise sie Teil unseres alltäglichen Lebens sind (Abschnitt 6), damit klar wird, welche Rolle wir Menschen in meiner Erklärung spielen.

(d) Ich werde die biologischen Phänomene explizieren, die für meine Erklärung bedeutsam sind (Abschnitt 7), damit klar wird, wie wir als lebende Systeme an der Erklärung der Kognition sowie am Phänomen der Kognition selbst beteiligt sind. Im Verlauf meiner Erklärung des Phänomens der Kognition als eines biologischen Phänomens werde ich außerdem zeigen, warum und wie naturwissenschaftliche Theorien als freie Schöpfungen des menschlichen Geistes entstehen, warum sie dennoch die menschliche Erfahrung und nicht eine von uns unabhängige, objektive Welt erklären, und wie schließlich der physikalische Bereich der Existenz in der Erklärung der Lebenspraxis des Beobachters als ein Merkmal der Ontologie der Beobachtung entsteht (Abschnitte 8-11).

4. Der naturwissenschaftliche Bereich

Wir finden uns als Menschen im Hier und Jetzt der Praxis unseres Lebens, im Geschehen unseres Seins als Menschen, in Sprache handelnd, kurz: in einer *a priori* herrschenden Erfahrungssituation, in der alles, was ist, alles, was geschieht, als Teil unserer Lebenspraxis in uns selbst ist und geschieht. Was immer wir also sagen über das, was geschieht, und über seine Gründe, es ist ein Akt in der Praxis unseres Lebens, ein Kommentar, eine Reflexion, eine Reformulierung, kurz: eine Erklärung unserer Lebenspraxis. Es ersetzt oder konstituiert nicht die Lebenspraxis, die es erklärt. Wenn wir also sagen, daß wir aus Materie bestehen oder daß wir Ideen im Geiste Gottes sind, dann handelt es sich in beiden Fällen um Erklärungen der von uns gelebten Erfahrung unseres Seins: weder Materie noch Ideen im Geiste Gottes konstituieren jedoch diese Erfahrung unseres Seins, die sie zu erklären beanspruchen. Erklärungen gehören operational zu einem Metabereich dessen, was sie erklären. Im täglichen Leben, in der tatsächlichen Dynamik menschlicher Interaktionen, ist eine Erklärung immer eine Antwort auf eine Frage nach der Entstehung eines gegebenen Phänomens. Diese Antwort wird von einem Zuhörer akzeptiert oder zurückgewiesen, je nachdem, ob sie ein bestimmtes implizites oder explizites Kriterium der Akzeptabilität erfüllt, das der Zuhörer selbst bestimmt. Es gibt daher so viele verschiedene Arten der Erklärung, wie es verschiedene Kriterien der Akzeptabilität von Reformulierungen des Lebensgeschehens der Beobachter gibt, die die Beobachter selbst festlegen. Jeder Erklärungsbereich, wie er durch ein bestimmtes Kriterium der Akzeptabilität definiert wird, bildet einen geschlossenen kognitiven Bereich, einen Bereich akzeptabler Aussagen oder Handlungen für diejenigen Beobachter, die dieses Kriterium der Akzeptabilität annehmen. Die moderne Naturwissenschaft ist als kognitiver Bereich keine Ausnahme, sie ist eben jener kognitive Bereich, der für die Validierung (Akzeptabilität) der Aussagen, die zu ihm gehören, das Kriterium der naturwissenschaftlichen Erklärung anwendet. Ich möchte dies noch weiter explizieren.

i. Naturwissenschaftliche Erklärungen

Naturwissenschaftler denken gewöhnlich nicht über die grundlegenden Voraussetzungen ihrer naturwissenschaftlichen Tätigkeit nach. Es ist jedoch möglich, aus der Tätigkeit moderner Naturwissenschaftler eine operationale (und das bedeutet: erfahrungsbezogene) Bestimmung dessen zu abstrahieren, was eine naturwissenschaftliche Erklärung ausmacht, und zwar in Form eines Kriteriums der Validierung der nach Auffassung der Naturwissenschaftler naturwissenschaftlichen Aussagen. Es ist außerdem möglich, dieses Kriterium der Validierung naturwissenschaftlicher Aussagen als eine Reformulierung derjenigen Verfahrensweise zu beschreiben, die gewöhnlich als die »naturwissenschaftliche Methode« bezeichnet wird.

A. Die verschiedenen Bereiche menschlicher Tätigkeit entspringen unterschiedlichen Intentionen. So ist etwa das Ziel der Kunst, ästhetische Erfahrung zu erzeugen, das Ziel der Technik Produktion, das Ziel der Naturwissenschaft Erklärung. Das Kriterium der Validierung einer naturwissenschaftlichen Erklärung besteht in der Erfüllung von vier operationalen Bedingungen in der Lebenspraxis eines Beobachters. Eine davon besteht in der Entwicklung eines Mechanismus, der das zu erklärende Phänomen erzeugt und für den Beobachter in seiner Lebenspraxis nachvollziehbar macht: das ist die eigentliche naturwissenschaftliche Erklärung. Es muß klar gesehen werden: Die naturwissenschaftliche Erklärung ist das Kriterium der Validierung naturwissenschaftlicher Aussagen, und eine moderne naturwissenschaftliche Gemeinschaft ist eine Gemeinschaft von Beobachtern (von nun an: Standardbeobachter), die die naturwissenschaftliche Erklärung als das Kriterium der Validierung ihrer Aussagen benutzt. Das Kriterium der Validierung naturwissenschaftlicher Erklärungen fordert die Erfüllung von vier operationalen Bedingungen:

(a) Die Bestimmung des zu erklärenden Phänomens durch die Angabe der Operationen, die ein Standardbeobachter in seiner Lebenspraxis ausführen muß, um das Phänomen zu erfahren.

(b) Die Entwicklung eines generativen Mechanismus im Bereich der operationalen Kohärenzen der Lebenspraxis eines Standardbeobachters, dessen Operieren das zu erklärende Phänomen erzeugt und für den Beobachter in seiner Lebenspraxis erfahrbar macht. Dieser generative Mechanismus wird gewöhnlich als Erklärungshypothese bezeichnet und gehört in der Lebenspraxis des Beobachters zu einem Metabereich des zu erklärenden Phänomens, d. h. zu einem Phänomenbereich, der nicht identisch ist mit dem des zu erklärenden Phänomens. Das zu erklärende Phänomen und der es erklärende generative Mechanismus gehören also zu verschiedenen und einander nicht überschneidenden Phänomenbereichen in der Lebenspraxis des Beobachters.

(c) Die Ableitung, d.h. Berechnung anderer Phänomene im Bereich der operationalen Kohärenzen der Lebenspraxis des Standardbeobachters mit Hilfe des in (b) entwickelten generativen Mechanismus, so daß der Standardbeobachter sie in seinem Erfahrungsbereich als Ergebnis des Operierens entsprechender operationaler Kohärenzen erfahren kann, sowie die Festlegung der Operationen, die der Standardbeobachter ausführen muß, um diese Erfahrungen machen zu können.

(d) Die tatsächliche Erfahrung der in (c) abgeleiteten Phänomene im Bereich der Erfahrungen des Standardbeobachters, der hierfür in seiner Lebenspraxis auch die in (c) verlangten Operationen ausgeführt hat.

Wenn diese vier operationalen Bedingungen in der Lebenspraxis des Standardbeobachters alle erfüllt sind, wird der in (b) entwikkelte generative Mechanismus zu einer naturwissenschaftlichen Erklärung des in (a) bestimmten Phänomens. Diese vier operationalen Bedingungen in der Lebenspraxis des Beobachters konstituieren das Kriterium der Validierung der naturwissenschaftlichen Erklärungen, und die moderne Naturwissenschaft ist der Bereich der Aussagen, der direkt oder indirekt allein durch naturwissenschaftliche Erklärungen validiert wird. Daraus folgt, daß es keine naturwissenschaftlichen Beobachtungen, keine naturwissenschaftlichen Hypothesen oder naturwissenschaftlichen Vorhersagen geben kann: Es gibt lediglich naturwissenschaftliche Erklärungen und naturwissenschaftliche Aussagen. Daraus folgt weiterhin, daß der Standardbeobachter in jedem beliebigen Bereich seiner Lebenspraxis, in dem er naturwissenschaftliche Erklärungen anfertigen kann, auch naturwissenschaftliche Aussagen machen kann.

B. Gemäß *A* ist eine naturwissenschaftliche Aussage nur innerhalb einer Gemeinschaft von Standardbeobachtern gültig, die dadurch definiert wird, daß sie die naturwissenschaftliche Erklärung als Kriterium der Validierung ihrer Aussagen anwendet. Naturwissenschaftliche Aussagen sind daher konsensuelle Aussagen, und die Gemeinschaft der Standardbeobachter ist eine naturwissenschaftliche Gemeinschaft. Im Prinzip kann jeder Mensch der naturwissenschaftlichen Gemeinschaft angehören, und zwar aus zwei Erfahrungsgründen:

1. Jeder Mensch ist ein Lebewesen und kann folglich als Beobachter naturwissenschaftliche Erklärungen als Kriterium der Validierung seiner Aussagen anwenden, also zu einem Standardbeobachter werden.

2. Das Kriterium der Validierung naturwissenschaftlicher Aussagen ist das operationale Kriterium der Validierung von Handlungen und Aussagen auch im täglichen Leben, obwohl es dort oft nicht mit der gleichen Sorgfalt benutzt wird, um die Vermengung von Phänomenbereichen zu vermeiden.

Es sind diese beiden Erfahrungstatsachen, die das Fundament des Allgemeingültigkeitsanspruchs der Aussagen der Naturwissenschaftler bilden. Was die Naturwissenschaftler auszeichnet, ist ihre Sorgfalt, Phänomenbereiche nicht zu vermengen, wenn sie das Kriterium der Validierung naturwissenschaftlicher Aussagen in ihrer Lebenspraxis anwenden.

C. Naturwissenschaftler und Wissenschaftstheoretiker glauben gewöhnlich, daß die operationale Effektivität der Naturwissenschaften und der Technik eine von ihnen unabhängige objektive Realität enthüllen und daß naturwissenschaftliche Aussagen ein von ihnen unabhängiges Universum, eine objektive Welt, darstellen. Oder mit anderen Worten, viele Naturwissenschaftler und viele Wissenschaftstheoretiker glauben, daß es ohne die von ihnen unabhängig existierende, objektive Realität keine Naturwissenschaft geben könne. Wenn wir jedoch, wie ich das eben getan habe, eine Analyse der Konstitution, d. h. der Ontologie des Kriteriums der Validierung naturwissenschaftlicher Aussagen vornehmen, dann erkennen wir, daß naturwissenschaftliche Erklärungen die Annahme der Objektivität gar nicht erfordern, denn sie erklären keine von uns unabhängige objektive Realität. Naturwissenschaftliche Erklärungen erklären die Lebenspraxis des Beobachters, und sie tun dies mit Hilfe der operationalen Kohärenzen, die der Beobachter in seiner Lebenspraxis hervorbringt. Es ist diese Tatsache, die der Naturwissenschaft ihre biologische Grundlage gibt und sie zu einem kognitiven Bereich macht, der mit der Biologie des Beobachters verknüpft ist, d. h. charakteristische Merkmale aufweist, die durch die Ontologie der Beobachtung festgelegt werden.

ii. Die Naturwissenschaft

Abschließend sei festgestellt, daß die operationale Beschreibung dessen, was eine naturwissenschaftliche Erklärung konstituiert, also das Kriterium der Validierung naturwissenschaftlicher Aussagen, die folgenden charakteristischen Merkmale naturwissenschaftlicher Aussagen ebenso wie auch der Naturwissenschaft als dem Bereich naturwissenschaftlicher Aussagen sichtbar macht:

A. Naturwissenschaftliche Aussagen sind konsensuelle Aussagen, die nur in der Gemeinschaft der Standardbeobachter gültig sind, die sie erzeugt; Naturwissenschaft als der Bereich naturwissenschaftlicher Aussagen bedarf keiner unabhängigen objektiven Realität, noch auch enthüllt sie eine solche. Die operationale Wirksamkeit der Naturwissenschaft als eines kognitiven Bereichs ruht ausschließlich auf den operationalen Kohärenzen, die in der Praxis des Lebens der Standardbeobachter gelten; und sie werden als ein Bereich konsensueller Koordinationen von Handlungen in der Praxis des Zusammenlebens in einer naturwissenschaftlichen Gemeinschaft hervorgebracht. Die Naturwissenschaft ist kein Verfahren, eine eigenständige Realität zu enthüllen. Sie ist vielmehr ein Verfahren, eine besondere Realität hervorzubringen, die an die Bedingungen gebunden ist, welche den Beobachter als Menschen konstituieren.

B. Da die Mitglieder einer Gemeinschaft von Standardbeobachtern naturwissenschaftliche Aussagen in jedem beliebigen Phänomenbereich ihrer Lebenspraxis generieren können, in dem sie das Kriterium der Validierung naturwissenschaftlicher Aussagen anwenden, hängt die allgemeine Gültigkeit einer bestimmten Menge naturwissenschaftlicher Aussagen im Bereich der menschlichen Existenz von der Übereinstimmung der Standardbeobachter ab, die diese Menge naturwissenschaftlicher Aussagen generieren. Schließlich sind naturwissenschaftliche Aussagen auch nur so lange gültig, wie es die naturwissenschaftlichen Erklärungen sind, die sie stützen, und diese wiederum sind nur so lange gültig, wie die vier operationalen Bedingungen für ihre Herstellung insgesamt für alle Phänomene erfüllt sind, die in der Lebenspraxis der Standardbeobachter in dem Bereich operationaler Kohärenzen abgeleitet werden, der durch den vorgeschlagenen generativen Mechanismus festgelegt wird.

C. Häufig wird behauptet, daß naturwissenschaftliche Erklärungen reduktionistische Aussagen seien, denn sie bestünden nur darin, die zu erklärenden Phänomene in fundamentaleren Begriffen neu zu formulieren. Diese Auffassung ist unangemessen. Naturwissenschaftliche Erklärungen sind konstitutiv nichtreduktionistische Erklärungen, denn sie bestehen in generativen Aussagen und stellen nicht die Phänomene eines bestimmten Bereichs durch Phänomene eines anderen dar. Eine naturwissenschaftliche Erklärung muß nämlich das zu erklärende Phänomen durch das Operieren des angegebenen generativen Mechanismus erzeugen, so daß es auf keinen Fall dessen Teil sein kann. Wäre dieses nämlich der Fall, dann wäre der Erklärungsvorschlag seiner Konstitution nach unangemessen und müßte verworfen werden. Das erklärte Phänomen und die für den generativen Mechanismus konstitutiven Phänomene gehören prinzipiell zu einander nicht überschneidenden Phänomenbereichen.

D. Der generative Mechanismus einer naturwissenschaftlichen Erklärung wird von einem Standardbeobachter im Erfahrungsbereich seiner Lebenspraxis als ein *ad-hoc*-Vorschlag entwickelt, der im Prinzip keiner Rechtfertigung bedarf. Die Bestandteile des generativen Mechanismus und die für ihr Operieren erforderlichen Phänomene haben daher fundierende Qualität für das zu erklärende Phänomen; ihre Validität wird im Prinzip *a priori* angenommen. Jeder naturwissenschaftliche Bereich als ein Bereich naturwissenschaftlicher Aussagen ist auf grundlegende Erfahrungsprämissen gebaut, die in ihm selbst nicht gerechtfertigt werden, und konstituiert in der Praxis des Lebens des Standardbeobachters einen Bereich operationaler Kohärenzen, der im Rahmen von operationalen Kohärenzen hervorgebracht wird, wie sie durch die generativen Mechanismen festgelegt werden, die die naturwissenschaftlichen Erklärungen dieses naturwissenschaftlichen Bereiches validieren.

Betrachtet man die beiden Farbschatten eines Gegenstandes, der sich im Überlappungsbereich der Projektionskegel zweier verschiedener Lichtquellen befindet, deren eine weißes und deren andere rotes Licht aussendet, und verfügt man über normale (trichromatische) Farbsichtigkeit, dann ist der Schatten im Bereich des weißen Lichtkegels, der rotes Licht empfängt, rot, und der Schatten im Bereich des roten Lichtkegels, der weißes Licht empfängt, blau-grün. Diese Erfahrung ist zwingend und unvermeidlich, auch wenn man weiß, daß der Schatten des roten Lichtkegels weiß oder grau aussehen sollte, da er nur weißes Licht empfängt. Fragt man sich nun, warum man Blau-Grün sieht, wo es nur weißes Licht gibt, dann erfährt man von ausgewiesenen Experten, daß die Erfahrung des blau-grünen Schattens eine typische Farbillusion sei, da es keinen blau-grünen Schatten gebe, um diese Erfahrung als eine echte Wahrnehmung zu rechtfertigen. Wir kennen zahllose Erfahrungen in unserem täglichen Leben, die wir in ähnlicher Weise als Illusionen oder Halluzinationen und nicht als Wahrnehmungen einordnen und von denen wir daher behaupten, daß sie nicht eine von uns unabhängige Realität erfassen, denn wir können sie durch das Urteil eines Freundes disqualifizieren, dessen professionelle Qualifikation wir akzeptieren, oder auch durch eine andere Sinneserfahrung, die wir als verläßlicheres Wahrnehmungskriterium ansehen. In der Erfahrung selbst können wir allerdings nicht zwischen Illusion oder Halluzination und Wahrnehmung unterscheiden: Illusion, Halluzination und Wahrnehmung sind in unserer Erfahrung ununterscheidbar. Eine derartige Unterscheidung kann nur mit Hilfe verschiedener Erfahrungen, also mit einem außerhalb der konkreten Erfahrung selbst gültigen Unterscheidungskriterium entweder desselben oder eines anderen Beobachters im Rahmen unseres Zusammenlebens getroffen werden. Unsere Unfähigkeit, in unserer *Erfahrung* zwischen dem zu unterscheiden, was wir *sozial* als Illusion, Halluzination oder Wahrnehmung benennen, ist ein konstitutives Merkmal aller lebenden Systeme und keinesfalls ein Ergebnis unseres beschränkten Wissens. Die Erkenntnis dieser Tatsache sollte uns veranlassen, jegliche Art der Gewißheit, die wir auf Wahrnehmungen gründen, in Frage zu stellen.

i. Eine Einladung

Das Wort Perzeption (Wahrnehmung) kommt vom lateinischen *percipere,* »erfassen, ergreifen«, enthält also die Vorstellung, durch Wahrnehmen seien die Eigenschaften einer von uns unabhängigen Welt zu erfassen. Diese Betrachtungsweise behauptet Objektivität und damit die Möglichkeit, eine vom Beobachter unabhängige Welt zu erkennen, als die ontologische Voraussetzung für die Unterscheidung zwischen Illusion, Halluzination und Wahrnehmung. Wenn wir also die operationale Validität der Unterscheidung zwischen Illusion, Halluzination und Wahrnehmung im Bereich der Biologie in Frage stellen, dann stellen wir auch die ontologische Validität des Begriffs der Objektivität in der Erklärung des Phänomens der Kognition in Frage. Wie können wir dann aber überhaupt vorgehen? Jede Reflexion oder jede Aussage über die Entstehung der Praxis des Lebens ist eine Erklärung, eine Neuformulierung dessen, was sich als Lebenspraxis ereignet. Wenn eine solche Neuformulierung nicht die Eigenschaften des Beobachters zum Problem macht, sondern Kognition und Sprache als absolute Voraussetzungen bestimmt, dann folgt daraus die unabhängige Existenz dessen, was erkannt wird. Wenn die Reformulierung allerdings die Eigenschaften des Beobachters selbst zum Problem macht und die Frage stellt, wie Kognition und Sprache entstehen, dann muß sie auch die Tatsache ernstnehmen, daß eine Unterscheidung zwischen Illusion, Halluzination und Wahrnehmung in der Erfahrung unmöglich ist und daß alle Existenz konstitutiv abhängig ist von der Biologie des Beobachters. Der Großteil der philosophischen Traditionen folgt der ersten Position, denn er nimmt die beobachterunabhängige Existenz etwa von Materie, Energie, Ideen, Gott, Geist, Bewußtsein ... oder Realität an. Ich lade den Leser ein, den zweiten Weg einzuschlagen und die konstitutive Bedingung der Biologie des Beobachters ernstzunehmen sowie alle die Konsequenzen, die sich aus dieser konstitutiven Bedingung notwendig ergeben.

ii. Objektivität in Klammern

Die Annahme der Objektivität wird für die Herstellung naturwissenschaftlicher Erklärungen nicht benötigt. Im Prozeß meiner naturwissenschaftlichen Erklärung der Kognition als eines biologischen Phänomens werde ich daher den Begriff der Objektivität nicht benutzen, um das, was ich sage, zu validieren. *Ich werde Objektivität also in Klammern setzen.* Mit anderen Worten, ich werde weiterhin eine Objektsprache benutzen, denn das ist die einzige Sprache, die wir haben (und haben können), aber auch wenn ich die Erfahrung, in Sprache zu sein, als meinen Ausgangspunkt setze, weil ich ja Sprache benutzen muß, um Kognition und Sprache zu erklären, werde ich *nicht behaupten*, daß das, was ich sage, gültig ist, weil es eine von uns unabhängige objektive Realität gibt, die es validiert. Ich werde als Biologe sprechen und das Kriterium der Validierung naturwissenschaftlicher Aussagen benutzen, um zu validieren, was ich sage. Meine fundierende Annahme bleibt dabei stets, daß alles, was geschieht, durch den Beobachter in seiner Lebenspraxis als der primären Erfahrungsgrundlage hervorgebracht wird und daß jede Erklärung hierfür sekundär ist.

iii. Universum versus Multiversum

Die Annahme der Objektivität, d. h. der Objektivität ohne Klammern, führt notwendig zu der Annahme, daß das, was existiert, unabhängig vom Beobachter existiert, daß es also einen vom Beobachter unabhängigen Bereich der Existenz gibt, *das Universum*, und daß dieses Universum der letztgültige Bezugsbereich für die Validierung jeder Erklärung sein muß. Objektivität ohne Klammern bedeutet, daß Dinge, Entitäten, unabhängig von dem Beobachter existieren, der sie unterscheidet, und daß diese unabhängige Existenz der Dinge (Entitäten, Ideen) die Wahrheit ausmacht. Objektivität ohne Klammern fordert Einheit und führt letzten Endes zum Reduktionismus, denn sie muß die Realität als einen einzigen, letztgültigen Bereich festlegen, der durch unabhängige Existenz bestimmt wird. Wer Zugang zu dieser Realität hat, behält in jedem Streit notwendigerweise

Recht, und wer keinen Zugang hat, ist ebenso notwendig im Unrecht. Im Universum erfordert alle Koexistenz, sich dem Wissen zu unterwerfen.

Im Gegensatz dazu verlangt die Objektivität in Klammern die prinzipielle Annahme, daß Existenz durch die Unterscheidung des Beobachters hervorgebracht wird und daß es daher ebenso viele Bereiche der Existenz gibt, wie es Arten der Unterscheidungen des Beobachters gibt. Objektivität in Klammern führt zum *Multiversum*: Existenz ist konstitutiv vom Beobachter abhängig; es gibt ebenso viele Bereiche der Wahrheit wie Bereiche der Existenz, die der Beobachter durch seine Unterscheidungen hervorbringt. Gleichzeitig folgt aus der Objektivität in Klammern notwendig, daß die verschiedenen Bereiche der Existenz einander aufgrund ihrer Konstitution nicht überschneiden, da sie durch verschiedene Arten von Unterscheidungsoperationen erzeugt werden: jeder phänomenale Reduktionismus ist ausgeschlossen. Schließlich ist aus der Sicht der Objektivität in Klammern jedes Versum des Multiver*sums* gleich legitim, wenn es auch nicht gleichermaßen angenehm sein mag. Meinungsverschiedenheiten zwischen Beobachtern, die nicht in trivialen logischen Fehlern innerhalb desselben Versums gründen, sondern sich aus der Perspektive verschiedener Versa ergeben, können nicht durch den Anspruch eines privilegierten Zugangs zu einer unabhängigen Realität aufgelöst werden, sondern nur durch die Erzeugung eines gemeinsamen Versums durch Koexistenz in gegenseitiger Anerkennung. Im Multiver*sum* erfordert alle Koexistenz Konsens, d. h. gemeinsam geteiltes Wissen.

6. Grundbegriffe

Alles, was gesagt wird, wird von einem Beobachter gesagt, und zwar zu einem anderen Beobachter, der er selbst sein könnte. Da diese Erfahrungsbedingung der Lebenspraxis mein Ausgangspunkt und gleichzeitig mein Problem ist, werde ich einige Begriffe explizieren, die ich in der Erklärung der Phänomene der Kognition und der Sprache gebrauche, und ich werde dies tun, indem ich die Handlungen der Lebenspraxis bestimme, die diese Begriffe im Alltag unserer naturwissenschaftlichen Arbeit verlangen. Durch den Aufweis dessen, was wir als Beobachter tun, *expliziere ich die Ontologie des Beobachters als die konstitutive Bedingung des Menschseins.*

i. Der Beobachter

Ein Beobachter ist generell jedes Lebewesen, das in Sprache operiert, oder im besonderen jeder Mensch, wenn wir verstehen, daß Sprache Menschsein definiert. In unserer Selbsterfahrung als Menschen erleben wir uns stets in Sprache. Wir erleben nicht, wie wir in die Sprache hineinwachsen, wir sind immer schon Beobachter und leben in Sprache, wenn wir anfangen, über die Sprache und unsere Situation als Beobachter nachzudenken. Mit anderen Worten, was immer in der Lebenspraxis des Beobachters geschieht, geschieht in Form von Unterscheidungen in Sprache durch Sprachhandeln. Es ist eines meiner Ziele in diesem Aufsatz zu zeigen, wie der Beobachter entsteht.

ii. Einheiten

Die grundlegende Operation eines Beobachters in seiner Lebenspraxis ist die Operation der Unterscheidung. In dieser Operation der Unterscheidung bringt der Beobachter eine Einheit (eine Entität, eine Ganzheit) hervor, gleichzeitig aber auch das Medium (Milieu), in dem die Einheit unterschieden wird und in dem alle die operationalen Kohärenzen herrschen, die die Unterscheidung der Einheit in der Lebenspraxis des Beobachters möglich machen.

iii. Einfache und zusammengesetzte Einheiten

Ein Beobachter kann in seiner Lebenspraxis zwei Arten von Einheiten unterscheiden, einfache und zusammengesetzte. Eine einfache Einheit wird durch eine Unterscheidungsoperation hervorgebracht, die die Einheit als eine Ganzheit dadurch konstituiert, daß sie ihre Eigenschaften als eine Menge von Interaktionsdimensionen in dem Medium festlegt, in dem die Einheit unterschieden wird. Eine einfache Einheit wird daher ausschließlich und vollständig durch die Eigenschaften bestimmt, durch die sie in der Lebenspraxis des Beobachters, der sie unterscheidet, hervorgebracht wird. Der Ursprung dieser Eigenschaften bedarf keiner weiteren Erklärung. Eine einfache Einheit wird in einer Unterscheidung des Beobachters in seiner Lebenspraxis durch eine Menge von Eigenschaften definiert und gekennzeichnet.

Eine zusammengesetzte Einheit wird zunächst als eine einfache Einheit unterschieden, die vom Beobachter hernach durch weitere Unterscheidungsoperationen in Bestandteile zerlegt wird, deren Zusammenwirken die ursprüngliche einfache Einheit in dem Bereich konstituiert, in dem sie unterschieden wurde. Eine zusammengesetzte Einheit wird daher operational als eine einfache Einheit in einem Metabereich desjenigen Bereichs unterschieden, in dem ihre Bestandteile unterschieden werden, und sie entsteht daher als einfache Einheit durch eine Operation der Komposition. Daraus folgt, daß die Bestandteile einer zusammengesetzten Einheit und die damit korrelierte einfache Einheit in einer konstitutiven Beziehung der wechselseitigen Festlegung stehen. Die Eigenschaften einer zusammengesetzten Einheit, die als einfache Einheit unterschieden wird, legen also die Eigenschaften der Bestandteile fest, die sie als zusammengesetzte Einheit konstituieren, und umgekehrt determinieren die Eigenschaften der Bestandteile einer zusammengesetzten Einheit sowie die Art ihrer Komposition die Merkmale, die sie als eine einfache Einheit charakterisieren, wenn sie als solche unterschieden wird. Es gibt daher keine Unterscheidung eines Bestandteiles unabhängig von der Einheit, die dieser Teil integriert, noch auch kann eine einfache Einheit, die als zusammengesetzte Einheit unterschieden wird, in eine beliebige Menge von Bestandteilen und Relationen zerlegt werden. Es gibt keine freischwebenden Bestandteile unabhängig von der zusammengesetzten Einheit, die sie integrieren. Wenn wir also sagen, daß wir eine einfache Einheit als eine zusammengesetzte Einheit behandeln, weil wir daran Bestandteile unterscheiden, und wenn die Zusammenfügung dieser Bestandteile die ursprüngliche Einheit nicht wieder herstellt, dann zerlegen wir nicht die Einheit, die wir vermeintlich zerlegen, sondern eine andere Einheit, und die

Elemente, die wir unterscheiden, sind keine Bestandteile der zusammengesetzten Einheit, die wir aus ihnen aufbauen wollen.

iv. Organisation und Struktur

Eine zusammengesetzte Einheit ist durch ihre Bestandteile und die Relationen zwischen diesen Bestandteilen festgelegt. Sie kann in einem Metabereich des Bereichs ihrer Komponenten als eine einfache Einheit einer bestimmten Art unterschieden werden. Eine zusammengesetzte Einheit hat daher Organisation und Struktur. Das bedeutet:

(a) Die Relationen zwischen den Bestandteilen einer zusammengesetzten Einheit, die sie sowohl zu einer zusammengesetzten Einheit einer bestimmten Art machen als auch ihre Klassenidentität als einfache Einheit in einem Metabereich ihrer Komponenten festlegen, konstituieren ihre Organisation. Mit anderen Worten, die Organisation einer zusammengesetzten Einheit besteht in der Konfiguration der statischen oder dynamischen Relationen zwischen ihren Bestandteilen, sie bestimmt ihre Klassenidentität als die einer zusammengesetzten Einheit, die als einfache Einheit einer bestimmten Art unterschieden werden kann. Wenn sich also die Organisation einer zusammengesetzten Einheit verändert, dann verliert die zusammengesetzte Einheit ihre Klassenidentität, d. h. sie zerfällt. Die Organisation einer zusammengesetzten Einheit ist notwendigerweise so lange invariant, als sie ihre Klassenidentität erhält, und umgekehrt, die Klassenidentität einer zusammengesetzten Einheit bleibt notwendig invariant, solange die zusammengesetzte Einheit ihre Organisation bewahrt.

(b) In einer zusammengesetzten Einheit, sei sie statisch oder dynamisch, konstituieren die tatsächlichen Bestandteile und die tatsächlichen Relationen zwischen diesen, die diese Einheit als eine bestimmte zusammengesetzte Einheit mit einer bestimmten Organisation verwirklichen, deren Struktur. Mit anderen Worten, die Struktur eines bestimmten zusammengesetzten Gebildes besteht in der Art und Weise, auf die sie tatsächlich mit Hilfe konkreter statischer oder dynamischer Bestandteile und Relationen in einem bestimmten Raum erzeugt wird, und eine bestimmte zusammengesetzte Einheit bewahrt ihre Klassenidentität nur so lange, wie ihre Struktur für sie die Organisation verwirklicht, die ihre Klassenidentität definiert. Für jede einzelne zusammengesetzte Einheit muß daher die Konfiguration der Relationen zwischen den Bestandteilen, die ihre Organisation bildet, in ihrer Struktur als Teilmenge aller der tatsächlichen Relationen verwirklicht sein, die zwischen ihren Bestandteilen als den faktisch in der Bildung der Einheit wirksamen Entitäten gegeben sind.

Daraus folgt, daß die Bestimmung der Organisation einer zusammengesetzten Einheit als der Konfiguration von Relationen zwischen deren Bestandteilen nichts über die Merkmale oder Eigenschaften dieser Bestandteile sagt, es sei denn, daß diese in ihren Interaktionen zum Zwecke der Erzeugung dieser Einheit der Organisation der zusammengesetzten Einheit genügen müssen. Daraus folgt außerdem, daß die Struktur einer zusammengesetzten Einheit sich verändern kann, ohne daß diese ihre Klassenidentität verliert, wenn die Konfiguration der Relationen, die ihre Organisation konstituiert, über derartige Strukturveränderungen hinweg bewahrt wird. Gleichzeitig folgt daraus, daß die zusammengesetzte Einheit, deren Organisation über ihre Strukturveränderungen hinweg nicht bewahrt wird, ihre Klassenidentität verliert und zerfällt, und daß dann etwas anderes an ihre Stelle tritt. Eine dynamische zusammengesetzte Einheit ist daher eine zusammengesetzte Einheit im Prozeß kontinuierlichen Strukturwandels, die gleichzeitig ihre Organisation aufrechterhält.

v. Strukturdeterminierte Systeme

Da die Struktur einer zusammengesetzten Einheit aus ihren Bestandteilen und deren Relationen besteht, besteht jede Veränderung einer zusammengesetzten Einheit in einer Strukturveränderung, die stets durch diese Struktur, und zwar durch die Operationen der Eigenschaften ihrer Bestandteile determiniert ist. Die Strukturveränderungen einer zusammengesetzten Einheit, die diese aufgrund einer Interaktion erleidet, werden gleichfalls durch die Struktur der zusammengesetzten Einheit determiniert, denn solche Strukturveränderungen entstehen durch das Wechselspiel der Eigenschaften der Bestandteile, die an ihrer Herstellung mitwirken. Ein externes Agens, das mit einer zusammengesetzten Einheit interagiert, löst daher in dieser einen Strukturwandel lediglich aus, kann diesen aber nicht festlegen. Da dies eine konstitutive Bedingung für zusammengesetzte Einheiten ist, kann also nichts von außen festlegen, was in ihnen geschieht: es gibt für zusammengesetzte Einheiten keine instruktiven Interaktionen. Schließlich determiniert die Struktur einer zusammengesetzten Einheit auch, mit welchen strukturellen Konfigurationen des Mediums sie überhaupt interagieren kann. Alles, was also in einer zusammengesetzten Einheit geschieht, ist ein struktureller Wandel, und jeder strukturelle Wandel einer zusammengesetzten Einheit wird ausschließlich durch den jeweils gegebenen Strukturzustand determiniert. Dies gilt sowohl für statische als auch für dynamische zusammengesetzte Einheiten. Der einzige Unterschied zwischen diesen liegt darin, daß dynamische zusammengesetzte Einheiten sich in kontinuierlichem strukturellem Wandel befinden, der durch ihre strukturelle Konstitution im Prozeß ihrer Interaktionen erzeugt wird, während dies bei statischen Einheiten nicht der Fall ist. Daraus folgt, daß zusammengesetzte Einheiten strukturdeterminierte Systeme in dem Sinne sind, daß alles, was in ihnen geschieht, durch ihre Struktur determiniert wird. Dies läßt sich systematisch so formulieren, daß die Struktur einer zusammengesetzten Einheit in jedem Augenblick festlegt:

(a) den Bereich aller Strukturveränderungen, die die Einheit erleiden kann, ohne ihre Organisation (ihre Klassenidentität) zu verlieren und ohne ihre Anpassung aufzugeben; ich nenne diesen Bereich den jeweils gegebenen Bereich der möglichen Zustandsveränderungen der zusammengesetzten Einheit;
(b) den Bereich aller Strukturveränderungen, die den Verlust der Organisation und der Anpassung der Einheit bewirken; ich nenne diesen Bereich den jeweils gegebenen Bereich der möglichen Desintegration der zusammengesetzten Einheit;
(c) den Bereich aller der verschiedenen strukturellen Konfigu-

rationen des Mediums, mit denen die Einheit in einem gegebenen Zeitpunkt interagieren kann und die in ihr Zustandsveränderungen auslösen können; ich nenne diesen Bereich den jeweils gegebenen Bereich der möglichen Störeinwirkungen auf die zusammengesetzte Einheit;

(d) den Bereich aller der verschiedenen strukturellen Konfigurationen des Mediums, mit denen die Struktur der Einheit in diesem Augenblick Interaktionen erlaubt, die die Desintegration der Einheit auslösen. Ich nenne diesen Bereich den jeweils gegebenen Bereich der möglichen destruktiven Interaktionen der zusammengesetzten Einheit.

Diese vier Bereiche struktureller Determiniertheit, die jedes strukturdeterminierte System in jedem Augenblick bestimmen, sind natürlich nicht fixiert und verändern sich im Prozeß der strukturellen Veränderungen des strukturdeterminierten Systems, also im Strom seiner internen Dynamik oder auch im direkten Zusammenhang mit seinen Interaktionen. Diese allgemeinen Merkmale strukturdeterminierter Systeme führen zu mehreren weiteren Konsequenzen, wovon ich hier sechs darstellen will. Die erste ist, daß diese vier Bereiche der strukturellen Determiniertheit sich im Laufe der Ontogenese eines strukturdeterminierten Systems verändern, und zwar in Abhängigkeit von seinen Interaktionen und seiner internen strukturellen Dynamik. Die zweite Konsequenz ist, daß manche strukturdeterminierte Systeme rekurrente Bereiche struktureller Determiniertheit besitzen, denn sie besitzen rekurrente strukturelle Konfigurationen, andere aber nicht, weil sich ihre Struktur auf nichtrekurrente Weise verändert. Die dritte Konsequenz ist, daß die Struktur eines strukturdeterminierten Systems zwar die strukturellen Konfigurationen des Mediums auswählt, mit denen es interagieren kann, daß alle seine Interaktionen mit von ihm unabhängigen Systemen jedoch als Zufallsereignisse entstehen und daß diese zufälligen Interaktionen nicht aus der Struktur des strukturdeterminierten Systems alleine vorhergesagt werden können. Die vierte Konsequenz ist, daß eine zusammengesetzte Einheit nur so lange existiert, wie sie sich in Interaktionen durch das Medium bewegt, die mit Störeinwirkungen zusammenhängen, daß sie jedoch sofort zerfällt, wenn die erste destruktive Interaktion stattfindet. Die fünfte Konsequenz ist, daß das

Medium nicht festlegen kann, was in einer strukturdeterminierten Einheit geschieht, da es diese Strukturveränderungen des Systems aufgrund seiner Interaktionen nur auslösen kann, daß der Verlauf der Strukturveränderungen der zusammengesetzten Einheit aber von der Abfolge seiner Interaktionen im Medium beeinflußt wird. Die sechste Konsequenz schließlich ist: da mechanistische Systeme strukturdeterminierte Systeme sind, und da naturwissenschaftliche Erklärungen mechanistische Systeme herstellen müssen, um die zu erklärenden Phänomene zu erzeugen, können naturwissenschaftliche Erklärungen sich ausschließlich mit strukturdeterminierten Systemen beschäftigen.

vi. Existenz

Da ich Objektivität in Klammern gesetzt habe, kann ich keine von uns Menschen unabhängige Existenz von Dingen (Entitäten, Einheiten, Ideen usw.) behaupten. Eine Einheit existiert daher nur aufgrund ihrer Unterscheidung im Bereich der Lebenspraxis des Beobachters, der sie hervorbringt. Eine derartige Unterscheidung in der Lebenspraxis des Beobachters besteht in einer Operation, die sowohl die Klassenidentität der unterschiedenen Einheit festlegt, sei es als einfache oder zusammengesetzte Einheit, als auch ihren Existenzbereich als den Bereich der operationalen Kohärenzen, in dem ihre Unterscheidung als Merkmal der Lebenspraxis des Beobachters bedeutsam ist. Da die Klassenidentität einer zusammengesetzten Einheit durch ihre Organisation definiert wird, und da diese in einer zusammengesetzten Einheit nur verwirklicht werden kann, wenn sie in einem Bereich der Störeinwirkungen interagiert, folgt aus der Existenz einer zusammengesetzten Einheit notwendig die Bewahrung ihrer Organisation ebenso wie die Bewahrung ihrer operationalen Übereinstimmung mit dem Bereich der operationalen Kohärenzen, in dem sie unterschieden worden ist. Da schließlich die Klassenidentität einer einfachen Einheit durch ihre Eigenschaften definiert wird, und da diese mit Bezug auf den operationalen Bereich definiert werden, in dem die einfache Einheit unterschieden wird, folgt aus der Existenz einer einfachen Einheit notwendig die Bewahrung der Eigenschaften, die sie definieren, sowie der operationalen strukturellen Übereinstimmung, in der diese Eigenschaften verwirklicht werden.

vii. Strukturelle Koppelung oder Anpassung

Mit dem Begriff »strukturelle Koppelung« oder »Anpassung« bezeichne ich die Relation der dynamischen strukturellen Übereinstimmung mit dem Medium, durch die eine Einheit ihre Klassenidentität (ihre Organisation im Falle einer zusammengesetzten Einheit, das Operieren ihrer Eigenschaften im Falle einer einfachen) bewahrt, die sich aus ihrer Unterscheidung durch einen Beobachter in seiner Lebenspraxis ergibt. Die Bewahrung der Klassenidentität und die Bewahrung der Anpassung sind daher konstitutive Voraussetzungen der Existenz jeder Einheit (Entität, System, Ganzheit usw.) im Bereich der Existenz, in dem sie von einem Beobachter in seiner Lebenspraxis hervorgebracht wird. Diese beiden konstitutiven Existenzbedingungen für jede Einheit, die Bewahrung ihrer Klassenidentität und die Bewahrung ihrer Anpassung, bedingen einander, mit der einen geht auch die andere verloren, und die Einheit hört auf zu existieren. Eine zusammengesetzte Einheit zerfällt, eine einfache Einheit verschwindet.

viii. Existenzbereich

Die Operation der Unterscheidung, die eine Einheit hervorbringt und festlegt, bewirkt dasselbe auch für ihren Existenzbereich als den Bereich der operationalen Kohärenzen, die sich aus der Operationsweise der Eigenschaften ergeben, mit denen die Einheit in ihrer Unterscheidung ausgestattet wird. Mit anderen Worten, der Bereich der Existenz einer einfachen Einheit ist der Bereich der operationalen Geltung der Eigenschaften, die sie als Einheit definieren, und der Bereich der Existenz einer zusammengesetzten Einheit ist der Bereich der operationalen Geltung der Eigenschaften der Bestandteile, die sie konstituieren. Die konstitutive operationale Kohärenz eines Existenzbereichs als des Bereichs der operationalen Geltung der Eigenschaften der Entitäten, die ihn definieren, umfaßt alle die Bedingungen solcher Geltung. Eine einfache Einheit existiert daher in einem einzigen Bereich der Existenz, der durch ihre Eigenschaften festgelegt wird, und eine zusammengesetzte Einheit existiert in zwei Bereichen – im Bereich der Existenz, der durch ihre Eigenschaften bestimmt wird, wenn sie als einfache Einheit unterschieden wird, und im Bereich der Existenz, der durch die Eigenschaften ihrer Bestandteile bestimmt wird, wenn sie als zusammengesetzte Einheit unterschieden wird. Es ist eine konstitutive Bedingung der Existenz jeder Einheit, daß diese Unterscheidung einer Einheit in ihrem Existenzbereich die Unterscheidung des Bereichs aller operationalen Kohärenzen in der Lebenspraxis des Beobachters nach sich zieht, in dem sie ihre Klassenidentität und ihre Anpassung bewahrt. Eine Einheit kann nicht außerhalb ihres Existenzbereichs existieren, und wenn wir uns eine Einheit außerhalb ihres Existenzbereichs vorstellen, dann existiert diese vorgestellte Einheit in einem anderen Bereich als die Einheit, von der wir reden oder die wir uns vorstellen.

ix. Determinismus

Wenn behauptet wird, ein System sei deterministisch, dann ist damit gewöhnlich gemeint, daß es gemäß den operationalen Kohärenzen seines Existenzbereichs operiert. Dies ist notwendig so, weil wir aufgrund unserer konstitutiven Unfähigkeit, in unserer Erfahrung zwischen dem zu unterscheiden, was wir sozial Wahrnehmungen und Illusionen nennen, keinerlei Aussagen über eine objektive Realität machen können. Gemäß dieser Erkenntnis setzen wir Objektivität in Klammern. Mit anderen Worten, ein System deterministisch zu nennen, bedeutet, daß alle seine Veränderungen Veränderungen seiner Struktur sind, die sich durch das Operieren der Eigenschaften seiner Bestandteile in den Interaktionen ergeben, die das System erzeugen, und die nicht aus instruktiven Prozessen stammen können, in denen ein externes Agens festlegt, was im System geschieht. Eine

Unterscheidungsoperation, die eine einfache Einheit hervorbringt, bringt auch ihren Existenzbereich als den Bereich der operationalen Anwendbarkeit ihrer Eigenschaften hervor und konstituiert die einfache Einheit und ihren Existenzbereich als ein deterministisches System. Gleichzeitig erzeugt die Unterscheidungsoperation, die eine zusammengesetzte Einheit hervorbringt, auch deren Existenzbereich als einen Bereich des Determinismus im Sinne der operationalen Anwendbarkeit der Eigenschaften, die ihre Bestandteile kennzeichnen, und zwar in der Lebenspraxis des Beobachters. Die Operation der Unterscheidung, die also eine zusammengesetzte Einheit hervorbringt, bringt sowohl diese als auch ihren Bereich der Existenz hervor, und zwar als deterministische Systeme in den entsprechenden Bereichen operationaler Kohärenzen in der Lebenspraxis des Beobachters.

x. *Raum*

Die Unterscheidung einer Einheit erzeugt auch deren Existenzbereich als einen Raum von Unterscheidungen, dessen Dimensionen durch die Eigenschaften der Einheiten festgelegt werden, deren Unterscheidung ihn als einen Bereich operationaler Kohärenzen in der Lebenspraxis des Beobachters bestimmt. Eine einfache Einheit existiert und operiert daher in einem Raum, der durch ihre Eigenschaften bestimmt ist, und eine zusammengesetzte Einheit existiert und operiert in einem Raum, der durch ihre Merkmale als einfache Einheit bestimmt wird, wenn sie als solche unterschieden wird, und in einem Raum, der durch die Eigenschaften ihrer Bestandteile bestimmt wird, wenn sie als zusammengesetzte Einheit unterschieden wird. Da eine einfache Einheit daher in einem einzigen Raum existiert und operiert, existiert und operiert eine zusammengesetzte Einheit in zwei Räumen. Aus alledem folgt schließlich, daß es ohne die Unterscheidung einer Einheit überhaupt keinen Raum gibt, und daß die Vorstellung einer Einheit ohne und unabhängig von einem Raum ebenso wie die Vorstellung eines leeren Raums unsinnige Vorstellungen sind. Ein Raum ist ein Bereich von Unterscheidungen.

xi. Interaktionen

Zwei einfache Einheiten interagieren, wenn sich aufgrund des spezifischen Wechselspiels ihrer Eigenschaften ihre Position zueinander in einem gemeinsamen Raum bzw. in einem Bereich von Unterscheidungen verändert. Eine zusammengesetzte Einheit interagiert, wenn einige ihrer Bestandteile durch Interaktionen als einfache Einheiten mit anderen einfachen Einheiten, die nicht ihre Bestandteile sind, ihre Mitwirkung an der Erzeugung der Einheit verändern, und diese so einen strukturellen Wandel erleidet. Daraus folgt, daß eine einfache Einheit in einem einzigen Raum interagiert, nämlich in dem Raum, den ihre Eigenschaften definieren, und daß eine zusammengesetzte Einheit in zwei Räumen interagiert, nämlich in dem Raum, der durch ihre Eigenschaften als einfache Einheit definiert wird, und in dem Raum, den ihre Bestandteile aufgrund ihrer Eigenschaften als einfache Einheiten definieren, wenn sie die Struktur der Einheit konstituieren.

xii. Phänomenbereiche

Ein Raum wird in der Lebenspraxis des Beobachters konstituiert, wenn er eine Unterscheidung vollzieht. Die Konstitution eines Raums erzeugt einen Phänomenbereich, d. h. einen Bereich der Unterscheidungen von Relationen und Interaktionen derjenigen Einheiten, die der Beobachter als Entitäten dieses Raums unterscheidet. Eine einfache Einheit operiert in einem einzigen Phänomenbereich, in dem Phänomenbereich nämlich, der durch das Operieren ihrer Eigenschaften als einfacher Einheit konstituiert wird. Eine zusammengesetzte Einheit operiert in zwei Phänomenbereichen, einmal in dem Phänomenbereich, der durch das Operieren ihrer Eigenschaften als einfacher Einheit konstituiert wird, und zum anderen in dem Phänomenbereich, der durch die Eigenschaften ihrer Bestandteile konstituiert wird; in diesem zweiten Raum findet ihre Erzeugung statt. Die beiden Phänomenbereiche, in denen eine zusammengesetzte Einheit operiert, überschneiden einander nicht und können auch nicht aufeinander reduziert werden, denn zwischen ihnen besteht eine generative Relation. Der Phänomenbereich, in dem eine zusammengesetzte Einheit als einfache Einheit operiert, ist für den Aufbau der zusammengesetzten Einheit sekundär und bildet einen metaphänomenalen Bereich mit Bezug auf den Phänomenbereich, in dem die zusammengesetzte Einheit erzeugt wird. Eine zusammengesetzte Einheit kann daher nicht als einfache Einheit an ihrem eigenen Aufbau mitwirken.

xiii. Medium, Nische und Umwelt

Als »Medium« einer Einheit bezeichne ich die sie einschließende Umgebung von Unterscheidungen, zu der auch all das gehört, was nicht Teil der Struktur der Einheit ist, wenn es sich um eine zusammengesetzte Einheit handelt. Mit Bezug auf ein solches Medium unterscheidet ein Beobachter eine Einheit in seiner Lebenspraxis, und in einem solchen Medium verwirklicht sie ihren Existenzbereich. Das Medium besteht aber nicht nur aus der vom Beobachter unterschiedenen weiteren Umgebung der Einheit, sondern auch aus jenem Teil, mit dem die Einheit interagiert und den sie durch ihr Operieren in struktureller Koppelung (in ihrem Bereich der Existenz) überdeckt. Ich nenne diesen besonderen Teil des Mediums, der von Augenblick zu Augenblick durch die Interaktion mit der Einheit in struktureller Koppelung definiert wird, die »Nische« der Einheit. Eine Einheit verwirklicht und bestimmt daher ständig ihre spezielle Nische, indem sie in ihrem Bereich der Störeinwirkungen operiert, ohne ihre Anpassung an das Medium zu verlieren. Daraus folgt, daß die Nische einer Einheit kein fester Teil des Mediums ist, in dem eine Einheit unterschieden wird, sie existiert aber auch nicht unabhängig von der Einheit, die sie bestimmt. Sie verändert sich vielmehr mit dem Bereich der Interaktionen der Einheit (wenn diese zusammengesetzt ist) in dem dynamischen Prozeß ihres Strukturwandels (Abschnitt v c). In diesem Fall kann ein Beobachter die Nische einer Einheit unterscheiden, sei diese einfach oder zusammengesetzt, indem er die Einheit als den Indikator der Nische benutzt. Mit der Umwelt einer Einheit bezeichne ich schließlich all das, was ein Beobachter als ihre übrige Umgebung unterscheidet. Mit anderen Worten, während die Nische jener Teil des Mediums ist, mit dem eine Einheit interagiert, wenn sie in struktureller Koppelung operiert, und den sie durch ihre Gegenwart für den Blick des Beobachters verdeckt, ist die Umwelt jener Teil des Mediums, den ein Beobachter als die übrige Umgebung der Einheit wahrnehmen kann. Eine dynamische zusammengesetzte Einheit (z. B. ein lebendes System), die in der Lebenspraxis des Beobachters unterschieden wird, wird in einer Umgebung als eine Entität wahrgenommen, deren Nische sich ständig verändert, aber von ihr festgelegt wird, während sie sich in ständigem strukturellem Wandel bei Erhaltung ihrer Klassenidentität und Anpassung durch das Medium bewegt. Eine zusammengesetzte Einheit in ihrem Medium verhält sich wie ein Seiltänzer, der sich auf einem Seil in einem Gravitationsfeld bewegt und sein Gleichgewicht erhält (seine Anpassung), indem er seine Gestalt (seine Struktur) jeweils so verändert, daß sie mit den visuellen und den schwerkraftbedingten Interaktionen übereinstimmt, die er beim Tanz auf dem Seil ausführen muß (während er seine Nische verwirklicht), – und der fällt, wenn dies nicht gelingt.

7. Die Grundlage meiner Antwort: das lebende System

Die Antwort auf die Frage nach der Kognition verlangt nun, daß wir über die Konstitution und das Operieren lebender Systeme nachdenken und daß wir einige zusätzliche erkenntnistheoretische und ontologische Überlegungen anstellen über die Bedingungen, die jede Erklärung lebender Systeme erfüllen muß.

i. Die Naturwissenschaft beschäftigt sich nur mit strukturdeterminierten Systemen

Da eine naturwissenschaftliche Erklärung die Herstellung eines strukturdeterminierten Systems, d. h. eines Mechanismus verlangt, der das zu erklärende Phänomen erzeugt, können wir als Naturwissenschaftler nur mit strukturdeterminierten Systemen arbeiten und nichts mit Systemen anfangen, die sich aufgrund der

Einwirkung externer Kräfte verändern. Alles, was ich über lebende Systeme sage, sage ich daher unter der Voraussetzung, daß sämtliche Phänomene, die sie zeigen, durch ihr Operieren als strukturdeterminierte Systeme in einem Bereich der Existenz entstehen, der selbst wiederum als ein strukturdeterminiertes System durch die Unterscheidung des Beobachters hervorgebracht wird.

ii. Regelung und Steuerung

Wie ich in Abschnitt 6 xii dargelegt habe, erfordert die Abgrenzung einer zusammengesetzten Einheit die Unterscheidung von zwei einander nicht überschneidenden Phänomenbereichen in der Lebenspraxis des Beobachters, denn das Operieren einer zusammengesetzten Einheit als einer einfachen Einheit ist gegenüber ihrer Erzeugung sekundär. Daraus folgt, daß ein Ganzes nicht als sein eigener Bestandteil operieren kann, und daß ein Bestandteil nicht an Stelle des Ganzen operieren kann, das er integriert. Begriffe der Steuerung oder der Regelung bezeichnen daher keine tatsächlichen Operationen im Prozeß der Erzeugung einer zusammengesetzten Einheit, denn solche Operationen gibt es nur in der Verwirklichung der jeweiligen Eigenschaften der Bestandteile der zusammengesetzten Einheit in ihren konkreten Interaktionen. Begriffe der Steuerung und der Regelung benennen Relationen, die zum Beschreibungsbereich eines Beobachters gehören, in dem dieser sprachliche Abbildungen seiner Unterscheidungen zwischen einer Ganzheit und deren Bestandteilen in seiner Lebenspraxis miteinander verknüpft.

iii. Lebende Systeme sind strukturdeterminierte Systeme

Um das Phänomen der Kognition als biologisches Phänomen zu erklären, muß ich lebende Systeme als strukturdeterminierte Systeme behandeln. Ich halte dies aus mehreren Gründen für legitim. Drei Gründe will ich anführen. Der erste Grund ist ein operationaler: Wir wissen aus unserer Lebenspraxis, daß jede

Strukturveränderung eines lebenden Systems zu einer Veränderung seiner charakteristischen Eigenschaften und Merkmale führt, und daß ähnliche Strukturveränderungen bei verschiedenen Angehörigen der gleichen Art zu ähnlichen Veränderungen ihrer charakteristischen Merkmale und Eigenschaften führen. Der zweite Grund ist erkenntnistheoretischer Art: Wenn wir lebende Systeme nicht als strukturdeterminierte Systeme behandeln, können wir für ihre charakteristischen Erscheinungsweisen keine naturwissenschaftlichen Erklärungen geben. Der dritte Grund ist ein ontologischer: Die einzigen Systeme, die wir naturwissenschaftlich erklären können, sind strukturdeterminierte Systeme. Wenn ich also eine naturwissenschaftliche Erklärung des Phänomens der Kognition bei lebenden Systemen gebe, liefere ich einen Beweis dafür, daß lebende Systeme strukturdeterminierte Systeme sind, die zu unserer Lebenspraxis als Standardbeobachter gehören, wo wir sie unterscheiden.

iv. Determinismus und Vorhersage

Die Tatsache, daß ein strukturdeterminiertes System deterministisch ist, bedeutet nicht, daß ein Beobachter in der Lage sein muß, den Verlauf seiner Strukturveränderungen vorherzusagen. Determinismus und Vorhersagbarkeit gehören zu verschiedenen operationalen Bereichen in der Lebenspraxis des Beobachters. Determinismus ist ein Merkmal, das ein System durch die operationalen Kohärenzen kennzeichnet, die es konstituieren, ebenso seinen Existenzbereich, wenn es durch die Unterscheidungsoperationen des Beobachters hervorgebracht wird. Es gibt daher ebensoviele verschiedene Bereiche des Determinismus, wie es Bereiche verschiedener operationaler Kohärenzen gibt, die der Beobachter in seinen Erfahrungsbereichen hervorbringt. Im Unterschied dazu ist eine Vorhersage die Berechnung der Strukturveränderungen eines strukturdeterminierten Systems durch einen Beobachter, wenn dieser die Konsequenzen des Operierens der Eigenschaften der Bestandteile eines Systems verfolgt, das in dem Bereich des Determinismus verwirklicht wird, den diese Eigenschaften konstituieren. Eine Vorhersage kann es also nur geben, nachdem der Beobachter das System vollständig beschrieben hat, und zwar als ein strukturdeterminiertes System auf der Basis der operationalen Kohärenzen, die es in seinem Erfahrungsbereich konstituieren. Der Erfolg oder Mißerfolg einer Vorhersage spiegelt daher lediglich die Fähigkeit oder Unfähigkeit eines Beobachters, die Phänomenbereiche in seiner Lebenspraxis nicht zu vermengen und genau die Berechnungen anzustellen, die Vorhersagen in dem Phänomenbereich konstituieren, für den er sie behauptet. Es gibt folglich zwei Fälle, in denen ein Beobachter, der die Phänomenbereiche eines strukturdeterminierten Systems nicht vermengt, außerstande ist, Strukturveränderungen des Systems vorherzusagen. In dem einen Fall weiß der Beobachter, daß er aufgrund seiner Erfahrung mit den Bestandteilen eines strukturdeterminierten Systems in seiner Lebenspraxis nicht fähig ist, dieses durch seine Beschreibungen zu erfassen, es in seinem eigenen Existenzbereich erfolgreich zu handhaben und seine Zustandsveränderungen zu berechnen. Im zweiten Fall will der Beobachter in seiner Lebenspraxis den ihm unbekannten gegenwärtigen Zustand eines seiner Meinung nach strukturdeterminierten Systems erfassen, indem er mit einigen seiner Bestandteile interagiert. Dadurch löst der Beobachter im System einen unvorhersagbaren Zustandswandel aus und benutzt diesen sodann, um sowohl den Ausgangszustand zu kennzeichnen als auch einen späteren Zustand vorherzusagen, und zwar im Bereich des Determinismus, der durch die Eigenschaften der Bestandteile des Systems bestimmt ist. Da also der Bereich des Determinismus eines strukturdeterminierten Systems als der Bereich der operationalen Kohärenzen seiner Bestandteile durch seine Unterscheidung in der Lebenspraxis des Beobachters hervorgebracht wird, und da der Beobachter zur Berechnung einer Zustandsveränderung des Systems den gegenwärtigen Zustand durch eine Interaktion mit seinen Bestandteilen festlegen können muß, führt jeder Versuch, eine Zustandsveränderung eines strukturdeterminierten Systems zu berechnen, zu einer notwendigen Unsicherheit, die durch die Art der Bestimmung seines Anfangszustandes im Rahmen der operationalen Kohärenzen in seinem Existenzbereich verursacht wird. Diese Unsicherheit einer Vorhersage kann in verschiedenen Unterscheidungsbereichen in ihrem Ausmaß variieren, sie ist jedoch immer gegeben, denn sie ist konstitutiv für das Phänomen der Kognition als Produkt der Ontologie des Beobachtens und nicht einer objektiven, vom Beobachter unabhängigen Realität. Ich stelle damit auch fest, daß die Unbestimmtheitsrelation der Physik zur Ontologie des Beobachtens gehört und keine eigenständige Welt kennzeichnet, denn der physikalische Bereich der Existenz ist, wie ich noch zeigen werde, ein kognitiver Bereich, der in der Lebenspraxis des Beobachters durch den Beobachter selbst als eine Erklärung dieser seiner Lebenspraxis hervorgebracht wird.

v. Ontogenetische strukturelle Drift

Ein Boot treibt auf dem Meer, sagt man, wenn es führungslos dahingleitet und so einen Kurs nimmt, der von Augenblick zu Augenblick durch sein Interagieren mit Wellen und Wind erzeugt und so lange fortgesetzt wird, wie es auf dem Wasser schwimmt (seine Anpassung bewahrt) und seine Form behält (seine Organisation bewahrt). Ein treibendes Boot folgt daher einem Kurs ohne jede Alternative, der deterministisch von Augenblick zu Augenblick durch seine Wechselwirkungen mit den Wellen und dem Wind erzeugt wird. Daraus folgt, daß ein solches Boot in jedem Augenblick an dem einzigen Ort ist, an dem es überhaupt sein kann, d. h. in einer Gegenwart, die sich ständig aus der Sequenz seiner Interaktionen im Verlauf seines Dahintreibens ergibt. Der deterministische Prozeß, der den Kurs erzeugt, auf dem das Boot dahintreibt, ist ein Merkmal der strukturellen Dynamik des strukturdeterminierten Systems, also des Boots zusammen mit Winden und Wellen, das der Beobachter in seiner Lebenspraxis hervorgebracht hat. Wenn also ein Beobachter den Kurs eines dahintreibenden Boots nicht vorhersagen kann, dann liegt das nicht daran, daß der Beobachter das Boot, die Winde und die Wellen in seinem Erfahrungsbereich nicht als strukturdeterminiertes System unterscheiden kann, aus dem sich der Kurs des Boots deterministisch ergibt, sondern daran, daß er in seiner Beschreibung der Interaktionen des Boots mit dem Wind und den Wellen nicht die gesamte Struktur des strukturdeterminierten Systems erfassen kann, dessen Strukturveränderung den faktisch von dem Boot eingeschlagenen Kurs hervorbringt.

Was für die Erzeugung des Kurses eines treibenden Boots gilt, trifft ganz allgemein auf die Erzeugung des Verlaufs, der Strukturveränderungen eines strukturdeterminierten Systems zu, das der Beobachter in seiner Lebenspraxis unterscheidet, wenn es mit dem Medium als einer scheinbar von ihm unabhängigen Entität interagiert und seine Klassenidentität (Organisation) und Anpassung (strukturelle Koppelung) bewahrt. Da lebende Systeme dynamische strukturdeterminierte Systeme sind, gilt dies auch für sie, und die Ontogenese eines lebenden Systems ist die Geschichte seiner Strukturveränderungen, in der seine Organisation und seine Anpassung bewahrt werden, ist also sein ontogenetisches strukturelles Dahintreiben, seine ontogenetische strukturelle Drift. Wie der Kurs eines treibenden Boots entstehen auch die Strukturveränderungen in der Ontogenese eines lebenden Systems oder die Ortsveränderungen eines lebenden Systems in seinem Medium während seiner Ontogenese. Ich möchte dies noch weiter erläutern. Ein Prozeß des Dahintreibens ist im allgemeinen der Kurs der strukturellen Veränderungen eines strukturdeterminierten Systems, der von Augenblick zu Augenblick durch die Interaktionen des Systems mit einem anderen, von ihm unabhängigen System erzeugt wird, während seine Übereinstimmung (Anpassung) mit diesem anderen System (Medium) und seine Organisation (Klassenidentität) invariant bleiben. Die individuelle Lebensgeschichte eines lebenden Systems, d.h. die Geschichte seiner ständigen strukturellen Veränderungen auf einem Kurs, der von Augenblick zu Augenblick durch die Verflechtung seiner intern erzeugten Strukturdynamik mit den Strukturveränderungen entsteht, die durch seine rekurrenten Interaktionen mit dem Medium als einer von ihm unabhängigen Entität ausgelöst werden, und die so lange dauern, wie seine Organisation und Anpassung bewahrt werden, ereignet sich ebenso als strukturelle Drift. In ähnlicher Weise wird der Kurs der Ortsveränderung eines lebenden Systems in seinem Medium von Augenblick zu Augenblick durch seine Interaktionen mit dem Medium als einer von ihm unabhängigen Einheit erzeugt, währenddem das System seine Organisation und Anpassung bewahrt. Auch die Ortsveränderungen eines lebenden Systems in seinem Medium, in dem es seine Nische verwirklicht, bilden daher einen Prozeß des Dahintreibens, eine Drift. Lebende Systeme existieren also in ständiger struktureller und räumlicher Drift (ontogenetische Drift), so lange sie leben, und zwar aufgrund ihrer Konstitution.

Wie ein treibendes Boot ist auch ein lebendes System dort, wo es in seinem Medium ist, und besitzt die Struktur, die es besitzt, in determinierter Abhängigkeit von dem jeweiligen Zustand im Prozeß seiner ontogenetischen Drift; es könnte nirgendwo anders sein, als wo es ist, noch könnte es eine andere Struktur haben, als die, die es hat. Wenn ein Beobachter die vielen verschiedenen Richtungen bedenkt, die ein treibendes Boot in jedem Augenblick einschlagen könnte, oder die vielen verschiedenen ontogenetischen Verläufe, die ein lebendes System in jedem Augenblick nehmen könnte, dann sind diese Möglichkeiten nur in seiner Beschreibung vorstellbar und keine tatsächlichen Möglichkeiten im Treiben des Boots oder in der Ontogenese des lebenden Systems. Ein Prozeß des Dahintreibens ist ein Prozeß ständiger Veränderung, und wie bei allen Prozessen der Veränderung in strukturdeterminierten Systemen folgt er einem Kurs ohne jede Alternative in dem Bereich des Determinismus, in dem er durch die Unterscheidungen des Beobachters hervorgebracht wird. Auch sind alle die vorgestellten Alternativen nur aus der Perspektive der Unfähigkeit des Beobachters entwickelbar, das Boot, die Winde und die Wellen bzw. das lebende System und sein Medium, die er in seiner Lebenspraxis hervorbringt, als bekannte strukturdeterminierte Systeme zu behandeln, deren Strukturveränderungen er berechnen kann. Wenn wir unsere Erklärungen als Naturwissenschaftler ernst nehmen, müssen wir als ontologisches Merkmal unseres Tuns als Beobachter akzeptieren, daß jede Entität, die wir durch unsere Unterscheidungen hervorbringen, dort ist, wo sie ist, und daß sie die Struktur besitzt, die sie besitzt, und zwar auf die einzig mögliche Art und Weise, solange der Bereich der operationalen Kohärenzen (der Bereich des Determinismus) gilt, den wir gleichzeitig mit seiner Unterscheidung als seinen Existenzbereich hervorbringen.

Ich möchte abschließend eine Reihe von Konsequenzen für die Entitäten aufführen, die wir als lebende Systeme in unserer Lebenspraxis hervorbringen:

(a) Ein lebendes System kann eine Geschichte der Interaktionen ohne Desintegration nur als eine Geschichte der Störeinwirkungen durchlaufen, d. h. als eine Geschichte der Interaktionen in seiner Nische; das lebende System gleitet daher, so lange es lebt, notwendig in ontogenetischer Drift durch das Medium, in dem es seine Nische verwirklicht. Das bedeutet aber, daß Begriffe wie Ziel, Absicht, Zweck oder Intention mit der Verwirklichung eines lebenden Systems als eines strukturdeterminierten Systems nichts zu tun haben.

(b) Da sich die Struktur eines lebenden Systems ständig verändert, und zwar sowohl durch seine interne Dynamik als auch durch die in ihm durch seine Interaktionen mit operational unabhängigen Entitäten ausgelösten Strukturveränderungen, ist auch die Nische eines lebenden Systems (d. h. sind auch die Merkmale des Mediums, die es faktisch in seinen Interaktionen antrifft) notwendig in einen Prozeß ständigen Wandels eingeschlossen, der kongruent mit dem ständigen strukturellen Dahintreiben des lebenden Systems selbst verläuft, solange dieses am Leben bleibt. Dies gilt außerdem unabhängig davon, ob der Beobachter meint, daß sich die Umwelt des lebenden Systems verändert oder daß sie konstant bleibt. Wenn also ein Beobachter ein lebendes System in seiner Lebenspraxis hervorbringt, dann mag ihm scheinen, daß es sich ständig dadurch verändert, daß es eine konstante Umwelt benutzt, oder umgekehrt, daß es in einer sich ständig verändernden Umwelt selbst unverändert bleibt, denn der Beobachter kann das Zusammentreffen eines lebenden Systems und einer Nische nicht wahrnehmen, aber eben dort findet die Bewahrung und Erhaltung seiner Anpassung statt.

(c) Die Erhaltung der Anpassung bedeutet nicht, daß die Lebensweise eines lebenden Systems invariant bleibt. Sie bedeutet allerdings, daß ein lebendes System seine Ontogenese durchläuft, solange es seine Klassenidentität und seine dynamische strukturelle Übereinstimmung mit dem Medium bewahrt, wenn es damit interagiert, und daß es keine konstitutiven Einschränkungen für die Größe und den Umfang seiner strukturellen Veränderungen von Augenblick zu Augenblick gibt, solange diese innerhalb der einschränkenden Bedingungen seines strukturellen Determinismus sowie der

Aufrechterhaltung seiner Organisation und Anpassung bleiben. Ich könnte hier in der Tat von den Gesetzen der Bewahrung der Organisation und Anpassung als den ontologischen Bedingungen der Existenz irgendeines strukturdeterminierten Systems auf die gleiche Weise sprechen, wie Physiker von den Gesetzen der Erhaltung der Energie als den ontologischen Bedingungen für das Auftreten physikalischer Phänome sprechen.

Jedes lebende System, uns Beobachter eingeschlossen, ist in jedem Augenblick, wo es ist, hat die Struktur, die es hat, und tut, was es eben tut, und zwar in einer strukturellen und relationalen Situation, die die jeweilige Gegenwart eines Prozesses ontogenetischen Dahintreibens bildet, der mit seiner Entstehung an einem bestimmten Ort und mit einer bestimmten Struktur beginnt und dem einzigen Kurs folgt, dem er folgen kann. Verschiedene Arten lebender Systeme unterscheiden sich in dem Spektrum ontogenetischer Verläufe, die ein Beobachter aufgrund ihrer jeweils unterschiedlichen Ausgangsstrukturen und unterschiedlichen Ausgangsorte in seinem Diskurs für sie als möglich ansieht. Jede Ontogenese aber, die überhaupt stattfindet, ist eine einmalige ontogenetische Drift und ein Prozeß ohne jede Alternative.

vi. Strukturelle Überschneidung

Wenn ein Beobachter eine zusammengesetzte Einheit in seiner Lebenspraxis hervorbringt, erzeugt er eine Entität, in der die Konfiguration der Relationen zwischen den Bestandteilen, die ihre Organisation konstituiert, eine Teilmenge aller der tatsächlichen Relationen bildet, die zwischen den Bestandteilen der Entität bestehen, wenn diese deren Struktur erzeugen und sie als eine Ganzheit in dem Existenzbereich konstituieren, in dem sie hervorgebracht werden (vgl. Abschnitt 6 iv). Die Organisation einer zusammengesetzten Einheit erschöpft daher nicht die Relationen und Interaktionen, an denen die die Einheit verwirklichenden Bestandteile in ihrem Existenzbereich beteiligt sind. Die Bestandteile, die die Struktur einer zusammengesetzten Einheit verwirklichen, können daher mit Hilfe solcher Eigenschaften, die nicht an der Verwirklichung der Organisation dieser Einheit beteiligt sind, an der Verwirklichung der Organisation vieler anderer zusammengesetzter Einheiten mitwirken, die sich daher mit der ursprünglichen Einheit strukturell überschneiden. Wenn die Bestandteile einer zusammengesetzten Einheit selbst zusammengesetzte Einheiten sind, dann kann sich die zusammengesetzte Einheit mit den Bestandteilen ihrer eigenen Bestandteile strukturell überschneiden. Wenn der Beobachter zwei oder mehrere strukturell einander überschneidende Systeme unterscheidet, dann unterscheidet er auch zwei oder mehrere zusammengesetzte Einheiten, die durch den gleichen Körper verwirklicht werden.

Strukturell einander überschneidende Systeme existieren und operieren als einfache Einheiten in verschiedenen Phänomenbereichen, die durch ihre verschiedenen Organisationen bestimmt sind. Die Art ihrer strukturellen Überschneidung bestimmt, ob strukturell einander überschneidende zusammengesetzte Einheiten im gleichen oder in verschiedenen Existenzbereichen existieren. Wenn also zwei zusammengesetzte Einheiten einander in ihren Bestandteilen strukturell überschneiden, dann teilen sie diese Bestandteile und haben als zusammengesetzte Einheiten den gleichen Existenzbereich. Wenn aber zwei zusammengesetzte Einheiten einander in den Bestandteilen der Bestandteile der einen oder der anderen oder beider überschneiden, dann teilen sie die Bestandteile nicht und haben als zusammengesetzte Einheiten verschiedene Existenzbereiche. Da es aber in einer Überschneidung Bestandteile oder Bestandteile von Bestandteilen oder beide sind, die gleichzeitig an der Struktur mehrerer Systeme beteiligt sind, können strukturelle Veränderungen, die an einem von mehreren strukturell einander überschneidenden Systemen als Teil seiner ontogenetischen Drift eintreten, auch zu strukturellen Veränderungen in den anderen Systemen beitragen und somit an deren jeweils voneinander unabhängigen Prozessen ontogenetischer Drift mitwirken. Mit anderen Worten, strukturell einander überschneidende Systeme sind strukturell voneinander abhängig. Sie beeinflussen durch die Überschneidung ihrer Bereiche des strukturellen Determinismus, oder durch die Überschneidung der Bereiche des strukturellen Determinismus ihrer Bestandteile, oder durch beide, die gegenseitigen Strukturen im Verlauf ihres jeweils unabhängig erzeugten Strukturwandels. Auch wenn sie also als zusammengesetzte Einheiten in verschiedenen Bereichen existieren mögen, so überschneiden sich doch ihre Prozesse ontogenetischer Drift und bilden ein Netzwerk ko-ontogenetischer Driften. Ein Beobachter kann daher in der strukturellen Verwirklichung eines Menschen als eines lebenden Systems die gleichzeitig geschehenden oder aufeinanderfolgenden Überschneidungen der Prozesse eines Säugetieres, einer Person, einer Frau, einer Ärztin und einer Mutter wahrnehmen. Diese bilden alle verschiedene zusammengesetzte Einheiten, definiert durch verschiedene Organisationen, die gleichzeitig oder nacheinander bewahrt werden, während sie in ihren verschiedenen Existenzbereichen verwirklicht werden, und weisen ganz bestimmte charakteristische Merkmale auf, die sich aus der Verflechtung ihrer verschiedenen Prozesse ontogenetischer Drift durch das ständige Wechselspiel ihrer Strukturveränderungen ergeben. Diese strukturellen Überschneidungen führen auch zu voneinander abhängigen Bereichen der Desintegration sowie zu voneinander abhängigen Bereichen der Erhaltung, die nicht reziprok sein müssen, wenn die Bewahrung einer Klassenidentität die Bewahrung struktureller Merkmale bedingt, die zur Bewahrung einer anderen Klassenidentität beitragen. Bei der strukturellen Überschneidung eines Studenten und eines Menschen in einem lebenden System etwa folgt aus der Bewahrung der Klassenidentität »Student« notwendig die Bewahrung der Klassenidentität »Mensch«, das Umgekehrte ist aber nicht der Fall. Die Desintegration des Studenten führt nicht zur Desintegration des Menschen, die Desintegration des Menschen aber bedingt notwendig die Desintegration des Studenten. Eine bestimmte zusammengesetzte Einheit kann sich auch durch ganz andere Arten der Strukturveränderung auflösen. Ein Student kann durch das Scheitern einer Prüfung oder durch das Erlangen des Abschlußgrades an sein Ende kommen, und daraus ergeben sich unterschiedliche Konsequenzen für das jeweilige Netzwerk der strukturellen Überschneidungen. Die strukturelle Überschneidung von Systemen bedeutet nicht, daß das gleiche System aus verschiedenen Perspektiven und in unterschiedlicher Weise betrachtet wird, denn einander überschneidende Systeme existieren aufgrund ihrer verschiedenen Organisationen strukturell in verschiedenen Phänomenbereichen und werden durch verschiedene Dynamiken ihrer Strukturen verwirklicht. Es bedeutet lediglich, daß Elemente, die eine bestimmte zusammengesetzte Einheit als Bestandteile mit bestimmten Eigenschaften verwirklichen, mit anderen Eigenschaften Bestandteile anderer Einheiten sein können, die als legitime Ganzheiten existieren, weil sie verschiedene Bereiche der Desintegration aufweisen. Diejenigen Interaktionen und Beziehungen, an denen die Bestandteile eines Systems über Dimensionen mitwirken, die nicht an der Konstitution des Systems beteiligt sind, nenne ich »orthogonale« Interaktionen und Relationen. Durch diese können strukturell einander überschneidende Systeme in einander nicht überschneidenden Phänomenbereichen existieren und dennoch in einseitigen oder reziproken Relationen struktureller Abhängigkeit stehen. Auch strukturell unabhängige Systeme können durch solche orthogonalen Interaktionen ihrer Bestandteile in einander nicht überschneidenden Phänomenbereichen existieren und ko-ontogenetische Driften besitzen.

vii. Das lebende System

Im Jahre 1970 habe ich einen ersten Theorienentwurf für lebende Systeme vorgelegt. Lebende Systeme sind demnach dynamische Systeme, die als autonome Einheiten konstituiert werden, weil sie aus geschlossenen zirkulären Verkettungen (geschlossenen Netzwerken) molekularer Produktionsprozesse bestehen, in denen die verschiedenen Arten der beteiligten Moleküle an ihrer wechselseitigen Produktion mitwirken. In diesen Systemen kann sich alles verändern, nur nicht die geschlossene Zirkularität der Verkettung der molekularen Produktionsprozesse, die sie als Einheiten konstituiert (vgl. Maturana 1970). Im Jahre 1973 haben Francisco Varela und ich diese Bestimmung lebender Systeme weiterentwickelt und in der folgenden Weise formuliert:

1. Eine zusammengesetzte Einheit, deren Organisation als ein geschlossenes Netzwerk von Produktionsprozessen von Bestandteilen beschrieben werden kann, die durch ihre Interaktionen wiederum eben das Netzwerk von Produktionsprozessen

konstituieren, das sie selbst erzeugt, und die dessen Ausdehnung dadurch bestimmen, daß sie seine Grenzen in ihrem Bereich der Existenz festlegen, ist ein autopoietisches System.

2. Ein lebendes System ist ein autopoietisches System, dessen Bestandteile Moleküle sind.

Oder mit anderen Worten, lebende Systeme sind molekulare autopoietische Systeme und existieren als solche im Raum der Moleküle als geschlossene Netzwerke molekularer Produktionsprozesse, die ihre eigenen Grenzen erzeugen (vgl. Maturana/Varela 1973; Maturana 1975). In dieser Beschreibung der molekularen Konstitution lebender Systeme als autopoietischer Systeme ist nichts über thermodynamische Bedingungen gesagt worden, denn die Verwirklichung lebender Systeme als molekularer Systeme setzt die Erfüllung solcher Bedingungen voraus. In der Tat fordert die Aussage, daß eine zusammengesetzte Einheit im Bereich der Existenz ihrer Bestandteile existiert, die Erfüllung der Bedingungen der Existenz dieser Bestandteile.

Aus der Konzeption lebender Systeme als molekularer autopoietischer Systeme sind verschiedene Folgerungen und Konsequenzen abzuleiten, von denen ich nur einige anführen möchte.

A. Folgerungen

(a) Lebende Systeme sind als autopoietische Systeme strukturdeterminierte Systeme, und alles, was für strukturdeterminierte Systeme gilt, gilt auch für sie. Das bedeutet im besonderen, daß alles, was in einem lebenden System geschieht, im faktischen Operieren der Eigenschaften seiner Bestandteile gemäß ihren Beziehungen der Nachbarschaft (Relationen der Kontiguität) geschieht, die selbst durch eben dieses Operieren hergestellt werden. Begriffe der Steuerung und der Regelung spiegeln daher keinerlei faktische Operationen in der strukturellen Verwirklichung eines lebenden Systems und können dies auch nicht, da sie nicht mit konkreten Relationen der Kontiguität verknüpft sind. Diese Begriffe bezeichnen lediglich Beziehungen, die der Beobachter herstellt, wenn er verschiedene Stadien im Verlauf der Transformationen des Netzwerks von Prozessen vergleicht, die in der strukturellen Verwirklichung eines bestimmten lebenden Systems auftreten. Das einzige besondere Merkmal lebender Systeme als strukturdeterminierter Systeme ist also, daß sie molekulare autopoietische Systeme sind.

(b) Die Autopoiese ereignet sich als ein dynamischer Prozeß, der nicht durch eine statische und momentbezogene Betrachtung der Verteilung ihrer Bestandteile erfaßt werden kann. Ein lebendes System existiert daher nur durch die kontinuierlichen strukturellen Transformationen, wie sie von seiner Autopoiese gefordert werden, und nur so lange, wie diese in der Konstitution ihrer Ontogenese bewahrt werden. Daraus ergeben sich zwei wichtige Sachverhalte:

1. Ein lebendes System kann in vielen verschiedenen, sich verändernden, dynamischen Strukturen verwirklicht werden.

2. Lebende Systeme sind in der Erzeugung von Stammeslinien durch ihre Fortpflanzung konstitutiv offen für ständigen phylogenetischen Strukturwandel.

(c) Ein lebendes System existiert entweder als ein dynamisches strukturdeterminiertes System in struktureller Koppelung mit dem Medium, in dem es durch den Beobachter hervorgebracht wird, d.h. es bewahrt seine Anpassung durch ständigen Strukturwandel in der Verwirklichung seiner Nische, oder es existiert überhaupt nicht. Oder mit anderen Worten, ein lebendes System ist, so lange es lebt, notwendig in dynamischer Übereinstimmung mit dem Medium, wenn es in seinem Existenzbereich operiert. Leben heißt, in ontogenetischer Drift durch einen Bereich von Störeinwirkungen zu gleiten, während eine sich ständig wandelnde Nische verwirklicht wird.

(d) Ein lebendes System als strukturdeterminiertes System operiert ausschließlich in der Gegenwart, d. h. es wird durch die Struktur determiniert, die es in jedem Augenblick der strukturellen Verwirklichung seiner Autopoiese im molekularen Raum besitzt. Es ist daher notwendig offen für den Durchfluß von Molekülen. Gleichzeitig erzeugt ein lebendes System als autopoietisches System ausschließlich Zustände im Prozeß der Autopoiese, ansonsten zerfällt es. Lebende Systeme sind daher mit Bezug auf ihre Zustandsdynamik geschlossene Systeme.

B. Konsequenzen

(a) Ein lebendes System ist ein strukturdeterminiertes System, und alles in diesem System geschieht aufgrund von Nachbarschaftsrelationen zwischen seinen Bestandteilen in der Gegenwart. Begriffe wie »Zweck« oder »Ziel« drücken aus, daß in jedem Augenblick des Operierens des Systems ein späterer Zustand als Ganzes in der gegenwärtigen Struktur wirksam sein soll: diese Begriffe haben mit lebenden Systemen nichts zu tun und sind ungeeignet, ihre Operationsweise zu erklären. Ein lebendes System kann einem Beobachter nur dann als zweckgerichtetes oder zielorientiertes System erscheinen, wenn er die Ontogenese anderer lebender Systeme der gleichen Art in seiner Lebenspraxis wahrgenommen hat und nun die Phänomenbereiche vermengt, indem er die Konsequenzen des Operierens des Systems zu einem wirkenden Bestandteil der Prozesse macht, die es konstituieren.

(b) Da lebende Systeme strukturdeterminierte Systeme sind, gibt es für das Operieren lebender Systeme als autopoietischer Einheiten kein Innen und kein Außen; sie befinden sich entweder als geschlossene Gesamtheiten in der Dynamik ihrer Zustände im Prozeß der Autopoiese, oder sie zerfallen. Aus demselben Grund »benutzen« lebende Systeme als autopoietische Einheiten ihre Umwelt nicht, noch auch »beuten« sie diese »aus« oder begehen im Prozeß ihrer ontogenetischen Drift »Fehler«. Ein lebendes System, das in einem Medium unter Bewahrung seiner Organisation und seiner Anpassung operiert, wie dies für ein strukturdeterminiertes System notwendig ist, bringt in der Tat seine sich ständig verändernde Nische ständig selbst hervor, indem es sich in seinem Existenzbereich verwirklicht, also in der Umgebung operationaler Kohärenzen, die es nicht unterscheidet und mit der es nicht interagiert, weil nur der Beobachter sie unterscheiden kann.

(c) Durch ihre rekurrenten Interaktionen miteinander wie auch mit dem nicht-belebten Medium bilden lebende Systeme notwendig ko-ontogenetische und ko-phylogenetische Systeme verflochtener struktureller Driften, die so lange andauern, wie sie ihre Autopoiese durch die Erhaltung ihrer reziproken strukturellen Koppelungen aufrechterhalten. Eben darin besteht die biologische Evolution. Daraus folgt, daß jedes lebende System, uns Menschen als Beobachter eingeschlossen, stets im Prozeß der spontanen Verwirklichung seiner selbst im Bereich seiner Existenz begriffen ist, und zwar in Übereinstimmung mit einem belebten und einem nicht-belebten Medium. Oder mit anderen Worten, jedes lebende System, wie und wo es in jedem Augenblick auch sei, ist der Knotenpunkt eines Netzwerks ko-ontogenetischer Driften, das notwendig alle Entitäten einschließt, mit denen es in dem Bereich interagiert, in dem es vom Beobachter in seiner Lebenspraxis hervorgebracht wird. Daraus folgt, daß ein Beobachter als ein lebendes System eine Entität nur als einen Knotenpunkt des Netzwerks kontogenetischer Driften unterscheiden kann, zu dem sie gehört und mit dem sie in struktureller Koppelung existiert.

(d) Das einzige besondere Merkmal lebender Systeme ist, daß sie autopoietische Systeme im molekularen Raum sind. Ein Phänomen ist daher ein biologisches Phänomen nur in dem Maße, in dem seine Verwirklichung die Verwirklichung der Autopoiese zumindest eines autopoietischen Systems im molekularen Raum einschließt.

(e) Die modernen prokaryontischen und eukaryontischen Zellen sind typische autopoietische Systeme im molekularen Raum, und da ihre Autopoiese nicht das Ergebnis ihrer Zusammensetzung aus einfacheren autopoietischen Subsystemen ist, nenne ich sie autopoietische Systeme erster Ordnung. Autopoietische Systeme zweiter Ordnung nenne ich jene Systeme, deren Autopoiese das Resultat ihrer Zusammensetzung aus einfacheren autopoietischen Einheiten ist, und dazu gehören Organismen als multizelluläre Systeme. Organismen können aber, und ich denke, daß das für die meisten Organismen zutrifft, autopoietische Systeme erster Ordnung »sein«, und zwar als geschlossene Netzwerke molekularer, interzellulärer und intrazellulärer Produktionsprozesse. Ein Organismus würde demnach in der strukturellen Überschneidung eines autopoietischen Systems erster Ordnung mit einem autopoietischen System zweiter Ordnung existieren, die beide durch die Autopoiese der Zellen des letzteren verwirklicht werden. Das war ursprünglich der Fall bei den eukaryontischen Zellen, als diese durch die Endosymbiose prokaryontischer Zellen entstanden (vgl. Margulis 1981).

(f) Ein Organismus ist als ein autopoietisches System zweiter Ordnung ein ektozellulärer Symbiont, der aus Zellen von meist gleicher Herkunft besteht, die ihn durch ihre ko-ontogenetische Drift konstituieren. Ein Organismus als ein autopoietisches System erster Ordnung wird jedoch nicht durch Zellen gebildet, auch wenn seine Verwirklichung auf der Verwirklichung der Autopoiese der Zellen beruht, die sich strukturell mit ihm überschneiden, wenn sie ihn in ihrer ko-ontogenetischen Drift konstituieren. Die autopoietischen Systeme erster und zweiter Ordnung, die einander in der Verwirklichung eines Organismus strukturell überschneiden, existieren in verschiedenen, einander nicht überschneidenden Phänomenbereichen.

viii. Phylogenetische strukturelle Drift

Reproduktion bzw. Fortpflanzung ist ein Prozeß, in dem ein System durch Teilung zwei Systeme herstellt, die die gleiche Organisation (Klassenidentität) besitzen wie das ursprüngliche System, die aber Strukturen aufweisen, die dem ursprünglichen System gegenüber variieren (Maturana 1980). Eine reproduktive Phylogenese oder Stammeslinie ist daher die Abfolge von durch sukzessive Fortpflanzung entstandenen Systemen, die eine bestimmte Organisation bewahren. Jede einzelne reproduktive Stammeslinie oder Phylogenese wird daher durch die in ihren Reproduktionsschritten bewahrte Organisation definiert. Eine solche reproduktive Phylogenese oder Stammeslinie dauert folglich nur so lang, wie die sie definierende Organisation erhalten wird, unabhängig davon, wie weit sich die Strukturen der einzelnen Organismen verändern, die diese Organisation in jedem Fortpflanzungsschritt verwirklichen (vgl. Maturana 1980; Maturana/Varela 1987). Daraus folgt, daß eine reproduktive Phylogenese oder Stammeslinie als eine Abfolge ontogenetischer Driften konstitutiv aus den Driften der Strukturen hervorgeht, die

die bewahrte Organisation verwirklichen. Daraus folgt weiterhin, daß jeder der Fortpflanzungsschritte einer reproduktiven Phylogenese Möglichkeiten größerer oder geringerer Veränderungen an dem Kurs der strukturellen Driften eröffnet. Eine reproduktive Phylogenese oder Stammeslinie endet mit den strukturellen Veränderungen ihrer Angehörigen. Dabei kann die Autopoiese mit dem letzten Mitglied der Stammesgeschichte erlöschen, die Bewahrung der Autopoiese durch den letzten Nachkommen kann aber auch zur Bewahrung einer bestimmten Menge von Relationen der driftenden Struktur in den nachfolgenden Reproduktionsphasen führen und so eine Organisation schaffen, die eine neue Stammeslinie definiert und erhält. Daraus sind verschiedene allgemeine Schlüsse zu ziehen, von denen ich nur die folgenden anführen möchte.

(a) Ein System in einer reproduktiven Phylogenese verbleibt entweder in struktureller Koppelung (bewahrt seine Anpassung) in seinem Existenzbereich, bis es sich vermehren kann, so daß die Phylogenese fortgesetzt wird, oder es löst sich auf, bevor es sich vermehren kann, so daß die Phylogenese endet.

(b) Ein lebendes System ist ein Glied der reproduktiven Phylogenese, in der es entsteht, wenn es durch seine Ontogenese die Organisation bewahrt, die diese Phylogenese definiert, und es setzt diese nur dann fort, wenn auch in seinen Nachkommen diese Organisation erhalten wird.

(c) Viele verschiedene reproduktive Phylogenesen werden operational so bewahrt, daß sie ineinander eingebettet werden und ein System von geschachtelten Phylogenesen bilden, wenn die strukturelle Verwirklichung der verschiedenen sie definierenden Organisationen ineinandergreift. In einem solchen Fall gibt es immer eine fundamentale reproduktive Phylogenese, deren Verwirklichung die notwendige Voraussetzung für die Erzeugung aller anderen ist. Das ist in der Evolution der Lebewesen in der Form der phylogenetischen Drift eines Systems sich verzweigender und ineinander geschachtelter reproduktiver Phylogenesen geschehen. Die fundamentale reproduktive Phylogenese hierbei war die, in der die Autopoiese erhalten wurde (vgl. Maturana 1980; Maturana/Varela 1987). Das System der sich verzweigenden

Phylogenesen, das durch die Bewahrung der Autopoiese über reproduktive Zellen in eukaryontischen Organismen definiert wird, enthält aufgrund der strukturellen Überschneidung ihrer Verwirklichungen viele gestaffelte, verschachtelte Organisationen, die entsprechende Stammeslinien kennzeichnen. Wir können diese Tatsache an den vielen taxonomischen Kategorien ablesen, die wir bei der Klassifikation von Organismen verwenden müssen. So ist der Mensch etwa ein Wirbeltier, ein Säugetier, ein Primat, ein *homo* und ein *homo sapiens*. Diese verschiedenen Kategorien trennen verschiedene Systeme voneinander, die zu überlappenden Phylogenesen gehören, die alle aber durch die Bewahrung der Autopoiese des Menschen erhalten werden.

(d) Die ontogenetischen Driften der Angehörigen einer reproduktiven Phylogenese laufen in der reziproken strukturellen Koppelung mit vielen verschiedenen und sich gleichfalls ständig verändernden lebenden und nicht-lebendigen Systemen ab, die zu dem Medium gehören, in dem sie ihre Nischen verwirklichen. Daraus folgt, daß jeder Verlauf individueller Ontogenese lebender Systeme in ein System von Ko-Ontogenesen eingebettet ist und daher ein Netzwerk ko-phylogenetischer struktureller Driften konstituiert. Dies läßt sich generalisieren zu der Aussage, daß Evolution konstitutiv Koevolution ist, und daß jedes lebende System in jedem Augenblick dort ist, wo es ist, und die Struktur hat, die es hat, weil dies alles notwendig aus dem jeweils gegebenen Zustand seines Bereichs der operationalen Kohärenzen hervorgeht, der durch das Netzwerk der ko-phylogenetischen Driften konstituiert wird. Aus den operationalen Kohärenzen jedes lebenden Systems folgen daher in jedem Augenblick notwendig die operationalen Kohärenzen der gesamten Biosphäre.

(e) Der Beobachter als ein lebendes System ist keine Ausnahme von all dem, was bisher gesagt worden ist. Ein Beobachter kann daher nur Unterscheidungen treffen, die als Operationen in seiner Lebenspraxis Operationen im jeweils gegebenen Zustand des Bereichs der operationalen Kohärenzen sind, der durch das Netzwerk ko-ontogenetischer und ko-phylogenetischer struktureller Driften konstituiert wird, zu dem er gehört.

ix. *Ontogenetische Möglichkeiten*

Die Ontogenese jedes strukturdeterminierten Systems beginnt mit der Ausgangsstruktur, die das System am Beginn seiner Existenz verwirklicht. Bei lebenden Systemen ist diese Ausgangsstruktur eine zelluläre Einheit, die folgendermaßen entstehen kann:

(a) als eine einzelne Zelle oder als eine kleine multizelluläre Einheit, entstanden durch eine Reproduktionsteilung aus einem zellulären Muttersystem, dessen Organisation sie bewahrt;

(b) als eine einzelne Zelle *de novo*, die aus nicht-zellulären Elementen entsteht.

In jedem lebenden System konstituiert die Ausgangsstruktur des Systems den strukturellen Ausgangspunkt, der festlegt, was ein Beobachter als die Konfiguration all der verschiedenen Verläufe ontogenetischer Driften wahrnimmt, die das System in verschiedenen Umständen durch die Interaktionen in seinem Medium nehmen kann. Was also eine Stammeslinie lebender Systeme konstituiert, ist einmal die durch ihre Reproduktion einer bestimmten Ausgangsstruktur bedingte Bewahrung dessen, was eine bestimmte Konfiguration möglicher ontogenetischer Driften bestimmt, zum anderen das, was die Organisation konstituiert, die durch die Fortpflanzung bewahrt wird und die Identität der Stammeslinie festlegt, und das ist eben diese Konfiguration. Eine Stammeslinie endet daher, wenn die Konfiguration möglicher ontogenetischer Driften, die sie definiert, nicht länger bewahrt wird. Die Konfiguration der möglichen ontogenetischen Driften, deren Erhaltung eine Stammeslinie festlegt, nenne ich den »ontogenetischen Phänotyp« der Stammeslinie. In jedem einzelnen lebenden System wird jedoch nur einer der vom Beobachter als möglich angesehenen Verläufe der Ontogenese des ontogenetischen Phänotyps verwirklicht, und zwar aufgrund seiner internen Dynamik in Abhängigkeit von den konkreten Störeinwirkungen auf das System in seinem Existenzbereich, die es unter Bewahrung seiner Organisation und Anpassung überlebt. Generell gilt also, daß die verschiedenen zusammengesetzten Einheiten nur im Bereich der durch ihre unterschiedlichen oder ähnlichen Ausgangsstrukturen definierten Möglichkeiten unterschiedliche oder ähnliche ontogenetische strukturelle Driften in unterschiedlichen oder ähnlichen Interaktionsprozessen mit den Störeinwirkungen in ihren Bereichen der Existenz zeigen können. Nichts kann in der Tat in der Ontogenese eines lebenden Systems als einer zusammengesetzten Einheit geschehen, was nicht von seiner Ausgangsstruktur her zugelassen ist. Oder mit anderen Worten und unter der Voraussetzung, daß die Ausgangsstruktur eines lebenden Systems in seiner genetischen Konstitution besteht: es ist klar, daß in der ontogenetischen strukturellen Drift eines lebenden Systems nichts geschehen kann, was nicht durch seine genetische Konstitution als möglicher ontogenetischer Prozeß zugelassen ist. Gleichzeitig wird aus dieser Sicht aber ebenso klar, daß durch die Ausgangsstruktur, d. h. die genetische Konstitution eines lebenden Systems, *nichts festgelegt* wird, denn alles, was in lebenden Systemen geschieht, ist abhängig von der tatsächlichen Verlaufsfolge ihrer ontogenetischen strukturellen Driften im Sinne der konkreten epigenetischen strukturellen Transformationen, die in der faktischen Geschichte ihrer Interaktionen im Prozeß der Verwirklichung ihrer Existenzbereiche stattfinden. Das gilt auch für jene ontogenetischen Merkmale oder Eigenschaften, die wir als genetisch determiniert ansehen. Diese können nämlich in allen für ein lebendes System nur möglichen ontogenetischen Driften vor dem Moment seiner Beobachtung auftreten, und sie treten nur auf, wenn es eine Ontogenese tatsächlich gibt. Ein biologisches System von Stammeslinien, oder ein System von Phylogenesen, wird daher durch den ontogenetischen Phänotyp definiert, wie er durch die lebenden Systeme bewahrt wird, die ihn durch sukzessive Fortpflanzung konstituieren. Alle Angehörigen eines Systems von Stammeslinien sind einander daher ähnlich, und zwar aufgrund des ontogenetischen Phänotyps, der dieses System von Stammeslinien definiert, und nicht aufgrund einer gemeinsamen genetischen Konstitution, die etwa durch einen genetischen Fluß erhalten wird.

Ein Beobachter kann behaupten, daß der tatsächliche Verlauf der Ontogenese durch die strukturellen Veränderungen eines lebenden Systems von Augenblick zu Augenblick durch das Medium aus den vielen anderen Verläufen der Ontogenese ausgewählt wird, die aus seiner Sicht dem System in jedem Augenblick seiner Lebensgeschichte verfügbar sind. Im strengen Sinn aber geschieht in der Lebensgeschichte eines lebenden Systems keinerlei Selektion. Die Lebensgeschichte eines lebenden Systems ist der konkrete Verlauf seiner ontogenetischen Drift in Abhängigkeit von der besonderen Abfolge seiner Interaktionen. Eine Lebensgeschichte wird daher deterministisch von Augenblick zu Augenblick erzeugt, da die Struktur des lebenden Systems sich durch seine eigene strukturell determinierte Dynamik in den ständigen Interaktionen mit dem Medium als einer von ihm unabhängigen Größe verändert, und sie überdauert so lange wie das lebende System selbst. Jede Ontogenese wird daher in einzigartiger Weise erzeugt, und sie läuft als ein Prozeß ab, der einem Weg ohne tatsächliche Alternativen oder irgendwelche Entscheidungspunkte folgen muß. Die verschiedenen ontogenetischen Verläufe, die ein Beobachter für ein lebendes System als möglich ansieht, sind nur für ihn selbst alternative ontogenetische Verläufe. Er stellt sich nämlich vor, das lebende System könne in verschiedenen Umständen anders operieren, und versucht daher, sein Verhalten vorherzusagen. Er ist aber nicht in der Lage, es zu berechnen, weil er das lebende System zusammen mit dem Medium nicht als vollständig bekanntes strukturdeterminiertes System behandeln kann.

Das gleiche Argument gilt für all das, was der Beobachter über die phylogenetische strukturelle Drift oder den geschichtlichen genetischen Wandel einer Population sagen kann. Was ein Beobachter tatsächlich tut, wenn er mit Bezug auf das lebende System von Selektion spricht, besteht darin, auf eine Diskrepanz zwischen einem erwarteten und einem tatsächlich eingetretenen geschichtlichen Ergebnis hinzuweisen, und er kann dies tun, weil er den tatsächlichen Sachverhalt mit dem vorgestellten vergleicht, wie er ihn in der phylogenetischen und ontogenetischen Folge der strukturellen Driften lebender Systeme zu erkennen meint. Die Selektion ist nicht der Mechanismus, der phylogenetischen Strukturwandel und phylogenetische Anpassung erzeugt. In der Tat brauchen die ontogenetischen und die phylogenetischen Strukturveränderungen und Anpassungsprozesse nicht erklärt zu werden, sie sind konstitutive Merkmale der Existenzsituation lebender Systeme. Was erklärt werden muß, das ist der Verlauf der kontinuierlichen strukturellen Veränderungen, die in lebenden Systemen stattfinden, sowohl in ihrer Ontogenese als auch in ihrer Phylogenese, und das wird durch den Mechanismus der strukturellen Drift erklärt.

8. Die Antwort

Aus all dem, was ich über lebende Systeme gesagt habe, folgt, daß sie nur in Prozessen der Bewahrung ihrer Organisation und in Prozessen der Bewahrung ihrer Anpassung existieren, denn diese sind die konstitutiven Bedingungen ihrer Existenz. Und dies gilt natürlich auch für den Beobachter als lebendes System. Daraus folgt weiterhin, daß der jeweilige Zustand jedes lebenden Systems, den Beobachter eingeschlossen, oder allgemein gesprochen, der jeweilige Zustand irgendeines unterschiedenen Systems oder einer unterschiedenen Entität, stets der Zustand eines Knotens in einem lebendigen Netzwerk ko-phylogenetischer und ko-ontogenetischer struktureller Driften ist. Außerdem folgt daraus, daß jedes System, das unterschieden wird, in den Prozessen der Bewahrung seiner Organisation und seiner Anpassung in seinem Bereich der Existenz unterschieden wird, und daß ein Bereich der Existenz ein Bereich der strukturellen Koppelung ist, der alle die operationalen Kohärenzen umfaßt, die das System, das den Bereich festlegt, möglich machen. Oder mit anderen Worten, aus all dem, was ich bisher gesagt habe, folgt:

1. Jede unterschiedene Entität wird in operationaler Übereinstimmung mit ihrem Existenzbereich unterschieden. Daher wird jedes lebende System, das unterschieden wird, notwendig im Prozeß seines angemessenen Handelns in seinem Bereich der strukturellen Koppelung unterschieden.
2. Ein Beobachter kann nur in seinem Bereich der Existenz

angemessen handeln, und dieses sein Handeln ist Ausdruck der Bewahrung seiner Organisation und seiner Anpassung in diesem Bereich.

3. Ein Beobachter kann nur das unterscheiden, was er unterscheidet, und auch dies ist Ausdruck der operationalen Kohärenzen des Bereichs seiner Lebenspraxis, in dem er seine Unterscheidungen trifft.

Ich möchte nun im Zusammenhang mit all dem Gesagten die Frage nach der Kognition beantworten.

i. Kognition

Das einzige Kriterium, mit dem wir Kognition beurteilen können, besteht in der Angemessenheit des Handelns in einem Bereich, den wir durch eine Frage festlegen. Ich habe daher im Abschnitt 2 dieses Aufsatzes meine Aufgabe so formuliert: Die Erklärung der Kognition als eines biologischen Phänomens besteht darin zu zeigen, wie angemessenes Handeln in einem Bereich durch das Operieren eines lebenden Systems zustande kommt. Ich habe in den vorausgegangenen Abschnitten zu zeigen versucht, daß ein lebendes System in dem Bereich, in dem es in der Lebenspraxis des Beobachters unterschieden wird, notwendig immer in einem Prozeß angemessenen Handelns begriffen ist. Und ich habe gezeigt, daß dies so ist, weil es für das Phänomen der Beobachtung konstitutiv ist, daß jedes unterschiedene System sowohl im Prozeß der Bewahrung seiner Organisation und seiner strukturellen Koppelung als auch als Knoten in einem Netzwerk von Prozessen kostruktureller Driften unterschieden werden muß. Die Unterscheidung lebender Systeme als Entitäten in einem Prozeß angemessenen Handelns besteht darin, sie in der Lebenspraxis des Beobachters hervorzubringen, und zwar sowohl hinsichtlich der Prozesse der Bewahrung ihrer Autopoiese und Anpassung als auch hinsichtlich ihres Zustandes in ihrer ontogenetischen Drift in einem Medium. Mit anderen Worten, ich habe gezeigt, daß in jeder beliebigen Situation der Unterscheidung eines lebenden Systems die Bewahrung seines Lebensprozesses (die Bewahrung der Autopoiese und der Anpassung) angemessenes Handeln konstituiert und folglich auch Wissen: *Lebende Systeme sind kognitive Systeme, und Leben heißt Wissen.* Damit habe ich auch gezeigt, daß jede Interaktion mit einem lebenden System von einem Beobachter als eine an dieses System gerichtete Frage aufgefaßt werden kann, als eine Herausforderung seines Lebensprozesses, die einen Bereich der Existenz konstituiert, in dem der Beobachter angemessenes Handeln des Systems erwartet. Und ich habe auch gezeigt, daß die tatsächliche Annahme einer Antwort auf die vom Beobachter an ein lebendes System gestellte Frage notwendig verlangt, daß er das angemessene Handeln des lebenden Systems in dem durch die Frage bestimmten Bereich erkennt, und daß diese Erkenntnis in der Unterscheidung des lebenden Systems in diesem Bereich mit Bezug auf die Bedingungen der Bewahrung der Autopoiese und der Anpassung des Systems besteht. Im folgenden möchte ich diese allgemeine Erklärung in der Form einer naturwissenschaftlichen Erklärung formulieren.

(a) Das *zu erklärende Phänomen* besteht im angemessenen Handeln eines lebenden Systems in dem Augenblick, in dem ein Beobachter es als lebendes System unterscheidet, das in einem bestimmten Bereich handelt. Ich bestimme dieses Phänomen als das zu erklärende Phänomen, weil das adäquate Handeln eines lebenden Systems in Interaktionen besteht, die seine Klassenidentität in dem Bereich bewahren, in dem es unterschieden wird.

(b) Da die strukturelle Koppelung im Bereich der Existenz (Bewahrung der Anpassung) eine Bedingung der Existenz für jedes System ist, das der Beobachter unterscheidet, besteht der *generative Mechanismus für adäquates Handeln* in einem lebenden System als einem sich strukturell verändernden System in der strukturellen Drift unter Bewahrung der Anpassung, wodurch das System entweder sein adäquates Handeln fortsetzt, während es seine Nische verwirklicht, oder zerfällt. Da ein System von einem Beobachter ausschließlich im Zustand struktureller Koppelung unterschieden wird, wird es im Bereich seiner Unterscheidung notwendig im Prozeß adäquaten Handelns unterschieden als ein System, das konstitutiv in struktureller Koppelung in seinem Bereich der Existenz verbleibt, unabhängig davon, wieviel von seiner Struktur oder von der Struktur des Mediums oder von beiden sich verändert, so lange es am Leben bleibt.

(c) Von dem in (b) vorgeschlagenen generativen Mechanismus sind *folgende Phänomene abzuleiten*, die im Bereich der Erfahrungen eines Beobachters geschehen:

1. Der Beobachter kann adäquates Handeln in Form der koordinierten Verhaltensweisen lebender Systeme wahrnehmen, die miteinander in ko-ontogenetischem strukturellem Driften verbunden sind und gleichzeitig in rekurrenten Interaktionen die reziproke Anpassung bewahren.

2. Der Beobachter kann wahrnehmen, daß lebende Systeme in ihrer Ko-ontogenese sich voneinander trennen oder zerfallen können oder beides, wenn ihre reziproke Anpassung verlorengeht.

(d) Die in (c) *abgeleiteten Phänomene* zeigen sich im Bereich der Erfahrungen eines Beobachters in der Dynamik der Konstitution und der Verwirklichung eines sozialen Systems, und auch in all den Bedingungen der rekurrenten Interaktionen zwischen lebenden Systemen im Verlauf ihrer Ontogenese, d.h. in dem, was uns als ein Prozeß des Erlernens des Zusammenlebens erscheint. Einer dieser Fälle ist unser menschliches Handeln in Sprache.

Aus der Erfüllung dieser vier Bedingungen ergibt sich:

(a) Mein Vorschlag, daß Kognition im Sinne des adäquaten Handelns lebender Systeme eine Konsequenz ihrer strukturellen Drift unter Bewahrung ihrer Organisation und Anpassung ist, ist als wissenschaftliche Erklärung validiert.

(b) Der Nachweis, daß adäquates Handeln (Kognition) für lebende Systeme konstitutiv ist, denn es ergibt sich aus ihrer Existenz schlechthin.

(c) Verschiedene lebende Systeme unterscheiden sich in ihren Bereichen adäquaten Handelns (Bereichen der Kognition) insofern, als sie verschiedene Nischen bilden.

(d) Der Nachweis, daß der Bereich des adäquaten Handelns (der Bereich der Kognition) eines lebenden Systems sich mit den Veränderungen seiner Struktur oder der Struktur des Mediums oder beider verändert, so lange es seine Organisation und seine Anpassung bewahrt.

Gleichzeitig wird aus all dem Gesagten deutlich, daß die Erklärung der Kognition als eine Erklärung der Lebenspraxis selbst in der Lebenspraxis geschieht, und daß daher auch alles, was ich sage, wenn es als wirksames Handeln das Phänomen der Kognition erzeugt, ein Prozeß der Kognition ist. Das mag merkwürdig klingen, aber nur deshalb, weil wir es gewohnt sind, Kognition aus der Erklärungsperspektive der Objektivität ohne Klammern zu denken, so als ob wir auf das mit dem Wort »Kognition« benannte Phänomen mit dem Finger zeigen könnten, weil es unabhängig vom Beobachter gegeben sei. Ich habe nachgewiesen, daß das nicht der Fall ist und nicht der Fall sein kann. Kognition kann als biologisches Phänomen nicht verstanden werden, wenn Objektivität nicht in Klammern gesetzt wird, noch kann es verstanden werden, wenn man nicht allen Konsequenzen dieser erkenntnistheoretischen Entscheidung folgen will.

Ich möchte nun das menschliche Handeln in Sprache als eines der Phänomene erörtern, die sich aus der Operation der Kognition im Sinne adäquaten (oder effektiven) Handelns ergeben. Es ist besonders wichtig, auf diese Weise zu verfahren, denn unser Handeln in Sprache als Beobachter in der Lebenspraxis ist gleichzeitig unser Problem und unser Instrument der Analyse und der Erklärung.

ii. Sprache

Wir Menschen sind lebende Systeme, die in Sprache existieren. Obwohl wir aber als Menschen in Sprache existieren und obwohl unsere kognitiven Bereiche (Bereiche adäquaten Handelns) im Bereich des Sprachhandelns geschehen, ist unser Sprachhandeln Teil und Produkt unseres Operierens als lebende Systeme. Im folgenden werde ich daher darstellen, was in der Sprache geschieht, wenn sie als biologisches Phänomen aus dem Operieren eines lebenden Systems in rekurrenten Interaktionen entsteht, solange dieses lebende System seine Organisation und Anpassung im Prozeß seiner ko-ontogenetischen strukturellen Drift bewahrt, und ich werde auf diese Weise zeigen, daß Sprache ein Ergebnis desselben Mechanismus ist, der auch das Phänomen der Kognition erklärt.

(a) Wenn zwei oder mehrere autopoietische Systeme rekurrent interagieren, und wenn die dynamische Struktur jedes Systems sich in Abhängigkeit vom Verlauf der Interaktionen verändert, dann gibt es eine ko-ontogenetische Drift, die zu einem ontogenetisch entwickelten Bereich rekurrenter Interaktionen zwischen den Systemen führt, der einem Beobachter als ein Bereich konsensueller Koordinationen von Handlungen oder Unterscheidungen in einer Umwelt erscheint. Diesen ontogenetisch entwickelten Bereich rekurrenter Interaktionen nenne ich einen Bereich konsensueller Koordinationen von Handlungen oder Unterscheidungen, oder allgemeiner, einen konsensuellen Bereich der Interaktionen, denn er entsteht als eine besondere Art des Zusammenlebens in Abhängigkeit von der besonderen Geschichte rekurrenter Interaktionen der Beteiligten im Verlauf ihrer Ko-ontogenese. Da ein Beobachter einen derartigen Bereich rekurrenter Interaktionen in semantischen Begriffen beschreiben kann, indem er sich auf die verschiedenen Koordinationen von Handlungen (oder Unterscheidungen) und die damit verknüpften verschiedenen Konsequenzen in dem Bereich bezieht, in dem sie unterschieden werden, nenne ich einen konsensuellen Bereich der Interaktionen auch einen semantischen Bereich. Ich nenne das Verhalten, durch welches ein Organismus an einem ontogenetischen Bereich rekurrenter Interaktionen mitwirkt, entweder konsensuell oder semantisch, je nachdem, ob ich den ontogenetischen Ursprung des Verhaltens (als konsensuell) oder seine Folgen im gegenwärtigen Prozeß der Interaktionen hervorheben will (als semantisch). In ähnlicher Weise spreche ich von Koordinationen von Handlungen oder von Koordinationen von Unterscheidungen, je nachdem, ob ich hervorheben will, was in der Interaktion mit Bezug auf die Mitwirkenden geschieht (Koordinationen von Handlungen), oder was in den Interaktionen hinsichtlich der Umwelt abläuft (Koordinationen von Unterscheidungen).

(b) Wenn zwei oder mehrere lebende Systeme ihr ko-ontogenetisches strukturelles Driften durch rekurrente Interaktionen in einem konsensuellen Bereich fortsetzen, dann kann es zu einer Rekursion ihres konsensuellen Verhaltens kommen, die zur konsensuellen Koordination von konsensuellen Koordinationen von Handlungen führt. Wenn dieses geschieht, dann kann ein Beobachter wahrnehmen, daß die an einem konsensuellen Interaktionsbereich Beteiligten in ihrem konsensuellen Verhalten selbst konsensuelle Unterscheidungen treffen, d.h. sie machen eine konsensuelle Handlung rekursiv zu einem konsensuellen Zeichen für eine konsensuelle Unterscheidung und überdecken damit die letztere. Genau dieser Prozeß macht unser Sprachhandeln in unserer Lebenspraxis aus. Ich behaupte daher, daß das Phänomen der Sprache in der Ko-ontogenese lebender Systeme entsteht, wenn zwei oder mehrere Organismen durch ihre rekurrenten konsensuellen Interaktionen in einem ständigen Prozeß der rekursiven konsensuellen Koordinationen von konsensuellen Koordinationen von Handlungen oder Unterscheidungen operieren (Maturana 1978). Oder mit anderen Worten, ich behaupte, daß derartige rekursive konsensuelle Koordinationen von konsensuellen Koordinationen von Handlungen oder Unterscheidungen in jedem Bereich das Phänomen der Sprache darstellen. Ich behaupte außerdem, daß Objekte als konsensuelle Koordinationen von Handlungen in der Sprache entstehen und für die Beobachter die konsensuellen Koordinationen von Handlungen (Unterscheidungen), die sie koordinieren, operational überdecken, d.h. für weitere rekursive konsensuelle Koordinationen von Handlungen unsichtbar machen. Im Prozeß des Sprachhandelns sind Objekte konsensuelle Koordinationen von Handlungen, die als Zeichen für die konsensuellen Koordinationen von Handlungen stehen, die sie koordinieren. Objekte oder Gegenstände sind nicht vor der Sprache gegeben, liegen der Sprache nicht voraus. Ich behaupte schließlich, daß alle die Phänomene, die wir als Beobachter in unserem Handeln in Sprache unterscheiden, im Lebensprozeß lebender Systeme entstehen, und zwar in ihrem ko-ontogenetischen strukturellen Driften, und daß dies zu einem ununterbrochenen Prozeß der konsensuellen Koordination von Handlungen führt, und zwar als Ergebnis des von mir entwickelten Mechanismus der Erzeugung des Phänomens der Kognition.

(c) Das Sprachhandeln ereignet sich in der Lebenspraxis, wir Menschen finden uns als lebende Systeme in diese eingetaucht. In der Erklärung der Sprache als eines biologischen Phänomens wird deutlich, daß das Handeln in Sprache, wenn es entsteht, als eine Art und Weise der Koexistenz lebender Systeme entsteht. Sprachhandeln geschieht daher aufgrund der Prozesse des ko-ontogenetischen strukturellen Driftens im Prozeß rekurrenter konsensueller Interaktionen. Aus diesem Grunde entsteht Sprache als ein System rekurrenter Interaktionen in einem Bereich der strukturellen Koppelung. Interaktionen in Sprache geschehen nicht in einem Bereich der Abstraktionen, im Gegenteil, sie ereignen sich in der Konkretheit der Körperlichkeiten der daran Beteiligten. Interaktionen in Sprache sind strukturelle Interaktionen. Begriffe wie »Übertragung von Information«, »Symbolisierung«, »Denotation«, »Bedeutung« oder »Syntax« sind für die Konstitution des Phänomens des Sprachhandelns im Lebensprozeß der lebenden Systeme, die es leben, nicht konstitutiv und sekundär. Solche Begriffe entstehen in der Reflexion über Sprache, im Nachdenken über das, was im Sprachhandeln geschieht. Aus diesem Grunde hat alles, was in der Sprache geschieht, Konsequenzen für unsere Körperlichkeit, und die Beschreibungen und Erklärungen, die wir anfertigen, werden zu Teilen unseres Existenzbereichs. Wir bewegen uns in unserem ontogenetischen und phylogenetischen Driften als in Sprache handelnde Menschen in struktureller Koppelung in unserem Existenzbereich. Sprache geschieht daher in der Lebenspraxis des Beobachters und generiert ihrerseits wieder die Lebenspraxis des Beobachters.

9. Konsequenzen

Die Erklärung, die ich für das Phänomen der Kognition gegeben habe, hat mehrere grundlegende Konsequenzen, die ich nunmehr darlegen möchte.

i. Aus der Existenz eines lebenden Systems folgt mit Notwendigkeit Kognition

Wenn Kognition in der Operation eines lebenden Systems im Bereich seiner strukturellen Koppelung, d. h. im Bereich seiner Existenz besteht, dann folgt aus der Existenz lebender Systeme notwendig Kognition, und zwar als Bedingung ihrer Verwirklichung, nicht als Kennzeichnung oder Repräsentation oder gar Enthüllung einer Welt, die von ihnen unabhängig existiert. Kognition als biologisches Phänomen ereignet sich in einem lebenden System, wenn dieses in seinem Bereich der Störeinwirkungen handelt, sie hat daher als solche keinen Inhalt, »bedeutet« nicht irgendein anderes »Etwas«. Wenn wir sagen, daß wir »etwas« wissen, dann beziehen wir uns damit nicht auf den Mechanismus des Phänomens der Kognition als eines biologischen Phänomens, wir reflektieren in Sprache, was wir tun.

ii. Es gibt so viele kognitive Bereiche, wie es Bereiche der Existenz gibt

Ich spreche von Kognition nur mit Bezug auf lebende Systeme. Das ist eine willkürliche Entscheidung, denn was ich mit Bezug auf Existenz gesagt habe, gilt für jede Entität, die durch die Operation der Unterscheidung hervorgebracht wird. Ich treffe diese Unterscheidung daher nur, weil ich von lebenden Systemen spreche, und weil das Wort »Kognition« historisch durch uns selbst mit diesen verbunden ist. Im Rahmen dieser Einschränkung können wir als Beobachter sagen, daß es ebenso viele Bereiche der Kognition gibt, wie es Bereiche der Existenz gibt, die durch die verschiedenen Identitäten bestimmt werden, die lebende Systeme durch die Verwirklichung ihrer Autopoiese bewahren. Diese verschiedenen kognitiven Bereiche überschneiden sich in der strukturellen Verwirklichung eines lebenden Systems, wenn dieses lebende System nämlich die verschiedenen Identitäten verwirklicht, die jene als verschiedene Dimensionen gleichzeitiger oder aufeinanderfolgender struktureller Koppelung definieren und die orthogonal zu der grundlegenden strukturellen Koppelung stehen, in der das lebende System jeweils seine Autopoiese verwirklicht. Diese verschiedenen kognitiven Bereiche können daher miteinander oder einzeln auftreten oder wieder verschwinden, je nachdem, wie die verschiedenen strukturell einander überschneidenden Einheiten, die sie bestimmen, sich verbinden oder zerfallen (vgl. Abschnitt 7 vi). Wenn also ein Student seinen akademischen Grad erhält, dann wird die durch Operationen der strukturellen Koppelung definierte Identität »Student« und der damit festgelegte kognitive Bereich zusammen mit der Desintegration des Studenten verschwinden. Oder wenn ein Junggeselle heiratet, dann verschwindet der kognitive Bereich, den die Identität »Junggeselle« als einen Bereich operationaler Kohärenzen in struktureller Koppelung definiert, zusammen mit der Desintegration des Junggesellen. Und umgekehrt, wenn ein Student seinen akademischen Grad erhält, und ein Junggeselle heiratet, dann entstehen die Identitäten »Akademiker« und »Ehemann« zusammen mit den entsprechenden kognitiven Bereichen, die durch die operationalen Kohärenzen im Zusammenhang mit diesen Identitäten festgelegt werden.

Daraus folgt nun also, daß ein lebendes System in ebenso vielen kognitiven Bereichen operieren kann, wie es verschiedene Identitäten gibt, die die verschiedenen Dimensionen seiner strukturellen Koppelung ihm zu verwirklichen erlauben. Daraus folgt außerdem, daß die verschiedenen Identitäten, die ein lebendes System verwirklichen kann, notwendig im Fluß sind und sich verändern, und zwar in Abhängigkeit von den Dimensionen seiner strukturellen Koppelung und im Zusammenhang mit seiner strukturellen Drift im Geschehen seines Lebens. Eine Identität zu besitzen, also in einem bestimmten Bereich der Kognition zu handeln, bedeutet, in einem bestimmten Bereich struktureller Koppelung zu handeln.

iii. Die Sprache ist der kognitive Bereich des Menschen

Menschen operieren als lebende Systeme in Sprache, d. h. in einem Bereich der rekursiven reziproken konsensuellen Störeinwirkungen, der ihren Bereich der Existenz schlechthin konstituiert. Sprache ist daher als ein Bereich der rekursiven konsensuellen Koordinationen von Handlungen ein Bereich der Existenz und als solcher ein kognitiver Bereich, der durch die Rekursion konsensueller Unterscheidungen in einem Bereich konsensueller Unterscheidungen definiert wird. Menschen, die als lebende Systeme in Sprache operieren, konstituieren das Beobachten und werden zu Beobachtern, indem sie Objekte als primäre konsensuelle Koordinationen von Handlungen hervorbringen, die durch sekundäre konsensuelle Koordinationen von Handlungen in einem Prozeß unterschieden werden, der die von ihnen selbst koordinierten Handlungen überdeckt. Menschen existieren daher im Bereich der Objekte, die sie durch ihr Sprachhandeln hervorbringen. Gleichzeitig existieren Menschen, die als Beobachter Objekte durch Sprache hervorbringen, in einem Bereich, in dem sie das Geschehen ihres Lebens in Sprache mit Bezug auf ihr Operieren in einem Bereich dynamischer reziproker struktureller Koppelung erklären können.

iv. Objektivität

Objekte entstehen in Sprache als konsensuelle Koordinationen von Handlungen, die in einem Bereich konsensueller Unterscheidungen Zeichen für grundlegendere Koordinationen von Handlungen sind, die sie überdecken. Ohne Sprache und außerhalb der Sprache gibt es keine Objekte, denn Objekte entstehen allein als konsensuelle Koordinationen von Handlungen in der Rekursion konsensueller Koordinationen von Handlungen, worin Sprache besteht. Lebende Systeme, die nicht in Sprache operieren, kennen keine Objekte, oder in anderen Worten, Objekte sind nicht Teil ihrer kognitiven Bereiche. Da wir Menschen Objekte in einem Bereich der Objekte sind, den wir selbst hervorbringen und in Sprache weiter bearbeiten, ist Sprache der uns eigentümliche Bereich der Existenz, der uns eigentümliche kognitive Bereich. So entsteht Objektivität in der Sprache als ein Umgehen mit Objekten, das die Handlungen nicht mehr unterscheidet, die dadurch überdeckt werden. So entstehen Beschreibungen als Verkettungen von konsensuellen Koordinationen von Handlungen, die zu weiteren konsensuellen Koordinationen von Handlungen führen. Geschieht dies ohne die Unterscheidung der Entstehung von Objekten, dann führt es zu Arten und Weisen des Sprachhandelns, die ablaufen, als ob Objekte außerhalb der Sprache existierten. Objekte aber sind operationale Relationen im Prozeß des Sprachhandelns.

v. Sprachhandeln: Operationen im Bereich der strukturellen Koppelung

Da Sprache als ein konsensueller Bereich im ko-ontogenetischen Driften lebender Systeme in rekurrenten Interaktionen entsteht, operieren die Organismen, die in Sprache handeln, in einem Bereich reziproker ko-ontogenetischer struktureller Koppelung durch reziproke strukturelle Störeinwirkungen. In Sprache handeln ist daher keine *abstrakte* Tätigkeit, wie wir gewöhnlich denken. In Sprache handeln bedeutet, strukturell zu interagieren. Sprache ereignet sich im Bereich der Beziehungen zwischen Organismen in der Rekursion der konsensuellen Koordinationen von konsensuellen Koordinationen von Handlungen, gleichzeitig aber ereignet sich Sprache durch strukturelle Interaktionen im Bereich der Körperlichkeiten der in Sprache handelnden Organismen. Mit anderen Worten, obwohl Sprachhandeln im sozialen Bereich als ein Tanz rekursiver Beziehungen und Relationen von Koordinationen von Handlungen geschieht, sind Interaktionen in Sprache als strukturelle Interaktionen gegenüber diesem Bereich orthogonal und lösen daher als solche im Bereich der Körperlichkeit der Beteiligten strukturelle Veränderungen aus, die ebenso die physiologischen Grundlagen (den emotionalen Status) verändern, auf denen sie ihr Sprachhandeln fortsetzen, wie auch den Verlauf, den diese physiologischen Veränderungen nehmen. Daraus folgt, daß die sozialen Koordinationen von Handlungen, die Sprachhandeln konstituieren, als Elemente eines Bereichs der rekursiven Operation in struktureller Koppelung Teil des Mediums werden, in dem die beteiligten lebenden Systeme ihre Organisation und Anpassung durch die strukturellen Veränderungen bewahren, die sie in Abhängigkeit von ihrer Mitwirkung an diesem Bereich erfahren. Auch wenn also der Bereich der Koordinationen von Handlungen und der

Bereich der Strukturveränderungen der an Sprache Beteiligten einander nicht überschneiden, sind doch ihre Veränderungen orthogonal durch die strukturellen Interaktionen verkoppelt, die in Sprache ablaufen. Wenn sich der Körper verändert, ändert sich das Handeln in Sprache, und wenn sich das Handeln in Sprache verändert, verändert sich der Körper. Hierin liegen die Macht und die Gewalt der Worte. Worte sind Knotenpunkte in den Koordinationen von Handlungen im Prozeß des Sprachhandelns und entstehen als solche durch strukturelle Interaktionen zwischen Körperlichkeiten. Und eben durch dieses Zusammenspiel der Koordinationen von Handlungen und der Veränderungen der Körperlichkeiten der Beteiligten wird die Welt, die wir in Sprache hervorbringen, Teil des Bereichs, in dem unser ontogenetisches und phylogenetisches strukturelles Driften stattfindet.

vi. Sprache ist ein Bereich der Beschreibungen

Sprache ist ein System rekursiver konsensueller Koordinationen von Handlungen, in dem jede konsensuelle Handlungskoordination durch eine Rekursion in den konsensuellen Koordinationen von Handlungen zu einem Objekt wird und so zu einer Operation der Unterscheidung, die den Beobachter konstituiert. Alle an einem Sprachbereich Beteiligten können daher zu Beobachtern der Sequenzen von Koordinationen von Handlungen werden, an denen sie beteiligt sind, und ein System rekursiver Unterscheidungen konstituieren, in dem Systeme von Unterscheidungen zu Objekten der Unterscheidung werden. Solche rekursive Unterscheidungen von Unterscheidungen im Geschehen des Lebens in Sprache, die Systeme von Objekten hervorbringen, konstituieren das Phänomen der Beschreibung. Daraus folgt, daß es im menschlichen Bereich nichts anderes gibt als Beschreibungen im Geschehen des Lebens in Sprache, die als Ereignisse des Lebens in Sprache wiederum zu Objekten der Beschreibungen in Sprache werden. Beschreibungen aber können das Geschehen des Lebens nicht ersetzen, das diese Beschreibungen ja erst als solche konstituiert und ermöglicht, sie erweitern dieses Geschehen lediglich in Rekursionen, die den operationalen Zusammenhängen des Lebens folgen. Naturwissenschaftliche Erklärungen ersetzen daher als Systeme der Beschreibung nicht die Phänomene, die sie im Bereich des Lebensgeschehens des Beobachters erklären, sie bringen vielmehr operationale Zusammenhänge in diesem Bereich hervor, die weitere Beschreibungen in ihm ermöglichen.

vii. Selbst-Bewußtsein entsteht mit der Sprache

Ein lebendes System kennt in seinem Operieren als geschlossenes System kein Innen oder Außen, es hat keine Möglichkeit, diese Unterscheidung vorzunehmen. In unserer Sprache aber entsteht eine solche Unterscheidung als eine ganz besondere konsensuelle Koordination von Handlungen, durch die rekursiv die Beteiligten als Unterscheidungen von Systemen von Unterscheidungen hervorgebracht werden. Wenn dies geschieht, dann entsteht das Selbst-Bewußtsein als ein Bereich von Unterscheidungen, an dem die Beobachter durch die konsensuellen Unterscheidungen der Arten ihrer Mitwirkung an Sprache in ihrem Sprachhandeln mitwirken. Daraus folgt, daß das menschliche Individuum nur in Sprache existiert, daß das Selbst nur in Sprache existiert, und daß das Selbst-Bewußtsein als ein Phänomen der Selbst-Unterscheidung ausschließlich in Sprache geschieht. Daraus folgt weiterhin, daß das Selbst-Bewußtsein ein soziales Phänomen ist, weil die Sprache als Bereich der konsensuellen Koordinationen von Handlungen ein soziales Phänomen ist, und daß das Selbst-Bewußtsein daher nicht im Bereich der anatomischen Phänomene der Körperlichkeit der lebenden Systeme entsteht, die es erzeugen. Im Gegenteil, das Selbst-Bewußtsein liegt außerhalb des Körperlichen und gehört zum Bereich der Interaktionen als eine Art und Weise der Koexistenz.

viii. Geschichte

Die Bedeutung irgendeines Verhaltens liegt in den Umständen seiner Verwirklichung, nicht in den charakteristischen Merkmalen der Dynamik der Zustände des sich verhaltenden lebenden Systems oder in irgendeinem besonderen Merkmal des Verhaltens selbst. Mit anderen Worten, es ist nicht die Komplexität der inneren Zustände eines lebenden Systems oder seines Nervensystems, noch auch irgendein Aspekt des Verhaltens selbst, was das Wesen, die Bedeutung, die Relevanz oder den Inhalt eines bestimmten Verhaltens ausmacht, sondern vielmehr dessen Position in dem historischen Prozeß, in dem es entsteht. Die höheren menschlichen Funktionen geschehen daher nicht im Gehirn: Sprache, abstraktes Denken, Liebe, Hingabe, Reflexion, Rationalität, Altruismus usw. sind keine Merkmale der Dynamik der Zustände des Menschen als eines lebenden Systems oder seines Nervensystems als eines neuronalen Netzwerkes, sie sind historische soziale Phänomene. Die Geschichte ist aber nicht Teil der Zustandsdynamik eines lebenden Systems, denn diese Zustandsdynamik ist Augenblick für Augenblick ausschließlich im Operieren der Struktur des lebenden Systems und in deren Veränderungen gegeben und liegt außerhalb der Zeit. Geschichte, Zeit, Zukunft und Vergangenheit – ebenso wie Raum – existieren nur in der Sprache als Erklärungsformen des Geschehens des Lebens des Beobachters und sind Teil der Mitwirkung der Sprache an diesem Geschehen des Lebens. In der Erklärung des Lebensgeschehens durch die Kohärenzen der Sprache kann ein Beobachter also behaupten, daß die Struktur eines lebenden Systems, die dessen Zustandsveränderungen in der jeweiligen Gegenwart determiniert, immer auch seine Interaktionsgeschichte verkörpert, da sie ja immer im Hier und Jetzt eines strukturellen Driftens entsteht, das Produkt seiner Interaktionsgeschichte ist.

ix. Das Nervensystem erweitert den Bereich der Zustände des lebenden Systems

Lebende Systeme operieren in Sprache, und die Vielfalt und Plastizität ihrer internen Zustände muß daher der Vielfalt der sich verändernden Umstände gewachsen sein, die durch ihre rekursiven konsensuellen Koordinationen von Handlungen erzeugt wird. Mit anderen Worten, Sprache ereignet sich zwar nicht innerhalb der Körperlichkeiten der lebenden Systeme, die Struktur der lebenden Systeme muß jedoch die Vielfalt und Plastizität der Zustände bereitstellen, die für die Erzeugung von Sprache notwendig sind. Das Nervensystem trägt zur Erfüllung dieser Forderung bei, indem es den Bereich der Zustände des Organismus aufgrund der Reichhaltigkeit seiner Dynamik als eines geschlossenen Netzwerkes sich ständig verändernder Relationen neuronaler Aktivitäten erweitert (vgl. Maturana 1983), und indem es damit den Bereich der Zustandsveränderungen des Organismus erweitert, der sowohl von seinen eigenen Zustandsveränderungen als auch von seinen Interaktionen mit dem Medium abhängt. Das Nervensystem leistet dies auf folgende Weise:

(a) Es läßt Interaktionen des Organismus als orthogonale Störeinwirkungen durch das Medium zu und schafft so eine Situation, die sein eigenes strukturelles Driften als zelluläres Netzwerk ebenso wie das strukturelle Driften des Organismus und seiner Mitwirkung an der Erzeugung des Verhaltens von der Geschichte dieser Interaktionen abhängig macht.

(b) Es läßt orthogonale Interaktionen der Bestandteile des Organismus zu, schafft also eine Situation, die sein strukturelles Driften als zelluläres Netzwerk ebenso wie das strukturelle Driften des Organismus und seine Mitwirkung an der Erzeugung von Verhalten rekursiv abhängig macht von der Dynamik der Strukturveränderungen des Organismus. Für den Organismus (und sein Nervensystem) ergibt sich daraus die Möglichkeit der rekursiven Verknüpfung der Zustandsdynamik des Nervensystems mit dem Fluß seiner eigenen Zustandsdynamik durch sein Verhalten, so lange er über genügend Plastizität verfügt und an einem genügend großen Bereich der rekurrenten Interaktionen mit anderen Organismen beteiligt ist. Eben diese rekursive Verknüpfung erlaubt die Erzeugung von Sprache, denn diese entsteht, wenn die interne Rekursivität der Zustandsdynamik des Nervensystems verkoppelt wird mit der Rekurrenz sozialer konsensueller Koordinationen von Handlungen, und so die Rekursion der konsensuellen Koordinationen als einen Prozeß der Erzeugung sozialen Verhaltens hervorbringt.

Die ständige rekursive Koppelung von Veränderungen des Verhaltens und Veränderungen der Struktur, aus der Sprache entsteht, ist möglich, weil ein strukturdeterminiertes System in zwei einander nicht überschneidenden Phänomenbereichen existiert, die durch orthogonal verknüpfte Strukturen verwirklicht werden, nämlich durch seinen Zustandsbereich und durch seinen Interaktionsbereich. Es ist diese unsere Doppelexistenz als strukturdeterminierte Systeme in zwei einander nicht überschneidenden, aber orthogonal verkoppelten Phänomenbereichen, die es uns erlaubt, im Prozeß unseres Lebens durch das Operieren in Sprache zahllose orthogonal verknüpfte und einander dennoch nicht überschneidende Phänomenbereiche zu erzeugen.

x. Beobachtung ereignet sich in Sprache

Das Nervensystem ist ein geschlossenes Netzwerk interagierender aktiver neuronaler Elemente (Neuronen, Effektoren und Rezeptoren), die strukturell als zelluläre Bestandteile des Organismus verwirklicht sind. Das Nervensystem operiert daher als ein geschlossenes Netzwerk sich verändernder Relationen der Aktivität zwischen seinen Bestandteilen, d.h. es ist für seine Organisation konstitutiv, daß jede Veränderung der Relationen der Aktivität zwischen seinen Bestandteilen zu weiteren Veränderungen der Relationen der Aktivität zwischen ihnen führt, und daß das Nervensystem daher in diesem Sinne ohne Input oder Output operiert. Jede Handlung in einer Umwelt, die ein Beobachter als Ergebnis des Operierens des Nervensystems wahrnimmt, ist ein Merkmal der Strukturveränderungen, die im Nervensystem als einem zellulären Netzwerk ablaufen, und kein Merkmal seiner Operation als solcher. Das Operieren des Nervensystems und die Handlungen des Organismus finden in einander nicht überschneidenden Phänomenbereichen statt und werden durch orthogonal verknüpfte Strukturen verwirklicht. In ähnlicher Weise ist jede Störeinwirkung des Mediums auf den Organismus eine Störeinwirkung auf die Struktur des Nervensystems und kein Input für die Dynamik der Zustände des Nervensystems. Wenn sich diese seine Zustandsdynamik verändert, dann geschieht das aufgrund der Struktur des Nervensystems in Abhängigkeit von der Störeinwirkung, und nicht, weil das Nervensystem einen Input aufgenommen und verarbeitet hätte. Alles, was folglich im Nervensystem geschieht, ist ein Tanz sich ständig verändernder Relationen neuronaler Aktivitäten, die im

Bereich der strukturellen Koppelung, wo der Beobachter den Organismus betrachtet, als ein Tanz sich verändernder Konfigurationen von Korrelationen von Effektoren und Sensoren erscheint. Ein Beobachter, der eine Korrelation zwischen Effektoren und Sensoren als adäquates Verhalten wahrnimmt, nimmt dies so wahr, weil er den Organismus im Bereich der strukturellen Koppelung betrachtet, in dem das unterschiedene Verhalten im Strom seiner Bewahrung der Anpassung abläuft. Der Organismus wirkt durch sein Operieren nicht auf seine Umwelt ein, noch operiert auch das Nervensystem mit einer Repräsentation einer Umwelt, wenn es das adäquate Verhalten des Organismus erzeugt. Die Umwelt existiert nur für einen Beobachter (vgl. Abschnitt 6 xiii), und sie ist als solche ein Phänomen des Sprachhandelns.

Die Tatsache, daß das Nervensystem als ein geschlossenes Netzwerk sich ständig verändernder Beziehungen der Aktivität zwischen seinen Bestandteilen operiert und nicht mit Repräsentationen einer Umwelt, hat zwei grundlegende Konsequenzen:

(a) Für das Operieren des Nervensystems ist alles gleich. Oder mit anderen Worten, alles, was im Operieren des Nervensystems geschieht, besteht in Veränderungen der Relationen der Aktivität zwischen seinen Bestandteilen, und das Nervensystem unterscheidet in seinem Operieren nicht, ob seine Zustandsveränderungen durch seine interne Dynamik oder aufgrund von Strukturveränderungen geschehen, die durch das ausgelöst werden, was ein Beobachter als externe strukturelle Störeinwirkungen wahrnimmt.

(b) Für den Beobachter operiert der Organismus in vielen verschiedenen Bereichen der strukturellen Koppelung, die einander operational in den Zustandsbereichen des Nervensystems durch die in diesem von den Interaktionen des Organismus in verschiedenen Bereichen ausgelösten strukturellen Störeinwirkungen überschneiden. Daraus ergeben sich mehrere Sachverhalte, die für ein Verständnis der Realitätsbereiche (Multiversen) bedeutsam sind, die der Beobachter hervorbringt (vgl. hierzu die folgenden Abschnitte):

1. Ein Beobachter kann einen Aktivitätszustand des Nervensystems (eine Konfiguration von Veränderungen der Relationen der Aktivität), der aufgrund einer bestimmten Interaktion des

Organismus entsteht, immer als eine Repräsentation dieser Interaktion auffassen, und zwar dadurch, daß er den Bereich der Beschreibungen als einen metaphänomenalen Bereich konstituiert, in dem sowohl der Organismus als auch die Umstände seiner Interaktionen gemeinsam unterschieden werden.

2. Verschiedene Aktivitätszustände des Nervensystems, die für einen Beobachter Interaktionen des Organismus in einander nicht überschneidenden Phänomenbereichen repräsentieren (verschiedene Bereiche der strukturellen Koppelung), können einander beeinflussen und Verhaltensweisen des Organismus hervorrufen, die Metabereiche von Beziehungen zwischen den Phänomenen konstituieren, die in diesen einander nicht überschneidenden Phänomenbereichen auftreten.

3. Die Metabereiche von Beziehungen, die durch die operationale Überschneidung von andernfalls einander nicht überschneidenden Phänomenen, die aus dem Operieren des Organismus in seinen verschiedenen Bereichen der strukturellen Koppelung entstehen, im Zustandsbereich des Nervensystems geschaffen werden, konstituieren durch die Verhaltensweisen, die diese Interaktionen erzeugen, neue Bereiche der strukturellen Koppelung des Organismus, die die anderen nicht überlappen.

4. Die operationale Überschneidung der verschiedenen Bereiche der Interaktionen (der verschiedenen Bereiche struktureller Koppelung) eines Organismus im Operieren seines Nervensystems gestattet ihm, in rekurrenten Interaktionen mit anderen Organismen in der ständigen rekursiven Erzeugung von Metabereichen von Relationen zu operieren, die zu selbständigen Phänomenbereichen im Strom dieser rekurrenten Interaktionen werden. Das Ergebnis all dieser Überschneidungen von Relationsbereichen im geschlossenen Operieren des Nervensystems durch seine Koppelung an die Interaktionen des Organismus ist die Möglichkeit der Entstehung des Selbst und der Selbst-Wahrnehmung. Dies geschieht dadurch, daß das geschlossene Operieren des Nervensystems, wenn es sich an die Dynamik der Beobachtung koppelt, rekursiv wird, wenn zwei oder mehrere Organismen einen rekursiven Bereich der Koordinationen von Handlungen generieren. Das bedeutet, daß das Operieren des Nervensystems als eines geschlossenen Netzwerks von Interaktionen das Beobachten ermöglicht, und daß der Beobachter

entsteht, wenn Operationen in Sprache durch die operationalen Kohärenzen des Sprachhandelns möglich werden. Oder mit anderen Worten, da sich die Operationsweise des Nervensystems im Bereich des Operierens des Organismus in Form von Korrelationen zwischen Sensoren und Effektoren zeigt, besteht das Beobachten in der Koordination der Körperlichkeiten von Beobachtern, und zwar durch die Erzeugung einer Choreographie von ineinander verwobenen Korrelationen von Sensoren und Effektoren; alles, was es im Operieren des Nervensystems des Beobachters bei der Beobachtung gibt, ist die geschlossene Dynamik der sich verändernden Relationen zwischen seinen neuronalen Bestandteilen. Erst ein Beobachter, der zwei oder mehrere interagierende Organismen in seiner Lebenspraxis wahrnimmt, kann die Korrelationen zwischen den Sensoren und Effektoren dieser Organismen rekursiv ineinander verknüpft sehen, und zwar in einem Netzwerk rekursiver Korrelationen von Sensoren und Effektoren, das durch die orthogonalen Interaktionen ihrer Nervensysteme konstituiert wird. Und schließlich kann erst ein Beobachter ein derartiges Netzwerk von rekursiven Korrelationen von Sensoren und Effektoren zu Sprache machen und damit einen Metabereich konstituieren (mit Bezug auf das Operieren des Nervensystems), in dem Erklärungen und Beobachtungen stattfinden, wenn die rekurrenten Interaktionen des Organismus zu einem rekursiven System konsensueller Koordinationen von konsensuellen Koordinationen von Handlungen werden.

10. Der Bereich der physikalischen Existenz

Ein Existenzbereich ist ein Bereich operationaler Kohärenzen, der sich aus der Unterscheidung einer Einheit durch einen Beobachter in seiner Lebenspraxis notwendig ergibt. Ein solcher Existenzbereich entsteht als der Bereich der operationalen Validität der Eigenschaften der Einheit, die unterschieden wird, wenn diese eine einfache Einheit ist, oder als der Bereich der Validität der Eigenschaften der Bestandteile der unterschiedenen Einheit, wenn diese Einheit eine zusammengesetzte Einheit ist. Daraus folgt, daß die Unterscheidung einer Einheit ihren Existenzbereich als eine zusammengesetzte Einheit erzeugt, der die unterschiedene Einheit als einen Bestandteil enthält. Es gibt daher so viele

Bereiche der Existenz, wie es Arten von Einheiten gibt, die ein Beobachter durch seine Operationen der Unterscheidung spontan hervorbringt. Da nun der Begriff des Determinismus für die Operationen der Eigenschaften der Bestandteile einer Einheit im Prozeß ihres Aufbaues gilt (vgl. Abschnitte 6 ix und 7 iv), sind auch alle Existenzbereiche als zusammengesetzte Entitäten, die die Einheiten einschließen, die sie festlegen, deterministische Systeme im oben angegebenen Sinn. Das hat bestimmte Konsequenzen für uns lebende Systeme, die in Sprache existieren, und für die Erklärungen, die wir als solche Wesen generieren. Einige davon möchte ich formulieren:

(i) Unser Bereich der Existenz als zusammengesetzter Einheiten, d. h. als molekularer autopoietischer Systeme, ist der Bereich der Existenz der uns aufbauenden Moleküle, und für ihn gelten folglich alle die operationalen Kohärenzen, die die molekulare Existenz charakterisieren. Unsere Existenz als autopoietische Systeme erfordert daher die Erfüllung all der besonderen Bedingungen, die die Unterscheidung von Molekülen verlangt, und unser Operieren als molekulare Systeme unterliegt ebenso dem Determinismus, der durch die Unterscheidung von Molekülen gefordert wird.

(ii) Wenn wir Moleküle als zusammengesetzte Entitäten unterscheiden, dann existieren diese im Bereich der Existenz ihrer Bestandteile und müssen dem Determinismus genügen, den die Unterscheidung dieser Bestandteile verlangt. Das gleiche gilt daher für die Zerlegung der Bestandteile der Moleküle etc. in rekursiver Weise. Da Einheiten und ihre Bereiche der Existenz durch ihre Unterscheidung im Lebensgeschehen des Beobachters hervorgebracht und gekennzeichnet werden, besteht die einzige Grenze für die Rekursion des Unterscheidens in der Begrenztheit der Erfahrungen des Beobachters in seinem Lebensgeschehen (in seiner Lebenspraxis).

(iii) Da der Beobachter als lebendes System eine zusammengesetzte Entität ist, macht der Beobachter Unterscheidungen in seinen Interaktionen als lebendes System durch die Operationen der Eigenschaften seiner Bestandteile. Wenn der Beobachter ein Instrument benutzt, dann entstehen seine Unterscheidungen durch das Operieren der Eigenschaften des Instruments, so als ob dieses einer seiner Bestandteile wäre. Daraus folgt, daß ein Beobachter keinerlei Unterscheidungen außerhalb seines Existenzbereichs als einer zusammengesetzten Einheit machen kann.

(iv) Beschreibungen sind Ketten konsensueller Unterscheidungen, die rekursiven konsensuellen Unterscheidungen in einer Gemeinschaft von Beobachtern unterworfen sind. Beobachter operieren in der Sprache nur durch ihre rekursiven Interaktionen im Bereich der strukturellen Koppelung, in dem sie rekursiv konsensuelle Handlungen als Operationen in ihren Erfahrungsbereichen durch die Praxis ihres Lebens koordinieren. Alle Interaktionen in Sprache zwischen Beobachtern geschehen daher durch das Operieren der Eigenschaften ihrer Bestandteile als lebender Systeme im Bereich ihrer reziproken strukturellen Koppelung. Oder mit anderen Worten, wir Menschen operieren in Sprache nur durch unsere Interaktionen in unserem Existenzbereich als lebende Systeme, und wir können keine Beschreibungen anfertigen, die Interaktionen außerhalb dieses Bereichs erfordern. Daraus folgt, daß Sprache als Bereich rekursiver konsensueller Unterscheidungen zwar unendlich viele Rekursionen zuläßt, daß sie aber dennoch ein geschlossener operationaler Bereich in dem Sinne ist, daß es nicht möglich ist, aus dem Bereich der Sprache mit Hilfe der Sprache hinauszutreten, so daß Beschreibungen keine unabhängig existierenden Entitäten erfassen können.

(v) Da alles, was gesagt wird, von einem Beobachter zu einem anderen Beobachter gesagt wird, und da Objekte (Gegenstände, Entitäten, Dinge) in Sprache entstehen, können wir nicht mit Objekten (Entitäten, Dingen, Gegenständen) operieren, so als ob sie außerhalb der Unterscheidungen der Unterscheidungen existierten, die sie konstituieren. Als Entitäten in Sprache werden Objekte auch als Erklärungselemente in den Erklärungen der operationalen Kohärenzen des Lebensgeschehens hervorgebracht, in dem unser Sprachhandeln stattfindet. Ohne Beobachter existiert nichts, und für Beobachter existiert alles, was existiert, in Erklärungen.

(vi) Ich habe Objektivität in Klammern gesetzt, weil ich erkannt habe, daß wir in unserer Erfahrung nicht zwischen dem unterscheiden können, was wir sozial als Wahrnehmung und als Illusion bezeichnen. Existenz wird folglich erst durch eine Operation der Unterscheidung festgelegt: *Nichts liegt der Unterscheidung seiner selbst voraus.* Das gilt natürlich für Häuser oder Personen ebenso wie für Atome oder Elementarteilchen. Existenz als eine Erklärung der Praxis des Lebens des Beobachters ist daher ein kognitives Phänomen, das die Ontologie der Beobachtung in der Praxis des Lebens spiegelt und keinen Anspruch auf Objektivität erheben kann. Objektivität in Klammern bedeutet daher, daß keine Entität jenseits oder außerhalb dessen existieren kann, was durch die Kohärenzen festgelegt ist, die ihren Existenzbereich konstituieren, wie er durch ihre Unterscheidung hervorgebracht wird. Die Behauptung, daß das Haus, zu dem ich jeden Abend nach der Arbeit zurückkehre, das gleiche sei, das ich am Morgen verlassen habe, oder daß ich, wenn ich meine Mutter sehe, die Person sehe, die mich einst geboren hat, oder daß alle Punkte der Bahn eines Elektrons in einer Blasenkammer Spuren desselben Elektrons sind, alle diese Behauptungen sind kognitive Aussagen, die für die Unterscheidung bestimmter Einheiten Gleichheit definieren, also der Häuser, Mütter oder Elektronen, wie sie durch die Operationen der Unterscheidung zusammen mit ihren Existenzbereichen hervorgebracht und gekennzeichnet werden. Aufgrund all dessen, was ich gesagt habe, sind kognitive Aussagen keine Aussagen über die Eigenschaften unabhängiger Objekte, und die Behauptung von Gleichheit ist notwendig immer eine Reflexion des Beobachters im Prozeß der Beobachtung in dem Bereich der Existenz, den er durch seine Unterscheidungen hervorbringt. Da außerdem keine Entität außerhalb ihres Existenzbereichs als des Bereichs operationaler Kohärenzen existieren kann, in dem sie unterschieden werden kann, legt jede Unterscheidung einen Bereich der Existenz als einen Bereich möglicher weiterer Unterscheidungen fest. Das bedeutet, daß jede Unterscheidung einen Existenzbereich als ein Versum eines Multiversums festlegt, oder umgangssprachlich, daß jede Unterscheidung einen Realitätsbereich bestimmt.

(vii) Eine naturwissenschaftliche Erklärung erfordert die Entwicklung eines Mechanismus (einer zusammengesetzten Entität), der das zu erklärende Phänomen im Bereich der Erfahrungen (der Praxis oder des Geschehens des Lebens) des Beobachters erzeugen kann (vgl. Abschnitt 4). Der generative Charakter der naturwissenschaftlichen Erklärung ist für sie konstitutiv. Diese ontologische Voraussetzung für die Naturwissenschaft begründet gleichzeitig die Legitimität des fundierenden Phänomenbereiches, in dem der generative Erklärungsmechanismus entsteht, und ebenso auch die Legitimität des Verfahrens, jede unterschiedene Entität als zusammengesetzte Einheit dadurch zu erklären, daß nach dem Ursprung ihrer Eigenschaften in ihrer Organisation und Struktur gefragt wird. Da dies auch für unser alltägliches Denken und somit für die Erklärungen unseres erfolgreichen Handelns im Alltag gilt, scheint es uns natürlich, nach einem Substrat zu fragen, das vom Beobachter unabhängig ist und das letztgültige Medium darstellt, in dem sich alles ereignet. Auch wenn es nun aber für uns eine erkenntnistheoretische Notwendigkeit ist, ein derartiges Substrat anzusetzen, können wir konstitutiv seine Existenz nicht dadurch behaupten, daß wir es als zusammengesetzte Entität unterscheiden und durch seine Bestandteile und die Relationen zwischen diesen erklären. Wenn wir das tun wollten, müßten wir es beschreiben, d. h. wir müßten es in unserer Sprache hervorbringen und ihm im Bereich der rekursiven konsensuellen Koordinationen von Handlungen, in dem wir als Menschen existieren, eine entsprechende Form verleihen. Dies bestünde aber in einer Charakterisierung des Substrats durch Entitäten (Dinge, Eigenschaften), die durch unser Sprachhandeln entstehen und die als konsensuelle Unterscheidungen von konsensuellen Koordinationen von Handlungen konstitutiv eben nicht zum Substrat gehören können. Durch die Sprache bleiben wir in der Sprache, und das Substrat entschwindet uns, sobald wir versuchen, es in Sprache zu fassen. Wir brauchen dieses Substrat aus erkenntnistheoretischen Gründen, aber in diesem Substrat gibt es keine Objekte, keine Entitäten oder Eigenschaften, im Substrat gibt es nichts, denn alle Dinge gehören zur Sprache. Mit anderen Worten, im Substrat existiert nichts.

(viii) Unterscheidungen finden im Bereich der Erfahrung, im Geschehen oder in der Praxis des Lebens des menschlichen Beobachters statt. Aus diesem Grunde ist der Bereich der operationalen Kohärenzen, den ein Beobachter durch die Unterscheidung einer Einheit als deren Bereich der Existenz hervorbringt, auch ein Teil seines eigenen menschlichen Erfahrungsbereiches und somit seiner Lebenspraxis. Da Sprache im Operieren in einem Bereich der rekursiven konsensuellen Koordinationen von konsensuellen Koordinationen von Handlungen im Bereich der Erfahrungen der menschlichen Beobachter besteht, existieren alle Dimensionen des Bereichs der Erfahrungen der Beobachter in der Sprache, d. h. als Koordinationen von Handlungen zwischen Beobachtern. Alle Beschreibungen konstituieren daher Konfigurationen von Koordinationen von Handlungen in einer bestimmten Dimension der Erfahrungsbereiche der Mitglieder einer Gemeinschaft von Beobachtern in ko-ontogenetischem strukturellem Driften. Physik, Biologie, Mathematik, Philosophie, Kochen, Politik etc. sind verschiedene Bereiche des Sprachhandelns und als solche verschiedene Bereiche der rekursiven konsensuellen Koordinationen von konsensuellen Koordinationen von Handlungen in der Praxis oder im Geschehen des Lebens der Mitglieder einer Gemeinschaft von Beobachtern. Mit anderen Worten, nur als unterschiedliche Bereiche des Sprachhandelns gibt es Physik, Biologie, Philosophie, Kochen, Politik oder irgendeinen anderen kognitiven Bereich. Das bedeutet aber nicht, daß alle kognitiven Bereiche gleich sind, es bedeutet lediglich, daß es verschiedene kognitive Bereiche nur gibt, wenn sie in Sprache hervorgebracht werden, und daß erst unser Sprachhandeln sie konstituiert. Wir reden immer so, als ob Dinge ohne Beobachter existierten, als ob der Bereich der operationalen Kohärenzen, den wir durch eine Unterscheidung hervorbringen, unabhängig von unseren Unterscheidungen operierte. Wir wissen nun, daß dies konstitutiv nicht der Fall ist. Wir sprechen etwa von Zeit und Materie, als ob sie selbständige und unabhängige Dimensionen des physikalischen Raums wären. Aufgrund meiner Erklärung des Phänomens der Kognition ist nun aber klar, daß dies nicht der Fall ist und nicht der Fall sein kann. Zeit und Materie sind Erklärungen einiger der operationalen Kohärenzen der Existenzbereiche, wie sie durch die Unterscheidungen hervorgebracht werden, die den Prozeß des Sprachhandelns in der Lebenspraxis der Mitglieder einer Gemeinschaft von Beobachtern konstituieren. Zeit (Vergangenheit, Gegenwart, Zukunft) entsteht als ein Merkmal des Erklärungsmechanismus, der all das erzeugt, was der Beobachter als aufeinanderfolgende, nicht-gleichzeitige Phänomene wahrnimmt, und Materie entsteht als Merkmal eines Erklärungsmechanismus, der erzeugt, was der Beobachter als wechselseitig undurchdringliche gleichzeitige Unterscheidungen erfährt. Ohne Beobachter kann nichts gesagt werden, kann nichts erklärt werden, kann nichts behauptet werden ... ohne Beobachter existiert nichts, denn Existenz wird durch die Operation der Unterscheidung eines Beobachters erst erzeugt. Aus epistemologischen Gründen fragen wir nach einem Substrat, das die von uns unabhängige und letztgültige Rechtfertigung oder Validierung des Unterscheidens bzw. der Unterscheidbarkeit schlechthin liefern könnte, aus ontologischen Gründen aber entzieht sich ein solches Substrat unserem Zugriff als Beobachter. Ontologisch können wir über dieses Substrat nur sagen, daß wir es aus erkenntnistheoretischen Gründen brauchen und daß es das erlaubt, was es erlaubt, und daß es alle die operationalen Kohärenzen erlaubt, die wir in unserem Lebensgeschehen hervorbringen, wenn wir in Sprache existieren.

(ix) Wenn wir in Sprache operieren, dann operieren wir in einem Bereich reziproker struktureller Koppelung in unserem Bereich der Existenz als zusammengesetzte Einheiten (als molekulare autopoietische Systeme), d. h. wir operieren im Bereich der Existenz unserer Bestandteile. Aus allem, was wir sagen, aus allen Erklärungen, die wir geben, können nur Unterscheidungen hervorgehen, die dem Operieren unserer Bestandteile in ihrem Existenzbereich entspringen, wenn wir als Beobachter in Sprache handeln. In dem Bereich, in dem wir als zusammengesetzte Entitäten existieren, können wir daher Moleküle, Atome oder Elementarteilchen als Entitäten unterscheiden, die wir durch Operationen der Unterscheidung in Sprache zusammen mit den operationalen Kohärenzen ihres

Existenzbereichs hervorbringen. Wenn wir den physikalischen Existenzbereich als den Bereich bestimmen, in dem Physiker Moleküle, Atome oder Elementarteilchen unterscheiden, dann bestimmen wir ihn als lebende Systeme als unseren kognitiven Grenzbereich, indem wir als Beobachter in Sprache handeln und im Bereich der Existenz unserer Bestandteile interagieren und so den physikalischen Existenzbereich als eine Erklärung unseres Lebensgeschehens erzeugen. Wir existieren nicht in einem vorgegebenen, präexistenten Bereich physikalischer Existenz, wir bringen diesen erst in seiner Spezifität hervor, indem wir als Beobachter existieren. Die Erfahrung des Physikers, ob in der klassischen, in der relativistischen oder in der Quantenphysik, spiegelt nicht das Wesen »des Universums«. Sie spiegelt die Ontologie des Beobachters als eines lebenden Systems, das in Sprache operiert und dadurch die physikalischen Entitäten und die operationalen Kohärenzen seiner Existenzbereiche erzeugt. Einstein hat gemeint, daß naturwissenschaftliche Theorien (Erklärungen) freie Schöpfungen des menschlichen Geistes seien. Er hat dann die ihm paradox erscheinende Frage gestellt: »Warum können wir trotzdem mit Hilfe solcher Theorien das Universum verstehen?« Ich habe in diesem Beitrag gezeigt, daß es kein solches Paradox gibt, wenn man die Ontologie des Beobachtens und die Ontologie der naturwissenschaftlichen Erklärungen analysiert, indem man Objektivität in Klammern setzt. Ich habe gezeigt, daß aus einer naturwissenschaftlichen Erklärung notwendig folgt:

(a) die Bestimmung eines zu erklärenden Phänomens, das in der Lebenspraxis (im Bereich der Erfahrungen) des Beobachters erzeugt wird;

(b) die Bestimmung eines *ad hoc* generativen Mechanismus, *a priori* in der Lebenspraxis des Beobachters hervorgebracht, dessen Operieren das zu erklärende Phänomen erzeugt, so daß der Beobachter es in seiner Lebenspraxis erfahren kann.

(c) die operationale Kohärenz der vier operationalen Bedingungen, die ihr Kriterium der Validierung konstituiert, wenn sie in der Lebenspraxis des Beobachters verwirklicht sind; und

(d) die Überflüssigkeit und Impertinenz jedes Anspruchs auf Objektivität.

Der von mir vorgeschlagene Erklärungsmechanismus einer naturwissenschaftlichen Erklärung ist daher seiner Konstitution nach »eine freie Schöpfung des menschlichen Geistes«, denn er wird in der Lebenspraxis des Beobachters entwickelt, also ohne jede andere Rechtfertigung als der der Erzeugung des zu erklärenden Phänomens. Daraus folgt außerdem, daß eine naturwissenschaftliche Erklärung dieser ihrer Konstitution gemäß dasjenige Universum (Versum) erklärt, in dem sie selbst entsteht, denn sowohl der Erklärungsmechanismus als auch das zu erklärende Phänomen ereignen sich in generativer Verknüpfung als einander nicht überschneidende Phänomene des gleichen operationalen Bereichs der Lebenspraxis des Beobachters. Oder mit anderen Worten, da die Operation der Unterscheidung sowohl die unterschiedene Entität als auch deren Existenzbereich festlegt, erklärt eine naturwissenschaftliche Erklärung konstitutiv das Universum (das Versum), in dem sie selbst entsteht, denn sie stellt den Bereich der operationalen Kohärenzen (das Versum des Multiversums) der Lebenspraxis des Beobachters her, den sie verständlich macht. Streng genommen gibt es also kein Paradox: Naturwissenschaftliche Erklärungen erklären keine von uns unabhängige Welt und kein eigenständiges Universum. Sie erklären die Lebenspraxis (den Erfahrungsbereich) des Beobachters und benutzen eben hierfür die operationalen Kohärenzen, die die Lebenspraxis des Beobachters in Sprache konstituieren. Hier zeigt sich also, daß Naturwissenschaft Poesie ist.

11. Realität

Das Wort Realität kommt aus dem Lateinischen (*res*, Objekt, Ding) und bezeichnet im allgemeinen Sprachgebrauch Objektivität ohne Klammern. Das Reale, das sogenannte »eigentliche Reale«, ist ein Ausdruck, der gewöhnlich das meint, was angeblich unabhängig vom Beobachter existieren soll. Wir wissen nun, daß diese Begriffe so nicht weiter aufrechterhalten werden können. Objekte, Dinge, Gegenstände entstehen in der Sprache, wenn eine konsensuelle Koordination von Handlungen konsensuell in einer Rekursion konsensueller Koordinationen von Handlungen unterschieden wird und die Handlungen überdeckt, die sie in der Lebenspraxis eines konsensuellen Bereiches koordiniert. Ein Objekt, eine Einheit, ein Gegenstand wird durch eine Operation der Unterscheidung in Sprache hervorgebracht, die eine Konfiguration konsensueller Koordinationen von Handlungen darstellt. Wenn also ein Objekt in Sprache unterschieden wird, dann ist sein Existenzbereich als ein kohärenter Bereich konsensueller Koordinationen von Handlungen ein Bereich von Objekten, folglich ein Bereich der Realität, ein Versum des Multiversums, so daß alles, was er enthält, von den konsensuellen Koordinationen von Handlungen abhängig ist, die ihn konstituieren. Jeder Existenzbereich ist ein Realitätsbereich, und alle Realitätsbereiche sind gleichberechtigte Existenzbereiche, die von einem Beobachter als Bereiche kohärenter konsensueller Handlungen hervorgebracht werden und alles das festlegen, was zu ihnen gehört. Ist ein Realitätsbereich geschaffen, kann der Beobachter die Objekte oder Entitäten, die ihn konstituieren, so behandeln, als ob sie alles umfaßten, was es gibt, und als ob sie unabhängig von den Unterscheidungsoperationen existierten, durch die sie entstanden sind. Jeder Realitätsbereich in der Lebenspraxis des Beobachters entsteht nämlich als Bereich operationaler Kohärenzen, der keine Rechtfertigung benötigt.

Aus all dem folgt, daß ein Beobachter, der in einem Realitätsbereich operiert, notwendig in einem Bereich effektiven Handelns operiert. Wenn nun ein Beobachter behauptet, ein anderer mache einen Fehler oder habe eine Illusion, dann operiert der eine Beobachter in einem anderen Realitätsbereich als der zweite Beobachter. Wenn wir also die Unterscheidungsoperation »Gespenst« ausführen, dann existieren Gespenster und sind real in dem Existenzbereich, der durch ihre Unterscheidung entstanden ist, und wir können mit Gespenstern in diesem Existenzbereich wirksam handeln. Sie sind aber in irgendeinem anderen Bereich nicht real. Alles ist außerhalb seines angemessenen Existenzbereichs eine Illusion. Mit anderen Worten, jeder Realitätsbereich als Bereich operationaler Kohärenzen, der im Lebensgeschehen des Beobachters in Sprache hervorgebracht wird, ist ein geschlossener Bereich wirksamen konsensuellen Handelns, d. h. ein kognitiver Bereich, und umgekehrt, jeder kognitive Bereich als Bereich operationaler Kohärenzen ist ein Realitätsbereich. Was uns vielleicht unheimlich vorkommen mag, ist die Tatsache, daß verschiedene Realitätsbereiche zwar von einem Beobachter als verschiedene Bereiche der Koordinationen von Handlungen in einer Umwelt wahrgenommen werden können, daß sie aber von dem Beobachter als verschiedene Bereiche des Sprachhandelns gelebt werden, die nur durch ihre ständigen Transformationen in den verschiedenen Situationen der Rekursion unterschiedlich erscheinen, in denen sie entstehen. Wir können das nun als Beobachter selbst erklären, indem wir sagen, daß wir durch unser Operieren in Sprache, also durch unsere konsensuellen Interaktionen im Lebensgeschehen einer Gemeinschaft von Beobachtern, unser strukturelles Driften in unserem Lebensgeschehen vom Verlauf dieser konsensuellen Interaktionen so abhängig machen, daß wir die Transformationen des Lebensgeschehens mit dem Realitätsbereich kongruent halten, den wir in dieser Gemeinschaft von Beobachtern hervorbringen. Wenn dies nicht geschieht, dann hören wir auf, Mitglieder dieser Gemeinschaft von Beobachtern zu sein. Aus diesem Grunde sind wir als beobachtende Systeme in der Lage, mit Hilfe der Sprache eine unendlich rekursive Menge neuer kognitiver Bereiche (Realitätsbereiche) zu erzeugen, und zwar als neue Bereiche der Praxis des Beobachtens in unserem ständigen strukturellen Driften als lebende Systeme.

12. Selbst-Bewußtsein und Realität

Das Selbst entsteht in Sprache, in der sprachlichen Rekursion, die den Beobachter als eine Entität in der Erklärung seines Operierens im Bereich konsensueller Unterscheidungen hervorbringt. Selbst-Bewußtsein entsteht in Sprache in der sprachlichen Rekursion, die die Unterscheidung des Selbst als einer Entität in der Erklärung des Operierens des Beobachters in der Unterscheidung des Selbst von anderen Entitäten in einem konsensuellen Bereich von Unterscheidungen hervorbringt. Realität entsteht folglich zusammen mit dem Selbst-Bewußtsein in Sprache als eine Erklärung der Unterscheidung zwischen Selbst und Nicht-Selbst in der Lebenspraxis des Beobachters. Selbst, Selbst-Bewußtsein und Realität existieren in Sprache als Erklärungen des Lebensgeschehens des Beobachters. Der Beobachter als Mensch in Sprache ist die primäre Voraussetzung für ein Selbst und ein Selbst-Bewußtsein, und diese entstehen, wenn der Beobachter in Sprache operiert und seine Erfahrungen und seine Lebenspraxis erklärt. Die in unseren Erklärungen hervorgebrachten Entitäten sind deswegen unvermeidlicher Teil unseres Existenzbereichs, weil wir selbst als Beobachter dadurch verwirklicht werden, daß wir diese Entitäten in dem Bereich der operationalen Kohärenzen schaffen, den sie definieren, wenn wir sie unterscheiden. In der Praxis unseres Lebens können wir nicht durch eine Mauer gehen, da wir als lebende Systeme im gleichen Bereich der operationalen Kohärenzen existieren, zu dem auch die Mauer als molekulare Entität gehört, und da die Mauer als eine zusammengesetzte Entität im molekularen Raum als eine solche Entität unterschieden ist, daß wir sie als andersgeartete molekulare Entitäten nicht durchschreiten können.

Primär gegeben ist der Beobachter, nicht das Objekt. Besser, Beobachtung ist bereits integraler Teil der Lebenspraxis in Sprache, wenn wir anfangen, darüber nachzudenken. Materie, Energie, Ideen, Begriffe, Geist, Bewußtsein, Gott ... sind Erklärungsaussagen über die Lebenspraxis des Beobachters. Außerdem bedingen Materie, Energie, Ideen, Begriffe, Geist, Bewußtsein oder Gott als erklärende Aussagen verschiedene Lebensweisen des Beobachters in der rekursiven Bewahrung seiner Anpassung in den verschiedenen Bereichen operationaler Kohärenzen, wie sie durch jene Unterscheidungen hervorgebracht werden. Wenn also der Beobachter aus der Perspektive der Objektivität ohne Klammern handelt, dann geht er einen Erklärungsweg, der die erfahrungsbedingte Ununterscheidbarkeit von Wahrnehmung und Illusion vernachlässigt, wenn er mit der Objektivität in Klammern operiert, dann geht er einen Erklärungsweg, der diese Ununterscheidbarkeit zum Ausgangspunkt macht. Aus der Erklärungsperspektive der Objektivität ohne Klammern kann der Beobachter Sprache und Wahrnehmung naturwissenschaftlich nicht erklären, denn gemäß dieser Perspektive kann sich der Beobachter auf Entitäten beziehen, die unabhängig von dem existieren, was er tut. Dies aber widerspricht dem Strukturdeterminismus lebender Systeme. Auf dem Erklärungsweg der Objektivität in Klammern gibt es keine solche widersprüchliche Sicht der Dinge. Man kann zwar in jedem beliebigen Realitätsbereich aus der Sicht der Objektivität ohne Klammern ohne Widerspruch operieren, aber nur so lange, bis eine Meinungsverschiedenheit mit einem anderen Beobachter entsteht. Wenn man dann meint, daß es sich nicht um einen einfachen logischen Fehler handele, ist man gezwungen zu behaupten, daß man einen privilegierten Zugang zu einer objektiven Realität habe, um den Streit auszuräumen und Irrtümer zu behandeln, als wären sie falsches Erfassen dessen, was ist. Wenn man in einer gleichen Situation mit Objektivität in Klammern operiert, dann stellt man fest, daß streitende Parteien streiten, weil sie in verschiedenen Realitätsbereichen operieren, und daß der Streit aufhört, wenn sie im gleichen Realitätsbereich zu operieren beginnen. Man stellt außerdem fest, daß Irrtümer im Operieren eines Beobachters im Wechsel der Realitätsbereiche bestehen, die immer erst *a posteriori* festgestellt werden können. Schließlich können wir aus der Sicht der Objektivität ohne Klammern auch nicht erklären, wie ein Beobachter naturwissenschaftliche Erklärungen anfertigt, weil wir die Fähigkeiten des Beobachters als allgemein gültig und vorgegeben voraussetzen. Im Gegensatz dazu werden naturwissenschaftliche Erklärungen sowie der Beobachter aus der Sicht der Objektivität in Klammern zu Bestandteilen eines einzigen, geschlossenen, generativen Erklärungsmechanismus, in dem die Eigenschaften oder Fähigkeiten des Beobachters selbst in einem Phänomenbereich entstehen, der verschieden ist von dem, in dem seine Bestandteile wirksam sind.

Wir Menschen existieren als selbst-bewußte Entitäten ausschließlich in Sprache. Und nur wenn wir als solche selbstbewußte Entitäten existieren, existiert zusammen mit uns auch der Bereich der physikalischen Existenz als unser kognitiver Grenzbereich, als die Grundlage und das letztgültige Fundament der Erklärung des Lebensgeschehens des menschlichen Beobachters. Dieser physikalische Bereich der Existenz ist sekundär gegenüber dem Lebensgeschehen des menschlichen Beobachters, auch wenn in der Erklärung des Beobachtens der menschliche Beobachter aus diesem physikalischen Existenzbereich entsteht. Das Verstehen des ontologischen Primats der Beobachtung ist grundlegend für jedes Verständnis des Phänomens der Kognition. Die menschliche Existenz ist eine kognitive Existenz und geschieht in und durch Sprache. Kognition ist ohne Inhalt und existiert nicht außerhalb des wirksamen Handelns, das sie konstituiert. Aus diesem Grunde existiert nichts außerhalb der

Unterscheidungen des Beobachters. Die Tatsache, daß der physikalische Existenzbereich unser kognitiver Grenzbereich ist, ändert daran nichts. Die Natur, die Welt, die Gesellschaft, die Naturwissenschaft, die Religion, der physikalische Raum, die Atome, Moleküle, die Bäume ... alle Dinge sind kognitive Entitäten, Erklärungen der Praxis oder des Geschehens des Lebens des Beobachters, und sie sind so wie auch diese meine Erklärung nichts als eine Seifen-Blase menschlichen Handelns, die über dem Nichts schwebt. Jedes Ding ist kognitiv, und die (Seifen-)Blase der menschlichen Kognition ändert sich mit dem ständigen Geschehen der menschlichen rekursiven Eingebundenheit in das ko-ontogenetische und ko-phylogenetische Driften in den Existenzbereichen, die der Beobachter in seiner Lebenspraxis hervorbringt. Alles unterliegt daher menschlicher Verantwortung.

Die Atom- und die Wasserstoffbombe sind kognitive Entitäten. Der Urknall oder was immer wir vom Standpunkt unserer gegenwärtigen Lebenspraxis für den Ursprung des natürlichen Versums halten, ist eine kognitive Entität, eine Erklärung der Lebenspraxis des Beobachters, die mit seiner Ontologie des Beobachtens verknüpft ist. Darin allein besteht ihre Realität. Unser Lebensgeschehen läuft ab unabhängig von unseren Erklärungen, sein Verlauf ist aber durchaus abhängig von diesen unseren Erklärungen, denn sie werden Teil des Existenzbereiches, in dem wir unsere Organisation und Anpassung im Prozeß unseres strukturellen Driftens bewahren. Unser Lebensprozeß geschieht in struktureller Koppelung mit der Welt, die wir hervorbringen, und die Welt, die wir hervorbringen, ist Ergebnis unseres Tuns als Beobachter in Sprache, wenn wir in struktureller Koppelung mit ihr in unserer Lebenspraxis operieren. Wir können nichts tun außerhalb unserer Bereiche struktureller Koppelung, wir können nichts tun außerhalb unserer Kognitionsbereiche, und wir können nichts tun außerhalb unserer Bereiche des Sprachhandelns. Nichts, was wir als Menschen tun, ist trivial oder unwichtig und daher vernachlässigbar. Alles, was wir tun, wird zum Teil der Welt, die wir leben, indem wir sie als soziale Entitäten in Sprache hervorbringen. Die menschliche Verantwortung in den Multiversen der Menschen ist total.

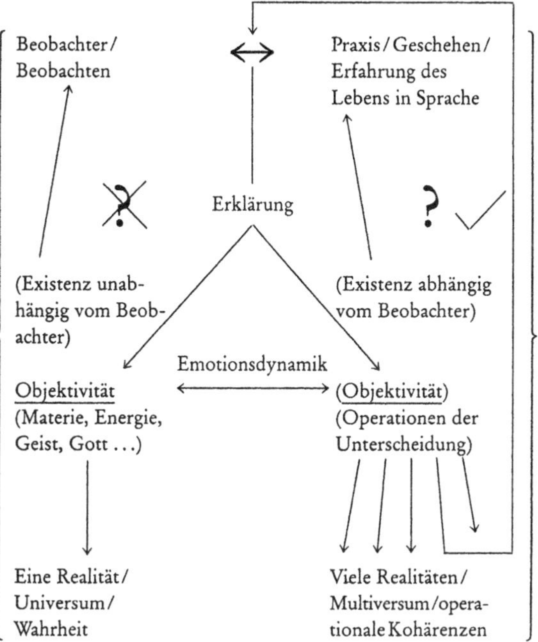

Ontologie der Beobachtung

(Deutsche Fassung: Wolfram Karl Köck)

[Erstveröffentlichung: »The biological foundations of self consciousness and the physical domain of existence«, in: *Beobachter. Konvergenz der Erkenntnistheorien,* München 1990, 47-118.]

Realität

Die Suche nach Objektivität oder der Kampf um ein zwingendes Argument

Zusammenfassung

Wir Menschen halten uns für rationale Lebewesen. Dieser unser Glaube führt oft dazu, daß wir Emotionen entwerten und Rationalität geradezu verherrlichen: Wenn wir bei einem Tier komplexes Verhalten wahrnehmen, schreiben wir ihm rationales Denken zu. Wir bezeichnen daher mit dem Begriff der objektiven Realität etwas, was wir für universal gültig und für unabhängig von dem halten, was wir tun. Und wir benutzen ihn als ein Argument, um Menschen zu etwas zu zwingen, wenn wir nicht brutale Gewalt einsetzen wollen. Die vorliegende Arbeit bietet eine Analyse dieser Problematik, eine Ontologie der Realität und Überlegungen zu den sozialen und ethischen Konsequenzen dieser Ontologie.

Einleitung

Das Problem der Realität, so behaupte ich, ist das wichtigste Problem unserer Zeit, ob wir uns dessen bewußt sind oder nicht. Was immer wir modernen Menschen nämlich tun, ob als Individuen, als soziale Einheiten, oder auch als Mitglieder irgendeines nicht-sozialen menschlichen Verbandes, setzt eine explizite oder implizite Lösung dieses Problems voraus, um die rationalen Argumente begründen zu können, die wir zur Rechtfertigung unserer Handlungen einsetzen. Auch die Natur ist, so wie wir sie im Prozeß unseres Lebens als Menschen hervorbringen, von unserer expliziten oder impliziten Antwort auf die Frage nach der Realität abhängig. Ich behaupte in der Tat, daß die explizite oder implizite Antwort auf die Frage nach der Realität festlegt, wie wir unser Leben führen und in welcher Weise wir andere Menschen innerhalb des Netzwerks der von uns gebildeten sozialen und nicht-sozialen Systeme annehmen oder ablehnen.

Schließlich: Aus unserer alltäglichen Erfahrung wissen wir, daß der menschliche Beobachter ein lebendes System ist, denn seine kognitiven Fähigkeiten verändern sich, wenn sich seine Biologie verändert. Ich behaupte daher, daß ein angemessenes Verständnis der sozialen und nicht-sozialen Phänomene des menschlichen Lebens unmöglich wird, wenn das Problem der Realität nicht bewältigt worden ist. Dieses Problem kann seinerseits eine adäquate Lösung aber nur finden, wenn Beobachtung und Kognition als biologische Phänomene erklärt werden, die aus dem Operieren des Beobachters als menschliches Lebewesen entstehen.

Ich werde daher in diesem Beitrag das Problem der Realität aus der Sicht der Biologie des menschlichen Beobachters behandeln. Ich werde zunächst einiges zur Biologie des Beobachters, der Sprache und der Kognition ausführen und die Konsequenzen darlegen, die sich daraus für unser Verständnis sozialer und ethischer Phänomene ergeben. Meine Darlegungen gliedern sich in fünf explizite oder implizite Themenkreise: die Ontologie der Erklärung, die Ontologie der Realität, die Ontologie der Kognition, die Ontologie der sozialen Phänomene und die Ontologie der Ethik. Der Aufsatz ist so geschrieben, daß die Ausführungen zu den einzelnen Themenkreisen in gewissem Maß unabhängig voneinander gelesen werden können.

A. Die Ontologie der Erklärung: die Bedingungen der Konstitution der Beobachtung

Wenn wir Menschen zwingen wollen, unseren Wünschen gemäß zu handeln, und wenn wir keine Gewalt anwenden können oder wollen, dann benutzen wir sogenannte objektive, rationale Argumente. Wir setzen dabei implizit oder explizit voraus, daß kein Mensch Argumente zurückweisen kann, deren Gültigkeit auf ihrem Bezug zur Realität beruht. Wir setzen dabei außerdem explizit oder implizit voraus, daß diese Realität absolut gültig und objektiv ist, weil sie völlig unabhängig ist von allem, was wir tun, und daß sie daher, wenn sie einmal festgestellt worden ist, nicht mehr in Frage gestellt werden kann. Wir betrachten folglich jeden Widerstand gegen die Vernunft, d.h. gegen unsere rationalen Argumente, als reine Willkür, als irrational oder absurd, und beanspruchen damit implizit, einen privilegierten Zugang zur Realität zu besitzen, durch den unsere Argumente objektive Gültigkeit erlangen. Wir behaupten darüber hinaus implizit oder explizit, daß es eben dieser privilegierte Zugang zur Realität ist, der uns instand setzt, rational zu argumentieren. Ist diese Auffassung der Rationalität aber rational zu rechtfertigen? Können wir wirklich behaupten, daß es die Verknüpfung mit der Realität ist, die unserem rationalen Denken die zwingende Kraft verleiht, die wir ihm zuschreiben oder die wir dafür fordern? Oder umgekehrt, eröffnet uns die Vernunft den teilweisen oder totalen Zugang zur Realität, aufgrund dessen wir ihre überwältigende absolute Gültigkeit behaupten, um damit wiederum andere Menschen mit entsprechend rationalen Argumenten zu zwingen, nach unseren Wünschen zu handeln? Zur Beantwortung dieser Fragen werde ich nun die operationalen Grundlagen der Rationalität darlegen.

1. Die Praxis des Lebens

Wir Menschen operieren als Beobachter, das heißt: wir treffen Unterscheidungen in der Sprache. Wenn wir aufgefordert werden, das genauer zu erklären, dann sagen wir gewöhnlich, daß wir uns mit unseren Aussagen und Argumenten direkt oder indirekt auf Entitäten beziehen, die unabhängig von uns gegeben sind. Oder anders: Wenn wir zugestehen, daß alles, was wir unterscheiden, abhängig ist von dem, was wir tun, wie das in der modernen Physik der Fall ist, dann operieren wir gemäß der impliziten Annahme, daß wir als Beobachter mit Rationalität ausgestattet sind, und daß diese Rationalität weder erklärt werden kann noch erklärt werden muß. Wenn wir aber einmal anfangen, über unsere Erfahrungen als Beobachter nachzudenken, dann entdecken wir, daß uns all das, was wir tun, bloß widerfährt. Mit anderen Worten, wir entdecken, daß unsere Erfahrung eben darin besteht, daß wir uns beobachtend, redend oder handelnd erleben, und daß jegliche Erklärung oder Beschreibung dieses unseres Tuns sekundär ist gegenüber dieser Erfahrung des Geschehens unseres Tuns. Was immer uns auch widerfährt, wir können es in der Tat nur erleben, so wie es aus dem Nirgendwo kommt. Wir machen uns dies meist nicht klar, denn gewöhnlich lassen wir die Beschreibung der Erfahrung zusammenfallen mit der Erklärung der Erfahrung, wenn wir diese beschreiben. Ereignisse, die uns erschrecken, machen das unmittelbar einsichtig. Wenn uns etwa im Straßenverkehr ein Auto überholt, das wir im Rückspiegel nicht gesehen haben, sind wir sehr betroffen und sagen sofort zu uns selbst oder zu Mitfahrern, gleichsam als Begründung, daß das andere Auto sich im toten Winkel des Rückspiegels befunden habe oder daß es zu schnell gefahren sei. In unserer Erfahrung selbst jedoch erleben wir das überholende Auto als ein Etwas, das ganz plötzlich aus dem Nirgendwo auftaucht.

Ich beschreibe unsere Situation als Beobachter auf die folgende Weise:

(a) Der Beobachter erlebt sich unmittelbar als beobachtendes Wesen in der Praxis des Lebens (im Geschehen des Lebens, in der Erfahrung des Lebens) in Sprache, d. h. er erlebt sich als Teil einer Erfahrung, die ihm schlicht aus dem Nirgendwo widerfährt.

(b) jede Erklärung oder Beschreibung irgendeines Aspekts der Lebenspraxis des Beobachters ist dieser Praxis gegenüber operational sekundär, auch wenn sich Erklärungen und Beschreibungen selbst in der Lebenspraxis des Beobachters abspielen.

(c) Erklärungen und Beschreibungen ersetzen nicht das, was sie erklären oder beschreiben. Da also Erklärungen und Beschreibungen für die Lebenspraxis des Beobachters, die sie erklären und beschreiben sollen, sekundär sind, und da sie diese nicht ersetzen, sind Erklärungen und Beschreibungen ganz offensichtlich für die Lebenspraxis des Beobachters überflüssig, obwohl sich diese Lebenspraxis des Beobachters durchaus verändern kann, wenn er sich nach ihnen richtet.

Die Tatsache des Beobachtens ist daher der letztmögliche Ausgangspunkt für die Erklärung des Beobachters, das Instrument der Erklärung, und das fundamentale Problem jeden Versuchs, Realität und Vernunft als Phänomene des menschlichen Lebens zu verstehen. Oder mit anderen Worten:

Alles, was gesagt wird, wird von einem Beobachter zu einem anderen Beobachter gesagt, der er selbst sein könnte (vgl. Maturana 1970). Da der Beobachter ein menschliches Lebewesen ist, müssen sowohl der Beobachter als auch das Beobachten in der Erklärung des Operierens dieses Lebewesens als Beobachter erklärt werden.

2. *Erklärungen*

Wir modernen Menschen des Westens sind Teil der griechisch-jüdisch-christlichen Kulturtradition, aus der auch die moderne Naturwissenschaft hervorgegangen ist. Wir möchten gerne alles erklären und stellen daher Fragen, deren Antworten in Erklärungen bestehen sollen. Was immer wir fragen, wir geben uns erst dann zufrieden, wenn wir auf unsere Fragen Erklärungen als Antworten bekommen haben. Worin besteht aber eine Erklärung? Was muß geschehen sein, damit wir sagen können, ein gegebenes Phänomen oder ein Sachverhalt sei erklärt worden?

Wenn wir uns überlegen, wie wir im täglichen Leben eine Frage mit einem Diskurs beantworten, der vom Zuhörer als Erklärung anerkannt wird, dann stellen wir zweierlei fest:

(a) Wir bieten eine neue Formulierung eines bestimmten Sachverhalts unserer Lebenspraxis an, in der wir andere Elemente dieser unserer Lebenspraxis verwenden.

(b) Diese Neuformulierung unserer Lebenspraxis wird vom Zuhörer als eine Neuformulierung auch seiner Lebenspraxis gebilligt. So wird z. B. die Aussage »Du bist im Bauch deiner Mutter entstanden« zu einer Erklärung, wenn ein Kind sie als Antwort auf seine Frage »Wie bin ich auf die Welt gekommen?« anerkennt. Mit anderen Worten, unser Alltagsleben zeigt uns, daß der Beobachter eine Aussage, die eine bestimmte Situation seiner Lebenspraxis mit Hilfe von Elementen anderer Situationen seiner Lebenspraxis neu formuliert, akzeptiert oder ablehnt, und daß er damit entscheidet, ob diese Neuformulierung eine Erklärung ist oder nicht. Der Beobachter billigt oder verwirft eine Neuformulierung seiner Lebenspraxis als Erklärung, wenn sie dem impliziten oder expliziten Kriterium der Akzeptabilität genügt bzw. nicht genügt, welches die Art seines Verstehens bestimmt. Wird sein Kriterium der Akzeptabilität erfüllt, so wird auch die Neuformulierung der Lebenspraxis akzeptiert und damit zu einer Erklärung, die Emotionen oder die Stimmung des Beobachters wandeln sich vom Zweifel zur Zufriedenheit, und er hört auf, die gleiche Frage immer wieder zu stellen. Jede Verstehensweise eines Beobachters, die ein Kriterium der Akzeptabilität für eine erklärende Neuformulierung der Lebenspraxis konstituiert, definiert daher einen Erklärungsbereich. Und die Beobachter, die für ihre jeweils eigene Lebenspraxis die gleichen Erklärungen akzeptieren, bekräftigen damit implizit, daß sie im gleichen Bereich der Lebenspraxis operieren.

Unser Verstehen als Beobachter geschieht daher nie in einem Vakuum, ob wir uns dessen bewußt sind oder nicht. Wir wenden immer ein bestimmtes Kriterium der Akzeptabilität auf das an, was wir hören (sehen, berühren, riechen, ... oder denken), und wir akzeptieren das Wahrgenommene oder verwerfen es wieder, wenn es diesem Kriterium genügt bzw. nicht genügt. Eben dies geschieht auch gerade jetzt beim Lesen dieses Aufsatzes.

3. *Erklärungswege*

Ein Beobachter kann Erklärungen auf zwei grundlegende Arten verstehen, je nachdem, ob er auf einer biologischen Erklärung seiner kognitiven Fähigkeiten besteht oder nicht. Diese beiden Verstehensweisen definieren zwei primäre, einander ausschließende Erklärungswege: den Weg der »Objektivität ohne Klammern« (oder den Weg der transzendentalen Ontologien) und den Weg der »Objektivität in Klammern« (oder den Weg der konstitutiven Ontologien). Ich will diese beiden Wege nun im einzelnen erläutern.

i. Auf dem Erklärungsweg der Objektivität ohne Klammern bestimmt der Beobachter seine kognitiven Fähigkeiten implizit oder explizit als konstitutive Eigenschaften seiner selbst, indem er eine zureichende Erklärung ihres biologischen Ursprungs in Frage stellt oder ablehnt. Der Beobachter nimmt damit implizit oder explizit an, daß es Existenz unabhängig von seinen Handlungen gibt, daß Dinge existieren unabhängig davon, ob er sie erkennt oder nicht, und daß er diese Dinge durch Wahrnehmung oder Denken erkennen, von ihnen oder über sie etwas wissen kann. Auf diesem Erklärungsweg benützt der Beobachter Entitäten wie

Materie, Energie, Geist, Bewußtsein. Ideen oder Gott als letztgültige Argumente, um eine Neuformulierung seiner Lebenspraxis als Erklärung irgendeines ihrer Aspekte zu begründen und zu rechtfertigen. Mit anderen Worten, ein Beobachter, der Erklärungen als Neuformulierungen seiner Lebenspraxis mit einem Kriterium der Akzeptabilität beurteilt, das sich auf Entitäten bezieht, die unabhängig von seinem Handeln existieren, konstituiert und definiert dadurch diesen Erklärungsweg. Dieser Erklärungsweg ist daher seiner Konstitution nach blind oder taub für die Mitwirkung des Beobachters an der Konstitution dessen, was er als Erklärung gelten läßt. Gemäß diesem Erklärungsweg konstituieren die Entitäten, die unabhängig von den Handlungen des Beobachters existieren sollen, zusammen mit jenen Entitäten, die als Konstrukte von ihnen abgeleitet werden, die Realität; alles andere ist Illusion. Mit anderen Worten, gemäß diesem Erklärungsweg führt die Behauptung, eine bestimmte Aussage sei eine Illusion, zur Leugnung ihres Realitätsgehaltes und somit ihrer Gültigkeit. Aufgrund der Art seiner Konstitution zwingt dieser Erklärungsweg den Beobachter, einen einzigen Bereich der Realität, ein Universum, einen transzendentalen Bezugspunkt, als letztgültige Quelle jeglicher Validierung von Erklärungen zu fordern. Jede Erklärung seiner Lebenspraxis muß folglich in einer Reduktion auf diese Realität bestehen. Gemäß diesem Erklärungsweg gelangt jeder Beobachter zur Annahme unterschiedlicher Entitäten, die unabhängig von ihm existieren und die letztgültige Quelle der Validierung seiner Erklärungen darstellen. Jeder Beobachter validiert daher durch sein Verhalten unterschiedliche und notwendig einander ausschließende Universen, Realitäten, oder Bereiche objektiver Erklärungen. Gemäß diesem Erklärungsweg setzt der Vollzug jeder Erklärung implizit voraus, daß der erklärende Beobachter beansprucht, einen privilegierten Zugang zu einer unabhängig von ihm existierenden, objektiven Realität zu haben, und daß es eben diese objektive Realität ist, die seinen Erklärungen Gültigkeit verleiht. Gemäß diesem Erklärungsweg ist folglich jede Meinungsverschiedenheit zwischen mehreren Beobachtern ein Streit mit dem Ziel gegenseitiger Negierung. Und noch mehr: Die uneinigen Beobachter müssen und können gemäß diesem Erklärungsweg keine Verantwortung für ihre gegenseitige Negierung übernehmen, denn diese ergibt sich notwendig aus Argumenten, deren Gültigkeit nicht von den Beobachtern abhängt. Gemäß dem Erklärungsweg der Objektivität ohne Klammern bedeutet jede Behauptung objektiven Wissens eine Aufforderung zur Unterwerfung.

ii. Auf dem Erklärungsweg der Objektivität in Klammern akzeptiert der Beobachter explizit:

(a) Er ist als Mensch ein lebendes System.

(b) Seine kognitiven Fähigkeiten als Beobachter sind biologische Phänomene, denn sie ändern sich, wenn sich seine Biologie verändert, und sie verschwinden mit ihm, wenn er stirbt.

(c) Will er seine kognitiven Fähigkeiten als Beobachter erklären, muß er zeigen, wie sie als biologische Phänomene im Prozeß der Verwirklichung seiner selbst als lebendes System entstehen. Folgt er diesem Erklärungsweg, muß der Beobachter akzeptieren, daß er alle konstitutiven Merkmale lebender Systeme teilt. Dazu gehört besonders ihre Unfähigkeit, in ihrer Erfahrung das zu unterscheiden, was wir im Alltag als Wahrnehmung und Illusion trennen. Ich will das noch näher erklären. Wenn wir Tiere beobachten, dann stellen wir fest, daß sie immer wieder Wahrnehmungsfehler begehen. Wir machen uns diese Tatsache in den Interaktionen mit den Tieren zunutze, etwa um sie auf der Jagd zu überlisten. So benutzen wir beim Forellenfischen einen Angelhaken mit Federn, der ein über der Wasseroberfläche fliegendes oder schwebendes Insekt vortäuscht. Eine Forelle, die diese falsche »Fliege« sieht und aus dem Wasser springt, um sie zu fangen, »entdeckt« erst dann, wenn sie am Haken hängt, daß die Fliege eine Illusion war. Die Tatsache, daß der Beobachter natürlich die ja von ihm geplante Täuschung durchschaut, ändert nichts an der Sachlage. Erst am Angelhaken »entdeckt« die Forelle, daß die Fliege eine Illusion war. Wir Beobachter unterscheiden uns als lebende Systeme in vergleichbaren Fällen nicht von der Forelle. Unser Gebrauch der Wörter »Fehler« und »Lüge« im Alltag macht dies deutlich, und das Wort »Heuchelei« zeigt, daß wir diese unsere Unfähigkeit, in unserer Erfahrung zwischen Wahrnehmung und Illusion zu unterscheiden, ganz bewußt benutzen, um unsere Mitmenschen zu manipulieren. Unabhängig von den Sinneskanälen, über die eine Erfahrung abläuft, und unabhängig von den Umständen, in denen sie geschieht, ist die Klassifikation als Wahrnehmung oder als Illusion durch einen Beobachter nur mit Bezug auf eine andere Erfahrung möglich, die selbst wiederum als Wahrnehmung oder Illusion nur klassifiziert werden kann, wenn sie auf eine weitere Erfahrung bezogen wird, die den gleichen Zweifeln unterliegt usw.

Aus all dem folgt, daß ein Beobachter operational nicht in der Lage ist, irgendwelche Aussagen über Objekte, Entitäten oder Relationen zu machen, die unabhängig von seinen Handlungen existieren sollen. Auch eine Gemeinschaft von Beobachtern, die in ihrer Erfahrung nicht zwischen Wahrnehmung und Illusion unterscheiden kann, ist in dieser Hinsicht in keiner besseren Lage. Selbst ihre Übereinstimmung kann eine Unterscheidung nicht operational validieren, die keines ihrer Individuen treffen kann. Wird die Biologie des Beobachters uneingeschränkt in Rechnung gestellt, dann wird die Annahme, ein Beobachter könne Aussagen über Entitäten machen, die unabhängig von seinen Handlungen, also in der objektiven Realität, existieren, entweder unsinnig oder leer, denn es gibt keine Operation des Beobachters, die sie bestätigen könnte. Gemäß dem Erklärungsweg der Objektivität in Klammern wird alle Existenz durch das konstituiert, was der Beobachter tut. Der Beobachter bringt Objekte durch Operationen der Unterscheidung hervor, und zwar als Unterscheidungen von Unterscheidungen in Sprache. Die Objekte, die der Beobachter durch Unterscheidungsoperationen hervorbringt, werden gleichzeitig mit allen Eigenschaften ausgestattet, die sich aus den operationalen Kohärenzen in dem Bereich der Lebenspraxis ergeben, in dem die Objekte konstituiert werden. Gemäß dem Erklärungsweg der Objektivität in Klammern konstituiert der Beobachter Existenz durch seine Operationen der Unterscheidung. Der Beobachter weiß daher auch, daß er ein Objekt, das als von ihm unabhängige Entität existieren soll, nicht als Argument zur Stützung seiner Erklärungen verwenden kann. Genau deshalb spreche ich von dem Erklärungsweg der Objektivität in Klammern, denn aus ihm folgt notwendig, daß es ein Kriterium der Akzeptabilität geben muß, mit dem der Beobachter in seinem

Verstehensprozeß Neuformulierungen seiner Lebenspraxis als Erklärungen konstituiert.
Die Tatsache, daß der Beobachter auf diesem Erklärungsweg Existenz dadurch konstituiert, daß er Objekte durch Operationen der Unterscheidung in seiner Lebenspraxis in Sprache hervorbringt, hat drei grundlegende Konsequenzen:

(1) Jede Konfiguration von Unterscheidungsoperationen des Beobachters legt einen Realitätsbereich als einen Bereich operationaler Kohärenzen seiner Lebenspraxis fest, in dem der Beobachter bestimmte Objekte durch die Anwendung dieser Konfiguration von Unterscheidungsoperationen hervorbringt. (Beispiel: Der Bereich der physikalischen Existenz wird als Realitätsbereich durch die rekursive Anwendung jener Konfiguration von Unterscheidungsoperationen des Beobachters in seiner Lebenspraxis hervorgebracht, die in Messungen von Masse, Entfernung und Zeit besteht.)

(2) Jeder Realitätsbereich konstituiert einen Bereich der Erklärungen der Lebenspraxis des Beobachters, in dem dieser rekursiv die operationalen Kohärenzen, die diese Lebenspraxis konstituieren, benutzt, um erklärende Neuformulierungen dafür anzufertigen. (Beispiel: Die rekursive Anwendung der operationalen Kohärenzen der Lebenspraxis des Beobachters, die den physikalischen Existenzbereich bilden, konstituiert als Kriterium der Akzeptabilität für erklärende Neuformulierungen der Lebenspraxis des Beobachters den Bereich der physikalischen Erklärungen.)

(3) Obwohl alle Realitätsbereiche im Sinne der sie konstituierenden operationalen Kohärenzen verschieden sind, und obwohl sie daher auch in der Erfahrung des Beobachters nicht gleich sein können, sind sie als Existenzbereiche gleichermaßen legitim, denn sie entstehen alle auf die gleiche Weise: sie werden durch die Anwendung einer Unterscheidungsoperation des Beobachters in seiner Lebenspraxis hervorgebracht.

Aus alldem folgt:

(a) Gemäß dem Erklärungsweg der Objektivität in Klammern erlebt sich der Beobachter als die Quelle aller Realitäten, denn er selbst bringt diese durch seine Unterscheidungsoperationen in seiner Lebenspraxis hervor.

(b) Er kann so viele verschiedene, aber gleichermaßen legitime Realitätsbereiche hervorbringen, wie es verschiedene Unterscheidungsoperationen gibt, die er in seiner Lebenspraxis anwenden kann.

(c) Er kann den einen oder anderen dieser verschiedenen Realitätsbereiche als Erklärungsbereich benutzen, und zwar gemäß dem jeweiligen Kriterium der Akzeptabilität für adäquate Neuformulierungen seiner Lebenspraxis, welches er in seinem Verstehensprozeß anwendet.

(d) Er ist operational für alle die verschiedenen Realitätsbereiche oder Erklärungen verantwortlich, die er in den Erklärungen seiner Lebenspraxis lebt. Daraus folgt, daß Erklärungen gemäß diesem Erklärungsweg ihrer Konstitution nach weder reduktionistisch noch transzendental sind, denn gemäß diesem Weg gibt es keinerlei Suche nach einer einzigen letztgültigen Erklärung für alles. Wenn also ein Beobachter diesen Erklärungsweg wählt, dann ist er sich im klaren darüber, daß zwei Beobachter, die einander ausschließende Erklärungen anbieten, und zwar angesichts einer für einen dritten Beobachter identischen Situation, nicht einfach unterschiedliche Erklärungen für die gleiche Situation liefern, sondern daß alle drei Beobachter in verschiedenen, aber gleichermaßen legitimen Realitätsbereichen operieren und jeweils unterschiedliche Aspekte ihrer jeweiligen Lebenspraxis erklären. Der Beobachter auf diesem Erklärungsweg erkennt, daß er nicht in einem Universum, sondern in einem Multiversum lebt, d. h. in verschiedenen, gleich legitimen, aber nicht gleich wünschenswerten Erklärungsrealitäten, und daß in diesem Multiversum voneinander abweichende Erklärungen eine Einladung darstellen, in verantwortungsbewußter Weise über menschliche Koexistenz nachzudenken, und keinesfalls eine verantwortungslose Negierung des Mitmenschen. Eine Illusion ist daher gemäß diesem Erklärungsweg die Beurteilung einer bestimmten Unterscheidung in einem Realitätsbereich, der nicht mit dem übereinstimmt, in dem die Unterscheidung selbst auftritt und gültig ist. Jede Erfahrung einer Illusion ist ein Anzeichen dafür, daß ein Beobachter Erklärungsbereiche vermengt.

All das Gesagte läßt sich durch das folgende ontologische Schema (S. 240) auch graphisch veranschaulichen. Dieses ontologische Schema kann allerdings nur von einem Beobachter verstanden werden, der den Erklärungsweg der Objektivität in Klammern gewählt hat. Ich füge eine Zusammenfassung der verschiedenen Begriffe und Ideen an, die die beiden grundlegenden Erklärungswege kennzeichnen, wie sie im Schema dargestellt sind. Sie werden dem Beobachter verständlich, wenn er sich bewußt wird, daß diese beiden Erklärungswege zwei ontologische Bereiche konstituieren.

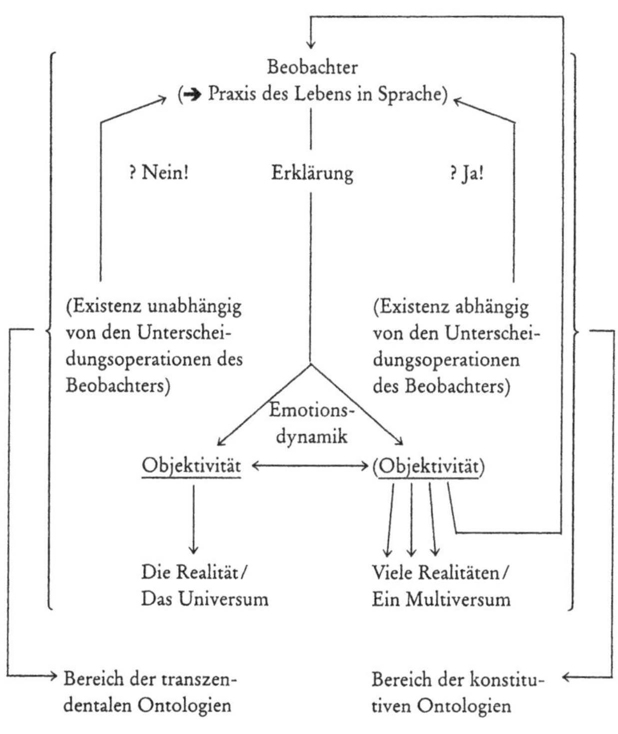

Ontologisches Schema

(Deutsche Fassung: Wolfram Karl Köck)

Der Beobachter im Bereich der transzendentalen Ontologien beansprucht, daß seine Erklärungen ihre Gültigkeit aus dem Bezug auf Entitäten beziehen, die unabhängig von seinen Unterscheidungsoperationen existieren. Materie, Energie, Gott, Natur, Geist, Bewußtsein ... können derartige Entitäten sein. Es kann so viele verschiedene transzendentale Ontologien geben, wie es verschiedene Klassen von Entitäten gibt, die ein Beobachter für unabhängig von seinen Handlungen gegeben hält und durch die er seine Erklärungen validiert. Unterschiedliche transzendentale Ontologien schließen einander aus, denn jede konstituiert die gesamte Realität und stellt somit für den Beobachter, der sie erzeugt, den einzig objektiven Realitätsbereich dar, den er als Grundlage seiner Erklärungen anerkennen kann. Außerdem ist sich ein Beobachter in diesem Bereich nicht bewußt und kann sich nicht bewußt sein, daß er ihm angehört, denn sobald ihm dies bewußt würde, könnte er ihm nicht länger angehören. Jede Aussage, die für einen Beobachter in einem transzendentalen Bereich nicht zu diesem gehört oder dadurch nicht gestützt wird, ist daher prinzipiell falsch.

Der Beobachter im Bereich der konstitutiven Ontologien beansprucht, daß die Validierung seiner Erklärungen, d. h. der Neuformulierungen seiner Lebenspraxis mit Hilfe von Elementen dieser Praxis, in den konkreten operationalen Kohärenzen liegt, die sie in seiner Lebenspraxis konstituieren, und zwar unabhängig von dem jeweils verwendeten Akzeptabilitätskriterium. Im Bereich der konstitutiven Ontologien wird alles, was der Beobachter unterscheidet, durch seine Unterscheidung konstituiert, den Beobachter selbst eingeschlossen, und existiert eben so, wie es konstituiert wird. In diesem Bereich ist außerdem jeder Erklärungsbereich als Realitätsbereich ein Bereich, in dem Entitäten durch die operationalen Kohärenzen entstehen, die der Beobachter konstituiert, und jeder solche Bereich ist daher ein ontologischer Bereich. Im Bereich der konstitutiven Ontologien gibt es folglich so viele verschiedene legitime Realitätsbereiche, wie es Erklärungsbereiche gibt, die ein Beobachter mit Hilfe der operationalen Kohärenzen seiner Lebenspraxis spontan hervorbringen kann, und alles, was ein Beobachter sagt, gehört zu einem davon. Daher ist jede Aussage eines Beobachters in irgendeinem

Realitätsbereich gültig, und keine seiner Aussagen ist prinzipiell falsch. Vielleicht besteht die wichtigste Konsequenz dieser Bestimmung zweier ontologischer Bereiche in dem radikal verschiedenen Bewußtsein, das sich aus ihnen ergibt.

4. Erklärungsbereiche

Da jeder Erklärungsbereich durch das Validierungskriterium des Beobachters definiert wird, aufgrund dessen er eine Neuformulierung seiner Lebenspraxis als deren Erklärung akzeptiert, gibt es für ihn so viele Erklärungsbereiche, wie es Akzeptabilitätskriterien für Erklärungen gibt. Gleichzeitig konstituiert jeder Erklärungsbereich auch einen Bereich von Handlungen (und Aussagen als Handlungen in einem Bereich der Beschreibungen), die ein Beobachter in einem bestimmten Bereich der Lebenspraxis als legitime Handlungen ansieht, denn sie werden durch die Erklärungen bestätigt, die er für diesen Bereich akzeptiert. Da außerdem, wie ich später zeigen werde, jeder Bereich von Handlungen, die von einem Beobachter in einem bestimmten Bereich seiner Lebenspraxis als legitim angesehen werden, einen Bereich der Kognition darstellt, bestimmt jeder Erklärungsbereich durch die Festlegung eines Bereichs legitimer Handlungen in der Lebenspraxis des Beobachters auch einen Bereich der Kognition. Alle Beobachter also, die das gleiche Kriterium der Validierung ihrer Erklärungen benutzen, operieren in kognitiven Bereichen, die einander hinsichtlich jener Aspekte ihrer Lebenspraxis überschneiden, die durch ihre gemeinsamen Erklärungsbereiche als Bereiche der konsensuellen Koordination von Handlungen bestimmt sind, und sie verfügen daher über entsprechend deskriptiv isomorphe Existenzbereiche. Ob ein Beobachter nun in einem bestimmten Erklärungsbereich oder in einem anderen operiert, hängt schließlich von seinen Präferenzen (von seinen Emotionen der Akzeptanz) bezüglich der Grundannahmen ab, die den Bereich konstituieren, in dem er handelt. Spiele, Naturwissenschaft, Religionen, politische Doktrinen, philosophische Systeme oder Ideologien im allgemeinen sind derartige Bereiche operationaler Kohärenzen in der Lebenspraxis des Beobachters, die er gemäß seinen besonderen Präferenzen als unterschiedliche Erklärungs- oder Handlungsbereiche (und folglich Kognitionsbereiche) lebt. Ich werde davon nur die Naturwissenschaft näher betrachten, und zwar die moderne Naturwissenschaft, und dies aus drei Gründen:

1. Ich bin selbst Naturwissenschaftler.
2. Die Naturwissenschaften spielen für die Validierung des Wissens in unseren westlichen Kulturen und daher auch für die Erklärung und das Verstehen der sozialen und ethischen Phänomene unserer Gegenwart die wichtigste Rolle.
3. Der Beobachter und sein Beobachten können als biologische Phänomene nur durch eine naturwissenschaftliche Erklärung erklärt werden.

Wir Naturwissenschaftler möchten gerne die Praxis des Lebens erklären, und diese Leidenschaft, alles erklären zu wollen, ist die grundlegende Emotion für alles, was wir tun. Besonders charakteristisch für die modernen Naturwissenschaftler und ihre Wissenschaftspraxis ist ihre spezielle Art des Verstehens und Beurteilens von Neuformulierungen der Lebenspraxis sowie ihr ernsthaftes Bemühen, alle ihre Aussagen über das, was in ihren Erfahrungsbereichen geschieht, damit zur Deckung zu bringen. Die moderne Naturwissenschaft ist daher ein besonderer Bereich der Erklärungen und davon abgeleiteter Aussagen zur Lebenspraxis des Beobachters, der durch die Anwendung eines ganz bestimmten Validitätskriteriums des Beobachters für Erklärungen definiert und konstituiert wird. Ich nenne dieses Kriterium der Validierung von Erklärungen das Kriterium der Validierung naturwissenschaftlicher Erklärungen. Alle die, die dieses Kriterium gutheißen und bei der Erzeugung ihrer Erklärungen und Validierung ihrer Aussagen in einem bestimmten Bereich konsistent einsetzen, sind in diesem Bereich Naturwissenschaftler. Ich werde nun dieses Kriterium der Validierung darstellen und dann das erläutern, was mir für das Thema dieses Beitrags am wichtigsten zu sein scheint.

Wir modernen Naturwissenschaftler akzeptieren eine Aussage nur dann als naturwissenschaftliche Erklärung eines Sachverhalts in unserer Lebenspraxis als Beobachter (oder: eines zu erklärenden Phänomens), wenn sie einen Mechanismus beschreibt, der eben diesen Sachverhalt (oder: dieses Phänomen) durch sein Operieren erzeugt. Dieser Mechanismus bildet eine von vier operationalen Voraussetzungen, die der Beobachter in seiner Lebenspraxis erfüllen muß, um eine naturwissenschaftliche Erklärung anzufertigen. Die vier Voraussetzungen (oder: Bedingungen) sind:

(a) Die Bestimmung des zu erklärenden Phänomens als eines Merkmals der Lebenspraxis des Beobachters, und zwar durch die Beschreibung dessen, was der Beobachter tun muß, um das Phänomen zu erfahren.

(b) Die Herstellung eines Mechanismus in der Lebenspraxis des Beobachters, dessen Operieren das zu erklärende Phänomen hervorbringt.

(c) Die Ableitung weiterer Phänomene sowie der Operationen, die der Beobachter in seiner Lebenspraxis ausführen muß, um sie zu erfahren, durch den in (b) angegebenen Mechanismus und alle damit in der Lebenspraxis des Beobachters geforderten operationalen Kohärenzen.

(d) Die tatsächliche Erfahrung der in (c) abgeleiteten zusätzlichen Phänomene durch den Beobachter, wenn er in seiner Lebenspraxis die Operationen ausführt, die gemäß (c) jene Phänomene erzeugen sollen.

Wenn und nur dann, wenn alle diese vier Bedingungen in der Lebenspraxis des Beobachters erfüllt werden, wird der in (b) dargestellte generative Mechanismus, der durch sein Operieren das in (a) bestimmte Phänomen erzeugt, für den Beobachter zu einer naturwissenschaftlichen Erklärung dieses Phänomens. Der in (b) dargestellte generative Mechanismus bleibt aber für den Beobachter nur so lange eine naturwissenschaftliche Erklärung des in (a) bestimmten Phänomens, wie auch die in (c) abgeleiteten Phänomene von ihm gemäß den ebenso in (c) abgeleiteten Bedingungen erfahren werden. Naturwissenschaftler sind daher nur jene Beobachter, die das Kriterium der Validierung naturwissenschaftlicher Erklärungen für die Validierung ihrer Erklärungen benutzen,. die dies sorgfältig tun und die streng darauf achten, operationale Bereiche nicht zu vermengen.

Ich nenne diese vier operationalen Bedingungen das Kriterium der Validierung naturwissenschaftlicher Erklärungen, denn wir modernen Naturwissenschaftler folgen ihnen in unserer Forschungsarbeit, um naturwissenschaftliche Erklärungen anzufertigen. Die Naturwissenschaft entsteht folglich als ein Bereich von Erklärungen und Aussagen in der Praxis von Naturwissenschaftlern durch die Anwendung des Kriteriums der Validierung von Erklärungen und nicht durch die Anwendung eines Kriteriums der Falsifikation, wie Popper gemeint hat. Ich möchte hierzu einige weitere Erläuterungen geben.

(i) Da die Naturwissenschaft als ein Erklärungsbereich nur durch die Anwendung des Kriteriums der Validierung naturwissenschaftlicher Erklärungen entsteht, ist die Naturwissenschaft als Bereich der Erklärungen und Aussagen nur in der Gemeinschaft derjenigen Beobachter gültig (von nun an Standardbeobachter), die dieses Kriterium für ihre Erklärungen anerkennen und benutzen. Mit anderen Worten, die Naturwissenschaft ist ihrer Konstitution nach ein Bereich von Neuformulierungen der Lebenspraxis mit Hilfe von Elementen dieser Lebenspraxis in einer Gemeinschaft von Standardbeobachtern, und sie ist daher für die Mitglieder dieser Gemeinschaft ein konsensueller Bereich der Koordination von Handlungen. Daraus folgt, daß die einzelnen Naturwissenschaftler im Prozeß der Herstellung naturwissenschaftlicher Erklärungen auswechselbar sind. Desweiteren folgt aus dieser konstitutiven Ersetzbarkeit der Naturwissenschaftler, daß naturwissenschaftliche Erklärungen durch unabhängige Beobachter bekräftigt werden müssen. Wenn also zwei Naturwissenschaftler in ihren Aussagen oder Erklärungen nicht übereinstimmen, dann heißt das, daß sie zu verschiedenen konsensuellen Gemeinschaften gehören.

(ii) Da das Kriterium der Validierung naturwissenschaftlicher Erklärungen die Annahme einer objektiven Welt unabhängig von den Handlungen des Beobachters weder voraussetzt noch zur Folge hat, können naturwissenschaftliche Erklärungen keine von den Handlungen des Beobachters unabhängige objektive Welt charakterisieren, benennen oder enthüllen. Die Naturwissenschaft ist folglich ein Bereich von Erklärungen und Aussagen, ein Bereich der konsensuellen Koordinationen von Handlungen in einer Gemeinschaft von Standardbeobachtern und somit ein System der Kombinationen von Erklärungen und Aussagen in der Lebenspraxis von Standardbeobachtern, die ihre

Lebenspraxis durch eben dieses Operieren mit Kombinationen von Erklärungen und Aussagen in ihrer Lebenspraxis als Mitglieder einer Gemeinschaft von Standardbeobachtern erweitern.

(iii) Da nicht Messungen, Quantifizierungen oder Voraussagen die Naturwissenschaft als einen Bereich von Erklärungen und Aussagen konstituieren, sondern vielmehr die Anwendung des Kriteriums der Validierung naturwissenschaftlicher Erklärungen durch den Standardbeobachter in seiner Lebenspraxis, kann der Standardbeobachter in jedem beliebigen Bereich der Lebenspraxis, in dem er dieses Kriterium anwendet, Naturwissenschaft betreiben.

(iv) Da das Kriterium der Validierung naturwissenschaftlicher Erklärungen einen solchen Mechanismus als naturwissenschaftliche Erklärung validiert, der das zu erklärende Phänomen durch sein Operieren erzeugt, gehören der Erklärungsmechanismus und das zu erklärende Phänomen notwendig zu verschiedenen, einander nicht überschneidenden Phänomenbereichen. Eine naturwissenschaftliche Erklärung ist daher ihrer Konstitution nach keine phänomenale Reduktion.

(v) Die für das Kriterium der Validierung naturwissenschaftlicher Erklärungen konstitutiven Operationen sind völlig identisch mit denen, die wir in der Validierung der Praxis unseres Alltagslebens als Menschen verwenden. Daraus folgt, daß sich der Beobachter als Naturwissenschaftler im strengen operationalen Sinn vom Beobachter im täglichen Leben nur durch dreierlei unterscheidet: die emotionale Orientierung auf Erklärungen; die konsistente Anwendung des Kriteriums der Validierung naturwissenschaftlicher Erklärung auf das System von Erklärungen, welches er im Bereich seiner Erklärungsinteressen erzeugt; und schließlich sein Bestreben, phänomenale Bereiche bei der Erzeugung naturwissenschaftlicher Erklärungen nicht zu vermengen.

(vi) Ein strukturdeterminiertes System ist ein System, in dem alles, was geschieht, als struktureller Wandel geschieht. Dieser Strukturwandel ist in jedem Augenblick durch die Struktur des Systems determiniert, unabhängig davon, ob er nun im Fluß der internen Dynamik des Systems entsteht oder von dessen Interaktionen bedingt ist. Das bedeutet, daß die Strukturveränderungen eines strukturdeterminierten Systems im Gefolge einer Interaktion nicht von außen festgelegt werden können. Ein externes Agens, das mit einem strukturdeterminierten System interagiert, kann in diesem Strukturveränderungen nur auslösen, sie werden jedoch vom System selbst festgelegt. Die Struktur eines solchen Systems besteht aus seinen Bestandteilen und den dynamischen oder statischen Relationen zwischen ihnen, wie sie ein Beobachter in einem bestimmten Zeitpunkt feststellt. Ein dynamisches strukturdeterminiertes System, d. h. ein strukturdeterminiertes System, das einem Prozeß ständigen strukturellen Wandels unterliegt, ist ein Mechanismus. Wenn also gefordert wird, daß das Kriterium der Validierung einer naturwissenschaftlichen Erklärung die Entwicklung eines Mechanismus verlangt, der das zu erklärende Phänomen durch sein Operieren erzeugen kann, dann bedeutet das auch, daß die Naturwissenschaft sich nur mit strukturdeterminierten Systemen beschäftigen kann. Mit anderen Worten, wenn eine naturwissenschaftliche Erklärung die Herstellung eines Mechanismus erfordert, der das zu erklärende Phänomen erzeugt, dann kann der Beobachter nur in jenen Bereichen der operationalen Kohärenzen seiner Lebenspraxis naturwissenschaftliche Erklärungen versuchen, in denen er strukturdeterminierte Systeme unterscheidet.

(vii) Auch wenn die Praxis der Naturwissenschaft die Anwendung des Kriteriums der Validierung naturwissenschaftlicher Erklärungen fordert, machen sich die meisten Naturwissenschaftler die theoretischen und ontologischen Konsequenzen ihres Handelns nicht klar, denn die Naturwissenschaft ist für sie ein Bereich des praktischen Handelns und nicht der Reflexion. Ganz ähnlich ergeht es vielen Philosophen, die nicht verstehen, was in der Naturwissenschaft vor sich geht, denn für sie ist die Naturwissenschaft ein Bereich der Reflexion und kein Bereich der Praxis. Beide verfallen daher nur zu oft den typischen Denkgewohnheiten unserer westlichen Kultur: Sie sehen zum einen naturwissenschaftliche Erklärungen als reduktionistische Darstellungen an, die auf dem impliziten Glauben beruhen, das zu erklärende Phänomen durch grundlegendere Begriffe neu zu fassen. Zum anderen begreifen sie den generativen Charakter naturwissenschaftlicher Erklärungen nicht, da sie implizit oder explizit meinen, die Gültigkeit naturwissenschaftlicher Erklärungen beruhe auf ihrem direkten oder indirekten Zusammenhang mit einer vom Handeln des Beobachters unabhängigen objektiven Realität. Aufgrund dieser weit verbreiteten Blindheit für das Wesen naturwissenschaftlicher Erklärungen glauben sowohl Naturwissenschaftler als auch Philosophen häufig, Objektivität in der Praxis der Naturwissenschaften und der Philosophie bedeute, daß deren Aussagen oder Erklärungen durch ihre Beziehung zu einer unabhängigen Realität begründet seien. Tatsächlich bedeutet Objektivität jedoch für den praktizierenden Naturwissenschaftler lediglich, daß er seine Unbestechlichkeit und Exaktheit als Hersteller naturwissenschaftlicher Erklärungen in der oben beschriebenen operationalen Weise nicht dem Wunsch nach einem bestimmten Ergebnis seiner Forschung zum Opfer bringt.

(viii) Zur impliziten oder expliziten Annahme, daß naturwissenschaftliche Aussagen sich auf eine objektive unabhängige Realität beziehen, gesellt sich meist der implizite Glaube (und die Emotion der Gewißheit, die ihn stützt), daß es im Prinzip möglich ist, für jedes Dilemma des menschlichen Lebens ein objektives (transzendentales) Argument zu finden, das es auflöst und das durch seinen Bezug auf die Realität selbst prinzipiell rational, unbestreitbar und absolut gültig ist. Gleichzeitig aber werden in unserer westlichen Kultur häufig Zweifel an der Möglichkeit geäußert, daß die Naturwissenschaft bestimmte Aspekte unserer Lebenspraxis, z. B. parapsychische Phänomene, erklären könne, weil naturwissenschaftliche Erklärungen mechanistischer Art und daher reduktionistisch seien. Was ich aber eben gesagt habe, zeigt, daß auch diese Denkweise einem Mißverständnis naturwissenschaftlicher Erklärungen verhaftet ist, das ich für die Ziele der vorliegenden Arbeit ausräumen muß. Naturwissenschaftliche Erklärungen sind ihrer Konstitution nach nicht-reduktionistisch. Da eine naturwissenschaftliche Erklärung in der Entwicklung eines generativen Mechanismus besteht, der durch sein Operieren das zu erklärende Phänomen in einem anderen Phänomenbereich als dem eigenen erzeugt, konstituiert und validiert eine naturwissenschaftliche Erklärung die Existenz völlig verschiedener und einander nicht überschneidender Phänomenbereiche, die prinzipiell nicht aufeinander reduziert werden können. Der mechanistische Charakter naturwissenschaftlicher Erklärungen schließt daher die Möglichkeit einer naturwissenschaftlichen Erklärung parapsychischer Phänomene nicht aus, im Gegenteil, er eröffnet erst die Möglichkeit, diese Phänomene zu erklären. Mit anderen Worten, der mechanistische Charakter naturwissenschaftlicher Erklärungen legt fest, daß die Erklärung parapsychischer und spiritueller Erfahrungen als biologischer Phänomene den Beobachter zwingt, einen generativen Mechanismus zu entwickeln, der auch für ihn als lebendes System gilt, und der durch sein Operieren eben die parapsychischen Phänomene erzeugt. Der generative Mechanismus, der durch sein Operieren die parapsychischen Erfahrungen erzeugt, würde daher ihren empirischen Charakter nicht nur nicht negieren, sondern vielmehr erst den Phänomenbereich konstituieren, in dem parapsychische Phänomene mit all ihren spezifischen Merkmalen auftreten, und zwar als einen Phänomenbereich, der sich nicht mit dem überschneidet, in dem der Mechanismus operiert, der ihn erzeugt.

Einstein hat einmal gesagt, naturwissenschaftliche Theorien seien freie Schöpfungen des menschlichen Geistes. Alles, was ich über das Kriterium der Validierung naturwissenschaftlicher Erklärungen gesagt habe, zeigt, daß dies in der Tat so sein muß. Sowohl das zu erklärende Phänomen als auch der dafür entwickelte generative Mechanismus werden vom Beobachter im Prozeß seiner Lebenspraxis hergestellt. Sie geschehen ihm daher gleichsam als Erfahrungen, die aus dem Nirgendwo auftauchen. Der Beobachter bringt im Prozeß seines Lebens Theorien stets *a priori* hervor, auch wenn er hernach immer rationale Gründe dafür angeben kann. Einstein hat auch gesagt, daß es ihn zutiefst erstaune, warum naturwissenschaftliche Theorien als freie Schöpfungen des menschlichen Geistes dennoch zur Erklärung der Welt taugten. Auch dies wird durch das Kriterium der Validierung naturwissenschaftlicher Erklärungen begründet. Naturwissenschaftliche Erklärungen erklären eben keine von uns unabhängige Welt, sie erklären die Erfahrung des Beobachters, also die Welt, die der Beobachter lebt.

B. Die Ontologie der Realität

In der kulturellen Tradition des Westens, in deren Verlauf die moderne Naturwissenschaft und Technik entstanden sind, bezeichnen wir im Alltag mit Realität und dem Realen einen Bereich von Entitäten, der unabhängig von unserem Handeln als Beobachter existieren soll. Wir handeln und reden sowohl im Alltag wie auch professionell so, als ob Erkennen und Wissen mit solchen von uns unabhängigen Entitäten zu tun habe. Der Fluß des normalen täglichen Lebens und der alltäglichen Erfahrung, in dem uns die Dinge erscheinen, als wären sie unabhängig von dem, was wir tun, scheint das zu bestätigen. Auch die Tatsache, daß wir uns die operationalen Kohärenzen des Alltagslebens zunutze machen, um die Konsequenzen unseres Operierens mit Objekten erfolgreich vorhersagen zu können, stützt diese implizite Auffassung. Ich möchte diese gängige Sicht verändern, indem ich weitere Überlegungen über die Konsequenzen vortrage, die sich aus der operationalen Trennung der Erfahrung von der Erklärung der Erfahrung und somit aus der Erklärung der Biologie des Beobachtens ergeben.

1. Das Reale: ein Erklärungsvorschlag

Der Beobachter geschieht in der Praxis des Lebens in Sprache, und er erlebt sich in diesem Erfahrungsgeschehen als etwas ganz Selbstverständliches, ohne daß er nachdenken muß oder dafür eine Erklärung benötigt. Der Beobachter ist das konstitutive Apriori aller Erfahrung des Beobachtens und somit die Ausgangsbedingung schlechthin für alles Reflektieren, Erklären und Reden. Daher brauchen weder der Beobachter noch das Beobachten als Erfahrungstatsachen erklärt oder gerechtfertigt zu werden, um zu sein, auch wenn wir sie so wie jede andere Erfahrung erklären möchten. Alle Erfahrungen ereignen sich auf eine selbstverständliche Weise und können daher als Erfahrungen nicht bestritten werden. Wir können höchstens sagen, daß eine Person, die eine Erfahrung berichtet, lügt. Wenn wir aber die Aufrichtigkeit dieser Person anerkennen, dann können wir ihre Erfahrung nicht als etwas verneinen, das sich in ihr ereignete. Erst im Bereich der Erklärungen können Konflikte entstehen. Erklärungen finden ja in der Lebenspraxis des Beobachters statt und sind natürlich auch Erfahrungen. Erklärungen als Erfahrungen sind jedoch Erfahrungen zweiter Ordnung in dem Sinne, daß sie in Reflexionen des Beobachters in der Praxis seines Lebens in Sprache über diese seine Lebenspraxis bestehen. In diesem Zusammenhang ist die Realität daher keine Erfahrung, sie ist vielmehr ein Argument in einer Erklärung. Mit anderen Worten, die Realität entsteht als ein Erklärungsvorschlag für unsere Erfahrung operationaler Kohärenzen in dem alltäglichen oder professionellen Leben, das wir leben. Die Realität kann allerdings als ein erklärendes Argument oder ein Erklärungsvorschlag dieser oder jener Art entstehen, je nachdem, ob der Beobachter die Frage nach dem biologischen Ursprung seiner Eigenschaften als sinnvoll anerkennt oder nicht.

Wenn sich der Beobachter, wie ich oben gesagt habe, für den Erklärungsweg der Objektivität ohne Klammern entscheidet, dann setzt er *a priori* eine objektive, von ihm unabhängige Realität als die Quelle der Validierung seiner Erklärungen seiner Lebenspraxis, und er setzt folglich Entitäten, die nicht von dem abhängen, was er tut. Aus der Erklärungsperspektive der Objektivität ohne Klammern betrachtet der Beobachter die Realität als den Inbegriff dessen, was ist. Wählt der Beobachter aber den Erklärungsweg der Objektivität in Klammern, dann bestimmt er die Realität als das, was er in der Validierung seiner Erklärungen der Lebenspraxis tut, und er versteht, daß er durch sein Tun viele verschiedene Realitätsbereiche in Form vieler verschiedener Bereiche von Entitäten hervorbringt, die durch seine Erklärungen konstituiert werden. Mit anderen Worten, durch die Wahl dieses Erklärungsweges erkennt der Beobachter, daß jeder Realitätsbereich ein Bereich von Entitäten ist, der durch die Erklärung seiner

Lebenspraxis mit Hilfe der operationalen Kohärenzen seiner Lebenspraxis konstituiert wird. Aus dieser Erklärungsperspektive erkennt der Beobachter außerdem:

(a) Auch aus der Erklärungsperspektive der Objektivität ohne Klammern ist die Realität ein Erklärungsvorschlag.

(b) Aus der Erklärungsperspektive der Objektivität ohne Klammern wird die Realität notwendig als ein Bereich von Entitäten konstituiert, die unabhängig vom Handeln des Beobachters existieren.

(c) Dies ist unweigerlich so, weil die kognitiven Fähigkeiten des Beobachters gemäß dem Erklärungsweg der Objektivität ohne Klammern konstitutive Eigenschaften seiner selbst sind, so daß eine Untersuchung ihres biologischen Ursprungs sinnlos ist.

Aus der Perspektive der Objektivität ohne Klammern gibt es in der Tat auch diese beiden Erklärungswege nicht, denn ohne eine umfassende Reflexion der Biologie des Beobachters gibt es keinen operationalen Bereich, in dem verschiedene Erklärungswege entstehen könnten. Oder mit anderen Worten, wenn der Beobachter gemäß der impliziten Annahme der Objektivität operiert, dann hält er seine Eigenschaften als Beobachter für konstitutiv gegeben und lehnt eine Erklärung ihres Ursprungs als unmöglich und überflüssig ab. Nur wenn der Beobachter die Frage zuläßt, was Beobachten als biologisches Phänomen sei, zeigen sich die Erklärungswege der Objektivität in Klammern und der Objektivität ohne Klammern, und nur dann wird es dem Beobachter möglich, über ihre jeweiligen erkenntnistheoretischen und ontologischen Konsequenzen nachzudenken. Ob nun der Beobachter den einen oder den anderen Weg geht, das hängt nicht von einer rationalen Entscheidung ab, sondern von expliziten oder impliziten Präferenzen oder inneren Dispositionen hinsichtlich dieser beiden möglichen Ausgangsbedingungen.

(a) Standpunkt der Objektivität ohne Klammern: die Eigenschaften des Beobachters sind vorgegeben;

(b) Standpunkt der Objektivität in Klammern: das Lebensgeschehen des Beobachters in Sprache ist sowohl das Instrument seiner Forschung als auch das zu erklärende Phänomen.

Im Alltagsleben bewegen wir uns gewöhnlich unbewußt von einem Erklärungsweg zum anderen, wenn wir argumentieren, um unsere Aussagen und Erklärungen zu validieren, und dies geschieht in Abhängigkeit von der Emotionsdynamik in unseren zwischenmenschlichen Beziehungen und Wünschen. Wenn wir also in einer Diskussion unseren Gesprächspartner vollkommen annehmen und ihm daher unsere Ansichten nicht einfach aufzwingen wollen, dann sehen wir ihn in einem völlig anderen Realitätsbereich als dem unseren und erkennen diesen als gleich legitim an. Wir verstehen damit, daß der Partner eine von der unseren verschiedene Position einnimmt. Wir behaupten aber nicht, daß er sich irre oder sich nicht rational verhalte. Wir können sogar sagen, daß die Position des anderen unter bestimmten Gesichtspunkten inadäquat sei (d.h. wir legen faktisch, ohne dies zu merken, einen bestimmten Realitätsbereich fest), behaupten aber nicht, daß er blind dafür sei, wie die Dinge wirklich sind. Wenn wir im Gegensatz dazu unseren Gesprächspartner nicht vollkommen annehmen, wenn wir unsere eigene Position durchsetzen wollen, wenn wir völlig gewiß sind, daß wir Recht haben, oder wenn wir den anderen zur Ausführung bestimmter Handlungen zwingen wollen, dann beanspruchen wir implizit oder explizit, daß das, was wir sagen, richtig, weil objektiv sei (d. h. auf objektiver Realität beruhe), daß wir wissen, wie die Dinge wirklich sind, daß unsere Argumente rational seien, und daß der andere sich objektiv irre und dies redlicherweise zugeben müsse. Aus all dem folgt, daß die Realität, die wir leben, von dem Erklärungsweg abhängt, den wir einschlagen, und daß dieser wiederum von dem Bereich der Emotionen abhängt, in dem wir uns zum Zeitpunkt unserer Erklärung bewegen. Sind wir also in aggressiver Stimmung und möchten wir unsere Auffassungen einem anderen Menschen ohne Reflexion aufzwingen, oder sind wir in einem emotionalen Zustand, der diesen Menschen ablehnt, dann negieren wir ihn *de facto*, dann operieren wir gemäß der Erklärungsperspektive der Objektivität ohne Klammern. Folgen wir im Gegensatz dazu der Emotion der Anerkennung des Mitmenschen und der Bereitschaft nachzudenken, dann bewegen wir uns operational auf dem Erklärungsweg der Objektivität in Klammern. Daraus folgt also, daß die Art der Realität, die wir als den Bereich unserer Erklärungsvorschläge leben, in jedem Augenblick den Fluß unserer zwischenmenschlichen Beziehungen und die Art der Koordinationen von Handlungen spiegelt, die wir erwarten. Aus der Erklärungsperspektive der Objektivität in Klammern ist dies notwendig so, ob wir uns dessen bewußt sind oder nicht, denn es ist konstitutiv für unser Operieren in der Biologie menschlichen Beobachtens.

2. *Strukturelle Determiniertheit*

Aus der Perspektive des Erklärungsweges der Objektivität ohne Klammern ist jede Aussage über strukturelle Determiniertheit eine Aussage über eine ontologische, transzendentale Eigenschaft der Realität. In der Tat können nur auf diesem Erklärungsweg die Fragen über die determinierte oder indeterminierte Natur des Universums gestellt werden.

Auf dem Erklärungsweg der Objektivität in Klammern entsteht der Begriff der strukturellen Determiniertheit aufgrund der Anerkennung der Regelmäßigkeiten der Erfahrungen, und er bezieht sich nur auf diese Regelmäßigkeiten, ohne irgendeine transzendentale, ontologische Annahme zu enthalten. Auf dem Erklärungsweg der Objektivität in Klammern enthält deshalb jeder Bereich der Realität einen besonderen Bereich struktureller Determiniertheit, als einen besonderen Bereich von Regelmäßigkeiten der Erfahrungen oder operationaler Kohärenzen des täglichen Lebens, und deshalb gibt es auf dem Erklärungsweg der Objektivität in Klammern so viele Bereiche struktureller Determiniertheit, als es Bereiche regelmäßiger Erfahrungen gibt, die wir als Beobachter in den Beschreibungen unserer Erfahrungen hervorbringen. Daraus folgt ebenso, daß eine Vorhersage auf dem Erklärungsweg der Objektivität in Klammern eine Berechnung von Regelmäßigkeiten der Erfahrungen ist, die die Form einer Operation mit den operationalen Kohärenzen annimmt, die diesen Bereich als einen Bereich struktureller Determiniertheit konstituieren. Und daraus folgt dann, daß ich, wenn ich von struktureller Determiniertheit oder von strukturdeterminierten Systemen spreche, keine transzendentale, ontologische Aussage mache, und daß ich mich in jedem Fall auf die Regelmäßigkeiten der Erfahrungen beziehe, die den Bereich der Realität konstituieren, in dem ich im Moment spreche, und der als solcher als ein besonderer Bereich struktureller Determiniertheit als Gegenstand des Lebensgeschehens des Beobachters entsteht.

3. *Rationalität*

Rationalität nimmt in unserer westlichen Kultur eine zentrale Stellung ein. Wir argumentieren daher rational für oder gegen fast alles, worüber wir nachdenken, auch über die Rationalität selbst, um sie zu bekräftigen oder abzulehnen. Im Westen behaupten wir gewöhnlich, daß die Rationalität ein konstitutives, definitorisches Merkmal des menschlichen Geistes sei, und handeln, als ob dies so wäre, und zwar sogar dann, wenn wir die Rationalität selbst analysieren und erklären wollen. Ich möchte dies noch eingehender erörtern.

Wenn wir den Erklärungsweg der Objektivität ohne Klammern beschreiten, dann erscheint uns die Rationalität als ein gegebenes konstitutives Merkmal des bewußten Denkens des Beobachters, womit er universale Wahrheiten und apriorische Prinzipien erkennen kann, und die er beschreiben, aber nicht analysieren kann. Auf diesem Erklärungswege bestimmt der Beobachter die Rationalität als Mittel der Enthüllung der Wahrheit durch die Entschleierung der Realität, da sie ermögliche, sich auf transzendentale Weise auf etwas zu beziehen, was unabhängig von seinen Handlungen existiert. Gemäß diesem Erklärungsweg ist das Rationale an und für sich gültig, und nichts kann es beeinträchtigen. Der Beobachter kann höchstens logische Fehler machen, aber nichts, was er tut, kann die transzendentale kognitive Macht der Rationalität zerstören. Auf diesem Erklärungsweg tragen außerdem Emotionen nichts zur Gültigkeit eines rationalen Arguments bei. Sie können den Beobachter höchstens blind machen für dessen zwingende Macht, sie können das Argument aber nicht verändern, da es ja auf Realität gegründet ist. Gemäß dem Erklärungsweg der Objektivität ohne Klammern ist die Suche nach der Realität daher die Suche nach den Bedingungen, die ein Argument rational und folglich unwiderlegbar machen. Oder mit anderen Worten, gemäß dem Erklärungsweg der Objektivität ohne Klammern und dem entsprechenden Verständnis der Rationalität ist die Suche nach der Realität in der Tat gleichbedeutend mit dem Kampf um ein zwingendes Argument.

Wenn wir demgegenüber den Erklärungsweg der Objektivität in Klammern beschreiten, dann erkennen wir, daß der Begriff der Rationalität mit der Unterscheidung von operationalen Kohärenzen entsteht, die den sprachlichen Diskurs eines Beobachters in einer Beschreibung oder Erklärung konstituieren. Was ein Beobachter folglich auf diesem Erklärungsweg als Rationalität bestimmt, ist keine Eigenschaft seines Bewußtseins, die ihm gestattet, etwas angeblich von seinen Handlungen Unabhängiges zu erfassen, sondern ist unweigerlich ein konstitutives Merkmal der operationalen Kohärenzen der Sprache. Wir erkennen daher auf diesem Erklärungsweg, daß ein Argument rational ist, weil es in vollkommener Übereinstimmung mit den operationalen Kohärenzen desjenigen Realitätsbereiches konstruiert wurde, in dem der Beobachter es als Merkmal seiner Praxis des Lebens in Sprache präsentiert. Daraus folgt, daß es ebenso viele Bereiche der Rationalität gibt, wie es Bereiche der Realität gibt, die der Beobachter in seiner Lebenspraxis hervorbringen kann. Mit anderen Worten, der Beobachter erkennt auf diesem Erklärungsweg, daß jedes rationale System ein System von kohärenten Diskursen ist, die sich aus der fehlerlosen rekursiven Anwendung einer Menge konstitutiver Merkmale ergeben, die er implizit oder explizit schon *a priori* als grundlegende generative Prämissen gesetzt hatte. Oder anders gesagt, jedes rationale System wird durch die rekursive Anwendung von Prämissen konstruiert, die *a priori* aufgrund nicht-rationaler Wünsche gesetzt wurden. Es bedarf daher zunächst nur einiger Ausgangselemente, die durch ihre Eigenschaften einen Bereich operationaler Kohärenzen erzeugen können, um einen rationalen Bereich festzulegen. Genau aus diesem Grunde ist jeder Realitätsbereich auch ein Bereich der Rationalität. Oder nochmals anders gesagt, das kohärente Operieren des Beobachters in Sprache, wenn er durch Erklärungen seiner Lebenspraxis einen Bereich der Realität konstituiert, konstituiert und validiert auch die Rationalität des Beobachters in der Erklärung dieses Realitätsbereichs. Ein Beobachter auf dem Erklärungsweg der Objektivität in Klammern erkennt auch, daß seine Emotionen die operationalen Kohärenzen der verschiedenen Realitätsbereiche, in denen er operiert, nicht determinieren. Aber er ist sich auch bewußt, daß seine Emotionen den Realitätsbereich, den er lebt, determinieren und folglich auch den Rationalitätsbereich, in dem er seine rationalen Argumente erzeugt. Wenn ein Beobachter einem anderen Lebewesen eine Emotion oder eine Stimmung zuschreibt, und zwar aufgrund einer bestimmten Konfiguration seiner Handlungen, dann meint er damit biologisch die strukturelle Dynamik der inneren Körperdispositionen dieses Lebewesens (die natürlich auch das Nervensystem umfassen), die den Bereich der Handlungen festlegt, in dem es in diesem Moment operiert. Aus diesem Grunde nenne ich Emotionen und Stimmungen Körperdispositionen für Handlungen.

Wenn ein Beobachter auf dem Erklärungsweg der Objektivität in Klammern sich der Biologie des Beobachtens bewußt wird, dann erkennt er, daß der Strom seiner Emotionen notwendig auch mit verschiedenen rationalen Bereichen verbunden ist. Oder in anderen Worten, der Beobachter erkennt, daß sich der rationale Bereich, in dem er seine rationalen Argumente konstruiert, mit dem Wandel seiner Emotionen und Stimmungen verändert. Mit anderen Worten, der Beobachter erkennt auf diesem Erklärungsweg, daß eine Veränderung seiner Emotionen oder Stimmungen die operationalen Prämissen verändert, gemäß denen die Praxis seines Lebens abläuft, und daß sich daher die von ihm *a priori* gesetzten Bedingungen verändern, auf denen seine rationalen Erklärungen und Argumente beruhen. Wir wissen aus der täglichen Lebenserfahrung, daß dies so ist. Wir sagen etwa: »Geh gar nicht auf sein Argument ein! Er ist wütend. Wenn er sich wieder beruhigt hat, dann wird er sicher seine Meinung überdenken.« Auf dem Erklärungsweg der Objektivität in Klammern begegnen sich daher Beobachter, die uneinig sind, nicht als Konkurrenten im Kampf um zwingende Argumente. Sie bemühen sich vielmehr um einen Bereich der Koexistenz in gegenseitiger Anerkennung (Verstehen), um die Klärung ihrer unterschiedlichen Auffassungen oder eine Trennung in gegenseitigem Respekt, oder schließlich um eine verantwortungsbewußte gegenseitige Ablehnung.

Als Zusammenfassung und als Antwort auf die am Anfang des Abschnitts A gestellten Fragen halte ich fest, daß der Beobachter auf dem Erklärungsweg der Objektivität in Klammern folgendes erkennt:

(a) Die Rationalität kann uns aufgrund ihrer Konstitution keinen Zugang zu einer angeblich von uns unabhängigen Realität eröffnen.

(b) Die zwingende Kraft der Rationalität, wie wir sie in unserem rationalen Leben erfahren, ist sozialer Art. Sie ergibt sich aus den impliziten, *a priori* (d.h. aufgrund nicht-rationaler Wünsche) gesetzten konstruktiven Prämissen, die die operationalen Kohärenzen der Konversationsbereiche bestimmen, in denen wir die Argumente akzeptieren, die wir als rational gültig ansehen.

(c) Wir können niemanden mit Hilfe der Rationalität zwingen, ein Argument als rational gültig anzunehmen, das er nicht bereits implizit als gültig akzeptiert hat, weil er die konstitutiven Prämissen jenes Realitätsbereichs teilt, in dem das Argument operationale Kohärenz besitzt.

(d) In einer Konversation, der keine implizite Einigung vorausgegangen ist, können wir uns lediglich bemühen, unseren Gesprächspartner zu bewegen, die grundlegenden Prämissen zu akzeptieren, die den Bereich definieren, in dem unsere Argumentation operational gültig ist.

4. Sprache

Wir menschlichen Wesen geschehen in Sprache, und wir verwirklichen uns in Sprache als menschliche Wesen. Es gibt keinen Weg, uns selbst oder irgend etwas anderes außerhalb der Sprache zu unterscheiden. Selbst wenn wir uns als Wesen ohne Sprache behandeln wollen, müssen wir in der Sprache verbleiben. In der Tat gibt es die Operation der Referenz nur in der Sprache, und außerhalb der Sprache sein zu wollen, ist für uns als Beobachter widersinnig. Es ist folglich für das Verständnis des menschlichen Beobachters grundlegend, Sprache als ein biologisches Phänomen zu erklären. Ich möchte daher nun zeigen, wie sich die Sprache auf den beiden Erklärungswegen, die ich eingeführt habe, darstellt.

(i) Gemäß der Grundbehauptung der Objektivität müssen die Beobachter auf dem Erklärungsweg der Objektivität ohne Klammern Sprache als ein Verhaltenssystem auffassen, mit dem sie sich untereinander über Entitäten verständigen, die unabhängig von ihren Handlungen existieren. Damit ist zwingend die implizite Annahme verbunden, daß sie ihrer Konstitution nach mit der Fähigkeit ausgestattet sind, die Existenz und die Eigenschaften solcher unabhängiger Entitäten zu erfassen und mit Hilfe von Worten zu symbolisieren. Auf diesem Erklärungsweg können also Beobachter, die über Sprache sprechen wollen, Worte nur als Symbole für die unabhängigen Entitäten auffassen, über die sie miteinander reden. Daraus ergeben sich zwei grundlegende Konsequenzen für die Beobachter, die aus dieser Erklärungsperspektive über Sprache sprechen wollen:

(a) Wenn die Sprache vom Beobachter als eine seiner konstitutiven Fähigkeiten aufgefaßt wird, dann bleibt sie in seinem Diskurs eine unanalysierbare Gegebenheit, und er kann lediglich ihre Regularitäten und Gebrauchsbedingungen beschreiben.

(b) Sieht der Beobachter die Sprache als das Ergebnis seines Operierens als einer biologischen Entität an und möchte er folglich eine naturwissenschaftliche Erklärung für die Sprache als biologisches Phänomen geben, und zwar gemäß dem Erklärungsweg der Objektivität ohne Klammern, dann muß er das Operieren eines biologischen strukturellen Mechanismus zeigen, wodurch das lebende System die Merkmale der von ihm unabhängigen Entitäten erfaßt, die durch die Worte des Beobachters symbolisiert werden. Dieser Mechanismus aber gehört nicht zum Bereich naturwissenschaftlicher Erklärungen und kann nicht dazu gehören, denn der Beobachter muß als Naturwissenschaftler lebende Systeme als strukturdeterminierte Entitäten auffassen, also als Entitäten, in denen alles, was geschieht, durch ihre Struktur determiniert wird und nicht durch irgendwelche Kräfte, die von außen darauf einwirken. Mit anderen Worten: Die Betrachtungsweise des Beobachters als einer biologischen Entität, deren Eigenschaften durch ihr Operieren erzeugt werden, ist nicht vereinbar mit der Betrachtungsweise des Beobachters als einer Entität, die beliebige Aussagen über eine von ihr unabhängige Realität machen kann, ob auf der Grundlage direkter Wahrnehmungen derselben oder indirekten Nachdenkens über sie. Sprache, Wahrnehmung und Selbst-Bewußtsein sind daher Fähigkeiten, Eigenschaften oder Operationen des Beobachters, die als biologische Phänomene auf dem Erklärungsweg der Objektivität ohne Klammern nicht erklärt werden können.

(ii) Auf dem Erklärungsweg der Objektivität in Klammern ist die Lage völlig anders. Da dieser Erklärungsweg durch die Erkenntnis konstituiert wird, daß der Beobachter ein lebendes System ist und daß alle seine Eigenschaften durch das Operieren dieses lebenden Systems entstehen, müssen die Eigenschaften des Beobachters als Beobachter biologisch erklärt werden. Der Beobachter, der diese biologische Erklärung geben will, muß außerdem zwei Bedingungen erfüllen:

(a) Der Beobachter muß sein eigenes Operieren als lebendes System in Sprache (d. h. seine Lebenspraxis als Beobachter) zum Ausgangspunkt machen: es ist Instrument der Erklärung seines eigenen Operierens und ebenso Gegenstand seiner Erklärung.

(b) Der Beobachter muß als Erklärung einen generativen biologischen Mechanismus entwickeln, der als eine Konsequenz seines Operierens Sprachhandeln im Kontext der Erfüllung des Kriteriums der Validierung naturwissenschaftlicher Erklärungen hervorbringt.

Der ersten Bedingung wird gemäß diesem Erklärungsweg durch die Erkenntnis genügt, daß eine Erklärung in der Neuformulierung der Lebenspraxis des Beobachters mit Hilfe von Elementen eben dieser Lebenspraxis besteht. Die zweite Bedingung verlangt ein angemessenes Verständnis der Existenzweise lebender Systeme als strukturdeterminierter Systeme in rekurrenten Interaktionen, was ich in anderen Veröffentlichungen dargestellt habe (vgl. Maturana 1978; Maturana/Varela 1987). Hier möchte ich – in Form von sechs Thesen – nur die wesentlichen Ergebnisse dieser Darstellungen wiederholen, nicht aber ihre ausführliche Begründung:

(a) Der Beobachter behauptet, daß Sprache, oder besser Handeln in und mit Sprache (Sprachhandeln), dann geschieht, wenn er einen bestimmten Prozeß der Interaktionen und Koordinationen von Handlungen von Menschen beobachtet, (den ich weiter unten noch beschreiben werde). Die Sprache ist ein biologisches Phänomen, denn sie wird durch das Operieren von Menschen als lebenden Systemen erzeugt. Sie verwirklicht sich allerdings im Bereich der Koordinationen der Handlungen der Beteiligten und nicht in ihrer Physiologie oder Neurophysiologie. Sprachhandeln und Physiologie geschehen in voneinander verschiedenen und einander nicht überschneidenden Phänomenbereichen. Oder mit anderen Worten, Sprache ist eine besondere Art des Operierens in Koordinationen von Handlungen und setzt dafür die Neurophysiologie der Beteiligten voraus, ist aber selbst kein neurophysiologisches Phänomen.

(b) Die naturwissenschaftliche Erklärung der Sprache als eines biologischen Phänomens besteht in der Entwicklung eines generativen Mechanismus, der diejenige Dynamik der Interaktionen und Handlungskoordinationen erzeugt, die ein Beobachter als Sprachhandeln unterscheidet. Eine solche Erklärung muß zeigen, wie das Sprachhandeln in den Interaktionen lebender Systeme als strukturdeterminierter Systeme entsteht, und wie es als ein Bereich der Koordinationen von Handlungen einen Phänomenbereich konstituiert, in dem alles das stattfinden kann und auch tatsächlich stattfindet, was wir in Sprache in unserer Lebenspraxis tun, wenn gewisse historische Voraussetzungen gegeben sind. Da nun eine naturwissenschaftliche Erklärung, wie ich oben gezeigt habe, nicht in einer phänomenalen Reduktion besteht, sondern ganz im Gegenteil die Validierung einer generativen Beziehung zwischen voneinander unabhängigen und einander nicht überschneidenden Phänomenbereichen darstellt, ist auch die naturwissenschaftliche Erklärung der Sprache keine phänomenale Reduktion derselben.

(c) Wenn ein Beobachter ein strukturdeterminiertes System bestimmt, erzeugt er eine zusammengesetzte Einheit sowie den Bereich, in dem diese bei Erhaltung ihrer Organisation interagiert. Da ein strukturdeterminiertes System seine Organisation bewahrt, wenn es in einem bestimmten Medium (Milieu) interagiert, bewahrt es im Fluß seiner Strukturveränderungen, die von den Interaktionen ausgelöst werden, auch seine strukturelle Übereinstimmung oder Anpassung in diesem Medium, andernfalls zerfällt es. In der Tat definieren die Erhaltung der Organisation (d. h. der Relationen zwischen den Bestandteilen, die die Klassenidentität eines

Systems definieren) und die Erhaltung der Anpassung (d. h. der interaktiven Relationen in einem Medium, die nicht zur Desintegration des Systems führen) die Bedingungen der Existenz für jedes System, das der Beobachter unterscheidet. So nimmt also der Beobachter wahr, daß zwei (oder mehrere) strukturdeterminierte Systeme in einem bestimmten Medium rekurrent miteinander interagieren, und daß sie damit eine Geschichte kongruenter Strukturveränderungen begründen, deren Verlauf von Augenblick zu Augenblick abhängig bleibt von ihren rekurrenten Interaktionen, von ihrer internen Strukturdynamik, und schließlich von ihren Interaktionen mit dem Medium, und die so lange anhält, bis ein System zerfällt, bis beide Systeme zerfallen oder sich voneinander trennen. Im täglichen Leben nennen wir einen derartigen Verlauf von Strukturveränderungen in einem System in Abhängigkeit von seinen Interaktionen in einem Medium, wo es seine Organisation und seine Anpassung erhält, Driften. Wenn die interagierenden strukturdeterminierten Systeme lebende Systeme sind, dann kann der Beobachter im Fluß ihrer rekurrenten Interaktionen feststellen, daß ihre kongruenten Strukturveränderungen eingebettet sind in die Aufrechterhaltung und manchmal auch die Erweiterung eines gemeinsamen Bereichs von Handlungs- oder Verhaltenskoordinationen zwischen ihnen, wie er in ihren Ausgangsstrukturen am Anfang des Prozesses ihrer rekurrenten Interaktionen bereits angelegt gewesen war. Wenn im Verlauf bestimmter rekurrenter Interaktionen zwischen zwei oder mehreren lebenden Systemen eine solche Erweiterung eines gegebenen Bereichs der Handlungskoordinationen stattfindet, und wenn der Beobachter feststellen kann, daß die neuen Handlungskoordinationen im Rahmen einer anderen Geschichte der rekurrenten Interaktionen zwischen diesen lebenden Systemen nicht hätten entstehen können, dann haben diese lebenden Systeme einen Bereich konsensueller Handlungskoordinationen hergestellt. Bereiche der konsensuellen Koordination von Handlungen sind normalerweise das spontane Ergebnis des Operierens lebender Systeme in rekurrenten Interaktionen. Nur die folgenden Voraussetzungen müssen dafür erfüllt sein:

Die beteiligten lebenden Systeme müssen bereits bei ihrem ersten Zusammentreffen die notwendigen strukturellen Dispositionen für rekurrentes Interagieren besitzen. Sie müssen im Bereich ihrer Interaktionen strukturelle Plastizität aufweisen. Und sie müssen eine Ausgangsstruktur haben, die ihnen erlaubt, ihre Organisation und Anpassung zu erhalten, auch wenn ihre Strukturen sich durch ihre rekurrenten Interaktionen verändern. Alle lebenden Systeme erfüllen diese drei strukturellen Bedingungen in gewissem Maße; dies ist durch die evolutionäre Geschichte begründet, zu der sie gehören.

(d) In gewissen Situationen stellt ein Beobachter nun fest, daß im Prozeß der Erweiterung eines konsensuellen Bereichs der Koordinationen von Handlungen eine Rekursion der Koordinationen der Handlungen der beteiligten Organismen stattfindet. Ein Beobachter stellt dabei zweierlei fest: Die Organismen interagieren miteinander rekurrent in konsensuellen Koordinationen konsensueller Koordinationen von Handlungen; gleichzeitig tritt ein Phänomenbereich auf, der alle die Phänomene zeigt, die wir im täglichen Leben als Phänomene der Sprache verstehen. Ich behaupte daher, daß auf diese Weise Sprache erzeugt wird, und daß das Phänomen der Sprache sich im Fluß der konsensuellen Koordinationen konsensueller Koordinationen von Handlungen ereignet, und zwar zwischen Organismen, die in ko-ontogenetischem strukturellem Driften miteinander leben. Wenn Sprache entsteht, dann entstehen in der ersten Rekursion Objekte als konsensuelle Koordinationen konsensueller Koordinationen von Handlungen, die die konsensuellen Koordinationen von Handlungen, die sie koordinieren, überdecken. Außerhalb der Sprache gibt es keine Objekte (vgl. Maturana 1978). Ich behaupte daher auch, daß mit diesem Sprachhandeln das Beobachten und der Beobachter entstehen, – das Beobachten als die Rekursion zweiter Ordnung der konsensuellen Koordinationen von Handlungen, die das Phänomen der Unterscheidung konstituiert, der Beobachter als eine Rekursion dritter Ordnung, mit der die operationale Verwirklichung des Beobachters in einer Körperlichkeit unterschieden wird. Wenn Sprachhandeln und

Beobachten geschehen, entsteht der Beobachter als ein Objekt, d. h. als Objekt, das Unterscheidungen trifft und das selbst wiederum die Koordinationen von Handlungen überdeckt, die es operational konstituieren. Wenn Sprachhandeln, Beobachten und Beobachter entstehen, dann kann in einer Gemeinschaft von Beobachtern auch das Phänomen des Selbst-Bewußtseins entstehen, und zwar als eine Rekursion vierter Ordnung der konsensuellen Koordinationen von Handlungen, mit der die Beobachter ihre eigenen Körperlichkeiten als Knoten in einem Netzwerk rekursiver Unterscheidungen unterscheiden können.

(e) Die Sprache als ein Bereich rekursiver konsensueller Koordinationen von Handlungen operiert nicht mit Symbolen, obwohl Symbole in der Sprache als Unterscheidungen von Relationen zwischen Unterscheidungen auftreten. Wörter sind daher keine symbolischen Entitäten und sie benennen oder beziehen sich auch nicht auf von uns unabhängige Objekte, sie sind vielmehr Unterscheidungen von konsensuellen Koordinationen von Handlungen im Fluß der konsensuellen Koordination von Handlungen. Aus diesem Grunde konstituieren Laute, Zeichen oder Bewegungen allein keine Wörter und Folgen oder Gruppen von Lauten, Zeichen oder Bewegungen kein Sprachhandeln. Sprache geschieht ausschließlich im Fluß der rekursiven konsensuellen Koordinationen von Handlungen zwischen Organismen in rekurrenter Interaktion. Im Operieren eines einzigen Organismus ereignet sie sich im Fluß der Handlungen, die ein Beobachter zu einem impliziten Bereich der konsensuellen Koordinationen von Handlungen mit anderen Organismen rechnet, weil sie im Prozeß der Strukturdynamik dieses einzelnen Organismus entstehen und das Ergebnis seiner Mitwirkung an einer Geschichte des Sprachhandelns mit anderen Organismen sind. Im täglichen Leben verstehen wir das sehr gut; ein Mensch ist für uns exzentrisch, verrückt oder ein Außenseiter, wenn wir meinen, daß er alle Handlungen, die eigentliches Sprachhandeln ausmachen, außerhalb eines impliziten oder expliziten Bereichs der rekursiven konsensuellen Koordinationen von Handlungen vollzieht.

(f) Obwohl die Sprache in einem Bereich der Koordinationen

von Handlungen geschieht, entsteht sie durch das ko-ontogenetische strukturelle Driften von Organismen in rekurrenter Interaktion. Sprache ereignet sich daher als der Fluß rekursiver konsensueller Koordinationen von Handlungen zwischen Organismen, deren Handlungen koordiniert werden, weil die Organismen kongruente dynamische Strukturen besitzen, die im Zuge ihrer rekurrenten Interaktionen in ko-ontogenetischem strukturellem Driften entstanden sind oder entstehen. Interaktionen in Sprache sind daher strukturelle Interaktionen, die in den interagierenden Organismen strukturelle Veränderungen auslösen, die wiederum vom Verlauf der konsensuellen Koordinationen von Handlungen abhängen, in dem sie auftreten. Daraus folgt, daß der Bereich des Sprachhandelns sich zwar nicht mit dem strukturellen Bereich der Körperlichkeiten der interagierenden Organismen überschneidet, daß die strukturellen Veränderungen der Organismen, die in Sprache interagieren, aber eine Funktion ihres Sprachhandelns sind und umgekehrt. Auch wenn wir uns dies gewöhnlich nicht klarmachen, zeigen wir im alltäglichen Leben, daß wir es sehr wohl verstehen, weil wir für die Charakterisierung des Sprachhandelns in einer Konversation gewöhnlich Adjektive benutzen, die sich auf körperliche Begegnungen beziehen. Wir sagen etwa, daß Worte glatt, leicht, liebkosend, hart, scharf ... waren, wir beziehen uns also auf körperliche Erfahrungen. Wir können mit Worten töten oder erfreuen, denn Worte sind Koordinationen von Handlungen, die über körperliche Interaktionen geschehen und körperliche Veränderungen im Bereich unserer Physiologie auslösen. Aus dem Gesagten folgt, daß Sprache nicht unsere einzige Möglichkeit darstellt, in konsensuellen Koordinationen von Handlungen zu operieren. Sprache besteht in der Rekursion in den konsensuellen Koordinationen von Handlungen. Die basalen konsensuellen Koordinationen von Handlungen, die der Sprache operational zugrundeliegen, bezeichne ich als sprachliche Koordinationen von Handlungen, und den Bereich dieser basalen konsensuellen Koordinationen von Handlungen nenne ich einen sprachlichen Bereich erster Ordnung (vgl. Maturana 1978). Wir können also auch sagen, daß die Sprache einen

Bereich der rekursiven sprachlichen Koordinationen von Handlungen oder einen Bereich der sprachlichen Handlungskoordinationen zweiter Ordnung darstellt. Wir Menschen koordinieren unsere Handlungen miteinander auch in sprachlichen Bereichen erster Ordnung, und wir tun dies häufig mit Tieren. Ein solcher Bereich sprachlicher Handlungskoordinationen erster Ordnung kann außerordentlich reichhaltig und komplex sein, je nachdem, wie komplex die Geschichte der rekurrenten Interaktionen ist, in der er auftritt. Man kann aber sagen, daß seine Erweiterung stets nur additiv ist. Die Sprache als ein sprachlicher Bereich zweiter Ordnung kann um vieles reichhaltiger und komplizierter sein, da sie von rekursiver Art ist, und man kann ihre Erweiterung multiplikativ nennen.

5. *Emotionsdynamik*

Die westliche Kultur, zu der wir modernen Naturwissenschaftler gehören, schätzt Emotionen gering oder betrachtet sie zumindest als Quelle willkürlicher Handlungen, die unzuverlässig sind, weil sie nicht der Vernunft entspringen. Diese Einstellung macht uns blind für die Mitwirkung unserer Emotionen an allen unseren Handlungen, blind für die Körperlichkeit, die unsere Handlungen überhaupt erst möglich macht und die Bereiche festlegt, in denen sie ablaufen. Es ist diese Blindheit, so behaupte ich, die unser Verständnis sozialer Phänomene einschränkt. Ich möchte dies weiter erläutern.

(i) Alle Lebewesen besitzen verschiedene Bereiche interner operationaler Kohärenzen, die dynamische Körperhaltungen konstituieren, über und durch die ihre Handlungen und Interaktionen in ihren jeweiligen Existenzbereichen ablaufen. Das erkennen wir im Alltagsleben als vergleichbar mit dem, was wir in den verschiedenen Arten des Interagierens bei anderen Lebewesen als Stimmungen oder Emotionen auffassen.

(ii) Der Beobachter unterscheidet zwischen verschiedenen Emotionen und Stimmungen mit Hilfe der Unterscheidung verschiedener Handlungsbereiche, in denen sich die beobachteten Organismen bewegen. Wie ich bereits gesagt habe

(Abschnitt B 2), können wir Emotionen als dynamische Körperdispositionen für Handlungen auffassen (das Nervensystem selbstverständlich eingeschlossen), die in jedem Augenblick die Handlungsbereiche festlegen, in denen sich die Organismen bewegen. Jegliches Verhalten der Lebewesen vollzieht sich daher immer in einem Handlungsbereich, der durch eine bestimmte Emotion oder Stimmung getragen und bestimmt wird. Alles tierische Leben geschieht in einem ungebrochenen Strom von Emotionen und Stimmungen, in einer Emotionsdynamik, durch die sich die Handlungsbereiche verändern, in denen sich Organismen bewegen und operieren, und zwar in Abhängigkeit vom Verlauf ihrer Interaktionen. Das gilt auch für uns Menschen. Die menschliche Emotionsdynamik ist jedoch größtenteils konsensuell und ihr Verlauf ist verflochten mit unserem Sprachhandeln in der Interaktionsgeschichte mit anderen Menschen. Auch die rekurrenten Interaktionen, durch die Sprachhandeln zwischen zwei oder mehreren Menschen geschieht, erfordern in den beteiligten Menschen einen ganz bestimmten Fluß von Körperdispositionen, der sie von Augenblick zu Augenblick veranlaßt, die rekurrenten Interaktionen aufrechtzuerhalten. Wenn dieser Fluß der Körperdispositionen für rekurrente Interaktionen aufhört, und wenn diejenige Emotion, die zu den rekurrenten Interaktionen in Sprache geführt hat, aufhört, dann hört auch der Prozeß des Sprachhandelns (die Konversation) auf. Mit anderen Worten, der Prozeß des Sprachhandelns geschieht in den Koordinationen der Handlungen von Menschen, aber stets verflochten mit den Emotionen, die die operationalen Voraussetzungen für sein Geschehen konstituieren und die in jedem Augenblick die konsensuellen Bereiche bestimmen, in denen er ablaufen kann. Und in wieder anderen Worten, die operationalen Kohärenzen des Sprachhandelns sind von der gleichen Allgemeingültigkeit wie die operationalen Kohärenzen der Handlungskoordinationen der Beobachter in ihrer Lebenspraxis. Der Fluß der sich verändernden Emotionen, in dem das Sprachhandeln geschieht, hat darauf keinen Einfluß, er verändert lediglich den Handlungsbereich, in dem das Sprachhandeln stattfindet.

(iii) Wenn ein Beobachter die operationalen Regularitäten der rekursiven konsensuellen Koordinationen von Handlungen in der Lebenspraxis beobachtet, die Sprachhandeln konstituieren, dann spricht er von Logik. Die Logik ist unabhängig von jeglichem Inhalt im Sinne eines Bezugs auf bestimmte Handlungsbereiche, sie wird durch die operationalen Kohärenzen der Lebenspraxis des Beobachters bestimmt und ist von gleicher Allgemeingültigkeit wie die operationalen Kohärenzen der konsensuellen Koordinationen von Handlungen, die Menschen als lebende Systeme erzeugen können. Die Emotionsdynamik konstituiert daher nicht, wie ich bereits gesagt habe (Abschnitt B 2), einen Fluß durch verschiedene Logiken, sondern lediglich den Fluß durch verschiedene Bereiche der Handlungskoordinationen, und die Rationalität wird nicht durch die Inhalte der Sprachhandlungen konstituiert, sondern durch deren operationale Kohärenzen.

(iv) Wenn ein Beobachter einen Strom von Koordinationen von Handlungen in Sprache in einer Gruppe von Beobachtern unterscheidet, dann spricht er von einer Konversation. Eine Konversation ereignet sich im Operieren einer Gruppe von Beobachtern in einem bereits hergestellten Bereich der Konsensualität oder in dessen Erweiterung, oder als ein Prozeß, in dem ein neuer Bereich der Konsensualität entsteht. Es ist aber unsere Emotionsdynamik, die festlegt, wie wir uns in unseren Konversationen durch verschiedene Bereiche der Koordinationen von Handlungen bewegen. Gleichzeitig beeinflussen unsere Konversationen aufgrund der konsensuellen Verflechtung unserer Emotionen mit unseren Sprachhandlungen den Verlauf unserer Emotionsdynamik. Und schließlich sind es in jedem Augenblick die Umstände unserer Interaktionen in dem Bereich der Handlungen, in dem die Konversationen ablaufen, durch die wir unsere besondere Art des Menschseins bewahren bzw. durch unsere Lebenspraxis ständig erzeugen, die den Weg der Konsensualität unserer Emotionen und den Verlauf unserer Konversationen bestimmen. Strenggenommen ist daher das Leben der Menschen ein unentwirrbar verschlungener Strom von Emotionen und Rationalität, durch den verschiedenste Realitätsbereiche hervorgebracht werden. Und wir leben diese verschiedenen Realitätsbereiche in unseren Interaktionen mit anderen Menschen implizit oder explizit gemäß der Objektivität in oder ohne Klammern entsprechend dem Fluß unserer Emotionsdynamik.

(v) Wir modernen westlichen Menschen beanspruchen gewöhnlich, rationale Lebewesen zu sein, um uns damit von allen Tieren abzugrenzen, die wir als von Trieben beherrscht ansehen. Daß wir Lebewesen sind, die die Rationalität nutzen, daran besteht kein Zweifel. Doch wir werden genauso von Emotionen bewegt wie jedes Tier. Die Rationalität bewegt uns nur durch die Emotionen, die im Laufe unserer Konversationen (oder Reflexionen) im dynamischen Geflecht unseres Sprachhandelns und unserer Emotionsdynamik entstehen. Was uns nämlich zu Menschen, also zu den besonderen Lebewesen macht, die wir sind, das ist nicht die operationale Kohärenz unserer Rationalität, die in der operationalen Kohärenz unserer Lebenspraxis als lebende Systeme in Koordinationen von Handlungen und Sprache besteht, sondern die Tatsache, daß wir in Sprache leben, d. h. in der konstitutiven Verflechtung von Sprachhandeln und Emotionen.

(vi) Unsere Emotionsdynamik ist auch mit unseren konsensuellen Koordinationen von Handlungen verflochten, wenn wir in den sprachlichen Bereichen erster Ordnung mit anderen Menschen und mit Tieren interagieren. Es ist eben diese Verflechtung von Emotionen und Konsensualität erster Ordnung, die die Reichhaltigkeit und Komplexität unserer Handlungskoordinationen mit Haustieren konstituiert und uns veranlaßt, diesen Intelligenz zuzuschreiben. Die Allgegenwart der Emotionen in allem unserem Tun verbindet uns auch mit der Geschichte unserer tierischen Verwandten im Bereich der Säugetiere bzw. der Primaten und ist keinesfalls eine Einschränkung unserer Menschlichkeit, sie ist im Gegenteil die Bedingung der Möglichkeit unserer Menschlichkeit. Es ist nämlich die spezifische Art unserer Emotionsdynamik, die unsere Lebensweise formt, gemäß der wir als in Sprache handelnde rationale Lebewesen existieren und aufgrund der die menschliche Existenzform in der Geschichte der Primaten überhaupt entstehen konnte.

6. *Konversationen*

Im täglichen Leben bestimmen wir als Beobachter Konversationen als den Fluß der Koordinationen von Handlungen und Emotionen zwischen Menschen, die rekurrent in Sprache interagieren, und diese Unterscheidung bezeichne ich von nun an mit dem Wort Konversation. Es gibt drei grundlegende Phänomene, die ein Beobachter mit dieser seiner Bestimmung einer Konversation hervorbringt. Zwei ereignen sich im Bereich der Unterscheidungen des Beobachters, nämlich einmal die Koordinationen der Handlungen, die als Koordinationen des Verhaltens erscheinen, und zum anderen die Koordinationen der Emotionen, die als Koordinationen von Handlungsbereichen erscheinen. Das dritte Phänomen ereignet sich im Bereich der strukturellen Veränderungen der miteinander konversierenden Menschen. Ihre sich ständig verändernden Körperlichkeiten wandeln sich kongruent in ihrer Ko-ontogenese, die in einem ko-ontogenetischen strukturellen Driften besteht und so lange andauert, wie die Konversation fortgesetzt wird. Ich möchte dies noch weiter erläutern.

(i) Konversationen sind als Operationen in Sprache Operationen in Bereichen der Konsensualität, die im Prozeß ihres Vollzuges erweitert, eingeschränkt oder auch verschwinden können, ohne daß neue an ihre Stelle treten. Wir merken dies im täglichen Leben immer dann, wenn wir im Verlauf unserer Konversationen mit anderen Menschen eine Zunahme, Abnahme oder Veränderung des Grades unserer Intimität mit diesen Menschen feststellen. In jedem Falle aber verändern sich die Körperlichkeiten der Teilnehmer in kongruenter Weise, auch dann, wenn es zum Schluß zur Trennung und zum Verlust der Konsensualität kommt. Mit anderen Worten, auch wenn sich die Dynamik der Konsensualität und der Veränderungen der Körperlichkeit in unterschiedlichen und einander nicht überschneidenden Phänomenbereichen ereignen, verflechten sie sich in einer Konversation, denn sie verwirklichen sich als biologische Prozesse. Die Veränderungen der Körperlichkeiten der Konversationsteilnehmer folgen nämlich einem Weg, der von den Koordinationen der Handlungen und Emotionen abhängig ist, die sich im Vollzug der Konversation ereignen, und die Koordinationen von Handlungen und Emotionen, die die Konversationen bilden, folgen dem Weg, der durch die Veränderungen der Körperlichkeiten bestimmt wird, die sich in den Teilnehmern abspielen, wenn sie die Konversationen erzeugen. Auch das ist Teil unserer alltäglichen Erfahrung, und wir bemerken es dann, wenn wir im Verlauf einer Konversation besonders auf die Verhaltensreaktionen unseres Körpers achten.

(ii) Es gibt mehrere Klassen von Konversationen, die ein Beobachter im Bereich der menschlichen Beziehungen und Interaktionen unterscheiden kann. Sie unterscheiden sich nach der Art der Koordinationen der beteiligten Handlungen und Emotionen. Jede Konversationsklasse wird durch ein bestimmtes Muster oder eine bestimmte Konfiguration von Koordinationen von Handlungen und Emotionen definiert. Alle die verschiedenen Klassen der Konversationen können in vielen verschiedenen Handlungsbereichen und in vielen verschiedenen emotionalen Zusammenhängen auftreten, unabhängig von dem operationalen Bereich bzw. dem Realitätsbereich, in dem die Handlungen ablaufen. Jeder Mensch wirkt entweder gleichzeitig oder nacheinander an vielen verschiedenen und voneinander unabhängigen Konversationen mit, die alle einander indirekt beeinflussen, da sie im Prozeß ihrer Verwirklichung in der strukturellen Dynamik einer einzigen Körperlichkeit ineinander greifen. Mit anderen Worten, wir Menschen leben als Knoten der Konversation in Gemeinschaften, die selbst Netzwerke von Konversationen verschiedenster Art sind, die im Prozeß ihrer Verwirklichung in unserer Körperlichkeit miteinander verkoppelt werden. Ich möchte einige dieser Arten der Konversation anführen:

(a) Konversationen der Koordinationen gegenwärtiger und zukünftiger Handlungen. Diese Konversationen bestehen in den tatsächlichen Koordinationen von Handlungen im Prozeß des Sprachhandelns in einem bestimmten Bereich. Der Beobachter sieht sie als Teil eines emotionalen Prozesses, in dem die an der Konversation Beteiligten nur auf die Koordinationen der Handlungen achten.

Zwei Beispiele:

1. »Wenn du den Tisch deckst, dann mache ich das Abendessen.
   Das mache ich gerne!«
2. »Kannst du mir sagen, wie ich die Diagonale eines Rechtecks berechnen soll?
   Ja, du mußt den Satz des Pythagoras nehmen.
   Ach natürlich, vielen Dank.«

(b) Konversationen des Vorwerfens bzw. der Entschuldigung mit Bezug auf nicht eingehaltene Absprachen. Diese Konversationen bestehen in einem Fluß von Verhaltenskoordinationen, die ein Beobachter den Emotionen des Rechthabens und der Schuld zuordnet und in denen Forderungen, Versprechungen und Äußerungen zusammenspielen, in denen Beschuldigungen und Entschuldigungen als legitime Handlungen gelebt werden, auch dann, wenn die Entschuldigungen nicht angenommen werden.

Zwei Beispiele:

1. »Warum hast du gesagt, du würdest kommen, wenn du gar nicht kommen konntest?
   Ach, als ich das gesagt habe, da war ich mir ganz sicher, daß ich kommen konnte. Erst danach ist mir klargeworden, daß meine Mutter ja krank war, und daß ich doch bei ihr bleiben müßte.
   Das habe ich nicht gewußt. Alles okay, dann machen wir eben ein anderes Treffen aus.«
2. »Ich bin jetzt fertig, du auch?
   Tut mir leid, ich kann jetzt nicht.
   Du hast aber versprochen ...
   Ja, aber meine Mutter ruft mich gerade. Kannst du warten, bis ich wieder da bin?«

(c) Konversationen des Wünschens und Erwartens. Diese Konversationen bestehen in Koordinationen von Handlungen, die der Beobachter als Teil eines Diskursbereiches sieht, in dem jeder Teilnehmer seine Aufmerksamkeit auf eine Beschreibung seiner Zukunft und nicht auf die Handlungen richtet, durch die er sich im Hier und Jetzt als Mensch konstituiert.

Zwei Beispiele:

1. »Nach der Wahl der Präsidentin werde ich endlich mein Programm der Wiederaufforstung durchsetzen können.

Das setzt voraus, daß eure Kandidatin die Wahl gewinnt. Ich glaube aber nicht daran.
Ich bin ganz sicher, daß sie gewinnt, sie wird von der Mehrheit der Arbeiter unterstützt.«

2. »Iß, und du wirst so groß werden wie dein Onkel. Ich will aber nicht essen! Ich will nicht wie mein Onkel werden! Mein Onkel ist so alt!«

(d) Konversationen des Befehlens und des Gehorchens. Diese Konversationen bestehen in Koordinationen von Handlungen, die ein Beobachter als Teil einer emotionalen Situation der gegenseitigen Negierung und Selbsterniedrigung sieht. Einige der Teilnehmer gehorchen, d. h. tun auf die Forderungen anderer hin etwas, was sie nicht tun wollen, und andere befehlen, d. h. nehmen eine Position der Überlegenheit ein oder fühlen sich in einer solchen bestätigt, da ihre Forderungen erfüllt werden. Wer gehorcht, negiert sich selbst, weil er etwas tut, was er nicht tun will, und er negiert auch den Menschen, der die Befehle gibt, da er ihm den Status der Überlegenheit verleiht, obwohl dieser erst durch eine Beziehung des Befehlens und des Gehorchens konstituiert wird. Wer befiehlt, negiert die Menschen, die gehorchen, weil sie ihre Selbstverleugnung als legitim akzeptieren, und er negiert auch sich selbst, weil er die Bekräftigung seiner Überlegenheit durch die Gehorchenden als gültig annimmt.

Zwei Beispiele:

1. »Gerda, rechne das an der Tafel aus!
Aber ich habe meine Aufgaben im Heft noch nicht fertig.
Das macht nichts, bitte komm zur Tafel.
Sch ... (Gerda geht zur Tafel.)«

2. »Du mußt heute nach Berlin!
Jetzt? Ich erwarte einige Freunde zum Abendessen.
Es tut mir leid, aber du mußt unbedingt nach Berlin und bis morgen bleiben.
Okay, du bist der Boß.«

(e) Konversationen der Charakterisierung, der Attribuierung und der Bewertung. Diese Konversationen bestehen in Koordinationen von Handlungen in einem Bereich des Diskurses der Beschreibungen und der Meinungen. Der Beobachter sieht sie als Teil eines Geflechts von Emotionen des Annehmens und der Ablehnung, der Lust und der Frustration, je nachdem, ob die Beteiligten sich als richtig oder falsch eingeschätzt erleben.

Drei Beispiele:

1. »Da bist du ja endlich! Ich dachte, du bist immer pünktlich.
   Was? Du meinst, ich bin immer unpünktlich? Das ist das erste Mal, daß ich zu spät komme.«
2. »Ich werde mir deine Berechnungen nicht ansehen, du bist so intelligent, daß du keine Fehler machst.
   Manchmal aber mache ich doch Fehler ...
   Ich habe bis jetzt noch keinen gefunden.
   Schön, das zu hören!«
3. »Schau doch dein Hemd an, es ist völlig verdreckt.
   Aber Mutter, ich habe doch gerade gespielt ...
   Ach was, du bist immer schlampig und dreckig!«

(f) Konversationen der Beschwerde über unerfüllte Erwartungen. Dabei handelt es sich um Konversationen, die in Koordinationen von Handlungen in einem Beschreibungsbereich bestehen, den der Beobachter mit der emotionalen Situation der Frustration verbindet. Der Sprecher hält den Zuhörer für unehrlich, weil er ein Versprechen nicht erfüllt hat, und der Zuhörer sieht sich der Anklage ausgesetzt, ein Versprechen nicht erfüllt zu haben, das er gar nicht gegeben hat.

Zwei Beispiele:

1. »Du kommst schon wieder zu spät! Das Essen ist total ruiniert.
   Aber du weißt doch, daß ich bei diesem Wetter einfach nicht früher da sein kann!«
2. »Ich habe mir von der Arbeit dieser Kommission so viel erwartet!
   Aber du wußtest doch, daß ich mich in der Materie nicht genug auskannte, um den Vorsitz zu übernehmen.
   Aber ich hätte dir doch helfen können, wenn du mir nur vertraut hättest!«

Ich könnte noch verschiedene andere Konversationsarten anfügen, will aber darauf verzichten. Allerdings möchte ich nochmals betonen, daß wir Menschen an vielen verschiedenen Konversationen gleichzeitig oder nacheinander beteiligt sind, und daß sich die Art unserer Koexistenz mit dem Wandel des Netzwerks der Konversationen verändert, in dem unterschiedlich verknüpfte Koordinationen gegenwärtiger und zukünftiger Handlungen mit verschiedenen Strömen konsensueller Emotionen verflochten sind. Die verschiedenen Systeme des Zusammenlebens bzw. Arten menschlicher Gemeinschaften, an denen wir mitwirken, unterscheiden sich in den Netzwerken der Konversationen (der konsensuellen Koordinationen von Handlungen und Emotionen), die sie konstituieren, und daher hinsichtlich der Realitätsbereiche, in denen sie sich verwirklichen. Emotionen sind keine Konversationen, aber wir bewegen uns gemäß unserer Emotionsdynamik auch im Rahmen unserer Konversationen. Wir nehmen daher gerne und oft an solchen Konversationen mit anderen Menschen und auch mit uns selbst (also an expliziten oder impliziten Selbstgesprächen) teil, die uns eine bestimmte Art der Emotionalität und so emotionale Stabilität vermitteln. Dadurch werden allerdings zeitweise unsere Interaktionsbereiche in den menschlichen Gemeinschaften, zu denen wir gehören, eingeschränkt und die Multidimensionalität unseres emotionalen Lebens reduziert. Wenn dies nur vorübergehend geschieht, dann sind wir unglücklich oder glücklich, je nachdem, ob wir unsere emotionale Gestimmtheit als angenehm oder als unangenehm empfinden. Wird das aber zur permanenten Einstellung, dann geraten wir in die Konversationsfalle emotionaler Geringschätzung oder emotionaler Überschätzung, und der Strom unserer Emotionen wird ständig so eingeschränkt, daß ein Beobachter von Blindheit für die Multidimensionalität der menschlichen Interaktionen sprechen würde. Beispiele dafür sind selbstverurteilende Konversationen der Form »Ich bin zu nichts zu gebrauchen!« oder »Ich werde das nie schaffen!« oder »Wir haben einfach immer Pech, wir kommen nie aus diesem Elend raus!«, und andererseits selbstüberschätzende Konversationen der Form »Ich bin so schlau, ich kann alles!« oder »Ich bin mächtig und jeder folgt mir, weil ich immer recht habe!« Wir können auch in rekurrente Konversationen geraten, die uns in emotionale Bahnen drängen, die wir als emotionale Widersprüche erleben, weil sie im Aufeinandertreffen in unseren Körperlichkeiten die Verwirklichung gegensätzlicher Handlungsbereiche erzwingen. Ein häufiger Fall ist die der rekurrenten Verknüpfung von Konversationen, die zum einen den Wunsch enthalten, mit einem anderen Menschen zusammenzusein, zum anderen den Wunsch, ihn loszuwerden:

»Ich liebe dich.
Du langweilst mich!«

»Wir sind zusammen, weil wir das so wollen, und jeder kann tun, was er will.
Du tust nicht mehr, was du früher für mich getan hast!«

Ist diese Situation von Dauer, dann entsteht im Zusammenleben Leiden.

7. Das Nervensystem

Anatomisch ist das Nervensystem als geschlossenes Netzwerk interagierender Bestandteile organisiert. Es integriert ein größeres System, dessen Zustands- und Interaktionsbereich es durch sein Operieren erweitert. Operational ist es ein geschlossenes Netzwerk sich verändernder Interaktionsrelationen zwischen den Bestandteilen. Jede Veränderung der Interaktionsrelationen zwischen seinen Bestandteilen bewirkt weitere Veränderungen der Interaktionsrelationen zwischen diesen Bestandteilen. Alles vollzieht sich in einem System feinst verknüpfter Kreisläufe in den unendlich rekurrenten zirkulären Prozessen der sich verändernden Interaktionsrelationen von unterschiedlicher Länge und mit unterschiedlichen Zeitkonstanten. Die Elemente des menschlichen Nervensystems sind Zellen (Neuronen, sensorische Zellen und motorische Zellen), in anderen lebenden Systemen können es Elemente anderer Art sein, z. B. Moleküle, wie bei den Protozoen. Einige Konsequenzen dieser Organisation des Nervensystems muß ich im Rahmen dieses Aufsatzes näher ausführen.

(i) Als strukturdeterminiertes System operiert das Nervensystem nicht mit Repräsentationen einer Umwelt und kann dies auch nicht. Nichts außerhalb des Nervensystems kann das festlegen, was im System selbst geschieht. Aufgrund dieser Strukturdeterminiertheit unseres Nervensystems oder aufgrund unserer Strukturdeterminiertheit als lebende Systeme können wir in unserer Erfahrung zwischen Wahrnehmung und Illusion nicht unterscheiden. Die operationale Kongruenz zwischen einem natürlichen System und seinem Medium (Milieu) ist das Ergebnis der Bewahrung der strukturellen Kongruenz zwischen dem System (und seinem Nervensystem, wenn es eines besitzt) und seinem Medium aufgrund seiner Interaktionsgeschichte (vgl. Maturana 1983).

(ii) Die Zustände eines Nervensystems als einer zusammengesetzten Einheit bestehen in Interaktionsrelationen zwischen seinen Bestandteilen, gleichzeitig operiert es aber in seinen Interaktionen als zusammengesetzte Einheit durch die Eigenschaften seiner Bestandteile. Außerdem verändert sich die Struktur und der Zustandsbereich eines Nervensystems, wenn sich die Eigenschaften seiner Bestandteile verändern, und zwar aufgrund der strukturellen Veränderungen, die durch ihre Interaktionen ausgelöst werden. Wenn sich also die Struktur der Bestandteile eines Nervensystems aufgrund ihrer Interaktionen verändert, dann verändern sich auch Struktur und Zustandsbereich des Nervensystems, und zwar in Abhängigkeit vom Prozeß ihrer Interaktionsgeschichte.

(iii) Da das Nervensystem ein größeres System integriert, etwa einen Organismus, existiert es als eine Ganzheit, d. h. als eine zusammengesetzte Einheit im Bereich der Existenz des Organismus, den es integriert, und seine Bestandteile interagieren durch den Organismus in dem Interaktionsbereich, in dem der Organismus interagiert. Daraus folgt, daß sich die Struktur der Bestandteile eines Nervensystems, die Struktur des Nervensystems, das sie bilden, und ebenso dessen Zustandsbereich, und schließlich die Struktur des Organismus, den das Nervensystem integriert, alle kongruent verändern, und zwar in Abhängigkeit vom Prozeß der Interaktionsgeschichte des Organismus. Mit anderen Worten, die Struktur des Nervensystems und die Dynamik seines Wandels sind dynamisch mit der Struktur des Organismus und der Dynamik seines Wandels verknüpft. In dem Maße, in dem die Zustandsveränderungen des Nervensystems zu Zustandsveränderungen des Organismus führen und die Zustandsveränderungen des Organismus zu Veränderungen seiner Interaktionen, d. h. zu Veränderungen seines Verhaltens, nimmt das Nervensystem durch seine Dynamik an der Erzeugung des Verhaltens des von ihm integrierten Organismus teil. Daher ist die Struktur eines Nervensystems in jedem Moment notwendig in den Fluß der Strukturveränderungen eingebunden, die in Abhängigkeit von der Interaktionsgeschichte des von ihm integrierten Organismus ablaufen, und seine Zustandsdynamik ist notwendig in jedem Moment in operationaler Übereinstimmung mit den historischen Merkmalen des Verhaltens des von ihm integrierten Organismus.

(iv) Das oben Gesagte gilt auch für uns Menschen, die wir in Sprache operieren. Unser Sprachhandeln geschieht im Strom der rekursiven Koordinationen konsensuellen Verhaltens. Operational ist eine Rekursion nur ein historisches Phänomen, denn nur mit Bezug auf die Unterscheidung einer Folge von Ereignissen ist die Wiederholung einer Operation eine Rekursion. Eine Rekursion ist die Wiederholung eines zirkulären Prozesses, den ein Beobachter mit einem historischen Phänomen verknüpft, indem er behauptet, das Phänomen trete wieder auf, weil jener zirkuläre Prozeß erneut auf die Resultate seines früheren Auftretens angewendet wurde. Aufgrund dieser Konstitution des Phänomens der Rekursion sind nicht alle zirkulären Prozesse rekursive Prozesse. Gleichzeitig ist dies der Grund dafür, daß das Nervensystem zwar ein zirkuläres Netzwerk von miteinander verknüpften zirkulären Prozessen mit unterschiedlichen Zeitkonstanten ist, daß diese Prozesse aber so lange nicht rekursiv sind, als nicht rekurrente Interaktionen zwischen voneinander unabhängigen Systemen auftreten, wie dies in der Konstitution der Sprache der Fall ist. Das heißt, die zirkuläre Operation des Nervensystems ist nur rekursiv im Hinblick auf den historischen Fluß von Ereignissen (den Fluß von Koordinationen von Handlungen im Fall der Sprache), mit denen es verbunden ist. Oder mit anderen Worten, das Nervensystem als ein geschlossenes System sich verändernder Interaktionsrelationen zwischen seinen Bestandteilen erzeugt ausschließlich zirkuläre Prozesse, unabhängig davon, ob der Organismus, den es integriert, an Sprache teilhat oder nicht. Im Strom der rekursiven Koordinationen von Handlungen im Bereich des Sprachhandelns, und ausschließlich mit Bezug auf eben diesen Koordinationsfluß, konstituieren einige dieser zirkulären Prozesse rekursive Prozesse.

(v) Da die Struktur und das Operieren eines Nervensystems stets die Verhaltensgegenwart in der Interaktionsgeschichte des jeweils integrierten Systems verkörpern und daher die Zustandsdynamik erzeugen, die diese Verhaltensgegenwart entstehen läßt, kann auch das Nervensystem eines an Sprache teilhabenden Organismus diejenige Zustandsdynamik erzeugen, die eben das Sprachhandeln als ein Merkmal seiner geschlossenen Dynamik erzeugt. Ob eine derartige Interaktionsweise von einem Beobachter als eine Konversation oder als ein Monolog aufgefaßt wird, als Äußerung oder als innere Reflexion, das hängt von dem Kontext der Unterscheidungen des Beobachters und von der Geschichte des Sprachhandelns ab, zu der der Organismus gehört. Findet das Sprachhandeln im Zusammenhang mit einer Interaktion statt, dann sieht es der Beobachter als Konversation, findet es in Einsamkeit in einer Geschichte des reflexiven Unterscheidens der Teilhaber an einer Konversation statt, in der das Selbst entstanden ist, dann sieht der Beobachter ein reflexives Selbstgespräch. Kann der Beobachter für ein derartiges Verhalten keinen Konversationskontext ausmachen, dann sieht er Irrsinn, Entfremdung oder Auflösung. Auch wenn also das Selbst-Bewußtsein Merkmal eines Selbstgespräches ist und durch das Operieren des Nervensystems als eines geschlossenen neuronalen Netzwerkes entsteht, kann es sich doch nur in der Teilhabe des Beobachters an einem Bereich des Sprachhandelns verwirklichen, in dem Beobachten, Reflexion und Selbst-Bewußtsein als Operationen in Sprache entstanden sind (siehe unten).

8. Selbst-Bewußtsein

Ich behaupte, daß wir als Mitglieder einer Sprachgemeinschaft mit Selbst-Bewußtsein die Unterscheidung unserer körperlichen Mitwirkung an einem Netzwerk von Konversationen bezeichnen, in dem die rekursive Unterscheidung der Teilnehmer möglich ist. Das Selbst entsteht in dieser Unterscheidung zusammen mit der Unterscheidung des Anderen, des Mitmenschen. Mit anderen Worten, ich behaupte, daß das Phänomen des Selbst-Bewußtseins in Sprache stattfindet und nur in Sprache stattfinden kann, und daß nur die Sprache im Bereich der Lebewesen den operationalen Mechanismus bietet, der eine solche Unterscheidung möglich macht. Ein Beobachter kann behaupten, daß ein Tier, das nicht in der Sprache operiert, seinen Körper in der gleichen Weise kennt, wie wir unseren Körper kennen, während wir außerhalb der Sprache operieren in allem, was wir tun, wenn wir nicht auf das achten, was wir tun. Das bedeutet, daß der Beobachter das Tier oder den Menschen (der er selbst sein könnte) in einer seiner Konstitution und seinen jeweiligen Umständen entsprechenden Weise operieren sieht, in einer Weise, die das Ergebnis des schlichten Lebensprozesses dieses Tieres ist, ohne daß er vermuten muß, daß dieses Tier Selbst-Bewußtsein habe. Wir meinen diese Art des Wissens, wenn wir von unbewußtem oder instinktivem Wissen sprechen. Wir sprechen in der Tat immer dann von unbewußtem Wissen, wenn wir auf das angemessene Operieren eines lebenden Systems außerhalb des Bereichs der Sprache Bezug nehmen. So verweisen wir auf unbewußtes Wissen etwa mit Aphorismen über die »Weisheit des Körpers« oder mit Aussagen wie »Leben ist Wissen«. Wenn ein Lebewesen sich bewegt oder sich kratzt, dann tut es das, ohne darüber nachzudenken, welche Muskeln es bewegt oder in welcher Reihenfolge es das tut. Wir sagen dann gewöhnlich, daß »der Körper weiß«, was richtig ist. Das tatsächliche Geschehen oder die Verwirklichung des Selbst-Bewußtseins in einem Menschen geschieht nicht anders als alles andere, was der Mensch handelnd mit oder in seinem Körper ohne Reflexion tut (d.h. unbewußt). Es ist jedoch ein eigentümliches Phänomen insofern, als die damit gegebenen Unterscheidungen erst dann entstehen können, wenn der Beobachter im Bereich der rekursiven Koordinationen von Handlungen operiert, die Sprachhandeln konstituieren. Was ein Beobachter nämlich unterscheidet, wenn ein anderer Beobachter Selbst-Bewußtsein beansprucht, das ist ein Verhalten, in dem ein Beobachter seine Handlungen mit anderen Beobachtern zu koordinieren scheint, und zwar mit Bezug auf die Zustandsveränderungen seiner Körperlichkeit in einer Konversation der Unterscheidung der Körperlichkeiten der Beteiligten. Außerdem sieht der erste Beobachter, daß der zweite Beobachter Unterscheidungen ausführt, die nicht außerhalb der Sprache stattfinden können, denn sie erfordern die rekursive Operation des Nervensystems, die nur dann entsteht, wenn dessen geschlossene zirkuläre Dynamik mit dem historischen Fluß der Handlungskoordinationen verkoppelt wird, der Sprache konstituiert. Hierfür benötigt der Beobachter Sprache, um sein eigenes Beobachten zu beobachten, denn das Beobachten des Beobachters entsteht als Rekursion dritter Ordnung in Sprache. Das rekursive Operieren des Nervensystems ist notwendig, weil nur durch solches rekursives Operieren Zustände des Nervensystems durch andere Zustände des Nervensystems zu Objekten der Unterscheidung werden können, wenn sie an den Fluß der Konversationen über die Körperlichkeiten der beteiligten Beobachter gekoppelt werden. Das Ich (oder das Selbst) entstehen in der Sprache als Unterscheidung im Bereich des Selbst-Bewußtseins, wenn dieses als soziales Phänomen in jenen Konversationen entsteht, in denen der Beobachter feststellt, daß die Teilnehmer nach der Unterscheidung ihrer Körperlichkeiten unterschieden werden. Der gesamte Bereich des Selbst-Bewußtseins entsteht als ein Bereich der Rekursion der Wahrnehmung der eigenen Körperlichkeit durch den Beobachter in Sprache.

9. *Epigenese*

In einem lebenden System geschieht nichts, was von seiner Biologie nicht zugelassen ist. Oder besser, in einem lebenden System geschieht nichts, was sich nicht aufgrund seiner anfänglich gegebenen Struktur als Ergebnis einer besonderen Menge historischer Transformationen in einer bestimmten Sequenz von Interaktionen ergibt. Alles, was sich folglich im Leben eines lebenden Systems ereignet, geschieht in Form einer Epigenese, in einem Prozeß, in dem die das System konstituierenden kontinuierlichen Veränderungen einen Verlauf nehmen, der abhängig ist von der Geschichte seiner Interaktionen in einem von ihm unabhängigen Medium (Milieu). Allgemein gesprochen ist also die Ausgangsstruktur eines lebenden Systems die notwendige Voraussetzung für all das, was in seiner individuellen Geschichte geschieht, sie legt aber die Zukunft des Lebewesens nicht fest. Daher gibt es, streng genommen, das Phänomen der genetischen Determinierung im Sinne der Spezifikation der zukünftigen Entwicklungen eines Organismus durch die genetische Materie überhaupt nicht. Hierzu sind noch die folgenden Erläuterungen zu geben:

(a) Ein Beobachter kann von genetischer Determiniertheit nur sprechen, wenn er damit eine vollkommene epigenetische Wiederholung im Entwicklungsprozeß eines bestimmten Organismus meint, und zwar als ein festgelegtes und unausweichliches Phänomen. Dies gilt deshalb, weil es nur dann zur Wiederholung einer Entwicklung des Organismus kommen kann, wenn seine Ausgangsstruktur und die Geschichte der jeweils relevanten Interaktionen sich ebenso exakt wiederholen. Und das eben Gesagte kann geschehen, weil es eine Konsequenz der Strukturdeterminiertheit lebender Systeme ist.

(b) Mit Lernen bezeichnen wir jenen Teil der Ontogenese eines Organismus, den wir als Beobachter so wahrnehmen, als ob der Organismus sich an bestimmte neuartige und ungewöhnliche Umstände in seiner Umwelt anpaßte. Wir sehen Lernen auch dort, wo uns scheint, der Organismus paßte sich Merkmalen einer Umwelt an, akkommodierte sich Merkmalen, die in diesem Zeitpunkt fremd für ihn sind, und würde sie daher als neue Dinge behandeln, die er sich durch die Anfertigung einer Repräsentation einverleiben müsse, um sodann mit ihrer Hilfe ein entsprechend angemessenes Verhalten berechnen zu können. Nichts dieser Art geschieht oder kann geschehen. Das lebende System ist ein strukturdeterminiertes System, und aus diesem Grunde kann nichts außerhalb seiner selbst festlegen, was in ihm geschieht. In der Tat gibt es für das Operieren eines lebenden Systems kein Innen und kein Außen, und es gibt keinen operationalen Raum, in dem die Erzeugung von Repräsentationen von etwas möglich wäre, was der Beobachter als außerhalb des lebenden Systems liegend wahrnimmt.

(c) Alles, was im Lebensverlauf eines lebenden Systems geschieht, entsteht aufgrund seiner ontogenetischen Strukturveränderungen im Modus der Epigenese. Im Verlauf der epigenetischen Transformation eines Organismus verändern sich die Struktur des Organismus und die Struktur des Mediums, auf die er trifft (seine Nische) in kongruenter Weise, und zwar in Abhängigkeit von ihren rekurrenten Interaktionen. Wir beobachten die dadurch bewirkte Bewahrung der operationalen Kongruenz zwischen Organismus und Milieu, und wir bezeichnen mit dem Ausdruck Lernen jenen Teil der Ontogenese eines lebenden Systems, den wir aufgrund seiner Komplexität nicht als einen epigenetischen Prozeß erfassen können. Aus der Perspektive des Erklärungsweges der Objektivität ohne Klammern sprechen wir von dem Phänomen, das wir Lernen nennen, als ob das Lern-Geschehen ein Prozeß wäre, der die Anpassung des Organismus an bestimmte zweckmäßige Umstände zum Ziel hätte. Auf diesem Erklärungsweg ist Lernen also der Kommentar eines Beobachters zu zwei Momenten in der Epigenese eines Organismus, zwischen denen er keinen sie verbindenden historischen Prozeß erkennen kann, so daß er einen selbsttätigen Mechanismus der Akkommodation postuliert, den es jedoch nicht gibt. Aus der Perspektive des Erklärungsweges der Objektivität in Klammern ereignet sich das Phänomen, auf das wir uns mit dem Wort Lernen beziehen, als ein epigenetischer Prozeß, und es erfordert daher als solches keinen gerichteten Prozeß der Anpassung oder auch die Erzeugung von Repräsentationen einer Umwelt, um damit ein dieser Umwelt angemessenes Verhalten berechnen zu können.

Alles, was in der Lebensgeschichte eines lebenden Systems von seinem einzelligen Zustand an geschieht, geschieht als ein epigenetischer Prozeß. Das gilt natürlich auch für uns Menschen. Daraus folgt, daß all die verschiedenen Arten von Systemen, die wir im Verlauf unseres Lebensprozesses integrieren (z. B. das Mutter-Kind-System von der Konzeption bis nach der Geburt, alle sozialen Systeme, Gemeinschaften oder Kulturen), als unterschiedliche Existenzformen im Prozeß der Epigenese entstehen und verschiedene Bereiche der Epigenese für alle jene konstituieren, die in ihnen heranwachsen oder sich in sie eingliedern. Dies gilt außerdem für all das, was uns in der Mitwirkung unserer Körperlichkeiten am Strom der Konversationen geschieht, an denen wir teilnehmen, unabhängig davon, ob sie gemeinschaftlich stattfinden oder im Selbstgespräch: Wir leben unsere Konversationen und unsere Reflexionen im Prozeß der Epigenese, d. h. in der rekursiven Interaktion unserer Körperlichkeiten mit dem, was in unseren Körperlichkeiten im Laufe unserer Teilnahme an unseren Konversationen und Reflexionen geschieht. Aus diesem Grunde ist alles, was wir tun, und sind alle unsere verschiedenen Lebensweisen in unseren Körpern verwirklicht und zeigen sich in unseren Handlungen, und aus diesem Grunde ist es notwendig, daß wir unsere Körperlichkeiten verändern, wenn wir den Bereich unserer Handlungen verändern wollen, der uns als Personen konstituiert. Die Tatsache, daß wir als sprachhandelnde Lebewesen in einem Prozeß kontinuierlicher Epigenese existieren, stellt keinesfalls eine Einschränkung dar, im Gegenteil, sie ist die Voraussetzung aller unserer Möglichkeiten, auch der, daß unsere Reflexionen Konsequenzen für unser Leben haben.

C. Die Ontologie der Kognition

Im folgenden möchte ich Überlegungen zur Kognition vortragen, und zwar stets aus der Sicht des Erklärungsweges der Objektivität in Klammern. Auf Abweichungen werde ich ausdrücklich hinweisen. Ich spreche daher immer als ein Beobachter, der mit und in Sprache entsteht und existiert, und der sich klar darüber ist, daß er außerhalb des Sprachhandelns nicht existieren kann.

1. Der Beobachter und das Beobachten

Der Beobachter und das Beobachten sind Operationen in Sprache, die als rekursive konsensuelle Koordinationen von Handlungen dritter und zweiter Ordnung zwischen Organismen in Sprache stattfinden (in unserem Falle *homo sapiens*). Der Beobachter und das Beobachten entstehen daher im Fluß der strukturellen Veränderungen, die in den Mitgliedern einer Gemeinschaft von Beobachtern ablaufen, wenn diese ihre konsensuellen Aktionen durch ihre rekurrenten strukturellen Interaktionen in dem Bereich der operationalen Kohärenzen koordinieren, in dem sie ihre gemeinsame Praxis des Lebens verwirklichen. Mit anderen Worten, Beobachter und Beobachten ereignen sich konstitutiv durch den Prozeß der strukturellen Veränderungen der Beobachter, wenn diese Beobachter als strukturdeterminierte Systeme handeln und dadurch ihre strukturelle Übereinstimmung mit dem Medium, in dem sie interagieren, bewahren. Auf einige der Konsequenzen dieser Tatsachen ist noch im einzelnen hinzuweisen:

(a) Der Beobachter lebt notwendig in ständiger struktureller

Übereinstimmung mit dem Bereich seiner Existenz. Der Beobachter kann daher aufgrund seiner Konstitution keinerlei Unterscheidungen außerhalb des Bereichs der operationalen Kohärenzen seiner Lebenspraxis treffen. Der Beobachter erfährt sich folglich stets notwendig als Teil seiner Lebenspraxis, in der er Unterscheidungen trifft. Diese können operational niemals unangemessen sein, denn sie gehören immer zu den operationalen Kohärenzen der Verwirklichung seiner selbst als eines lebenden Systems, das konstitutiv in struktureller Kongruenz mit dem Medium lebt.

(b) Wenn ein Beobachter gemäß dem Erklärungsweg der Objektivität in Klammern behauptet, eine Unterscheidung sei fehlerhaft getroffen worden, dann behauptet er lediglich, daß eine Unterscheidung nicht in einem von ihm erwarteten operationalen Bereich getroffen worden ist, und nicht, daß die Unterscheidungsoperation selbst falsch war. Dies muß so sein, weil sich der Beobachter auf diesem Erklärungsweg bewußt ist, daß jedes Objekt durch eine Operation der Unterscheidung konstituiert wird. Nur in der Erklärungsperspektive der Objektivität ohne Klammern existiert ein Objekt unabhängig von dem, was ein Beobachter tut, und so kann ein Beobachter behaupten, die Ursache einer fehlerhaften Unterscheidung sei eine falsche Operation der Unterscheidung und nicht die Beurteilung eines Ereignisses durch den Beobachter.

(c) Da alle Konversationen, an denen ein Beobachter beteiligt ist, durch die strukturelle Dynamik seiner Körperlichkeit verwirklicht werden, ist die Körperlichkeit des Beobachters ein Knoten der Überschneidung all der Konversationen, an denen er teilnimmt. Daraus folgt, daß wir uns als Beobachter von einem Bereich des Sprachhandelns zu einem anderen bewegen, und zwar in einem Prozeß, in dem sich unser Sprachhandeln und unsere Emotionsdynamik gemäß dem Fluß unserer strukturellen Veränderungen miteinander verflechten, wenn wir als Beobachter in der Verwirklichung unserer Lebenspraxis in struktureller Kongruenz mit dem Medium handeln. Daher können auch einander nicht überschneidende Konversationen von Einfluß aufeinander sein, wenn die von ihnen koordinierten Handlungen durch die strukturellen Veränderungen aufeinander einwirken, die sie in den Körperlichkeiten der beteiligten Beobachter hervorrufen. Aus dem gleichen Grunde kann jeder strukturelle Wandel im Beobachter ganz unabhängig von seiner Geschichte den Verlauf seines Sprachhandelns und seiner Emotionen beeinflussen (siehe unten: Kognition iii).

(d) Die generative Beziehung zwischen dem Sprachhandeln und der Strukturdynamik derjenigen Beobachter, die dieses im Fluß ihrer rekurrenten Interaktionen erzeugen, kann von einem naiven Beobachter nicht unmittelbar wahrgenommen werden. Dies wird erst möglich durch die Entscheidung, Sprache als biologisches Phänomen auf dem Erklärungsweg der Objektivität in Klammern zu erklären. Der naive Beobachter kann im unerwarteten Wechsel eines Beobachters von einem Sprachbereich zu einem anderen nur ein willkürliches oder sogar mysteriöses Phänomen sehen, da er nicht in der Lage ist, eine direkte generative Relation zu konstruieren, die den ersten und den zweiten Sprachbereich verknüpft, und zwar so, daß der eine aus dem anderen entsteht.

2. *Kognition*

Wir leben in einer Kultur, die sich fest auf das stützt, was wir Wissen nennen. Wir behaupten ja auch ständig, daß unser Handeln durch objektives Wissen geleitet werden müsse. Was behaupten wir aber als Beobachter, wenn wir Wissen oder objektives Wissen zu besitzen beanspruchen? Das Verständnis sozialer Phänomene verlangt eine Antwort auf diese Frage. Ich glaube sogar, daß alle sozialen und politischen Unternehmungen eine bestimmte Antwort auf diese Frage voraussetzen. Bevor ich also die Probleme des Sozialen behandle, möchte ich meine eigene Antwort auf diese Frage geben.

(i) Wenn wir über das nachdenken, was wir tun, wenn wir wissen wollen, ob ein Mensch oder ein Tier in einem bestimmten Bereich über Wissen verfügt, dann stellen wir fest, daß wir nach angemessenem Verhalten des Menschen oder Tieres in diesem Bereich suchen, indem wir mit Bezug auf diesen Bereich eine explizite oder implizite Frage stellen. Sind wir der Meinung, daß das Verhalten oder die Handlung (oder die Beschreibung möglichen Verhaltens oder möglicher Handlungen), die uns als Antworten auf unsere Fragen gegeben werden, in dem entsprechenden Bereich angemessen oder wirksam sind, dann behaupten wir, der Mensch oder das Tier verfügten über Wissen. Wenn wir dagegen meinen, daß ihr Verhalten oder Handeln in dem durch die Frage bestimmten Bereich nicht angemessen oder wirksam sind, dann behaupten wir, der Mensch oder das Tier verfügten in diesem Bereich nicht über Wissen. Wir wenden natürlich das gleiche Kriterium an, wenn wir selbst Wissen beanspruchen. Wenn wir etwa sagen »Ich weiß«, dann meinen wir, »Ich bin in der Lage, mich in einem bestimmten Bereich angemessen und wirksam zu verhalten und zu handeln«. Allgemein gesagt, gesteht der Beobachter also anderen Beobachtern oder bestimmten Organismen in einem bestimmten Bereich Wissen zu, wenn er das Verhalten oder das Handeln der Menschen oder Organismen in diesem Bereich als angemessen oder wirksam beurteilt. Oder mit anderen Worten, Wissen ist das von einem Beobachter in einem von ihm bestimmten Bereich als angemessen anerkannte Verhalten. Daher gibt es notwendig so viele kognitive Bereiche, wie es verschiedene Kriterien eines Beobachters für die Beurteilung der Angemessenheit eines Verhaltens gibt. Jedes Kriterium, das ein Beobachter also zur Beurteilung der Angemessenheit des Verhaltens eines anderen Organismus (ob menschlich oder nicht) einsetzt, mit dem er interagiert, legt im Interaktionsbereich beider einen Bereich der Kognition fest. Jeder Realitätsbereich, der als ein Erklärungsbereich der Lebenspraxis eines Beobachters einen Bereich angemessenen Handelns konstituiert, ist daher auch ein kognitiver Bereich.

(ii) Wir Menschen leben in kognitiven Gemeinschaften, die alle durch Kriterien der Akzeptabilität dessen definiert werden, was für die Verhaltensweisen oder Handlungen ihrer Mitglieder als angemessen gilt. Kognitive Bereiche sind daher konsensuelle Bereiche in der Lebenspraxis der Beobachter. Die Mitgliedschaft in jeder menschlichen Gemeinschaft ist daher operational begründet: Wer das Kriterium der Akzeptabilität für Mitglieder einer bestimmten Gemeinschaft erfüllt, der ist ihr Mitglied. Aufrichtigkeit oder Ehrlichkeit spielt dabei keine Rolle, denn Aufrichtigkeit und Ehrlichkeit sind keine Merkmale der ausgeführten Verhaltensweisen oder Handlungen. Aufrichtigkeit oder Ehrlichkeit sind Urteile eines Beobachters, der über die Handlungen eines anderen Menschen in einem bestimmten Bereich von Erwartungen nachdenkt. Aufgrund dieser ihrer Konstitution sind kognitive Bereiche geschlossene operationale Bereiche: Ein Beobachter kann nicht aus seinem kognitiven Bereich aussteigen, während er in ihm operiert. Ebenso kann ein Beobachter einen kognitiven Bereich nicht beobachten, solange er in diesem selbst operiert. Ein Beobachter kann einen kognitiven Bereich nur über die rekursive Konsensualität der Sprache verlassen und sodann beobachten, indem er nämlich konsensuell einen anderen kognitiven Bereich festlegt, in dem der erste zum Gegenstand konsensueller Unterscheidungen gemacht werden kann.

(iii) Alle die verschiedenen kognitiven Bereiche, die wir Menschen leben, überschneiden sich in unseren Körperlichkeiten als den operationalen Bereichen, durch die sie entstehen. Durch unsere Körperlichkeiten können daher Beziehungen zwischen Operationen hergestellt werden, die zu voneinander unabhängigen und einander nicht überschneidenden kognitiven Bereichen gehören, so wie ein Beobachter auf einer Projektionswand Verbindungen zwischen den Schattenbildern von Gegenständen sehen kann, die selbst unverbunden sind, weil sie auf verschiedenen räumlichen Ebenen liegen. In solchen Situationen entstehen Illusionen als Unterscheidungen von Relationen zwischen Operationen, die zu verschiedenen kognitiven Bereichen gehören, die aber vom naiven Beobachter so wahrgenommen werden, als wenn sie zum gleichen kognitiven Bereich gehörten: Jede Aussage (oder Handlung), die zu einem bestimmten kognitiven Bereich gehört, die aber von einem anderen kognitiven Bereich aus gehört (oder gesehen) wird, ist in diesem zweiten Bereich nicht gültig und wird daher vom Beobachter als Illusion erlebt, sobald ihm klar wird, was geschehen ist. Da wir unsere Realität durch unsere Unterscheidungen konstituieren, ist eine Unterscheidung, die ein Beobachter als Illusion oder als Ausdruck des Irrsinns wahrnimmt, weil er sie nicht als eine Möglichkeit für neue akzeptable Handlungen in seinem Verstehensbereich erfassen kann, ein schöpferischer Akt, wenn sie für ihn oder andere Beobachter einen neuen Bereich der Konsensualität und somit einen neuen kognitiven Bereich in einer Gemeinschaft von Beobachtern eröffnet oder begründet.

(iv) Jeder kognitive Bereich ist ein Bereich der Koordinationen von Handlungen in der Lebenspraxis einer Gemeinschaft von Beobachtern. Jede kognitive Aussage der Form »Ich weiß« ... ist daher eine Operation in einem Bereich der Koordinationen von Handlungen, die je nach dem expliziten oder impliziten Erklärungsbereich, in dem sich der Beobachter aufgrund der ihn leitenden Verflechtung von Denken und Fühlen befindet, unterschiedlich ausfällt. Wenn sich ein Beobachter im Erklärungsbereich der Objektivität ohne Klammern befindet, dann sind seine kognitiven Aussagen (z.B. »Ich weiß, daß dieses oder jenes der Fall ist«) notwendig implizite Behauptungen eines privilegierten Zuganges zu einer objektiven und von ihm unabhängigen Realität und fordern folglich Unterwerfung. Wenn wir uns auf diesem Erklärungsweg bewegen, beanspruchen wir explizit oder implizit, ob wir uns dessen bewußt sind oder nicht, ein zwingendes Argument zu besitzen, und erklären alle die, die uns nicht folgen, für unvernünftig, dumm oder verrückt. Bewegt sich der zuhörende Beobachter im gleichen Bereich der objektiven Realität wie der Sprecher oder bekräftigt er ganz offen die Autorität des anderen, dann nimmt er keinen Befehl zur Unterwerfung wahr und erkennt das Gesagte ohne emotionalen Widerspruch als gültig an. Wenn sich der zuhörende Beobachter aber in einer anderen objektiven Realität als der Sprecher bewegt oder wenn er dessen Autorität nicht anerkennt, dann nimmt er implizit oder explizit den Befehl zur Unterwerfung wahr und zeigt eine entsprechende emotionale Reaktion. Auf dem Erklärungsweg der Objektivität ohne Klammern bedeuten kognitive Aussagen die Negierung aller Beobachter, die den Aussagen nicht zustimmen. Wenn sich der sprechende Beobachter im Erklärungsbereich der Objektivität in Klammern bewegt, dann ist ihm klar, daß es viele verschiedene Bereiche der Realität gibt, die alle gleich gültig sind, und daß seine kognitiven Aussagen keinen Anspruch auf Unterwerfung begründen können. Auf diesem Erklärungsweg sind kognitive Aussagen Einladungen, in den Realitätsbereich einzutreten, in dem der Sprecher sich bewegt, und sie werden als Einladungen wahrgenommen, ob sie angenommen werden oder nicht. Auf dem Erklärungsweg der Objektivität in Klammern bedeuten kognitive Meinungsverschiedenheiten nicht die Negation des Anderen, sie sind vielmehr legitime Operationen in verschiedenen kognitiven Bereichen, und ihre Anerkennung schafft die Möglichkeit einer Konversation, die zu einem neuen Realitätsbereich führen kann, in dem die bis dahin streitenden Parteien koexistieren können. Die emotionale Dynamik der kognitiven Koexistenz gemäß diesem Erklärungsweg geht aus einer Einladung hervor und nicht aus einer Forderung, sich zu unterwerfen.

(v) Jeder kognitive Bereich ist als ein Bereich operationaler Kohärenzen in der Lebenspraxis des Beobachters durch die Kriterien festgelegt, mit denen er Handlungen als effektiv beurteilt, er ist daher ein rationaler Bereich. Wir können als Beobachter also ebenso viele rationale Bereiche leben, wie wir kognitive Bereiche leben. Wir bewegen uns von einem rationalen Bereich zu einem anderen gemäß unserer Emotionsdynamik und nicht aufgrund unseres Denkens. Der Wechsel des rationalen Bereiches besteht nämlich in einem Wechsel der Grundprämissen, die einen rationalen Bereich definieren, und das bedeutet auch einen Wechsel unserer Dispositionen zu handeln, d.h. unserer Emotionen. Wir nehmen dies im Alltagsleben gewöhnlich nicht wahr, weil wir meist gemäß dem Erklärungsweg der Objektivität ohne Klammern handeln und daher blind für unsere Emotionalität sind. Wie ich oben gesagt habe, wird die Rationalität auf diesem Erklärungsweg als ein konstitutives Merkmal des Beobachters erlebt, das ihm erlaubt, die Grundprämissen rational auszuwählen, die ein bestimmtes rationales System definieren. Wir argumentieren daher gewöhnlich mit kognitiven Oppositionen und behaupten, unsere Position sei rational begründet, weil sie auf irgendeiner objektiven und rational unbestreitbaren Wahrheit ruhe. Erst wenn wir uns der Biologie des Beobachters bewußt werden und gemäß dem Erklärungsweg der Objektivität in Klammern handeln, wird uns deutlich, daß jedes rationale System, nach dem wir handeln, auf Grundprämissen ruht, denen wir aufgrund unserer Emotionsdynamik folgen. Und nur auf diesem Erklärungsweg können wir überhaupt wahrnehmen, daß wir unsere rationalen Systeme als Lebensformen leben. Wir merken dies im Alltagsleben an den heftigen emotionalen Reaktionen, die in uns aufsteigen, wenn wir in den Bereichen der Religion, der Naturwissenschaften, der Politik oder der Philosophie in Streit geraten. Religionen, naturwissenschaftliche Theorien und politische und philosophische Doktrinen bilden eigenständige und eigentümliche kognitive Bereiche, bei denen uns ohne weiteres klar ist, daß wir sie als allumfassende Lebensformen leben, so daß wir unsere damit zusammenhängenden Meinungsverschiedenheiten offen austragen und andere Auffassungen sogar als gefährliche Bedrohungen unserer Existenz bekämpfen. Als kognitive Bereiche sind sie aber nicht von besonderer Art, sie erlauben uns jedoch, wenn wir gemäß dem Erklärungsweg der Objektivität in Klammern darüber nachdenken, die emotionalen Grundlagen aller kognitiven Bereiche als ein entscheidendes Merkmal unseres Handelns im Alltag deutlicher zu sehen. Mit anderen Worten, die emotionalen Erschütterungen, die ja zur gegenseitigen Zerstörung der an einem kognitiven Streit Beteiligten führen können, ohne daß sie Verantwortung dafür übernehmen, hängen nicht von den rationalen Inhalten der entsprechenden Positionen ab, sondern sind eine notwendige Konsequenz des Operierens auf dem Erklärungsweg der Objektivität ohne Klammern. Da Streit auf diesem Erklärungsweg konstitutiv gegenseitige Negierung bedeutet, wird Streit notwendig als existentielle Bedrohung erlebt. Der einzige Weg, dieser emotionalen Falle zu entkommen, besteht im Übergang zum Erklärungsweg der Objektivität in Klammern. Das ist aber nicht über die Rationalität möglich, sondern ausschließlich über die Emotionalität vorbehaltloser gegenseitiger Anerkennung.

3. Geist – Körper – Interaktion

Als lebende Systeme existieren wir in zwei einander nicht überschneidenden phänomenalen Bereichen, im Bereich der Verwirklichung unserer Körperlichkeit (Bereich der Physiologie) und im Bereich des Verhaltens (Bereich unserer Interaktionen als Ganzheiten). Obwohl diese beiden Bereiche einander nicht überschneiden, sind sie in ihrer Verwirklichung jedoch gekoppelt, weil jedes lebende System als strukturdeterminiertes System operiert. Das Verhalten des Organismus, also der Strom seiner Interaktionen, geschieht in seinen körperlichen Begegnungen mit dem abiotischen Medium oder mit anderen Organismen, ereignet sich aber stets in einem Bereich der Handlungen. Die körperlichen Begegnungen des Organismus lösen in ihm strukturelle Veränderungen aus, die sich aus seinem Verhalten ergeben, aber im Bereich seiner Physiologie ablaufen. Die physiologischen Veränderungen des Organismus verändern rekursiv seine Operationsweisen in seinen Interaktionen und somit sein Verhalten. Diese beiden Phänomenbereiche erscheinen dem Beobachter von völlig verschiedener Art: Der Bereich des Verhaltens erscheint organismisch und nicht mechanistisch, und der Bereich der Physiologie erscheint molekular und mechanistisch. Aus dem unzureichenden Verständnis der Beziehung zwischen diesen beiden Phänomenbereichen und aus der Perspektive des Erklärungswegs der Objektivität ohne Klammern, nach der eine naturwissenschaftliche Erklärung eine phänomenale Reduktion bedeutet, ergibt sich das Leib-Seele-Problem als eine Paradoxie, weil wir meinen, die Interaktion zwischen inkommensurablen Entitäten erklären zu müssen. Wenn wir diese Sachlage aus der Perspektive des Erklärungsweges der Objektivität in Klammern reflektieren, dann erkennen wir, daß es Phänomene wie die Sprache gibt, die von den Operationen unserer Körperlichkeiten abhängen, aber nicht in deren Bereich geschehen. Damit löst sich die Paradoxie auf, und wir erkennen, daß es viele andere Phänomene ähnlicher Art gibt: Bewußtsein, Selbst, Seele und spirituelle Erfahrungen allgemein. Wir verstehen daher nicht nur, daß diese Phänomene nicht im Kopf geschehen, sondern daß sie Unterscheidungen von verschiedenen Operationsweisen lebender Systeme in ihren verschiedenen Interaktionsbereichen sind, die ein Beobachter trifft. Wir stellen auch fest, daß diese Phänomene in uns selbst in Form verschiedener Netzwerke von Konversationen geschehen, und daß sich das, was wir mit der Frage »Wie interagieren Geist und Körper?« bezeichnen, in der rekursiven Koppelung der Bereiche des Verhaltens und der Physiologie ereignet, wie bereits dargestellt wurde. Oder mit anderen Worten, wir erkennen, daß unser Bewußtsein, unser Selbst, die Psyche und spirituelle Erfahrungen Unterscheidungen darstellen, wie sie ein Beobachter hinsichtlich der verschiedenen Arten von Netzwerken von Konversationen machen kann, in denen wir in rekursiver physiologischer (und Verhaltens-)Koppelung leben können, unabhängig davon, ob wir in einem sozialen oder nicht-sozialen Bereich operieren.

D. Ontologie des Sozialen und des Ethischen

Auch im folgenden spreche ich (von Ausnahmen abgesehen) aus der Erklärungsperspektive der Objektivität in Klammern. Ich spreche daher vom Sozialen und vom Ethischen als Unterscheidungsoperationen eines Beobachters, der über das Soziale und Ethische im täglichen Leben spricht.

1. Das Soziale

(i) Wenn wir die Umstände betrachten, in denen wir im täglichen Leben von sozialem Umgang sprechen, dann stellen wir fest, daß dies immer im Bereich rekurrenter Interaktionen gegenseitiger Annahme geschieht. Aussagen wie »Jetzt arbeiten wir, wir können uns nicht unterhalten« oder »Man darf sich nicht mit dem Feind abgeben« bringen das deutlich zum Ausdruck. Die erste Aussage läßt sich folgendermaßen umschreiben: »Wir koordinieren jetzt unsere Handlungen, weil wir verpflichtet sind, eine Aufgabe zu erfüllen, und wir tun dies aufgrund unserer Verantwortung und nicht aus der Emotionalität gegenseitiger Anerkennung.« Die zweite: »Wir können keine Beziehungen der gegenseitigen Anerkennung mit dem Feind eingehen, denn solche Beziehungen zerstören die Emotion der Feindschaft, die notwendig ist, um ihn zu töten.« Ich behaupte also, daß ein Beobachter von sozialen Phänomenen spricht, wenn er zwei oder mehr Organismen in rekurrenten Interaktionen sieht, deren Handeln von gegenseitiger Annahme geleitet wird. Ich behaupte außerdem, daß die Emotion, die solche rekurrenten Interaktionen in gegenseitiger Annahme ermöglicht, in dem besteht, was wir im täglichen Leben als Liebe verstehen. Oder mit anderen Worten, ich behaupte, daß die Liebe die Emotion ist, die soziale Phänomene konstituiert, daß mit dem Ende der Liebe soziale Phänomene aufhören, und daß Interaktionen und Beziehungen zwischen lebenden Systemen, die unter Führung anderer Emotionen ablaufen, weder soziale Interaktionen noch soziale Beziehungen darstellen. Wenn ich also von Liebe spreche, dann meine ich damit nicht einfach eine Empfindung, noch auch rede ich von Tugend oder plädiere für Güte. Wenn ich von Liebe spreche, dann meine ich ein biologisches Phänomen. Ich meine damit die Emotion, die den Handlungsbereich festlegt, in dem lebende Systeme ihre Handlungen auf eine Weise koordinieren, die gegenseitige Annahme fordert, und ich behaupte, daß solches Operieren soziale Phänomene konstituiert (vgl. Maturana 1974, 1985a).

(ii) Aus der Erkenntnis, daß Liebe die Emotion ist, die die Phänomene konstituiert, die wir im täglichen Leben als soziale Phänomene bezeichnen, folgt notwendig auch die Erkenntnis, daß die von uns im Alltagsleben als »sozial« bezeichneten Phänomene nur entstehen können, wenn lebendige Entitäten sie verwirklichen, und daß wir daher im Alltagsleben mit sozialen Systemen lebende Systeme meinen, die in rekurrenter Interaktion unter der Emotion der Liebe gebildet werden. Oder mit anderen Worten, ich behaupte, daß ein System, das aus lebenden Systemen besteht, die durch ihre rekurrenten Interaktionen ein Netzwerk von Koordinationen von Handlungen in einem Bereich gegenseitiger Anerkennung integrieren, ein soziales System in diesem Bereich ist. Oder mit noch anderen Worten, ich behaupte, daß es das Operieren in Koordinationen von Handlungen unter der Emotion der Liebe ist, was eine Gruppe lebender Systeme zu einem sozialen System macht. Ich behaupte schließlich, daß die Relationen und Interaktionen, die nicht auf gegenseitiger Annahme zwischen lebenden Systemen beruhen, keine sozialen Relationen oder sozialen Interaktionen sind. Dies hat die folgenden Konsequenzen:

(a) Es ist für soziale Systeme konstitutiv, daß die sie verwirklichenden Bestandteile lebende Systeme sind. Das bedeutet, daß jede Operation eines sozialen Systems, die das Leben seiner Bestandteile gefährdet oder zerstört, das soziale System selbst gefährdet oder zerstört. Das gilt natürlich auch für menschliche soziale Systeme.

(b) Die Klassenidentität der Bestandteile eines sozialen Systems definiert die Klassenidentität des sozialen Systems. Ein soziales System, das aus Menschen besteht, ist daher ein menschliches soziales System. Gleichzeitig ist es der Bereich, in dem Liebe (gegenseitige Annahme) zwischen den Bestandteilen eines sozialen Systems geschieht, wodurch die Klassenidentität sowohl der Bestandteile des sozialen Systems als auch des sozialen Systems selbst definiert wird. Ein menschliches soziales System wird daher durch die gegenseitige Anerkennung seiner Bestandteile, also der es bildenden und erhaltenden Menschen, definiert. In gleicher Weise wird ein studentisches Sozialsystem durch die gegenseitige Anerkennung seiner Bestandteile, d. h. der Studenten, gebildet und erhalten. Da sich in der Körperlichkeit eines Menschen viele verschiedene menschliche Identitäten strukturell überschneiden können, kann ein Mensch auch an vielen verschiedenen Sozialsystemen mitwirken, und zwar über eben die verschiedenen Identitäten, die er verwirklicht. Alles, was die Identität der Bestandteile eines sozialen Systems zerstört oder gefährdet, zerstört das soziale System.

(c) Ein soziales System ist ein System, in dem sich die einzelnen lebenden Teilsysteme durch die Koordinationen ihrer Handlungen in einem Bereich gegenseitiger Anerkennung als lebende Systeme einer besonderen Art verwirklichen. Mit anderen Worten, die Bestandteile eines sozialen Systems bewahren ihre wechselseitige Anpassung im Bereich ihrer gegenseitigen Annahme, während und solange sie sich selbst als lebende Systeme in ihrem ko-ontogenetischen strukturellen Driften durch rekurrente Handlungskoordinationen verwirklichen. Bei menschlichen Sozialsystemen geschieht dies durch Sprachhandeln. Menschliche Sozialsysteme sind außerdem Netzwerke rekurrenter und sich ständig verändernder Konversationen zwischen Menschen, die sich als Menschen gerade durch ihre Mitwirkung an der Konstitution sozialer Systeme verwirklichen. Ich behaupte sogar, daß die Sprache in der evolutionären Geschichte der Primaten und somit des Menschen als ein Merkmal ihres sozialen Lebens entstanden ist, also aus dem Teilen von Nahrung, dem intimen Körperkontakt, der Sexualität und der Mitwirkung der Männer an der Aufzucht von Kindern.

(d) Eine Entität ist Bestandteil eines Systems, wenn sie zusammen mit anderen Entitäten an der Verwirklichung der das System konstituierenden Relationen (der System-Organisation) mitwirkt. Mit anderen Worten, ein Beobachter kann behaupten, daß ein lebendes System Teil eines sozialen Systems ist, wenn er feststellt, daß es zusammen mit anderen lebenden Systemen an dem Netzwerk der Koordinationen von Handlungen mitwirkt, die dieses Sozialsystem konstituieren. Mitgliedschaft in einem sozialen System ist daher kein Wesensmerkmal der dieses soziale System bildenden lebenden Systeme, sondern ein Merkmal ihrer Mitwirkung an seiner Konstitution. Generell sind die Bestandteile eines Systems nur deshalb Bestandteile des Systems, weil sie bestimmte Relationen verwirklichen, die das System konstituieren. Ein Mensch wird daher von einem Beobachter nur so lange als Mitglied eines bestimmten sozialen Systems wahrgenommen werden, wie er zusammen mit anderen Menschen in einer operationalen Situation gegenseitiger Annahme an den Koordinationen von Handlungen mitwirkt, die dieses soziale System konstituieren.

(e) Wenn wir beobachten, daß das Verhalten bestimmter Mitglieder eines sozialen Systems die Ablehnung anderer Mitglieder unter dem Anschein ihrer Anerkennung zum Ziel hat, dann sprechen wir von Heuchelei und von einem Mangel an Aufrichtigkeit und Ehrlichkeit. Mit anderen Worten, wir beurteilen etwas als Heuchelei oder als Mangel an Aufrichtigkeit und Ehrlichkeit dann, wenn gewisse Mitglieder eines sozialen Systems die Annahme anderer Mitglieder nur vorspielen, indem sie ein Verhalten zeigen, das dem sozialen System angemessen ist, aber einer anderen Emotion als der Liebe entspricht. Wir können dieses Verhalten der Mitglieder eines sozialen Systems auf zweierlei Weise erkennen: *a posteriori*, wir stellen fest, daß sie aufgehört haben, die anderen anzunehmen und entsprechend zu handeln, oder wir nehmen wahr, daß sie ihr Verhalten der gegenseitigen Annahme nicht aus Liebe, sondern aus anderen Emotionen heraus verwirklichen und so nur scheinbar das soziale System mit-konstituieren. Die Heuchelei gestattet daher bestimmten Individuen, an den Handlungen teilzunehmen, die ein bestimmtes Sozialsystem konstituieren, und gleichzeitig eine Emotion zu verschleiern, die einen Handlungsbereich konstituiert, der das System negiert. Ein soziales System, in dem die widersprüchlichen Emotionen, die durch die Unaufrichtigkeit einiger seiner Mitglieder verschleiert werden, schließlich zutage treten, zerfällt sofort oder erfährt einen strukturellen Wandel. Dieser beseitigt die Unaufrichtigkeit der Mitglieder, läßt die widersprüchlichen Emotionen im Verborgenen weiterbestehen, oder führt schließlich zum Ausschluß der unaufrichtigen Mitglieder aus dem System. Mit anderen Worten, als Beobachter kann man feststellen, daß ein soziales System trotz der Unaufrichtigkeit einiger seiner Mitglieder so lange fortdauern kann, wie diese die Handlungen gegenseitiger Annahme fortsetzen, obwohl das System dadurch instabil wird, da Unaufrichtigkeit früher oder später als Heuchelei in Handlungen zutage treten muß, die die gegenseitige Annahme zerstören. Es ist also das Verhalten gegenseitiger Annahme zwischen den Bestandteilen des sozialen Systems, nicht deren Aufrichtigkeit, die für die kontinuierliche Verwirklichung des sozialen Systems notwendig ist. Gleichzeitig aber ist Aufrichtigkeit eine wesentliche Voraussetzung für die Stabilität und die Existenz des sozialen Systems, denn sie sorgt für die emotionale Gesundheit der Mitglieder (d. h. für den Ausschluß von Konversationen, die die Liebe negieren). Ich behaupte, daß wir in den sozialen Systemen, die wir integrieren, gewöhnlich im impliziten Glauben an die Aufrichtigkeit der Mitmenschen handeln. Ich behaupte in der Tat, daß die Emotion, die soziale Phänomene konstituiert, die Liebe ist, und daß es ohne Aufrichtigkeit die Evolution der Primaten zum Menschen nicht gegeben hätte.

(iii) Die Bestandteile eines sozialen Systems verwirklichen sich auch als einzelne lebende Systeme, während sie das soziale System aufbauen. Gleichzeitig existiert ein soziales System nur in jenen Dimensionen, in denen es seine Teilsysteme durch die Relationen gegenseitiger Annahme in ihren rekurrenten Interaktionen verwirklicht. Daraus folgt, daß ein soziales System rekursiv als ein Medium operiert, in dem seine Teilsysteme ihre Organisation und Anpassung in den Dimensionen der Interaktionen bewahren, durch die sie es aufbauen. Oder mit anderen Worten, das Verhalten der Bestandteile eines sozialen Systems, das dieses als eine bestimmte Spielart sozialer Systeme konstituiert, wird durch die Mitwirkung an der Bildung des sozialen Systems festgelegt. Oder mit noch anderen Worten, ein bestimmtes lebendes System ist Teil eines bestimmten sozialen Systems nur so lange, wie es das für die Bildung dieses sozialen Systems notwendige und angemessene Verhalten verwirklicht. Ist das nicht der Fall, dann gehört entweder das lebende System nicht (mehr) zu dem Sozialsystem, oder das soziale System zerfällt. Daraus ergeben sich mehrere Konsequenzen:

(a) Soziale Systeme sind konservative Systeme. Neue Mitglieder eines sozialen Systems lernen das ihm angemessene Verhalten, indem sie erfolgreich an seiner Konstitution mitwirken. Wenn dies nicht gelingt, können potentielle Mitglieder nicht zu tatsächlichen Mitgliedern werden oder werden wieder ausgeschlossen. Ein Mitglied eines Sozialsystems, das ein unangemessenes Verhalten zeigt, hört auf, ein Mitglied zu sein, und wird entweder ignoriert oder als fremd behandelt. Sein Verhalten kann aber auch übernommen und zu einer Quelle der Innovation werden.

(b) Jedes soziale System wird als ein Netzwerk von Koordinationen von Handlungen oder Verhaltensweisen konstituiert, welches seine Bestandteile durch ihre Interaktionen in gegenseitiger Anerkennung verwirklichen. Es kann daher so viele verschiedene Arten sozialer Systeme geben, wie es Konfigurationen von Netzwerken der Koordinationen von Handlungen gibt, die von lebenden Systemen verwirklicht werden, wenn sie in gegenseitiger Annahme interagieren. Ein soziales System ist daher ein dynamisches System in einem kontinuierlichen Strom sich verändernder Koordinationen von Handlungen, das so lange gleich bleibt, wie die sich verändernden Koordinationen von Handlungen innerhalb der Konfiguration der Handlungskoordinationen verbleiben, die es als ein bestimmtes soziales System definieren. Sozialer Wandel, also Wandel in einem sozialen System, besteht in einer Veränderung der Konfiguration der Koordinationen von Handlungen, die das System konstituiert, er kann nur durch eine Veränderung des Verhaltens der Bestandteile des Systems geschehen.

(c) Da soziale Systeme ihrer Konstitution nach konservativ sind, kann sozialer Wandel nicht aus dem normalen Operieren eines sozialen Systems hervorgehen. Wenn er stattfindet, wird ein neues Verhalten Teil des gängigen Verhaltensrepertoires des Systems. Wenn das neue Verhalten irgendwelcher Mitglieder eines sozialen Systems nicht in ein einziges soziales Netzwerk integriert werden kann, dann zerfällt das soziale System oder teilt sich in zwei oder mehrere neue soziale Systeme. Ein soziales System kann sich daher nur verändern, wenn seine Bestandteile sich verändern, und seine Bestandteile können sich nur dann so verändern, daß sich auch das gesamte soziale System wandelt, wenn diese Bestandteile außerhalb des Systems interagieren (vgl. Maturana 1980a; und weiter unten).

(iv) Wir Menschen existieren als Menschen in Sprache. Menschliche Sozialsysteme sind daher Systeme von Koordinationen von Handlungen in Sprache, d.h. sie sind Netzwerke von Konversationen. Verschiedene menschliche Sozialsysteme oder Gesellschaften unterscheiden sich daher in den Merkmalen der verschiedenen sie konstituierenden Netzwerke von Konversationen. Aus unserer alltäglichen Erfahrung wissen wir, daß wir einander in unseren Körperlichkeiten beeinflussen, und zwar durch unser Sprachhandeln und unsere Emotionsdynamik im Vollzug unserer Konversationen. Wir wissen aus dieser täglichen Erfahrung, daß wir die Angehörigen verschiedener Gesellschaften und verschiedener Kulturen an den besonderen Arten erkennen, in denen sie mit ihren Körpern umgehen, und daß das Heranwachsen in einer bestimmten Gesellschaft und Kultur notwendig eine bestimmte Art der Körperlichkeit hervorbringt. Ich möchte hierzu noch folgendes erläutern:

(a) Jedes Netzwerk von Konversationen, in dem die daran mitwirkenden Personen in gegenseitiger Anerkennung handeln, konstituiert ein soziales System. Eine Familie, ein Schachclub, eine Stadt, eine politische Partei, ein Geheimbund, eine Freundesgruppe, sie sind alle Systeme von Koordinationen von Handlungen in Sprache und daher Netzwerke von Konversationen. Soziale Systeme sind sie aber nur in dem Maße, in dem die beteiligten Personen in gegenseitiger Annahme handeln. Im täglichen Leben bewegen wir uns durch sich vielfach kreuzende Netzwerke von Konversationen, die sich in der Verwirklichung in unseren Körperlichkeiten überschneiden, und wir betreten und verlassen soziale Systeme, je nachdem, ob und wie unser Verhalten im Strom unseres Sprachhandelns und unserer Emotionsdynamik Koexistenz mit gewissen anderen Menschen in gegenseitiger Annahme zur Folge hat oder nicht.

(b) Da wir unsere Konversationen durch unsere Interaktionen verwirklichen, und da unsere Interaktionen durch unsere Körperlichkeiten verwirklicht werden, muß jede Veränderung unserer Körperlichkeiten zu einer Veränderung unserer Konversationen führen. Da wir umgekehrt in der Verwirklichung unserer Konversationen interagieren, und da unsere Interaktionen zu Veränderungen unserer Körperlichkeiten führen, verändern sich unsere Körperlichkeiten im Verlauf unserer Konversationen in Abhängigkeit von dem Fluß der Interaktionen, die unsere Konversationen konstituieren. Mit anderen Worten, unsere Veränderungen in den Konversationen führen zu Veränderungen unserer Körperlichkeiten, und die Veränderungen unserer Körperlichkeiten führen wiederum zu Veränderungen unserer Konversationen.

(c) Wir Menschen wirken im täglichen Leben an vielen verschiedenen Sozialsystemen mit, die zwar als Konversationsbereiche voneinander unabhängig sind, die aber einander insofern beeinflussen, als sie sich in ihrer Verwirklichung in unseren

Körperlichkeiten überschneiden (vgl. Kognition iii). Jede soziale Interaktion, an der wir teilnehmen, hat daher Folgen für unsere Körperlichkeiten, und alles, was wir in unseren Körperlichkeiten tun, hat Folgen für die sozialen Interaktionen, an denen wir mitwirken. Oder mit anderen Worten, die rekursive Modulation unseres Sprachhandelns und unserer Körperlichkeit macht die Sozialsysteme konservativ: Ein bestimmtes soziales System wird verwirklicht und bewahrt durch die Mitwirkung seiner Mitglieder an dem Netzwerk von Konversationen, das es konstituiert, und das Netzwerk von Konversationen, das ein bestimmtes soziales System konstituiert, legt die Merkmale und Eigenschaften fest, die die Mitglieder haben müssen, wenn sie es verwirklichen.

(v) Ein soziales System ist ein geschlossenes System, das als seine Mitglieder alle jenen Organismen umfaßt, die gemäß der Emotion der gegenseitigen Annahme in der Verwirklichung des Netzwerks von Koordinationen von Handlungen operieren, welches das System verwirklicht. Die Grenzen eines sozialen Systems sind daher emotionaler Art und zeigen sich im Verhalten seiner Mitglieder, denn diese schließen andere Organismen von der Mitwirkung an dem Netzwerk von Koordinationen von Handlungen aus, welches das soziale System darstellt. Im menschlichen Bereich wird dieser Ausschluß gewöhnlich mit irgendeinem rationalen Argument aus der Erklärungsperspektive der Objektivität ohne Klammern gerechtfertigt, und die Emotionen der Ablehnung, der Scham oder der Trauer, die allein oder zusammen entstehen, wenn eine soziale Grenze in Sprache explizit gemacht wird, werden verdrängt. Die Tatsache, daß diese Emotionen in uns entstehen, zeigt, daß wir wenn wir als gesunde und soziale Entitäten aufwachsen, aus dem Innersten unseres biologischen Werdens heraus alle Lebewesen, und besonders alle Menschen, als Angehörige eines einzigen großen sozialen Bereiches betrachten, den wir erst zu unterteilen lernen müssen, wenn wir zu Mitgliedern einer bestimmten Kultur heranwachsen. Daß wir diese Emotionen verdrängen, wenn wir die Grenzen eines Sozialsystems rational explizit machen, macht uns blind für den emotionalen und den nicht-rationalen Charakter dieser Grenzen. Das

Alltagsleben bestätigt das: Soziale Grenzen können nur durch emotionale Prozesse und niemals mit Hilfe der Rationalität überschritten werden.

(vi) Eine Veränderung in einem menschlichen Sozialsystem geschieht als Veränderung des Netzwerkes von Konversationen, das seine Mitglieder erzeugen. Da aber die Körperlichkeiten der Mitglieder jedes sozialen Systems Produkte ihrer jeweiligen Geschichten sind, und da eben sie die Verhaltensweisen erzeugen, die das soziale System durch ihre Mitwirkung an seiner Konstitution verwirklichen, bestätigen die normalen Interaktionen eines Menschen in dem sozialen System, zu dem er gehört, dieses System ebenso wie seine Mitgliedschaft und führen außerdem zur Vermehrung der Mitglieder des Systems, die ihrerseits das System bestätigen. Menschliche Sozialsysteme können sich daher nur verändern, wenn ihre Mitglieder Interaktionen ausführen, die in ihnen körperliche Veränderungen der Art bewirken, daß sie aufhören, an den für das System konstitutiven Konversationen mitzuwirken. Damit dies in einem menschlichen Sozialsystem geschehen kann, müssen seine Mitglieder über Erfahrungen außerhalb des Netzwerkes von Konversationen verfügen, welches das System konstituiert. Das ist für ein menschliches Mitglied eines Sozialsystems auf zwei grundlegende Arten möglich:

(a) durch die Begegnung mit anderen Menschen in einem Netzwerk von Konversationen, das nicht zu ihrem sozialen System gehört, oder durch die Erfahrung von Situationen, die nicht zu ihrem sozialen System gehören, und

(b) durch Interaktionen, die in uns Reflexionen über die Umstände unseres Zusammenlebens mit anderen Menschen auslösen.

Der erste Fall besteht gewöhnlich in der Begegnung mit Fremden, sei es auf einer Auslandsreise, sei es in der Heimat oder sei es in Aufenthalten jenseits des normalen Bereichs unserer Gemeinschaft. Solche Begegnungen und Erfahrungen können dazu führen, daß das strukturelle Driften uns aus dem Bereich der unser Sozialsystem bestätigenden konservativen strukturellen Veränderungen hinausbewegt, und daß wir zu Häretikern im System werden. Im zweiten Fall erleben wir Situationen etwa der Art, daß wir uns verlieben, oder daß wir aufgrund der Verflechtungen unseres Denkens und Fühlens über unsere Verhältnisse zu reflektieren beginnen und daraus Wünsche für das Zusammenleben mit anderen Menschen ableiten. Wenn wir folglich unsere Lebensweise mit anderen menschlichen Wesen nicht mehr akzeptieren und in Übereinstimmung mit unseren Wünschen handeln, dann sind wir im Hinblick auf das soziale System, zu dem diese Lebensweise gehört, nicht mehr konservativ und werden Häretiker in diesem sozialen System.

2. Die Vielfalt der Bereiche des Zusammenlebens

Wir Menschen leben in Gemeinschaften, die als Systeme der Koordinationen von Handlungen in Sprache konstituiert werden, d.h. als Netzwerke von Konversationen unter Führung bestimmter Emotionen. Ist die leitende Emotion die Liebe, d.h. die Emotion, die rekurrente Interaktionen in gegenseitiger Annahme konstituiert, dann ist die Gemeinschaft ein soziales System, ist es eine andere Emotion, die die gegenseitige Annahme nicht fordert und sichert, dann ist die Gemeinschaft eine nicht-soziale Gemeinschaft. Wenn die grundlegende Emotion also nicht die Liebe ist und Handlungskoordinationen erzeugt, die ein Beobachter als Verpflichtungen zur Erfüllung bestimmter Aufgaben bei Erwartung eines Lohnes wahrnimmt, dann ist die Gemeinschaft eine Arbeitsgemeinschaft. Führt die bestimmende Emotion zu Handlungskoordinationen, die ein Beobachter als Gehorsamsverhalten wahrnimmt, dann ist die Gemeinschaft eine hierarchische Gemeinschaft. Wir Menschen wirken an vielen verschiedenen Gemeinschaften mit, die als Netzwerke von Konversationen auf unterschiedlichen Emotionen beruhen, und die zwar als Bereiche der Koordinationen von Handlungen unabhängig voneinander sein mögen, die sich aber in ihrer Verwirklichung in unseren Körperlichkeiten überschneiden und auf diese Weise beeinflussen. Auch nicht-soziale Gemeinschaften zeigen Heuchelei, und die Unterscheidung eines bestimmten sozialen oder nicht-sozialen Systems durch einen Beobachter bleibt nur so lange gültig, wie der Beobachter hinsichtlich der die Systeme definierenden Emotionen keine

Heuchelei feststellt. Jedes menschliche Netzwerk von Konversationen ist als Verwirklichung eines sozialen oder eines nichtsozialen Systems operational in Sprache verwirklicht, und zwar als ein kohärentes System von Beschreibungen und Erklärungen, das einen Realitätsbereich konstituiert. Wir Menschen operieren daher in vielen verschiedenen Realitätsbereichen, die als unterschiedliche Netzwerke von Konversationen und Erklärungen in ihrer Verwirklichung in unseren Körperlichkeiten aufeinandertreffen. Da aber die Identität jedes Menschen als Mitglied eines Netzwerks von Konversationen durch seine Mitwirkung an der Verwirklichung dieses Netzwerkes konstituiert wird, ist jeder Mensch im Prozeß seines Lebens stets eine eigenständige Konfiguration vieler verschiedener, operational getrennter, sozialer und nicht-sozialer Identitäten, die in ihrer Verwirklichung in seiner Körperlichkeit aufeinander treffen. Das soziale Selbst ist daher ein dynamischer Knotenpunkt in einem vieldimensionalen Raum menschlicher Identitäten, das individuelle Ich ist die Körperlichkeit, die die Verknüpfung der verschiedenen Netzwerke von Konversationen verwirklicht, welche das soziale Selbst konstituieren. Das zeigt sich im täglichen Leben daran, daß wir je nach Situation verschiedene Identitäten annehmen, ohne emotionale Widersprüche zu erleben, weil die Koordinationen von Handlungen und Emotionen, aus denen sie hervorgehen, einander nicht überschneiden und uns nicht zu gegensätzlichen Handlungen zwingen. Das hat folgende Konsequenzen:

(i) Der Verlauf unserer individuellen Strukturveränderungen im Strom unserer Interaktionen ist rekursiv an den Verlauf unserer Konversationen gekoppelt, unabhängig davon, ob diese in einem sozialen oder in einem nicht-sozialen Bereich geschehen. Obwohl also die verschiedenen Bereiche des Zusammenlebens, in denen wir gleichzeitig oder nacheinander operieren, einander nicht überschneiden, beeinflußt das Geschehen in einem bestimmten Bereich unsere Mitwirkung an anderen Bereichen. Diese »orthogonale« oder indirekt reziproke Wirkungsbeziehung zwischen Verhalten und Körperlichkeit ist ein konstitutives Merkmal unseres Operierens als lebende Systeme, und zwar unabhängig von unseren Konversationen und den eigenständigen strukturellen Prozessen in unseren Körpern.

(ii) Alles, was wir im Verhaltensbereich tun, ereignet sich als ein Ergebnis unserer strukturellen Dynamik. Unsere Struktur ist in jedem Augenblick eine dynamische strukturelle Konfiguration und ein Ergebnis der Überschneidung der Interaktionen, Konversationen und Reflexionen, in die wir gerade eingebunden sind, und die ihrerseits mit der strukturellen Dynamik des autonomen strukturellen Flusses unserer Körperlichkeit verkoppelt ist. In jedem Augenblick sind daher unsere individuellen Strukturen Ausdruck der strukturellen Geschichte des Netzwerks von Interaktionen, Konversationen und Reflexionen, zu dem wir als Mitglieder eines Netzwerks sozialer und nicht-sozialer Gemeinschaften gehören, so daß wir die Konversationen, Reflexionen und Interaktionen in diesem Netzwerk notwendig nur im Rahmen unseres Strukturzustandes erzeugen können. Alles dieses aber geschieht gleichzeitig in der Gegenwart unserer fortwährend stattfindenden biologischen Verwirklichung als Menschen.

(iii) Wandel in irgendeinem sozialen oder nicht-sozialen menschlichen System ereignet sich als konversationeller Wandel, d. h. als ein Wandel in den Konfigurationen des Netzwerks der Koordinationen von Handlungen und Emotionen, welches die Gemeinschaft bildet und ihre Klassenidentität definiert. Ein derartiger konversationeller Wandel kann die Konfiguration der Handlungs- und Emotionskoordinationen bewahren, die die Identität der Gemeinschaft definiert, andernfalls zerfällt sie. Solche Veränderungen können nur durch Veränderungen in den Körperlichkeiten der Mitglieder der sich verändernden Gemeinschaft erfolgen. Wenn wir jede menschliche Kultur als ein bestimmtes Muster der Koordinationen von Handlungen und Emotionen ansehen, das in den diversen menschlichen Gemeinschaften ganz verschieden verwirklicht werden kann, dann läßt sich generalisierend sagen, daß kultureller Wandel nur durch die Veränderung der Körperlichkeiten der Individuen stattfinden kann, die diese durch ihre Konversationen verwirklichen.

(iv) Die wechselweise Abhängigkeit aller derjenigen Bereiche des Zusammenlebens, an denen wir aufgrund ihrer Überschneidung unseren Körperlichkeiten beteiligt sind, wird in unserem Alltagsleben besonders deutlich daran, daß wir durch einen emotionalen Wechsel unser Verhalten in einem Bereich der Koexistenz verändern können und damit auch das Verhalten in anderen Bereichen beeinflussen und verändern. In uns läuft alles so ab, als ob die verschiedenen Netzwerke der Konversationen, die die verschiedenen Bereiche des von uns mitgestalteten Zusammenlebens konstituieren, ein einziges dynamisches strukturelles System darstellen, und das ist in der Tat so, da diese Netzwerke einander ja in ihrer Verwirklichung durch unsere Körperlichkeiten überschneiden. Die verschiedenen Bereiche der Koexistenz, an denen wir beteiligt sind, beeinflussen einander daher ständig, auch wenn unser Verhalten darin von Heuchelei getragen wird, denn es kommt auf Aufrichtigkeit gar nicht an, sondern nur auf die tatsächliche strukturelle Überschneidung der Prozesse in ihrer Verwirklichung in unseren Körperlichkeiten. Das gilt auch für unser Handeln im Bereich des bewußten Reflektierens als einer Spielart des Sprachhandelns in Form eines individuellen inneren Tanzes. Wenn wir nämlich bewußt reflektieren, dann operiert unser Nervensystem in einem Strom interner rekursiver Korrelationen, der mit dem Strom der internen Korrelationen unseres Nervensystems übereinstimmt, welcher unserem Sprachhandeln in einer Konversation entspricht. Der konstitutiv kontinuierliche strukturelle Wandel unserer Körperlichkeiten folgt daher einem Verlauf, der von den konversationellen Inhalten unserer Reflexionen abhängig ist, und unsere Teilnahme an den verschiedenen Bereichen der Koordinationen von Handlungen, die die verschiedenen Bereiche der Koexistenz bilden, in denen wir uns aufhalten, wird operational zu einer Funktion unserer Werte, Wünsche, Ideale und Sehnsüchte. Das bedeutet, daß wir zwar nie anders handeln können, als wir in einem bestimmten Moment handeln, weil in jedem Moment das, was wir tun, Ausdruck unserer strukturellen Gegenwart ist, daß wir Menschen aber dennoch nicht von der Verantwortung für unsere Handlungen frei sind, denn aufgrund unserer Reflexionen ist all unser Tun notwendig Ausdruck unserer Werte, Wünsche, Ideale und Sehnsüchte. Mit anderen Worten, all unser Sprachhandeln ist eine Quelle von Veränderungen in unseren Körperlichkeiten, denn Sprachhandeln findet durch die strukturelle Dynamik unserer Körperlichkeiten statt, und Reflexionen, bewußtes Nachdenken und bewußtes Wissen sind daher als Arten des Sprachhandelns durch unsere Körper Quellen des Wandels in den sozialen und nicht-sozialen Gemeinschaften, die wir integrieren.

(v) Da alle Netzwerke der Konversationen Erklärungsbereiche konstituieren, unabhängig davon, ob sie sozial oder nicht-sozial sind, und da sie daher auch Realitätsbereiche sind, gilt alles, was ich oben über Erklärungen und Realität gesagt habe, auch für sie. Wir leben daher unsere Teilnahme an den verschiedenen Gemeinschaften, die wir durch unsere rekurrenten Interaktionen integrieren, indem wir verschiedene Netzwerke von Konversationen generieren, und zwar gemäß den Operationen der Erklärungswege der Objektivität in Klammern bzw. der Objektivität ohne Klammern, und wir tun dies unabhängig davon, ob wir uns dessen bewußt sind oder nicht. Daraus folgt, daß wir alle unsere zwischenmenschlichen Beziehungen entweder in gegenseitiger Anerkennung, im Geist der Toleranz, oder mit dem Anspruch auf Unterwerfung leben, je nachdem, ob wir im Fluß unserer Gefühle und Gedanken dem einen oder dem anderen Erklärungsweg folgen. Dies bedeutet auch, daß wir Verantwortung für unsere Handlungen und Emotionen übernehmen oder nicht, und zwar gemäß dem Erklärungsbereich, in dem wir uns im Fluß unserer Konversationen bewegen, also gemäß der Anerkennung oder Ablehnung unserer konstitutiven Mitwirkung an der Erzeugung der Realität, die wir in jedem Augenblick leben.

3. *Das Ethische*

Wenn wir uns fragen, unter welchen Umständen wir ethische Überlegungen anstellen, oder wenn wir über die Umstände nachdenken, in denen wir behaupten, daß ethische Überlegungen notwendig sind, dann stellen wir fest, daß dies immer dann der Fall ist, wenn wir uns mit den Konsequenzen der Handlungen von Menschen für andere Menschen beschäftigen müssen.

Gleichzeitig stellen wir fest, daß wir ethische Fragen in einer sozialen Gemeinschaft nur dann stellen, wenn wir glauben, daß der menschliche Respekt in dieser sozialen Gemeinschaft zerbrochen ist. Dieser Bruch wird aber nur aus dem Blickwinkel einer bestimmten Emotionsdynamik wahrnehmbar, die ihn nicht nur sichtbar macht, sondern auch zur Annahme von Prämissen führt, aus denen sich rationale Argumente für die Tatsache dieses Einbruchs oder für die Annahme der Meinung ergeben, der Bruch sei von uns selbst verursacht, da wir ja zur betroffenen sozialen Gemeinschaft gehören. Die Sklaverei ist in einer Gemeinschaft kein ethisches Problem, in der sowohl der Herr als auch der Sklave die Sklaverei aufrichtig als eine Lebensweise in gegenseitiger Annahme oder als ein legitimes Verfahren der Herstellung von Arbeitsvereinbarungen billigt. Ethik hat mit Emotionen zu tun und nicht mit Rationalität. Zweifellos gebrauchen wir unsere Rationalität, um ethische Anliegen zu rechtfertigen oder zurückzuweisen, und zweifellos sprechen wir davon so, als ob es transzendentale Werte oder Gründe wären, die unsere ethischen Argumente gegen oder für bestimmte Verhaltensweisen validieren. Wir tun dies aber nur, wenn wir uns in Handlungen und Emotionen verstrickt finden, die unseren Bemühungen für andere Menschen zuwiderlaufen, und wenn wir daher entsprechende Widerstände mit zwingenden Argumenten beiseiteräumen wollen. Das tägliche Leben zeigt uns aber, daß rationale ethische Argumente nur dann zwingend sind, wenn jene Emotion vorherrscht, die uns Verhaltensweisen als unethisch beurteilen läßt, und das tägliche Leben zeigt uns ebenfalls, daß diese Emotion Liebe ist. Daß Liebe die Emotion ist, die die Grundlage für ethische Anliegen bildet, sehen wir gewöhnlich nicht. Warum?

(a) Emotionen haben eine biologische Grundlage. Sie gehören als biologische Phänomene zur Dynamik unserer Körperlichkeit. Es ist nicht die Kultur, die unsere Emotionalität konstituiert; die Emotionen aber, die wir leben, und ihre Verflechtung mit unserem Lebensprozeß und unserem Sprachhandeln, all dies ist zum größten Teil kulturbedingt. Liebe als die Emotion, die die Grundlage für alles Soziale bildet, die Grundlage für gegenseitige Annahme, gegenseitigen Respekt und gegenseitige Fürsorge, ist biologisch konstitutiv für unsere menschliche Existenz. Die Verflechtung unserer Emotionen mit unserem Sprachhandeln ist dagegen ausschließlich kultureller Art. Obwohl unser Bemühen um das Wohlergehen anderer Menschen, d. h. unser ethisches Verhalten, eine biologische Grundlage hat, ist seine praktische Umsetzung kulturell geformt. Wir erkennen gewöhnlich die emotionale Grundlage unseres ethischen Verhaltens nicht, weil wir Emotionen geringschätzen und meinen, unsere Handlungen könnten nur transzendental gültig sein, wenn sie ausschließlich auf Rationalität beruhen. Wir nehmen daher die Verflechtung von Emotionalität und Rationalität nicht wahr und sind blind für die Tatsache, daß unsere epigenetischen kulturellen Prägungen unserem ethischen Verhalten Grenzen setzen.

(b) Biologisch gehören wir Menschen zur Spezies *homo sapiens*. Wir sind deshalb mit einer besonderen körperlichen Primatenkonstitution ausgestattet, die sich in unserer Existenz in Sprache verwirklicht. Ich glaube, daß die überragende Rolle der Sprache für uns Menschen und ihre enge Verflechtung über die Struktur des Nervensystems mit unserem kooperativen Zusammenleben, mit unserer Sinnlichkeit, mit dem Teilen der Nahrung und mit der männlichen Fürsorge für die Kinder zeigt, daß die Körperlichkeit des *homo sapiens* in der Evolution der Primaten dadurch entstanden sein muß, daß eine bestimmte Lebensweise bewahrt wurde (d. h. eine bestimmte Art des ontogenetischen Phänotyps), die intime sinnenhafte Koexistenz in kleinen Gruppen, das Teilen der Nahrung, die Zusammenarbeit von Männern und Frauen bei der Aufzucht der Kinder sowie die Freude am häuslichen Leben bei beiden Geschlechtern umfaßte. In der Bewahrung dieser Lebensweise, die vor etwa 4 Mio. Jahren begonnen haben muß, ist Sprache eine Konsequenz, keine Bedingung. Als jedoch Sprache vor etwa 3 Mio. Jahren enstand, wurde sie Teil des bewahrten ontogenetischen Phänotyps und brachte eine Lebensweise hervor, die mehr und mehr rekursive Konsensualität (die diese Lebensweise zur Folge hat) in sich schloß – und zwar unter der Form kultureller Komplexität. Die emotionalen Probleme, die wir modernen Menschen mit der Sexualität, mit dem Teilen, mit dem häuslichen

Leben, mit der Einsamkeit und mit der Glorifizierung von Machtbeziehungen haben, entstehen nicht aus unserer Biologie, sondern ganz im Gegenteil aus unserer rationalen Rechtfertigung von Lebensweisen, die unsere fundamentale Biologie sinnenhafter, häuslicher, sprachhandelnder Tiere, die in kleinen Gruppen leben und füreinander sorgen, verletzen und einschränken. Das tägliche Leben zeigt dies klar als emotionalen Konflikt, in der Notwendigkeit, unser Verhalten rational zu rechtfertigen, wenn jemand bettelt, und wir es ablehnen zu teilen und dann so handeln, als ob wir den Bettler nicht gesehen hätten. Wir sind als Menschen notwendig ethische Lebewesen, d. h. wir entstammen einer biologischen Geschichte der Liebe und der gegenseitigen Fürsorge. Wir sehen uns aber gewöhnlich nicht als ethische Tiere, als der gegenwärtige Zustand einer Primatenevolution, die aus der Bewahrung einer Lebensweise hervorgegangen ist, die das Teilen der Nahrung, die Kooperation der Geschlechter in der Aufzucht der Kinder, Sinnenhaftigkeit und Liebe (gegenseitige Annahme) als zentrale Handlungsweisen und Emotionen enthalten hat, und die dadurch die Grenzen der Koexistenz der evolvierenden Gruppen bestimmte.

(c) Kulturell werden wir als Menschen der einen oder anderen Art durch unsere Mitwirkung an verschiedenen sozialen Systemen konstituiert. Jedes dieser sozialen Systeme legt den Umfang unserer Fürsorge für andere Menschen durch ihre operationale Definition als menschliche Wesen der gleichen Art fest: Menschliche Wesen sind für jedes soziale System nur die Artgenossen, die zu ihm gehören. Auch wenn also die Ethik in uns durch unsere Emotionen als die biologisch begründete Fürsorge um die Mitmenschen entsteht, leben wir diese Fürsorge in jedem sozialen System, das wir aufgrund der verschiedenartigen konsensuellen Verflechtung unserer Emotionalität mit unserem Denken konstituieren, ganz verschieden, indem wir festlegen, wer zu uns gehört und wer fremd ist. Daß wir uns wirklich so verhalten, wird deutlich, wenn wir uns im täglichen Leben beobachten und aufmerksam darauf werden, daß wir in den verschiedenen sozialen Bereichen, an denen wir mitwirken, im Hinblick auf unsere Verantwortlichkeit anderen Menschen gegenüber unterschiedlich argumentieren. In der Tat zeigt unser Verhalten, daß wir diejenigen Mitglieder der Spezies *homo sapiens*, die wir nicht in den sozialen Bereich einbeziehen, in dem wir uns im Prozeß unserer Emotionen gerade bewegen, auch außerhalb des Bereichs unserer Verantwortung sehen, so daß wir keinerlei ethische Probleme hinsichtlich dieser Menschen haben. Wir machen uns dies gewöhnlich nicht klar, denn da wir die Legitimität unserer Emotionen ablehnen, können wir nicht erkennen, daß wir die grundlegenden Prämissen für die Validierung unserer rationalen Argumente primär emotional gewählt haben. Wenn also jemand unsere Argumente für ein bestimmtes ethisches Verhalten in einem bestimmten sozialen Bereich akzeptiert, dann glauben wir, daß unser Gesprächspartner der transzendental begründeten, zwingenden Kraft unserer Argumente nachgibt, und wir verstehen nicht, daß er lediglich den sozialen Bereich, zu dem das Argument gehört, als legitim akzeptiert, weil er sich in dem emotionalen Bereich der gegenseitigen Annahme befindet, in dem die Prämissen für jene Argumente gerade gelten.

(d) Unsere Fürsorge für andere Menschen ändert sich, wenn wir uns von einem sozialen Bereich in einen anderen bewegen, und wir bewegen uns von einem sozialen Bereich in einen anderen, wenn wir uns von einem Netzwerk von Konversationen (sozial oder nicht-sozial) zu einem anderen bewegen, und zwar im Fluß unserer ineinander verflochtenen Emotionen und Gedanken. Dies geschieht spontan als Ergebnis der Verflechtung unserer Emotionen mit unseren Gedanken von Augenblick zu Augenblick unserer epigenetischen Ontogenese, wenn unsere konversationellen und nicht-konversationellen Bereiche der Interaktionen und Emotionen in ihrer Verwirklichung in unseren Körperlichkeiten aufeinandertreffen. Daß es sich wirklich so verhält, wird uns in den Veränderungen deutlich, die wir in unserer Fürsorge für andere Menschen im Ablauf des normalen täglichen Lebens erfahren. Wir können diese Veränderungen unserer. Fürsorge entweder als spontane emotionale Veränderungen erleben oder als emotionale Veränderungen, die sich aus Reflexionen in einem anderen Bereich als dem ergeben, in dem sie stattfinden. Wir können sie auch als emotionale Veränderungen erleben, die im Bereich unseres Denkens entstehen, und zwar als Ergebnis der Veränderungen unseres Selbst-Bewußtseins. Alle diese Veränderungen geschehen aber stets im Rahmen unserer kulturellen Epigenese und sind das Ergebnis der Dynamik unserer Körperlichkeiten. Wir finden uns in der Tat ständig eingebunden in unsere ethische Fürsorge und erleben sie als ganz natürlich: Wir kontrollieren ihr Auftreten nicht. Wir sind uns aber dieser Tatsache gewöhnlich nicht bewußt, weil wir an die transzendentale Macht der Rationalität und folglich an die universale Geltung der Ethik glauben.

Die moderne westliche Kultur, zu der auch die moderne Naturwissenschaft gehört, ist vollkommen dem Erklärungsweg der Objektivität ohne Klammern verhaftet. Auf diesem Erklärungsweg, oder wie ich nunmehr sagen kann, aus dieser Grundeinstellung zur Koexistenz, versuchen wir gewöhnlich, andere mit Argumenten zu überwältigen, die wir für universal gültig halten, weil sie auf Rationalität beruhen. Wir sprechen den Emotionen ihre grundlegende Legitimität ab und entwerten sie, wir argumentieren, als ob Ethik eine rationale, transzendentale Grundlage hätte oder haben sollte. Aber auch wenn wir diesen Erklärungsweg wählen und die emotionale Fundierung unseres ethischen Verhaltens nicht akzeptieren, wissen wir aus unserer Lebenspraxis, daß unsere Fürsorge für die Mitmenschen zu unserer Emotionalität gehört, denn wir nehmen Zuflucht zu Vereinbarungen, um diese Fürsorge für die Mitmenschen universal zu machen. In der Tat zeigen wir, daß sich das so verhält, durch die Rechtssysteme, die wir schaffen, um unser Zusammenleben in den nicht-sozialen Gemeinschaften, die wir integrieren, zu regeln. Und wir tun das, ohne uns bewußt zu sein, warum wir es tun, denn wir sprechen von sozialer Regulierung, um eine operationale Dynamik zu korrigieren, die der Praxis der Interaktionen in einer nicht-sozialen Gemeinschaft eigen ist, die auf eine andere Emotion als auf Liebe gegründet ist und daher konstitutiv den anderen nicht in den Bereich der gegenseitigen Annahme der Teilnehmenden einschließt. Das ist natürlich möglich, weil in einem Rechtssystem Aufrichtigkeit und Ehrlichkeit keine Rolle spielen und nur das tatsächliche Verhalten der gegenseitigen

Anerkennung erforderlich ist, wie es sich in unserem Einverständnis mit dem Gesetz ausdrückt. Warum aber sind wir dennoch so oft mit den rationalen Argumenten unzufrieden, die unsere Mitmenschen negieren, auch wenn wir glauben, daß sie auf absolut gültigen, transzendentalen Wahrheiten beruhen? Warum sind denn die ethischen Argumente, die wir als vollkommen rational anerkennen, nicht auch absolut zwingend, wie wir dies erwarten? Auf diese Fragen gibt es auf dem Erklärungsweg der Objektivität ohne Klammern keine Antworten, denn dieser Erklärungsweg leugnet die grundlegende emotionale Begründung der menschlichen Rationalität. Ich möchte dies noch weiter ausführen.

Wir Menschen leben gleichzeitig oder nacheinander in vielen verschiedenen Bereichen der Koexistenz, deren jeder als eine Konfiguration von Konversationen und als ein Bereich der Rationalität gemäß einer grundlegenden Art der Emotionsdynamik konstituiert wird, welche festlegt, wer dazu gehört und wer nicht. Nun stellen wir aber immer wieder fest, daß wir die Gültigkeit der Konsequenzen unserer Handlungen für andere Menschen emotional ablehnen, sie aber gleichzeitig als rational gerechtfertigt ansehen. Wenn wir auf diese Weise gleichzeitig verlangen, daß sowohl unsere Empathie als auch unser Denken Gültigkeit haben sollen, geraten wir in einen ethischen Konflikt. Und wir sind auch dann in einem ethischen Konflikt, wenn wir im Bereich der Objektivität ohne Klammern operieren, denn wir müssen erleben, daß wir zwar unsere rationalen Argumente akzeptieren können, daß dies aber nicht ausreicht, uns zur Negierung unserer Empathie (Liebe) zu zwingen. Wenn wir uns in solchen Fällen für die Empathie entscheiden, dann bewegen wir uns operational vom Weg der Objektivität ohne Klammern auf den Weg der Objektivität in Klammern und übernehmen Verantwortung für unsere Handlungen. Wenn wir uns im Gegensatz dazu anders verhalten und unseren rationalen Argumenten folgen, dann werten wir die Emotion der Empathie ab und weisen jede Verantwortung für unsere Handlungen von uns. In beiden Fällen können wir jedoch handeln, ohne uns der erkenntnistheoretischen und ontologischen Konsequenzen unseres Handelns bewußt zu sein. Zweifeln wir aber weiterhin an der Gültigkeit oder Legitimität unserer Handlungen, bleiben wir in emotionalen Widersprüchen befangen und leiden. Wenn wir uns auf dem Weg der Koexistenz gemäß der Objektivität in Klammern bewegen, dann ist die Lage anders, denn wir sind uns der vielen verschiedenen Realitätsbereiche bewußt, in denen wir leben können, ebenso wie der emotionalen Begründung unserer ethischen Anliegen. Auf diesem Weg der Koexistenz ist uns auch klar, daß unsere ethischen Bemühungen in keinem Moment die operationale Grenze der gegenseitigen Annahme überschreiten, die den sozialen Bereich festlegt, in dem wir unsere ethischen Reflexionen anstellen. Außerdem ist uns auf diesem Weg der Koexistenz klar, daß die sozialen Bereiche und deren Erweiterungen, an denen wir teilhaben, aus der epigenetischen Verflechtung unserer Sprachhandlungen und unserer Emotionalität hervorgegangen sind, die wir in unserer Kultur gelebt haben (vgl. Maturana in der Einführung zu Maturana und Varela 1979).

E. Abschließende Bemerkungen

Bei der Abfassung dieses Beitrages bin ich dem Erklärungsweg der Objektivität in Klammern gefolgt. Ich hätte ihn nicht schreiben können, wäre ich den Erklärungsweg der Objektivität ohne Klammern gegangen, denn dieser schließt die Frage des Ursprungs der Eigenschaften des Beobachters als biologischer Größe aus und ist daher konstitutiv blind für das, was ich gesagt habe. Ich möchte den Aufsatz abschließen, indem ich einige zusammenfassende Bemerkungen aus dieser Erklärungsperspektive formuliere. Ich werde dies in der Form einzelner Thesen tun, deren Grundlagen und Begründungen ich nicht weiter ausführe.

* Die Lebenspraxis, die Erfahrung des Beobachters, sie geschehen einfach. Jede Lebenspraxis ist an und für sich gültig, sie ist so, wie sie vollzogen wird. Aus diesem Grunde sind Erklärungen überflüssig, wir brauchen sie als Beobachter nicht. Wenn uns aber Erklärungen widerfahren, dann erweisen sie sich als durchaus nicht trivial: Aufgrund der rekursiven reziproken Verschränkung von Sprache und Körperlichkeit verändert sich die Lebenspraxis des Beobachters, wenn er Erklärungen seiner Lebenspraxis generiert. Aus diesem Grunde hat alles, was wir sagen

oder denken, Konsequenzen für das Leben, das wir führen. Wir sind uns nun dessen bewußt.

* Wir Menschen halten uns für rationale Lebewesen und die Rationalität für das, was uns eigentlich zu Menschen macht. Aufgrund dieser Überzeugung haben wir Emotionen abgewertet und die Rationalität über alles andere erhoben, und zwar so sehr, daß wir alles komplexe und erfolgreiche Verhalten bei nichtmenschlichen Lebewesen auf irgendeine Art des rationalen Denkens zurückführen möchten. Aufgrund dieses Glaubens an die Rationalität fordern wir auch in unserem alltäglichen Koexistieren mit anderen Menschen von allen rationales Verhalten und rechtfertigen diese Forderungen mit dem expliziten Anspruch, daß ein rationales Argument universal gültig sei, da es nicht von dem abhängt, was wir als Beobachter tun oder empfinden. Wir Menschen haben viele komplexe Ideologien geschaffen, die die Vernichtung oder die Rettung und Erhaltung anderer Menschen mit rationalen Argumenten rechtfertigen. Wir haben nun erkannt, daß all dies nicht weiter so bleiben muß. Wir Menschen sind nämlich keine rationalen Lebewesen. Wir Menschen sind emotionale und in Sprache handelnde Lebewesen, die die operationalen Kohärenzen der Sprache gebrauchen, um durch den Aufbau rationaler Systeme ihre Handlungen zu erklären und zu rechtfertigen, und um sich selbst gleichzeitig, und ohne sich dessen bewußt zu sein, für die emotionalen Grundlagen aller rationalen Bereiche, die wir hervorbringen, blind zu machen. Trotzdem ist die Rationalität die Bedingung der Möglichkeit aller Erklärungen, denn sie ist der Ausdruck der operationalen Kohärenzen unseres Sprachhandelns und damit wiederum der operationalen Kohärenzen des Stroms unserer rekursiven konsensuellen Koordinationen von Handlungen, die Sprache konstituieren. Die logische Kohärenz einer Erklärung hängt daher von der Rationalität ab, ihr Inhalt und der rationale Bereich, in dem sie sich ereignet, hängen aber von den Präferenzen des Beobachters ab. Auch dessen können wir uns nun bewußt sein.

* Wir Menschen halten uns für ethische Lebewesen, weil wir uns für rationale Lebewesen halten. Wir haben nun erkannt, daß dies nicht der Fall ist. Alle Ethik entsteht aus unserer Fürsorge für den Mitmenschen, nicht aus dem Einverständnis mit einem

rationalen Argument, und unsere Fürsorge für unsere Mitmenschen ist emotionaler und nicht rationaler Art. Die Liebe ist die Emotion, die soziale Koexistenz konstituiert, die die Bereiche unserer Fürsorge in den Gemeinschaften festlegt, die wir mit anderen Menschen zusammen schaffen. Wir brauchen daher unsere Fürsorge für die Mitmenschen in einer sozialen Gemeinschaft nicht zu rechtfertigen, denn eben diese Fürsorge ist konstitutiv für unser soziales Zusammenleben. Gleichzeitig müssen wir auch unseren Mangel an Fürsorge um alle jene anderen nicht rechtfertigen, mit denen wir auf nicht-soziale Weise zusammenleben, denn dieser Mangel ist konstitutiv für alle nicht-soziale Koexistenz. Erst wenn wir die Operationalität der wechselseitigen Fürsorge für Menschen verlangen, die nicht Mitglieder der gleichen sozialen Gemeinschaft sind, brauchen wir ein rationales Argument, um sie durch die Herbeiführung einer expliziten Übereinkunft zu verwirklichen. Solange wir uns dieses Vorgehens bewußt bleiben, brauchen wir auch nicht zu befürchten, daß eine derartige Anerkennung rationalen Vorgehens erneut dem Mißbrauch der Menschen Tür und Tor öffnen könnte. Wir können in jedem Augenblick nur in einem Handlungsbereich operieren, der bestimmt wird durch unsere Emotionsdynamik in diesem Moment. Außerdem kann ein Beobachter etwas als Mißbrauch wahrnehmen, was der Handelnde ganz aufrichtig nicht als Mißbrauch empfindet, und Beobachter wie Beobachteter operieren in einem Handlungsbereich, der durch ihre Emotionen in diesem Moment festgelegt wird. Wenn wir jedoch Mißbrauch erkennen, können wir die ethische Reflexion dieser Erkenntnis nicht vermeiden. Denn ohne die ethische Reflexion hätten wir den Mißbrauch nicht erkannt. Wir sind uns nun dessen bewußt. Wir können aber nicht vermeiden, in Übereinstimmung mit unserer Erkenntnis des Mißbrauchs zu handeln oder aber diesen Mißbrauch in Übereinstimmung mit einer Emotion, die unserer Fürsorge für den anderen Menschen überdeckt, zu akzeptieren.

* Der größte Teil menschlichen Leidens entsteht durch die Ablehnung der Liebe, und fast alle unsere Unfähigkeit, menschliches Leiden zu verstehen, entspringt unserer Unfähigkeit, die grundlegende Rolle der Liebe in der Biologie des Menschen zu erfassen. Die Ablehnung der Liebe kann viele Formen anneh-

men, sie alle aber haben eine operationale Blindheit für die Gegenwart eines anderen Menschen zur Folge, dem damit die Grundlage seiner menschlichen Existenz versagt wird. Es gibt folglich keine gesunde körperliche, psychische und soziale Entwicklung in einer Gegenwart ohne Liebe; es gibt keine körperliche, psychische und soziale Gesundheit der erwachsenen Menschen inmitten rekurrenter Konversationen, die die Selbstannahme verhindern, und es gibt keine gesunden körperlichen, psychischen und sozialen Beziehungen in rekurrenten Konversationen, die die Liebe ablehnen. Das ist so, weil wir zu einer biologischen Geschichte gehören, die auf der Bewahrung der Liebe und gegenseitigen Fürsorge beruht. Auch dies können wir von nun an beachten.

* Wir Menschen existieren in Sprache. Wir existieren daher in einer Welt, die im Fluß unserer rekursiven konsensuellen Koordinationen von Handlungen mit anderen Menschen in unserer Lebenspraxis besteht. Das Leben, das wir Menschen leben, unterliegt daher notwendig immer unserer eigenen Verantwortung, denn es wird durch unser Sprachhandeln hervorgebracht, die Welten, die wir leben, werden durch unsere Handlungen als Menschen konstituiert. Verantwortung bedeutet daher in diesem Zusammenhang lediglich, daß wir uns bewußt werden können, wie unser Leben als Menschen in Form unseres Sprachhandelns sich vollzieht, und daß wir uns aufgrund der Tatsache, daß solche Bewußtwerdung selbst in Form unseres Sprachhandelns stattfindet, auch Bewußtsein dafür entwickeln, daß alles, was wir als Menschen tun, Konsequenzen für unser menschliches Leben und Handeln mit sich führt. Unser Leben widerfährt uns, wir finden uns in ihm vor; doch es ist nicht das gleiche für unser Leben als menschliche Wesen, ob wir uns dessen, was wir tun, bewußt sind oder nicht, hinsichtlich unseres Sprachhandelns, ob wir sprachlich handeln oder nicht, ob wir über unser Denken nachdenken oder nicht. Nun sind wir uns dessen bewußt.

* Nach all dem Gesagten ist nun klar, daß der physikalische Bereich der Existenz einer von vielen Bereichen der Realität, d. h. einer von vielen kognitiven Bereichen ist, die wir durch die Erklärung unserer Lebenspraxis gemäß dem Erklärungsweg der Objektivität in Klammern hervorbringen. Der physikalische Bereich der Existenz ist daher sowohl ein Erklärungsbereich als

auch ein ontologischer Bereich im Bereich der konstitutiven Ontologien. Er ist jedoch ein besonderer Phänomenbereich, denn er entsteht als der Bereich, in dem wir als Beobachter uns selbst als lebende Systeme erklären, die den Beobachter als eine Operation in einem Phänomenbereich hervorbringen können, der verschieden ist von dem Phänomenbereich, in dem sie als lebendes System existieren und sich so damit nicht überschneidet. Oder mit anderen Worten, der physikalische Bereich der Existenz ist ein Erklärungsbereich, den wir in der Erklärung bestimmter Aspekte unserer Lebenspraxis mit Hilfe anderer Aspekte unserer Lebenspraxis hervorbringen, und er ist ein besonderer kognitiver Bereich, denn er wird als ein Bereich operationaler Kohärenzen konstituiert, in dem wir Beobachter als lebende Systeme unsere Bestandteile durch das Operieren unserer Bestandteile hervorbringen (unterscheiden), wenn wir als lebende Systeme interagieren.

Zweierlei bereitet unserem Verständnis hier oft Schwierigkeiten:

(1) Aufgrund unserer westlichen kulturellen Tradition möchten wir gerne Aussagen über einen Bereich von Dingen oder Entitäten machen, der unabhängig sein soll von dem, was wir tun. Wir wollen dann auf diesen von uns unabhängigen Bereich alle die Unterscheidungen anwenden, die wir als Angehörige der Gattung *homo sapiens* in unserem Bereich rekursiver Koordinationen konsensueller Aktionen in Sprache treffen.

(2) Wir wollen nicht zugeben oder sind uns nicht bewußt, daß die Unterscheidungen, z. B. Objekte oder Relationen, die wir durch unser Handeln in Sprache treffen, erst mit der Konstitution der Sprache als eines geschlossenen Bereichs rekursiver konsensueller Koordinationen von Handlungen entstehen und daher konstitutiv außerhalb dieses Bereichs nicht gelten. Daraus folgt, daß wir gewöhnlich Schwierigkeiten haben, zu akzeptieren und uns vorzustellen, daß außerhalb der Sprache nichts existiert, daß alle Existenz an unsere Unterscheidungen in Sprache gebunden ist. Ein moderner Physiker mag nun zweifellos sagen, die Quantenphysik zeige, daß die Kategorien unseres täglichen Lebens auf das Reich der Elementarteilchen nicht anwendbar sind. Ich aber sage etwas anderes und viel mehr als das. Ich behaupte:

I. Alle Phänomene, einschließlich der Quantenphysik und derjenigen des Beobachters und des Beobachtens, sind kognitive Phänomene, die im Prozeß des Beobachtens entstehen, wenn der Beobachter in Sprache operiert und seine Lebenspraxis erklärt. II. Das Beobachten kann nur als ein Resultat der Biologie der Sprache verstanden werden. III. Sprache ist ein biologisches Phänomen, das nur als solches erklärt werden kann. IV. Beobachten enthüllt keine von uns unabhängige Realität, sondern konstituiert das Beobachtete als eine *Operation* in konsensuellen Koordinationen von Handlungen in Sprache.

All das behaupte ich, indem ich zeige, daß der Erklärungsweg der Objektivität in Klammern ein Bereich der konstitutiven Ontologien ist, wie ich ihn oben (A 3 ii) im ontologischen Schema dargestellt habe. Seiner Unterscheidung geht nichts voraus: Existenz in jedem Bereich, selbst die Existenz des Beobachters wird durch die Unterscheidungen des Beobachters in der Erklärung seiner Lebenspraxis konstituiert. Oder mit anderen Worten, nichts existiert außerhalb des Sprachhandelns, denn Existenz entsteht in der Erklärung der Lebenspraxis des Beobachters, unabhängig von dem gewählten Erklärungsweg; selbst die Lebenspraxis des Beobachters existiert nur, wenn er sie durch seine Erklärungen oder Beschreibungen in Sprache hervorbringt. Wenn wir nun aber in unserer Suche nach Erklärungen versuchen, das transzendentale Substrat zu kennzeichnen, das wir aus erkenntnistheoretischen Gründen für alles, was geschieht, vermuten müssen, dann wird aus dem bisher Gesagten deutlich, daß uns die Ontologie des Beobachtens zeigt, daß wir über dieses Substrat nichts sagen können, daß wir auf dieses Substrat nicht als auf eine Entität hinweisen können, denn sobald wir dies tun, bewegen wir uns in Sprache, im Bereich der rekursiven konsensuellen Koordinationen von Handlungen von Beobachtern, die entstehen, indem sie in Sprache operieren. Außerhalb der Sprache gibt es nichts, außerhalb der Sprache existiert kein Ding. Wir können uns nun dessen bewußt sein, daß dies eine konstitutive kognitive Bedingung der menschlichen Existenz ist und keine historische Beschränkung.

* Erklärungen gehören zum Bereich der menschlichen Koexistenz und sind nur in Konversationen möglich, die eine Reformulierung der Lebenspraxis des Beobachters verlangen. Das gleiche gilt für die Realität. Die Realität ist ein Erklärungsvor-

schlag, der aus einer Meinungsverschiedenheit entsteht und einen Versuch darstellt, einen verlorenen Bereich der Koordinationen von Handlungen wiederzugewinnen oder einen neuen zu erzeugen. Im alltäglichen Leben der griechisch-jüdisch-christlichen Tradition, zu der unsere moderne naturwissenschaftliche und technische Kultur gehört, sind die Realität und das Reale Argumente, die wir im menschlichen Zusammenleben immer dann benutzen, wenn wir andere Menschen ohne Anwendung von Gewalt zwingen wollen, etwas zu tun, was sie nicht spontan tun wollen. Das gleiche gilt in dieser Tradition für die Ideen der Rationalität, die wir gleichermaßen als zwingende Argumente gebrauchen, und zwar mit dem impliziten kulturellen Anspruch, daß wir damit absolut gültige, transzendentale Wahrheiten erfassen. Gewöhnlich sind wir uns aber nicht bewußt, daß wir das tun, denn wir wachsen in dieser Tradition auf und werden so zu Mitgliedern einer Kultur, für die es selbstverständlich ist, die meisten oder alle Erklärungen gemäß dem Erklärungsweg der Objektivität ohne Klammern zu entwickeln. Die Situation ist anders für die Menschen, die in einer Kultur aufwachsen, die es mit sich bringt, daß alle oder die meisten Erklärungen, die in ihr gegeben werden, aus der Perspektive der Objektivität in Klammern gegeben werden. Auf diesem zweiten Erklärungsweg sind die Realität und das Reale auch Erklärungsvorschläge für die Lebenspraxis eines Beobachters, sie entstehen aber durch den Zusammenbruch seiner Handlungskoordinationen mit anderen Menschen und nicht aus dem Versuch, die Mitmenschen zu zwingen, seinem Willen gemäß zu handeln. Ganz im Gegenteil, auf diesem Erklärungsweg entstehen Realität und das Reale als Einladungen eines Beobachters an einen anderen, sich an der Konstitution eines bestimmten Bereichs von Koordinationen von Handlungen als einem Bereich der Koexistenz in gegenseitiger Annahme zu beteiligen. Während nun aber der Beobachter auf diesem Erklärungsweg dies alles klar erkennt, ist dies auf dem anderen nicht der Fall. Wir können uns dessen nun bewußt sein.

* Unser bewußtes Handeln macht unsere Handlungen zu Gegenständen unserer Reflexion und erlaubt uns, ihre Konsequenzen zu wünschen oder nicht zu wünschen. Die Bewußtheit unseres Wünschens oder Nichtwünschens der Konsequenzen

unserer Handlungen macht uns bewußt, daß wir immer tun, was wir tun, weil wir die Konsequenzen unseres Tuns wünschen, auch wenn wir manchmal behaupten, daß wir diese Konsequenzen nicht wünschen. Mit anderen Worten, unser Bewußtsein, unser Wünschen oder Nichtwünschen der Konsequenzen unserer Handlungen, konstituiert unsere Verantwortung für die Konsequenzen unserer Handlungen, denn wir erkennen dadurch, daß wir tun, was wir tun, weil wir seine Konsequenzen wünschen. Schließlich konstituiert die Bewußtheit unseres Wünschens oder Nichtwünschens der Konsequenzen unseres Handelns unsere Freiheit, denn sie macht uns auch für unsere Emotionen verantwortlich, indem sie uns diese Emotionen ebenso bewußt macht wie das Wünschen oder Nichtwünschen dieser Emotionen in unseren Handlungen. In diesem rekursiven Verbundensein von Sprache, Emotion und Werden, das sich in unserer Epigenese ereignet, leben wir Menschen unser Leben in der ständigen rekursiven Verbindung zwischen Bewußtsein und Werden. Unter den beschriebenen Umständen ist es nicht das Gleiche für uns, ob wir uns dessen, was wir in unseren zwischenmenschlichen Beziehungen tun, bewußt sind oder nicht. Und es ist nicht das Gleiche für unsere Körperdynamik in all ihren Dimensionen, denn die Pfade, denen unsere Leben folgen in unseren ständigen körperlichen Veränderungen und Transformationen, sind in jedem Moment abhängig von der Bewußtheit oder dem Mangel der Bewußtheit unserer Handlungen. Wir können uns nun dessen bewußt sein.

* Das menschliche Leben ist im Strom der rekursiven dynamischen Koppelung von Sprachhandeln, Emotionalität und Körperlichkeit rekursiv mit sich selbst verkoppelt. D.h. was immer wir im Strom unserer Emotionen in Sprache tun, wird durch die ununterbrochene Veränderung unserer Körperlichkeiten, die in der Verflechtung unseres Sprachhandelns und unserer Emotionsdynamik stattfindet, zur Welt, die wir als menschliche Wesen leben. Oder mit anderen Worten, die rekursiven konsensuellen Koordinationen von Handlungen im Fluß unserer Emotionen, was unser Leben in Konversationen ausmacht, machen den Fluß unserer Körperlichkeit abhängig von den Welten, die wir in unserem Sprachhandeln hervorbringen.

* Deshalb scheint das menschliche Leben offen für jeden histo-

rischen Verlauf, den wir uns in dieser rekursiven Verbundenheit von Sprachhandeln, Emotionalität und Körperlichkeit vorstellen können. Die Literatur, wie sie in Romanen und Geschichten vorliegt, scheint uns zu zeigen, was möglich ist. Diese totale Offenheit aber gibt es nur in der Literatur. Unsere biologische Ausstattung als menschliche Wesen konstituiert und realisiert in jedem Moment die Ausdehnung unseres Lebens durch die Bewahrung der Lebensweise, die uns als menschliche Wesen hervorbringt und erhält, nämlich: ein Leben, das im Zusammenwirken von Mann und Frau bei der Aufzucht der Kinder gelebt wird, ein Leben, das im Teilen der Nahrung und im Austausch von Gegenständen, in rekurrenten konsensuellen Interaktionen, in gegenseitiger Annahme und gegenseitigem Respekt als der grundlegenden Art des Zusammenlebens und des Sprachhandelns gelebt wird. Wir hören auf, Menschen zu sein, wenn diese Lebensweise nicht mehr realisiert wird. Mit anderen Worten, wir werden nur so lange menschlich bleiben, solange unser Handeln in Liebe das operationale Fundament unserer Koexistenz als Lebewesen in Sprache bleibt. In der Tat, die Negation der Konsensualität, der Liebe und Ethik, d.h. der Fundamente aller der verschiedenen Arten menschlichen Zusammenlebens, bedeutet die Negation der Menschlichkeit. Auch dessen können wir uns nun bewußt sein.

(Deutsche Fassung: Wolfram Karl Köck)

[Erstveröffentlichung: »Reality: the search for objectivity or the quest for a compelling argument«, in: *Irish Journal of Psychology* 9, 1988, 25-82.]

Wissenschaft und Alltagsleben

Die Ontologie wissenschaftlicher Erklärungen

Einführung

Obwohl das Wort Wissenschaft von Wissen kommt, wurde es in der Geschichte des westlichen Denkens auf jegliche Erkenntnis angewandt, deren Gültigkeit aus methodologischen Gründen gerechtfertigt werden kann, ungeachtet dessen, in welchem Phänomenbereich sie behauptet wird. In neuerer Zeit hat sich dies jedoch zunehmend geändert, und das Wort Wissenschaft wird jetzt in der Regel nur noch auf Erkenntnisse angewandt, die mittels einer bestimmten Methode, nämlich der wissenschaftlichen, bestätigt wurden. Diese zunehmende Betonung der wissenschaftlichen Methode erfolgt aufgrund zweier allgemeiner, impliziter oder expliziter Annahmen von Wissenschaftlern und Wissenschaftsphilosophen, nämlich: a) daß die wissenschaftliche Methode – sei es durch Verifizierung, durch Komprobation oder durch Widerlegung einer Falsifizierung – eine objektive Realität enthüllt oder zumindest konnotiert, die unabhängig davon existiert, was die Beobachter tun oder wünschen, selbst wenn sie nicht vollständig erkannt werden kann; und b) daß die Gültigkeit wissenschaftlicher Erklärungen und Behauptungen auf deren Verbindung mit dieser objektiven Realität beruht. Diese Art von Wissen habe ich im Auge, wenn ich in diesem Artikel von Wissenschaft spreche, und dabei werde ich mich implizit oder explizit, ohne eine vollständige philosophische Begründung zu liefern, gegen den einen oder anderen Aspekt dessen wenden, was viele klassische Denker der Wissenschaftsphilosophie, die sich eingehend mit diesen Fragen auseinandersetzten, vertreten haben (siehe Kuhn 1962, Nagel 1961 und Popper 1977). Und zwar deshalb, weil ich als Biologe, nicht als Philosoph sprechen werde, der über Wissenschaft als über einen kognitiven Bereich nachdenkt, der das Produkt einer biologischen Aktivität des Menschen ist. Darüber hinaus stehen meine Reflexionen in Zusammenhang damit, was ich uns moderne Wissenschaftler in der wissenschaftlichen Praxis tun sehe, um die wissenschaftliche Gültigkeit unserer Aussagen und Erklärungen zu behaupten, und ich werde zeigen, wie das, was wir als Wissenschaftler tun, mit dem zusammenhängt, was wir in unserem alltäglichen Leben tun, und wie sich darin der epistemologische und ontologische Status dessen, was wir Wissenschaft nennen, offenbart.

Der Beobachter und das Beobachten

Wir Wissenschaftler betreiben Wissenschaft als Beobachter, die erklären, was sie beobachten. Als Beobachter sind wir menschliche Wesen. Wir menschlichen Wesen befinden uns bereits in der Beobachterrolle, wenn wir anfangen, unser Beobachten zu beobachten, in dem Bemühen, zu beschreiben und zu erklären, was wir tun. Das heißt, wir benutzen bereits Sprache und treffen sprachliche Unterscheidungen, wenn wir anfangen, sprachlich darüber zu reflektieren, was wir tun und wie wir das tun, was wir tun, wenn wir uns als sprachhandelnde Tiere verhalten. Mit anderen Worten: Wir sind bereits sprachhandelnde lebende Systeme, die das tun, was wir tun – einschließlich unseres Erklärens –, wenn wir anfangen zu erklären, was wir tun, und wir sind bereits in der Erfahrung des Beobachtens, wenn wir anfangen, unser Beobachten zu beobachten. Beobachten ist das, was wir Beobachter tun, wenn wir mit Hilfe von Sprache die verschiedenen Arten von Entitäten unterscheiden, die wir im Rahmen unserer Teilnahme an den verschiedenen Konversationen, an denen wir in unserem täglichen Leben beteiligt sind – zu welchem operationalen Bereich diese auch gehören mögen –, als Objekte unserer Beschreibungen, Erklärungen und Reflexionen hervorbringen. Der Beobachter ereignet sich im Prozeß des Beobachtens, und wenn das menschliche Wesen, das der Beobachter ist, stirbt, dann enden der Beobachter und das Beobachten. Unter diesen Umständen müssen die kognitiven Fähigkeiten des Beobachters beim Nachdenken darüber, was der Beobachter tut, entweder als gegebene unerklärliche Eigenschaften angenommen werden, oder aber sie müssen erklärt werden, indem man zeigt, wie sie als Resultat der Biologie des Beobachters als eines menschlichen Wesens entstehen. Letzteres habe ich in mehreren Artikeln getan, zu deren Lektüre ich den Leser einlade (siehe Maturana 1970, 1978a und 1988). An dieser Stelle gehe ich allerdings von der Annahme aus, der Leser akzeptiert, daß seine Eigenschaften und Fähigkeiten als Beobachter aus seiner Aktivität als der eines lebenden Systems resultieren, obwohl die Erfahrung, ein Beobachter zu sein, ihm oder ihr als etwas Selbstverständliches geschieht, während der Ursprung dieser Erfahrung ihm/ihr erfahrungsmäßig nicht zugänglich ist.

Erkenntnis

Lebende Systeme sind strukturdeterminierte Systeme. Als solche lassen sie keine instruktiven Interaktionen zu, und alles, was in ihnen geschieht, geschieht als eine strukturelle Veränderung, die in jedem Augenblick in ihrer Struktur begründet ist, sei es im Rahmen ihrer eigenen inneren Dynamik, sei es ausgelöst, aber nicht spezifiziert, durch die Umstände ihrer Interaktionen. Mit anderen Worten: Nichts, was außerhalb eines lebenden Systems liegt, kann innerhalb dieses Systems bestimmen, was darin geschieht, und da der Beobachter ein lebendes System ist, kann nichts, was außerhalb des Beobachters liegt, in ihm oder ihr bestimmen, was in ihm oder ihr geschieht. Daraus folgt, daß der Beobachter als lebendes System konstitutiv keine Erklärungen oder Behauptungen aufstellen kann, die irgendetwas unabhängig von den Operationen, durch die er oder sie ihre Erklärungen und Behauptungen erzeugt, offenbaren oder konnotieren. Das, was wir Beobachter mit dem Wort Erkenntnis konnotieren oder implizieren, so wie wir es im täglichen Leben in unseren zwischenmenschlichen Beziehungen und Handlungskoordinationen gebrauchen, wenn wir im Bereich des Wissens Fragen beantworten, muß daher darauf hinweisen, was wir im Rahmen dieser Koordinationen von Handlungen und Beziehungen tun beziehungsweise wie wir vorgehen, wenn wir unsere kognitiven Aussagen machen. Daß wir im täglichen Leben unter der impliziten Annahme handeln, Erkenntnis habe etwas mit unseren zwischenmenschlichen Beziehungen und Handlungskoordinationen zu tun, zeigt sich daran, daß wir bei anderen und bei uns selbst nur dann von Erkenntnis sprechen, wenn wir die Handlungen der anderen oder unsere eigenen als angemessen akzeptieren, weil sie dem speziellen Kriterium der Annehmbarkeit genügen, von dem wir annehmen, daß es ein angemessenes Handeln in dem Handlungsbereich darstellt, auf den sich die Frage bezieht. Dementsprechend ist das, was wir als Beobachter konnotieren, wenn wir in irgendeinem bestimmten Bereich von Wissen sprechen, grundsätzlich identisch mit etwas, das wir in diesem Bereich für ein angemessenes Vorgehen (Unterscheidungen, Operationen, Verhaltensweisen, Gedanken oder Reflexionen) halten, und zwar aufgrund unseres eigenen Kriteriums der Annehmbarkeit dessen, was ein angemessenes Vorgehen darin darstellt. Mit anderen Worten: Wissen wird von einem Beobachter als eine operationale Fähigkeit konstituiert, die er oder sie einem anderen lebenden System zuschreibt, das er oder sie selbst sein kann, indem er oder sie seine beziehungsweise ihre Handlungen in irgendeinem unter diese Beschreibung fallenden operationalen Bereich als angemessen akzeptiert. Es gibt daher so viele kognitive Bereiche, wie es Bereiche angemessener Vorgehensweisen (Unterscheidungen, Operationen, Verhaltensweisen, Gedanken oder Reflexionen) gibt, die von den Beobachtern akzeptiert werden, und jeder von ihnen wird im Erfahrungsbereich des Beobachters operational konstituiert und operational definiert durch das Kriterium, das er oder sie benutzt, um die Vorgehensweisen (Unterscheidungen, Operationen, Verhaltensweisen, Gedanken oder Reflexionen) als angemessen zu akzeptieren, die er oder sie als dafür richtig akzeptiert (siehe Maturana 1970, 1978b und 1988). Ich bezeichne das Kriterium, das ein Beobachter benutzt, um bestimmte Vorgehensweisen als die Vorgehensweisen zu akzeptieren, die einen kognitiven Bereich definieren und konstituieren, als das Kriterium der Annehmbarkeit, das diesen kognitiven Bereich definiert und konstituiert. Wissenschaft als kognitiver Bereich bildet im Rahmen dieser Art der Konstituierung keine Ausnahme, und ich bezeichne das Kriterium der Annehmbarkeit, das Wissenschaft als kognitiven Bereich definiert und konstituiert und das gleichzeitig die es anwendende Person als einen Wissenschaftler konstituiert, als das Kriterium der Validierung wissenschaftlicher Erklärungen. Von diesem Kriterium der Annehmbarkeit, das die Wissenschaft als kognitiven Bereich konstituiert, werde ich unten sprechen, wenn ich näher auf Wissenschaft eingehe.

Handlungen

Wir sprechen von Handlungen gewöhnlich als von äußeren Operationen unserer Körper in irgendeinem Umfeld. In diesem Artikel spreche ich von Handlungen in einer allgemeineren und grundlegenderen Weise, die die äußeren Operationen unserer Körper als speziellen Fall einschließt. Ich bezeichne als Handlungen alles, was wir in irgendeinem operationalen Bereich tun, alles, was wir in unserem Diskurs hervorbringen, so abstrakt es auch scheinen mag. Denken ist demnach Handeln im Bereich des Denkens, Gehen ist Handeln im Bereich des Gehens, Reflektieren ist Handeln im Bereich der Reflexion, Sprechen ist Handeln im Bereich des Sprechens, Schlagen ist Handeln im Bereich des Schlagens ... und wissenschaftliches Erklären ist Handeln im Bereich des wissenschaftlichen Erklärens. Alle Handlungen als Operationen eines lebenden Systems vollziehen sich als Bestandteil seiner Dynamik von Zuständen, unabhängig davon, ob es nun ein Nervensystem hat oder nicht; sie schließen jedoch die Dynamik des Nervensystems ein, falls eines vorhanden ist. Daher sind alle Handlungen, als Operationen innerhalb der Dynamik von Zuständen eines lebenden Systems, Phänomene derselben Art, gleichgültig, in welchem Bereich sie sich nach Ansicht des Beobachters abspielen, wenn er oder sie sie betrachtet, während er/sie das lebende System in Beziehung zu einem Umfeld beobachtet. Darüber hinaus finden alle Handlungen eines lebenden Systems, an denen ein Nervensystem beteiligt ist, darin als dynamische Konfigurationen sich verändernder Beziehungen von Aktivitäten in seinem Nervensystem als einem geschlossenen Netzwerk sich verändernder Beziehungen von Aktivitäten zwischen seinen neuralen Komponenten statt (siehe Maturana 1983). Denken, Gehen, Sprechen, spirituelle Erfahrungen ... sind somit, als Funktionen der inneren Dynamik des Organismus (einschließlich des Nervensystems), alle Phänomene derselben Art, aber auf der Beziehungsebene des Organismus, auf der sie durch die Unterscheidungen des Beobachters hervorgebracht werden, sind sie alle Phänomene verschiedener Art.

Emotionen

Im täglichen Leben unterscheiden wir verschiedene Emotionen bei uns selbst, bei anderen Menschen und bei anderen Tieren, indem wir die verschiedenen Handlungsbereiche beobachten, in denen wir und sie im jeweiligen Augenblick operieren. So sagen wir vielleicht: »Sprich jetzt nicht mit Herrn Soundso, weil er wütend ist und dir nicht zuhören und nicht tun wird, worum du ihn bittest.« Emotionen sind dynamische Körperdispositionen, die die Handlungsbereiche spezifizieren, in denen Tiere im allgemeinen und wir Menschen im besonderen in jedem Augenblick operieren. Alle tierischen Handlungen entstehen in irgendeinem emotionalen Bereich und werden darin verwirklicht, und es ist die Emotion, die den Bereich definiert, in dem eine Handlung (eine Bewegung oder eine innere Körperhaltung) stattfindet, gleichgültig, ob sie für einen Beobachter, der das Tier in einem Umfeld wahrnimmt, in einem abstrakten oder in einem konkreten Bereich stattfindet, die die Natur der Handlung spezifiziert. Tatsächlich wissen wir aus unserem täglichen menschlichen Leben, daß wir, wenn wir von einer Emotion zu einer anderen übergehen, unseren Handlungsbereich wechseln und daß wir, wenn wir jemanden seinen oder ihren Handlungsbereich wechseln sehen, einen Wechsel der Emotion sehen. Mit anderen Worten: Es ist die fundamentale Emotion, unter deren Einfluß wir im jeweiligen Augenblick in dem entsprechenden Handlungsbereich agieren, die unser Verhalten in diesem Augenblick als eine bestimmte Art des Handelns in diesem Bereich definiert. Wenn wir daher irgendeine menschliche Aktivität verstehen wollen, dann müssen wir auf die Emotion achten, die diesen Handlungsbereich definiert, in dem die jeweilige Aktivität stattfindet, und müssen gleichzeitig lernen, die mit dieser Emotion gewünschten Handlungen zu erkennen.

Wenn wir zwei Personen in einer zu großen Entfernung sehen, um sie zu hören, und wir imstande sein wollen, später anzugeben, ob sie miteinander gesprochen haben oder nicht, dann beobachten wir den Ablauf ihrer Interaktionen und suchen darin nach konsensuellen Koordinationen konsensueller Koordinationen von Handlungen in einer Form, die wir ohne weiteres erkennen können, wie Bitten und Versprechungen, Handlungsanweisungen als Antwort auf Fragen oder Klagen. Mit anderen Worten: Wenn wir festzustellen versuchen, ob zwei oder mehrere Personen sprachlich interagieren, achten wir nicht nur auf ihre konsensuellen Koordinationen von Handlungen, sondern wir achten auf eine Dynamik der Rekursion in ihren konsensuellen Koordinationen von Handlungen. Das heißt, wir achten auf das Auftreten von konsensuellen Koordinationen konsensueller Koordinationen von Handlungen als Operationen in einem erlernten und nicht in einem instinktiven Bereich von Handlungskoordinationen. Ich behaupte, daß diese unsere Art und Weise, im täglichen Leben zu erkennen, ob zwei oder mehrere Personen sprachlich interagieren oder nicht, offenbart, was wir selbst tun, wenn wir sprechen, welches auch unser Handlungsbereich sein mag. Mit anderen Worten: Ich behaupte, daß Sprache stattfindet, wenn zwei oder mehrere Personen in sich wiederholenden Interaktionen durch ihre Interaktionen in einem Netzwerk sich kreuzender rekursiver konsensueller Koordinationen konsensueller Koordinationen von Handlungen operieren, und daß wir alles, was wir Menschen tun, in unserem Operieren in einem solchen Netzwerk als unterschiedliche Weisen des Operierens darin tun. Das heißt, in noch anderen Worten: Ich behaupte, daß wir Menschen als solche in Sprache existieren und daß wir alles, was wir als Menschen tun, als unterschiedliche Operationsweisen in Sprache tun. Darüber hinaus behaupte ich, daß Sprache als biologisches Phänomen ihrem phylogenetischen Ursprung und ihrer ontogenetischen Konstitution nach genau dies ist: eine Operation in einem Bereich konsensueller Koordinationen konsensueller Koordinationen von Handlungen, die als Resultat intimer Koexistenz in Handlungskoordinationen bei der Spezies zweifüßiger Primaten entstand, der wir angehören, und die in jedem Kind während seiner Ko-Ontogenese mit den Erwachsenen, mit denen es aufwächst, neu hergestellt werden muß (siehe Maturana 1970, 1978a und 1988). Das heißt, ich behaupte: a) daß der Sprachgebrauch kein System des Operierens mit abstrakten Symbolen in Kommunikation ist; b) daß Symbole nicht vor der Sprache existieren, sondern danach und darin entstehen, und zwar als Unterscheidungen, die von einem Beobachter konsensueller Beziehungen von Koordinationen von Handlungen in Sprache getroffen werden; c) daß Sprache, obwohl sie durch die körperlichen Interaktionen und die körperlichen Veränderungen stattfindet, die an den konsensuellen Koordinationen von konsensuellen Koordinationen von Handlungen der Sprechenden beteiligt sind, nicht im Körper der Beteiligten stattfindet; d) daß, obwohl Sprache nicht in der Körperlichkeit der Sprechenden stattfindet, der Verlauf der körperlichen Veränderungen der in der Sprache Interagierenden sich mit dem Verlauf ihrer Handlungskoordinationen verflicht und daß der Verlauf ihrer Handlungskoordinationen sich mit dem Verlauf ihrer körperlichen Veränderungen verflicht, die sich im Fluß ihres Sprachhandelns ergeben (siehe Maturana 1988); und e) daß das, was ein Beobachter als den Inhalt eines Prozesses von Sprachhandeln sieht, eine Unterscheidung in Sprache ist, die ein Beobachter hinsichtlich der Beziehungen eines Prozesses von Sprachhandeln in einem Netzwerk von Sprachhandeln trifft. Das Ergebnis dieser Bedingungen der Konstituierung von Sprache ist, daß wir Menschen als Beobachter in Sprache existieren und daß, was auch immer wir in Sprache unterscheiden, Operationen in Sprache sind, entsprechend den Umständen, die in uns in Sprache entstanden sind.

Konversationen

Als Säugetiere sind wir Tiere, die den Fluß ihrer Emotionen und Verhaltensweisen im Laufe ihres Zusammenlebens konsensuell zu koordinieren lernen. Als sprachhandelnde Tiere lernen wir, ebenfalls im Zusammenleben, in konsensuellen Koordinationen von konsensuellen Koordinationen von Handlungen zu leben. Als Menschen wachsen wir heran und leben wir in konsensuellen

Koordinationen von Emotionen und konsensuellen Koordinationen von konsensuellen Koordinationen von Handlungen, die sich miteinander verflechten und geschlossene Netzwerke konsensueller Koordinationen von Emotionen und Sprache bilden. In diesen geschlossenen Netzwerken konsensueller Koordinationen von Emotionen und Sprache verändern sich unsere Handlungen und der Fluß unserer Sprachhandlungen, wenn sich unsere Emotionen ändern, und unsere Emotionen und der Fluß unseres Emotionierens verändern sich, wenn sich unsere Handlungskoordinationen in Sprache verändern. Ich bezeichne als Konversation unser Operieren in diesem verflochtenen Strom konsensueller Koordinationen von Sprachhandeln und Emotionieren, und als Konversationen bezeichne ich die verschiedenen Netzwerke verflochtener konsensueller Koordinationen von Sprachhandeln und Emotionen, die wir in unserem Zusammenleben als Menschen hervorbringen (siehe Maturana 1988). Als sprachhandelnde Tiere existieren wir in Sprache, aber als Menschen existieren wir (bringen wir uns in unseren Unterscheidungen hervor) im Fluß unserer Konversationen, und alle unsere Aktivitäten als solche finden als verschiedene Arten von Konversationen statt. Dementsprechend konstituieren sich unsere verschiedenen Handlungsbereiche (kognitiven Bereiche) – als Handlungsbereiche von Menschen (Kulturen, Institutionen, Gesellschaften, Clubs, Spiele ...) – als unterschiedliche Netzwerke von Konversationen, von denen ein jedes durch ein bestimmtes explizites oder implizites Kriterium der Validierung definiert ist, das alles Dazugehörige definiert und konstituiert. Wissenschaft als kognitiver Bereich ist ein Bereich von Handlungen, und als solche ist sie ein Netzwerk von Konversationen, die Aussagen und Erklärungen zur Folge haben, welche entsprechend dem Kriterium der Validierung wissenschaftlicher Erklärungen aufgrund der Leidenschaft für das Erklären für gültig erklärt werden.

Der Wissenschaftler

Wissenschaft ist eine menschliche Aktivität. Deshalb hat alles, was wir Wissenschaftler tun, wenn wir Wissenschaft betreiben, wie jede andere menschliche Aktivität nur in dem Kontext menschlicher Koexistenz Gültigkeit und Bedeutung, in dem sie entsteht. Alle menschlichen Aktivitäten sind Operationen in Sprache, und als solche ereignen sie sich als Koordinationen von Koordinationen konsensueller Handlungen in Konversationen, die in Handlungsbereichen stattfinden, welche durch irgendeine grundlegende Emotion spezifiziert und definiert sind (Maturana 1988). Die fundamentale Emotion, die den Handlungsbereich spezifiziert, in der Wissenschaft als menschliche Aktivität stattfindet, ist Neugier in Form des Wunsches zu oder der Leidenschaft für das Erklären. Darüber hinaus ist das, was Wissenschaft als bestimmte Art des Erklärens konstituiert, das Kriterium der Validierung, welches wir Wissenschaftler explizit oder implizit benutzen, um unsere Erklärungen als wissenschaftliche Erklärungen zu akzeptieren, wenn wir Wissenschaft aufgrund unserer Leidenschaft für das Erklären praktizieren. Ich bezeichne dieses Kriterium der Validierung von Erklärungen, dessen wir Wissenschaftler uns bedienen und das ich im folgenden beschreiben werde, als das Kriterium der Validierung wissenschaftlicher Erklärungen. Aus meinen Ausführungen ergibt sich, daß wir Wissenschaftler Wissenschaftler werden, wenn wir aufgrund unserer Leidenschaft für das Erklären operieren; wenn wir Wissenschaft als einen bestimmten Bereich von Erklärungen konstituieren, indem wir in unserem Bemühen streng sind, bei der Anwendung des Kriteriums der Validierung wissenschaftlicher Erklärungen stets einwandfrei zu verfahren; wenn wir Erklärungen hervorbringen, die wir als wissenschaftliche Erklärungen bezeichnen. Eben diese Art und Weise der Konstituierung von Wissenschaft und von Wissenschaftlern verleiht dem Gebrauch von Wissenschaft in den Welten, die wir modernen Menschen leben, ihre spezielle operationale Effektivität.

Wissenschaftliche Erklärungen

Wenn wir im gewöhnlichen täglichen Leben uns selbst oder jemand anderem eine Frage beantworten, die von uns eine Erklärung einer bestimmten Erfahrung (einer Situation oder eines Phänomens) fordert, dann beantworten wir sie immer, indem wir eine Neuformulierung dieser Erfahrung (dieser Situation oder dieses Phänomens) in Kategorien anderer Erfahrungen vorschlagen, die sich von denen unterscheiden, die in der ursprünglichen Formulierung der Frage gebraucht wurden. Wenn die vorgeschlagene Neuformulierung als solche vom Fragesteller akzeptiert wird, wird sie ipso facto zu einer Erklärung, und die Frage sowie der Wunsch, sie zu stellen, verschwinden. Wenn dies geschieht, wird die akzeptierte Erklärung zu einer Erfahrung, die als solche für andere Erklärungen herangezogen werden kann. Mit anderen Worten: Erklärungen sind Hypothesen, welche als Neuformulierungen von Erfahrungen präsentiert werden, die als solche von einem Zuhörer als Antwort auf eine Frage akzeptiert werden, die eine Erklärung erfordert. Das heißt, eine Hypothese, die als Neuformulierung einer Erfahrung dargeboten wird und als solche nicht akzeptiert wird, ist keine Erklärung. Deshalb gibt es ebenso viele verschiedene Arten von Erklärungen, wie es verschiedene Kriterien gibt, die wir explizit oder implizit benutzen, um die verschiedenen Arten von Neuformulierungen von Erfahrungen zu akzeptieren, die wir als Erklärungen in Beantwortung unserer Fragen akzeptieren. Gleichzeitig definieren die verschiedenen Kriterien der Annehmbarkeit, die wir bei unserem Anhören von Erklärungen benutzen, die verschiedenen Erklärungsbereiche, mit denen wir es in unserem täglichen Leben zu tun haben. Daß Erklärungsbereiche auf diese Weise konstituiert werden, ist der Grund, warum das, was Wissenschaft als einen bestimmten Erklärungsbereich definiert, das Kriterium der Validierung von Erklärungen ist, das Wissenschaftler benutzen, und daß das, was einen Wissenschaftler als eine bestimmte Art von Person mit der Leidenschaft für das Erklären definiert, die Benutzung des Kriteriums der Validierung von Erklärungen ist, das die Wissenschaft als einen Erklärungsbereich konstituiert. Da schließlich Erklärungen Erfahrungen des Beobachters sind, die sich einstellen, während er oder sie in seinem/ihrem Erfahrungsbereich operiert, stellen alle Erklärungsbereiche sich erweiternde Erfahrungsbereiche dar, in denen der Beobachter neue Erfahrungen erlebt, neue Fragen stellt und unvermeidlicherweise neue Erklärungen in einer endlos rekursiven Weise hervorbringt, falls er oder sie von der Leidenschaft für das Erklären besessen ist.

Kriterium der Validierung wissenschaftlicher Erklärungen

Wenn wir auf das achten, was wir als Wissenschaftler in der Praxis der Wissenschaft tun, wenn wir eine wissenschaftliche Erklärung eines bestimmten Phänomens (einer Erfahrung) vorschlagen, die wir erklären wollen, dann können wir bemerken, daß wir eine bestimmte Neuformulierung des zu erklärenden Phänomens nur dann als eine wissenschaftliche Erklärung akzeptieren, wenn sie als eine von vier miteinander zusammenhängenden Operationen dargestellt wird, die wir in unserem Erfahrungsbereich befriedigend verwirklichen müssen, um unsere Erklärungen zu validieren, wenn wir als Wissenschaftler tätig sind. Ich bezeichne diese vier Operationen, die gemeinsam vollzogen werden müssen, damit eine bestimmte Neuformulierung von Erfahrungen als wissenschaftliche Erklärung akzeptiert wird, als das Kriterium der Validierung wissenschaftlicher Erklärungen; und ich bezeichne den Beobachter, der sie ausführt und der ihre gemeinsame Erfüllung als das Validierungskriterium seiner oder ihrer Erfahrungen akzeptiert, als einen Standard-Beobachter oder Wissenschaftler. Diese vier Operationen sind folgende:

I) Die Darstellung der zu erklärenden Erfahrung (des Phänomens) in Begriffen dessen, was ein Standard-Beobachter in seinem Erfahrungsbereich (Lebenspraxis) tun muß, um sie zu erfahren.

II) Die Neuformulierung der zu erklärenden Erfahrung (des Phänomens) in Form eines generativen Mechanismus, der, wenn er von einem Standard-Beobachter in seinem/ihrem Erfahrungsbereich verwirklicht wird, es ihm oder ihr gestattet, als Resultat oder Konsequenz dieser Operation in seinem oder ihrem Erfahrungsbereich die Erfahrung zu machen, um deren Erklärung es, wie in Punkt I) dargelegt, geht.

III) Die Deduktion anderer Erfahrungen, die ein Standard-Beobachter durch die Anwendung dieser operationalen Kohärenzen machen sollte, und der Operationen, die er oder sie in seinem/ihrem Erfahrungsbereich ausführen muß, um sie zu machen, aus der Wirkungsweise des generativen Mechanismus, wie er in II) vorgeschlagen wurde, sowie aus allen davon betroffenen operationalen Kohärenzen des Erfahrungsbereichs eines Standard-Beobachters.

IV) Die Erfahrung der in III) deduzierten Erfahrungen (oder Phänomene) eines Standard-Beobachters durch seine/ihre Verwirklichung der ebenfalls in III) deduzierten Operationen in seinem oder ihrem Erfahrungsbereich.

Erst wenn diese vier Bedingungen in der Lebenspraxis eines Standard-Beobachters gemeinsam erfüllt werden, während er oder sie im Begriff ist, einen bestimmten Aspekt (ein Phänomen) seines oder ihres Erfahrungsbereichs zu erklären, kann a) ein Standard-Beobachter als Wissenschaftler behaupten, daß der generative Mechanismus, den er oder sie in II) vorschlägt, eine wissenschaftliche Erklärung der Erfahrung ist, die er oder sie in I) als das zu erklärende Phänomen (die Erfahrung) dargestellt hat; daß b) eine solche Erklärung gültig ist, solange diese Bedingungen herrschen; und daß c) eine solche Erklärung in der Gemeinschaft der Wissenschaftler als Standard-Beobachter gültig ist, die akzeptieren, daß dem Kriterium der Validierung wissenschaftlicher Erklärungen Genüge getan wurde. Mit anderen Worten: Es gibt keinen einzelnen Aspekt beziehungsweise keine Anwendung des Kriteriums der Validierung wissenschaftlicher Erklärungen, die an sich wissenschaftlich sind, und daher gibt es auch keine Operationen wie wissenschaftliche Beobachtungen, Deduktionen, Bestätigungen oder Voraussagen. Es gibt nur wissenschaftliche Erklärungen als Vorschläge generativer Mechanismen, die ausschließlich in dem Maße als gültig akzeptiert werden, in dem sie Bestandteil der Befriedigung des Kriteriums der Validierung wissenschaftlicher Erklärungen sind, und wissenschaftliche Aussagen als Aussagen, die als gültig akzeptiert werden, weil sie sich direkt oder indirekt als Resultat der Anwendung wissenschaftlicher Erklärungen ergeben. Betrachten wir jetzt einige der Konsequenzen und Implikationen für das Verstehen dessen, was wir tun, wenn wir wissenschaftlich tätig sind, für unser Verstehen, wie wir durch die Anwendung des Kriteriums der Validierung wissenschaftlicher Erklärungen Wissenschaft als einen kognitiven Bereich konstituieren.

1. Erklärungen im allgemeinen, als Neuformulierungen von Erfahrungen, die als solche von einem Beobachter akzeptiert werden, ersetzen nicht die Erfahrungen, die sie erklären, und

dies wird auch nicht von ihnen erwartet; sie stellen nur die operationalen Bedingungen des Erfahrungsbereichs des Beobachters dar, unter denen die erklärte Erfahrung zustandekommt, wie er behauptet. Wissenschaftliche Erklärungen bilden dabei keine Ausnahme, und sie ersetzen auch nicht die Erfahrungen, die sie erklären; wissenschaftliche Erklärungen sagen nur, was im Erfahrungsbereich des Beobachters geschieht, falls bestimmten operationalen Bedingungen genügt wird.

2. Wissenschaftliche Erklärungen entstehen als reale menschliche Handlungen im Erfahrungsbereich individueller Standard-Beobachter und haben als solche in einer Gemeinschaft von Wissenschaftlern Gültigkeit, obwohl jeder einzelne Standard-Beobachter seine oder ihre Erfahrungen in der völligen Einsamkeit seines/ihres strukturellen Determinismus als eines lebenden Systems macht (siehe Maturana 1970 und 1988). Diese Situation stellt keinen Widerspruch dar, weil die Mitgliedschaft in der Gemeinschaft von Standard-Beobachtern nicht von der individuellen Fähigkeit der Bezugnahme auf eine unabhängige objektive Realität abhängt, die dem Standard-Beobachter als lebendem System nicht möglich wäre, sondern von der konsensuellen Teilnahme am Bereich wissenschaftlicher Erklärungen. Dementsprechend sind nur jene Beobachter Wissenschaftler (Standard-Beobachter) und Mitglieder der Gemeinschaft der Wissenschaftler, die mit anderen Beobachtern zu ihrer vollständigen Zufriedenheit an der Realisierung des Kriteriums der Validierung wissenschaftlicher Erklärungen teilnehmen können und die darüber hinaus dies als ihr einziges Validierungskriterium für ihre Erklärungen akzeptieren. Beobachter, die aus dem einen oder anderen Grund dies nicht tun können oder wollen, werden von der Gemeinschaft der Wissenschaftler mit der Behauptung, sie seien schlechte Beobachter, disqualifiziert oder von vorneherein nicht ernst genommen.

3. Als generative Mechanismen, die im Kontext der Durchführung der vier Operationen des Validierungskriteriums wissenschaftlicher Erklärungen konstituiert und akzeptiert werden, sind wissenschaftliche Erklärungen in dem Sinne grundsätzlich mechanistisch, als sie sich nur mit strukturdeterminierten Systemen und mit der strukturellen Determiniertheit beschäftigen, die in dem operationalen Bereich, in dem sie postuliert werden,

gegeben sind. Wissenschaftliche Erklärungen als solche finden im Erfahrungsbereich des Standard-Beobachters statt, und der Bereich der strukturellen Determiniertheit, in dem sie geschehen, gehört dem Bereich der operationellen Kohärenzen der Lebenspraxis des Standard-Beobachters an, in dem er oder sie diese postuliert; eine wissenschaftliche Erklärung funktioniert nur in dem Bereich der strukturellen Determiniertheit, in dem sie postuliert wird. Dies bedeutet jedoch keine Einschränkung wissenschaftlicher Erklärungen, sondern ist im Gegenteil die Voraussetzung dafür, daß sie überhaupt möglich sind.

4. Im Gegensatz zu einem verbreiteten impliziten oder expliziten Glauben funktionieren wissenschaftliche Erklärungen, als Vorschläge von generativen Mechanismen, die als Konsequenz oder Resultat ihrer Anwendung die zu erklärenden Erfahrungen (Phänomene) hervorbringen, grundsätzlich nicht als Reduktionen von Phänomenen und können das auch nicht, noch rufen sie diese hervor. Diese nichtreduktionistische Beziehung zwischen dem zu erklärenden Phänomen und dem Mechanismus, der es hervorbringt, ist operational gegeben, weil das tatsächliche Resultat eines Prozesses und die Operationen in dem Prozeß, die es in einer generativen Relation hervorbringen, in unabhängigen und sich nicht überschneidenden phänomenalen Bereichen stattfinden. Dies ist das Gegenteil von Reduktionismus; wissenschaftliche Erklärungen als generative Vorschläge konstituieren beziehungsweise erzeugen eine generative Beziehung zwischen ansonsten unabhängigen und sich nicht überschneidenden phänomenalen Bereichen, die sie somit de facto validieren. Die Befreiung von dem Glauben, daß wissenschaftliche Erklärungen reduktionistische Thesen seien oder konstituierten, die das Verständnis des Kriteriums der Validierung wissenschaftlicher Erklärungen mit sich bringt, gestattet uns, insbesondere auf dem Gebiet der Biologie, zu erkennen, daß es Phänomene wie Sprache, Geist oder Bewußtsein gibt, die eines Wechselspiels von Körpern als einer generativen Struktur bedürfen, aber in keiner von ihnen stattfinden. In diesem Sinn führen uns Wissenschaft und das Verständnis von Wissenschaft weg vom transzendentalen Dualismus.

5. Die Tatsache, daß in einer wissenschaftlichen Erklärung das zu erklärende Phänomen einem anderen phänomenalen Bereich

entstammt als demjenigen, in dem der generative Mechanismus abläuft, der es durch sein Wirken erzeugt, konstituiert das zu erklärende Phänomen als ein Phänomen in einem abstrakten relationellen phänomenalen Bereich, bezogen auf jenen, in dem sich sein generativer Mechanismus abspielt. Dies hat zwei grundlegende Konsequenzen: a) Es gibt im Prinzip keine Einschränkung hinsichtlich der Art von Phänomenen, die wissenschaftlich erklärt werden können, so abstrakt sie auch scheinen mögen, weil das zu erklärende Phänomen grundsätzlich in einem abstrakten relationellen Bereich – bezogen auf den Mechanismus, der es erzeugt – stattfindet; und b) Die Tatsache, daß wissenschaftliche Erklärungen mechanistische Hypothesen sind, schränkt die Möglichkeit nicht ein, sie zur Erklärung scheinbar nichtmechanistischer Phänomene wie Selbstbewußtsein oder spirituelle Erfahrungen heranzuziehen.

6. Da das Kriterium der Validierung wissenschaftlicher Erklärungen nur in Kategorien der operationalen Kohärenzen des Erfahrungsbereichs des Standard-Beobachters definiert und konstituiert wird, hat es keine Annahme bezüglich einer objektiven, unabhängigen Realität zur Folge. Dementsprechend kann ein Standard-Beobachter wissenschaftliche Erklärungen nur dazu benutzen, um seine oder ihre Erfahrungen zu erklären, indem er sie mit Hilfe anderer Erfahrungen neuformuliert, in Anwendung der operationalen Kohärenzen, die diese nach sich ziehen, indem sie dem Kriterium der Validierung wissenschaftlicher Erklärungen genügen, und nicht, um irgend etwas aufzudecken beziehungsweise zu konnotieren, das er/sie als unabhängig von dem ansieht, was er/sie tut. Tatsächlich geschieht das Gegenteil, denn aus eben diesen Gründen tragen wissenschaftliche Erklärungen zur Konstitution der Welt beziehungsweise der Welten bei, die wir Standard-Beobachter leben, indem sie unseren Erfahrungsbereich transformieren und erweitern, den sie hervorbringen, wenn wir in unserem Erfahrungsbereich mit ihren Konsequenzen operieren. Unter diesen Umständen bezieht sich der Anspruch, den Wissenschaftler hinsichtlich der universellen Gültigkeit wissenschaftlicher Erklärungen und Aussagen erheben, nicht auf eine angebliche Enthüllung einer objektiven, unabhängigen und daher universellen Realität durch sie, sondern auf deren Gültigkeit durch die Anwendung der

operationalen Kohärenzen, die sie nach sich ziehen, in der Welt beziehungsweise den Welten, die durch die Anwendung des Kriteriums der Validierung, das sie konstituiert, hervorgebracht werden.

7. Wissenschaftliche Erklärungen als Neuformulierungen von Erfahrungen mit Hilfe anderer Erfahrung im Erfahrungsbereich des Standard-Beobachters haben etwas mit der Lebenspraxis im täglichen Leben des Standard-Beobachters als eines menschlichen Wesens zu tun. Darüber hinaus hat die Art und Weise, in der wir menschlichen Wesen de facto unsere Handlungen im täglichen Leben innerhalb eines jeden operationalen Bereichs validieren, dieselben operationalen Kohärenzen zur Folge wie das Kriterium der Validierung wissenschaftlicher Erklärungen. Der Unterschied, ob wir im täglichen Leben als Wissenschaftler oder als Nichtwissenschaftler operieren, beruht auf unseren unterschiedlichen Emotionen, auf unseren unterschiedlichen Wünschen nach Konsistenz und Einwandfreiheit unserer Handlungen und auf unseren unterschiedlichen Wünschen nach Reflexion über unser Tun. Wir Menschen sind in unseren Wünschen, in unseren Sorgen und in unseren Freuden multidimensionale Wesen, und aufgrund dessen verwirklichen wir in unserem täglichen Leben viele verschiedene Wesen, und zwar durch verschiedene Konversationen, die sich in unserer Körperlichkeit überschneiden und von denen jede sich auf eine bestimmte Emotion gründet. So haben wir als Wissenschaftler eine Leidenschaft für das Erklären, und jeder Zweifel, jede Frage, ist uns im Prinzip ein akzeptabler und erwünschter Anlaß für unsere Verwirklichung als solche. Darüber hinaus sind wir als Wissenschaftler, zumindest im Prinzip, auch darauf bedacht, in unseren erklärenden Hypothesen empirische und phänomenale Bereiche nicht miteinander zu verwechseln, wenn wir sie mit dem Kriterium der Validierung wissenschaftlicher Erklärungen validieren. Schließlich verpflichten wir uns als Wissenschaftler, bei unserem Erklären nur das Kriterium der Validierung wissenschaftlicher Erklärungen anzuwenden. Als Nichtwissenschaftler sind wir im täglichen Leben darauf nicht so sehr bedacht, und wir benutzen nacheinander viele verschiedene Kriterien, um unsere Erklärungen und Behauptungen zu validieren, wenn wir in unserem Diskurs spontan die phänomenalen Bereiche wechseln, häufig,

ohne uns dessen bewußt zu sein, und wir sind nicht daran interessiert, die konzeptionelle Strenge wissenschaftlicher Erklärungen anzuwenden. Doch als Resultat unserer strukturellen Determiniertheit als lebende Systeme operieren wir an sich in der Erfahrung des täglichen Lebens in Einklang mit den operationalen Kohärenzen, die das Kriterium der Validierung wissenschaftlicher Erklärungen mit sich bringt. Oder, grundsätzlicher ausgedrückt, das Kriterium der Validierung wissenschaftlicher Erklärungen ist eine Formalisierung der operationalen Validierung des Flusses der Lebenspraxis lebender Systeme.

8. Einstein sagte, und viele Wissenschaftler haben ihm zugestimmt, wissenschaftliche Theorien seien freie Schöpfungen des menschlichen Geistes, und er staunte darüber, daß man mit ihrer Hilfe das Universum verstehen könne. Das Kriterium der Validierung wissenschaftlicher Erklärungen als Operationen in der Lebenspraxis des Beobachters gestattet uns jedoch zu erkennen, warum die erste Überlegung Einsteins gültig ist und warum es durchaus nichts Staunenswertes an sich hat, daß dem so ist. Denken wir einmal darüber nach. Die Feststellung und das Staunen Einsteins ergeben sich aus der impliziten Annahme, daß es eine unabhängige Wirklichkeit gebe, die der Beobachter vorfindet und mittels erklärender Hypothesen erklärt, die nach Einsteins Auffassung unabhängig von irgendeiner direkten Beobachtung oder vom Experimentieren mit dieser objektiven Realität entstehen. Wenn Einsteins implizite Annahme richtig wäre, dann wäre auch sein Staunen berechtigt. Das Kriterium der Validierung wissenschaftlicher Erklärungen sagt uns jedoch, daß alles, was ein Standard-Beobachter bei der Hervorbringung einer wissenschaftlichen Erklärung tut, nachdem dies keinerlei Annahmen über eine objektive und unabhängige Realität erfordert, in ihm oder ihr als Ausdruck seiner oder ihrer Erfahrungsdynamik entsteht, und zwar ohne Bezugnahme auf jene angebliche objektive, unabhängige Realität. Dementsprechend treffen die Punkte I) und II) des Kriteriums der Validierung wissenschaftlicher Erklärung völlig auf die Willkür des Geistes des Beobachters zu, in dem Sinne, daß sie völlig der Spontaneität der Reflexionen des Standard-Beobachters entspringen, so wie diese im Fluß seiner/ihrer strukturellen Determiniertheit entstehen. Der Beobachter findet nicht außerhalb von ihm oder ihr ein zu

erklärendes Phänomen vor, sondern er oder sie konstituiert im Gegenteil eines in seinem/ihrem Erfahrungsbereich, wenn er oder sie sich mit einer Frage konfrontiert sieht, die er/sie beantworten möchte. Darüber hinaus bringt der Beobachter den generativen Mechanismus hervor, den er oder sie in dem Versuch vorschlägt, das Phänomen zu erklären, das er oder sie erklären möchte, und zwar als eine Ad-hoc-Hypothese, spezifisch zusammengesetzt aus Elementen seiner/ihrer Erfahrung, um sie als Resultat ihres Wirkens hervorzubringen und ohne einer anderen Begründung zu bedürfen als dieser. Genaugenommen liegt hierin die Poesie des Praktizierens von Wissenschaft. Die anderen zwei Punkte des Kriteriums der Validierung wissenschaftlicher Erklärungen, nämlich die Punkte III) und IV), sind anders geartet. Sie bestehen nicht aus Ad-hoc-Hypothesen, sondern entstehen ganz im Gegenteil als Deduktionen aus den operationalen Kohärenzen, die der Punkt II) im Erfahrungsbereich des Beobachters im Bereich anderer Erfahrungen, die er oder sie gelebt hat, lebt oder leben könnte, als reale Vorgänge in diesem Bereich nach sich zieht. Als solche sind die Punkte III) und IV) in ihrer Entstehung völlig den Punkten I) und II) untergeordnet, die spezifizieren, wann und wie sie stattfinden würden. Nachdem schließlich eine bestimmte Erfahrung verstehen heißt, sich der Umstände bewußt zu sein, die sie hervorbringen, und nachdem sich in einer wissenschaftlichen Erklärung alles im Erfahrungsbereich des Standard-Beobachters abspielt, und zwar als sein oder ihr faktisches Wirken darin, können wissenschaftliche Theorien gar nicht anders zustandekommen denn als freie Schöpfungen unseres Wirkens als Standard-Beobachter und können keine andere Form annehmen als Neuformulierungen unserer Erfahrungen mit Hilfe von Elementen unserer Erfahrungen, die de facto unser Verständnis unseres Erfahrungsbereichs konstituieren, wie wir ihn durch unsere wissenschaftlichen Erklärungen desselben leben.

9. In der impliziten oder expliziten Annahme, daß Wissenschaft mit der Enthüllung der Eigenschaften einer objektiven (ontologisch unabhängigen) Realität zu tun habe, wird häufig angenommen, selbst von Wissenschaftlern, daß jede Theorie oder Erklärung Quantifizierungen und Voraussagen zur Folge haben müsse, um wissenschaftlich zu sein. So hört man häufig, zumin-

dest im informellen Gespräch, eine ziemlich satirische Unterscheidung zwischen harten und weichen Wissenschaften, je nachdem, ob diese quantitativ sind oder nicht, wobei impliziert wird, daß die weichen gar nicht wirklich Wissenschaften seien oder daß man keine wissenschaftliche Theorie in einem bestimmten Bereich entwickeln könne, wenn man darin keine Messungen vornehme und keine Voraussagen mache – oder dies nicht könne –, deren Validität durch objektive, quantitative Beobachtungen zu sichern sei. Diese Überzeugungen sind sowohl irreführend als auch unangemessen, weil sie unsere direkte Auffassung der Wirkungsweise verdunkeln, wie die Standard-Beobachter Wissenschaft als einen kognitiven Bereich konstituieren. Was eine wissenschaftliche Erklärung oder Theorie wissenschaftlich macht, ist nicht die Quantifizierung oder die Möglichkeit, die sie für einen Beobachter eröffnet, mit ihrer Hilfe einige seiner/ihrer künftigen Erfahrungen vorauszusagen, sondern die Tatsache, daß sie bei ihrer Entstehung durch die Anwendung des Kriteriums der Validierung wissenschaftlicher Erklärungen validiert werden, ohne Bezugnahme auf Quantifizierung oder irgendeine Einschränkung des Bereichs. Ein Standard-Beobachter kann eine wissenschaftliche Erklärung oder Theorie in jedem Bereich aufstellen, in dem er oder sie das Kriterium der Validierung wissenschaftlicher Erklärungen anwenden kann. Was mit Quantifizierungen und Voraussagen geschieht, ist etwas anderes. Zu quantifizieren oder zu messen heißt, einen Maßstab anzuwenden, der als ein System wiederholbarer Vergleiche definiert ist, die ein Beobachter zwischen zwei Teilbereichen seines/ihres Erfahrungsbereichs mit einem anderen darin befindlichen Teilbereich vornimmt. Eine Messung oder Quantifizierung als solche stellt keine unabhängige oder objektive Validierung irgendeiner Aussage dar, die der Beobachter macht; wenn sie richtig ausgeführt wird, erleichtert oder ermöglicht sie jedoch seine oder ihre Deduktionen auf dem Gebiet der operationalen Kohärenzen seines/ihres Erfahrungsbereichs, auf den sie sich bezieht. Ähnlich ist eine Voraussage als provisorisches Kalkül einer Zustandsveränderung in einem nicht vollständig beschriebenen struktur-determinierten System, das vom Beobachter als eine Abstraktion seiner/ihrer operationalen Kohärenzen in seinem/ihrem Erfahrungsbereich angestellt wird, ebenfalls eine Operation, die, wenn sie Erfolg hat, als solche keine objektive Validierung (eine Validierung unabhängig von dem, was der Beobachter tut) des struktur-determinierten Systems, in dem sie stattfindet, konstituieren kann. Quantifizierungen (oder Messungen) und Voraussagen können zwar bei der Hervorbringung einer wissenschaftlichen Erklärung benutzt werden, aber sie konstituieren nicht die Quelle ihrer Validität.

10. Die Begriffe der Falsifizierbarkeit (siehe Popper 1959), Verifizierbarkeit oder Bestätigung würden für die Validierung wissenschaftlicher Erkenntnis nur dann gelten, wenn diese ein kognitiver Bereich wäre, der direkt oder indirekt, durch Denotation oder Konnotation, eine transzendentale Realität unabhängig von dem, was der Beobachter tut, enthüllte und wenn Punkt II) des Kriteriums der Validierung wissenschaftlicher Erklärungen ein Modell jener transzendentalen Realität wäre und nicht ein generativer Mechanismus, der die zu erklärende Erfahrung hervorbringt, wie in Punkt I) dargestellt. Da sich wissenschaftliche Erklärungen und wissenschaftliche Aussagen entsprechend dem Kriterium der Validierung wissenschaftlicher Erklärungen jedoch nicht auf eine unabhängige Realität beziehen und dies auch nicht vorgeben, sind diese Begriffe auf den Bereich der Wissenschaft nicht anwendbar, obwohl sie von metaphorischem Nutzen sein können. Zweifellos bieten die Punkte III) und IV) des Kriteriums der Validierung wissenschaftlicher Erklärungen dem Beobachter die operationale Möglichkeit zu glauben, daß er oder sie die Falsifizierung, Verifizierung oder Bestätigung dessen, was in II) vertreten wird, verwirkliche, wenn er oder sie glaubt, daß er oder sie in dieser Hypothese ein Modell davon besitze, wie die objektive Realität ist, die er oder sie kennenlernen möchte, wobei er/sie annimmt, daß sie unabhängig von seinem/ihrem Tun existiere. Doch eine solche Auffassung erschwert, wie aus allem, was ich gesagt habe, hervorgeht, das Verstehen dessen, was wir tun, wenn wir Wissenschaft betreiben, sie führt uns dazu, nicht zu erkennen, daß die Gültigkeit dessen, was wir in der Wissenschaft tun, ausschließlich auf der operationalen Selbstverständlichkeit beruht, in der sie als Form der menschlichen Koexistenz entsteht, unter Bedingungen, unter denen die Begriffe wie Falsifizierung, Verifizierung oder Bestätigung nicht anwendbar sind und dies auch nicht sein

können. Da der implizite Glaube an eine objektive, unabhängige Realität als Quelle universeller Gültigkeit von Erkenntnis ein wesentlicher Bestandteil unserer westlichen Kultur ist, in der die Wissenschaft entstand, und da wir gewöhnlich auch glauben, daß die Stärke der Wissenschaft darauf beruhe, lassen Sie mich nochmals einige der Argumente wiederholen, die darauf hindeuten, daß Wissenschaft und ihre operationale Validität und Effektivität nicht davon abhängig sind: a) Wissenschaftliche Erklärungen entstehen operational als generative Mechanismen, die von uns als Wissenschaftlern akzeptiert werden, und zwar mittels Operationen, die keine Annahme über eine unabhängige Realität nach sich ziehen oder implizieren, so daß es de facto keine Konfrontation mit einer solchen gibt und es auch nicht notwendig ist, das zu tun, selbst wenn wir glauben, daß wir eine haben könnten; b) Wenn wir das gelten lassen, was ich oben unter den Punkten III) und IV) des Kriteriums der Validierung wissenschaftlicher Erklärungen gesagt habe, kann uns nicht entgehen, daß diese Punkte keine Annahme über eine unabhängige Realität nach sich ziehen und daß sie sich nur auf die operationalen Kohärenzen des Erfahrungsbereichs des Standard-Beobachters beziehen, gleichgültig, was die Realität in seinen oder ihren Augen ist; c) Der Standard-Beobachter als lebendes System ist ein strukturdeterminiertes System, und als solches kann er oder sie operational keine Unterscheidung treffen, die in irgendeiner Weise als eine Unterscheidung von etwas unabhängig von seinem/ihrem Tun bezeichnet werden könnte, und aufgrund dessen kann er oder sie keine operationale Konzeption von irgend etwas haben, das außerhalb seines/ihres Erfahrungsbereichs liegt (siehe Maturana 1988); und d) Was auch immer wir sagen mögen, wir Wissenschaftler betreiben unsere Forschungen unter der inneren körperlichen Disposition (Emotion), dem Weg der Validierung unserer erklärenden Hypothesen zu folgen und nicht dem Weg, die Bedingungen ihrer Falsifizierung herauszufinden.

Die Anwendung des Kriteriums der Validierung wissenschaftlicher Erklärungen definiert und konstituiert wissenschaftliche Erklärungen. Der Gebrauch wissenschaftlicher Erklärungen, um eine Aussage zu validieren, macht diese Aussage zu einer wissenschaftlichen Aussage. Der Gebrauch wissenschaftlicher Erklärungen durch die Angehörigen einer Gemeinschaft von Standard-Beobachtern, um direkt oder indirekt alle ihre Aussagen zu validieren, definiert und konstituiert Wissenschaft als einen kognitiven Bereich, der die Gemeinschaft jener Beobachter, die sie ausüben, als eine wissenschaftliche Gemeinschaft definiert. Daher unterscheidet sich Wissenschaft ontologisch, das heißt, in der Art und Weise ihrer Konstituierung als kognitiver Bereich, nicht von anderen kognitiven Bereichen, weil sie so definiert und konstituiert wird wie alle kognitiven Bereiche, nämlich als ein Handlungsbereich, definiert durch ein Kriterium der Validierung oder Annehmbarkeit, welches von einem Beobachter oder von den Mitgliedern einer Gemeinschaft von Beobachtern gebraucht wird, um diese Handlungen in einem Handlungsbereich als gültig zu akzeptieren, der von eben diesem Kriterium der Annehmbarkeit definiert wird (siehe auch Maturana 1978b und 1988). Betrachten wir jetzt einige Implikationen, die diese Art und Weise der Konstituierung für unser Verständnis und unsere Anwendung von Wissenschaft als eines kognitiven Bereichs hat:

1. Es wird häufig behauptet, daß wissenschaftliche Erkenntnis als universell gültig akzeptiert werden müsse, weil die Erklärungen und Aussagen, aus denen sie besteht, durch ihre ständige Konfrontation mit einer unabhängigen, objektiven Realität validiert seien. Die Art und Weise der Konstituierung von Wissenschaft als eines kognitiven Bereichs deutet jedoch darauf hin, daß diese Vorstellung nicht aufrechterhalten werden kann und daß wissenschaftliche Erklärungen und Aussagen nur in der Gemeinschaft jener Beobachter universell gültig sind, die das Kriterium der Validierung wissenschaftlicher Erklärungen als das Kriterium der Validierung ihrer Erklärungen akzeptieren. In dieser Hinsicht unterscheidet sich die Wissenschaft nicht von jedem anderen kognitiven Bereich, da alle kognitiven Bereiche

grundsätzlich nur in der speziellen Gemeinschaft jener Beobachter gültig sind, die das Kriterium der Validierung angemessener Handlungen akzeptieren, das eine solche Gemeinschaft definiert. Es wird auch oft behauptet, die Universalität und Objektivität wissenschaftlicher Erkenntnis verleihe den wissenschaftlichen, rationalen Argumenten ihre Stringenz und wissenschaftlichen Behauptungen ihre Überzeugungskraft. In dieser Hinsicht unterscheidet sich die Wissenschaft jedoch ebenfalls nicht von anderen kognitiven Bereichen, weil alle wirklich rationalen Argumente (Argumente ohne falsch angewandte operationale Kohärenzen) grundsätzlich nur in dem kognitiven Bereich gültig sind, in den sie gehören. Schließlich unterscheidet sich die Wissenschaft als ein Bereich angemessener Handlungen im Erfahrungsbereich eines Beobachters auch nicht von jedem anderen kognitiven Bereich, den ein Beobachter in Anspruch nehmen kann, weil alle kognitiven Bereiche Bereiche angemessenen Handelns eines Beobachters in seinem/ihrem Erfahrungsbereich sind.

2. Die Besonderheiten von Wissenschaft als eines kognitiven Bereichs sind bedingt durch die Art und Weise ihrer Konstituierung durch die Anwendung des Kriteriums der Validierung wissenschaftlicher Erklärungen; betrachten wir einige davon: a) Das Kriterium der Validierung wissenschaftlicher Erklärungen beschreibt, was wir modernen Naturwissenschaftler explizit oder implizit in der Praxis wissenschaftlicher Forschung tun beziehungsweise was wir erwarten, daß es von jemandem hätte getan werden sollen, der behauptet, eine wissenschaftliche Erklärung abzugeben beziehungsweise eine wissenschaftliche Aussage zu machen; b) Da das Kriterium der Validierung wissenschaftlicher Erklärungen grundsätzlich aus einer strengen Anwendung (ohne Verwechslung der verschiedenen Bereiche) der operationalen täglichen Validierung seiner/ihrer Lebenspraxis durch einen Standard-Beobachter besteht, beziehen sich alle wissenschaftlichen Erklärungen und Aussagen auf die Lebenspraxis des Standard-Beobachters, und der Standard-Beobachter kann nicht durch Wissenschaft Aussagen oder Erklärungen hervorbringen, die nicht de facto in den operationalen Kohärenzen seiner/ihrer Lebenspraxis konstituiert sind; c) Da das Kriterium der Validierung wissenschaftlicher Erklärungen einem Stan-

dard-Beobachter gestattet, generative Beziehungen in sich nicht überschneidenden phänomenalen Bereichen zu validieren, ist Wissenschaft grundsätzlich ein multidimensionaler kognitiver Bereich, und ein Standard-Beobachter kann durch die Hervorbringung wissenschaftlicher Erklärungen und wissenschaftlicher Aussagen all die Dimensionen menschlicher Erfahrung in vielen sich nicht überschneidenden phänomenalen Bereichen ausweiten; und schließlich d) Da das Kriterium der Validierung wissenschaftlicher Erklärungen die Operationalität der Reflexion zur Folge hat, ist Wissenschaft als kognitiver Bereich grundsätzlich ein Bereich, in dem ein Standard-Beobachter jede Erfahrung darin rekursiv als Objekt der Reflexion behandeln kann, ohne aus den operationalen Kohärenzen seiner/ihrer Lebenspraxis herauszufallen.

3. Wir Wissenschaftler behaupten, unsere Emotionen seien nicht an der Hervorbringung unserer wissenschaftlichen Behauptungen und Erklärungen beteiligt. Wir behaupten das, weil das Kriterium der Validierung wissenschaftlicher Erklärungen in einer Weise, die grundsätzlich unabhängig vom Fluß unserer Emotionen ist, die Operationen vollständig spezifiziert, die wir als Standard-Beobachter auszuführen haben, um eine wissenschaftliche Erklärung hervorzubringen. Wenn wir zu Wissenschaftlern ausgebildet werden, lernen wir darüber hinaus, sorgfältig darauf zu achten, daß unsere Vorlieben und Wünsche unsere Anwendung des Kriteriums der Validierung wissenschaftlicher Erklärungen nicht entstellen und damit ungültig machen sollen, und wir lernen des weiteren zu erkennen, daß wir einen gravierenden Fehler begehen, wenn wir dies zulassen. Unsere Emotionen beeinflussen jedoch legitimerweise und grundsätzlich das, was wir Wissenschaftler tun, wenn wir die Bedingungen unseres wissenschaftlichen Erklärens schaffen, weil sie in jedem Augenblick den Handlungsbereich spezifizieren, in dem wir operieren, wenn wir unsere Fragen formulieren. Wir Menschen bringen mit unseren Handlungen in unserem Erfahrungsbereich die Welten hervor, die wir leben, da wir sie in unserem Erfahrungsbereich als Menschen leben, und wir bewegen uns in den Welten, die wir hervorbringen, indem wir im Fluß unserer Emotionen unsere Anliegen und unsere Fragen verändern. Mit anderen Worten: Die Poesie der Wissenschaft gründet

sich auf unsere Wünsche und Besorgnisse, und der Weg, den die Wissenschaft in den Welten einschlägt, die wir leben, wird von unseren Emotionen bestimmt, nicht von unserer Ratio, denn unsere Wünsche und Befürchtungen konstituieren die Fragen, die wir stellen, wenn wir Wissenschaft betreiben. Die Konversationen, an denen wir beteiligt sind, während wir Wissenschaft betreiben, sind es, die den Weg der Wissenschaft bestimmen. Und das kann gar nicht anders sein, denn was auch immer wir Menschen tun, es entsteht durch unser Wirken an sich in unserem Erfahrungsbereich, und zwar durch die ständige Verflechtung unseres Sprachhandelns und unseres Emotionierens, denn nichts anderes tun wir Menschen (siehe Maturana 1988). Deshalb finden wir keine zu untersuchenden und wissenschaftlich zu erklärenden Probleme oder Fragen außerhalb von uns in einer unabhängigen Welt vor. Wir konstituieren unsere Probleme und Fragen im Fluß unserer Lebenspraxis, und wir stellen die Fragen, die wir in unserem Emotionieren zu fragen wünschen. Unsere Emotionen gehen zwar nicht in die Validierung unserer wissenschaftlichen Erklärungen ein, aber was wir erklären, ergibt sich aus unserem Emotionieren als ein Anliegen, das wir nicht ignorieren wollen, und wir erklären, was wir zu erklären wünschen, und wir erklären es wissenschaftlich, weil wir es auf diese Weise erklären möchten. Die Wissenschaft als kognitiver Bereich existiert und entfaltet sich als solcher somit immer als Ausdruck der Besorgnisse, Wünsche, Ambitionen, Hoffnungen und Phantasien der Wissenschaftler, ungeachtet ihres Anspruchs auf Objektivität und emotionale Unabhängigkeit.

4. Die Tatsache, daß Wissenschaft als ein kognitiver Bereich in den operationalen Kohärenzen der Lebenspraxis der Standard-Beobachter konstituiert und validiert wird, während sie in ihren Erfahrungsbereichen ohne Bezugnahme auf eine unabhängige Realität operieren, macht wissenschaftliche Aussagen noch nicht subjektiv. Die Dichotomie objektiv/subjektiv bezieht sich auf einen kognitiven Bereich, in dem das Objektive eine erklärende Hypothese ist, die direkt oder indirekt die operationale Möglichkeit behauptet, auf eine unabhängige Realität hinzuweisen. Wissenschaft kann und will das nicht tun. Die Tatsache, daß das Kriterium der Validierung wissenschaftlicher Erklärungen Wissenschaft als einen Erklärungsbe-

reich konstituiert, der im rekursiven Wirken des Standard-Beobachters innerhalb der operationalen Kohärenzen seines oder ihres Erfahrungsbereichs entsteht, macht die wissenschaftliche Bezugnahme auf irgend etwas, das als eine objektive, unabhängige Realität konzipiert wird, operational unmöglich. Wissenschaft als kognitiver Bereich wird in den operationalen Kohärenzen des Erfahrungsbereichs des Standard-Beobachters verwirklicht, während er oder sie seine/ihre Lebenspraxis als Mensch lebt; die Folge ist, daß der Beobachter/die Beobachterin Wissenschaft als ein System der Konstituierung von Erfahrungen innerhalb seines/ihres Erfahrungsbereichs lebt, aber außerhalb des Bereichs, in dem sich der Streit über objektiv und subjektiv abspielt. Wissenschaft gehört dem Bereich konstitutiver Ontologien an (siehe Maturana 1988).

5. Die Vorstellungen von Objektivität und Universalität in der Wissenschaft können für die Wissenschaftspraxis in anderer und gleichzeitig relevanter Weise herangezogen werden als auf jene Art, gegen die ich mich oben gewandt habe. So können wir den Anspruch auf Objektivität in der Wissenschaftspraxis als Verpflichtung des Standard-Beobachters werten, keinen störenden und entstellenden Einfluß seiner/ihrer Wünsche und Vorlieben auf seine/ihre Anwendung des Kriteriums der Validierung wissenschaftlicher Erklärungen zuzulassen. Ebenso können wir den Anspruch auf Universalität der Wissenschaft als Anspruch werten, daß im Prinzip jeder Mensch als Standard-Beobachter fungieren kann, falls er oder sie das zu tun wünscht, weil die Wissenschaft als kognitiver Bereich in der Lebenspraxis des Standard-Beobachters als eines menschlichen Wesens stattfindet. Die Ansprüche auf Objektivität und Universalität in der Wissenschaft sind somit moralische, nicht ontologische Ansprüche. Die Legitimität dieser Ansprüche in der eben erwähnten Weise, selbst wenn wir sie gewöhnlich nicht so verstehen, ist eine der Bedingungen, die Wissenschaftlern sowohl die Möglichkeit eröffnet, der immer vorhandenen Versuchung zum Fanatismus zu entrinnen, als auch die Möglichkeit, die Wissenschaft als kognitiven Bereich immer für das Verständnis und die Ausübung durch jeden Menschen offenzuhalten.

6. Da das Kriterium der Validierung wissenschaftlicher Erklärungen operational völlig explizit gemacht werden kann und

keine direkte oder indirekte Bezugnahme auf eine unabhängige Realität oder objektive Welt nach sich zieht, kann es völlig unabhängig von den Ansichten des Standard-Beobachters in bezug auf die Wirklichkeit, auf Wertvorstellungen und ein spirituelles Leben gelernt, benutzt und angewandt werden. Dies ist der Grund, warum wir Wissenschaftler nicht immer weise sind. Der Weg der modernen Wissenschaft ist nicht der Weg der Weisheit im Leben der Welten, die wir Menschen leben, obwohl Wissenschaft nicht notwendigerweise der Weisheit widerspricht. Der Weg der Weisheit als der Weg des Verstehens, der Fürsorge und der Verantwortlichkeit für die Folgen unserer Handlungen in den Welten, die wir Menschen hervorbringen und leben, muß besonders kultiviert werden, falls er in unserem täglichen Leben überhaupt eine Rolle spielen soll. Spirituelle Erfahrung ist die Erfahrung der Zugehörigkeit zu einer Gemeinschaft oder zu einem kosmischen Reich, eine Erfahrung, die wir Menschen auf den Wegen unseres Lebens auf die eine oder andere Weise machen und die von grundlegender Bedeutung für die Harmonie und Gesundheit unseres sozialen menschlichen Lebens ist. Spirituelle Erfahrungen können nicht geleugnet werden, und die Wissenschaft leugnet sie auch nicht. Erfahrungen sind niemals ein Problem im Bereich menschlichen Zusammenlebens; es ist der Bereich der Erklärungen und der Bereich der Nutzung unserer Erfahrungen, in dem wir in tödlichen Streit geraten. Es ist der Fanatismus, der um die Erklärung von Erfahrungen entstehen kann, wenn jemand behauptet, Zugang zu irgendeiner transzendentalen Wahrheit zu haben, was im menschlichen Zusammenleben zur Quelle von Streit und Leiden wird. Insofern die Wissenschaft nicht auf einem System von Überzeugungen beruht, weil sie ausschließlich dem Bereich operationaler Kohärenzen der Lebenspraxis der Standard-Beobachter als Menschen angehört, stellt Wissenschaft für uns die operationale Möglichkeit dar, für unsere Handlungen verantwortlich zu sein, indem sie uns die Möglichkeit eröffnet, uns unserer Emotionen bewußt zu werden und bewußt in Einklang mit unseren Wünschen zu handeln.

7. Begriffe wie Fortschritt, soziale Verantwortlichkeit und Ethik sind auf die Wissenschaft als einen kognitiven Bereich nicht anwendbar. Tatsächlich ist Wissenschaft wie jeder andere

kognitive Bereich von Grund auf operational, und als solche ist sie wertfrei. Begriffe wie Fortschritt, soziale Verantwortlichkeit und Ethik beziehen sich auf menschliches Handeln und damit auf das, was wir Wissenschaftler, Künstler, Techniker oder was auch immer wir sein mögen als Menschen wünschen und tun. Wir Menschen wirken und existieren als Schnittpunkt unserer Bedingungen als Beobachter (in Konversationen) und als lebende Systeme, und als solche sind wir multidimensionale Wesen, faktische körperliche Knotenpunkte eines dynamischen, vielfältigen Netzwerks von Diskursen und Emotionen, die uns in einem dauernden Fluß vieler wechselnder Konversationen ständig von einem Handlungsbereich zum anderen treiben. Dementsprechend sind wir Wissenschaftler Wissenschaftler und praktizieren Wissenschaft als eine Lebensweise unter Einwirkung einer der zahlreichen grundlegenden Emotionen, die unser Leben als normale, emotionale menschliche Wesen bereichern, nämlich der Leidenschaft beziehungsweise dem Wunsch zu erklären. Doch welches Gebiet unseres Erfahrungsbereichs wir auch im jeweiligen Augenblick als Wissenschaftler zu untersuchen, zu erklären oder zu analysieren beschließen oder welchen Gebrauch wir von den Resultaten unserer wissenschaftlichen Aktivitäten zu machen beschließen, hängt von anderen Emotionen ab, die im Fluß unseres Lebens in uns auftauchen. Sobald wissenschaftliche Erkenntnis vorhanden ist, können wir sie für jeden Zweck benützen, den wir wollen, während unsere verschiedenen Wünsche, Leidenschaften, Befürchtungen oder Ziele mit dem Fluß unseres Sprechhandelns und Emotionierens in uns auftauchen. Wenn dies geschieht, beginnen wir, sagen wir als Technologen, Unternehmer, Künstler, Betrüger oder Politiker zu handeln ... je nachdem, in welchem Maße einige unserer anderen menschlichen Interessen zum Vorschein kommen, sobald wir uns auf technische, produktive, ästhetische, persönlich vorteilhafte oder soziale Handlungen einlassen. In diesem Kontext erlangen Begriffe wie Fortschritt, Ethik und soziale Verantwortung ihre Bedeutung. Der Begriff des Fortschritts hat also damit zu tun, was wir im menschlichen Leben für besser oder wünschenswert halten, der Begriff der sozialen Verantwortung hat mit unserem Bewußtsein zu tun, ob wir die Konsequenzen unserer Handlungen tragen wollen oder nicht, und der Begriff der Ethik hat mit unserer Rücksichtnahme auf die Auswirkungen unserer Handlungen auf das Leben anderer Menschen zu tun, die wir im Zusammenleben mit uns akzeptieren. Ja, die Begriffe Fortschritt, Ethik und Verantwortlichkeit betreffen zwar nicht die Wissenschaft als einen kognitiven Bereich, aber sie gelten für uns Wissenschaftler als Menschen, denn alles, was wir tun, betrifft uns und die menschlichen und nichtmenschlichen Gemeinschaften lebender Geschöpfe, denen wir angehören und die uns in unseren Bemühungen unterstützen.

8. Ich habe nicht von Wahrheit oder Naturgesetz gesprochen; dies ist kein Zufall. Wir gebrauchen gewöhnlich Begriffe wie Wahrheit und Natur, um explizit oder implizit eine Realität unabhängig davon zu konnotieren, was wir als Beobachter tun, entweder als eine Bezugnahme, durch die wir unsere Aussagen validieren können, oder als ein Argument, das ihnen Universalität verleiht. Aus allem, was ich gesagt habe, wird jedoch klar, daß die Wissenschaft nichts mit einem Wahrheitsbegriff zu tun hat, der unabhängig von dem Validierungskriterium ist, das eine wissenschaftliche Aussage oder Erklärung durch das Kriterium der Validierung wissenschaftlicher Erklärungen als im kognitiven Bereich gültig konstituiert. Gleichzeitig ist auch der Begriff der relativen Wahrheit auf die Wissenschaft nicht anwendbar, weil ein solcher Begriff nur in Bezugnahme auf eine absolute Wahrheit gültig ist. Mit anderen Worten: die Dichotomie zwischen absoluten und relativen Wahrheiten ist auf die Wissenschaft nicht anwendbar, weil alles, was man in der Wissenschaft sagen kann, wenn man behauptet, daß eine Aussage wissenschaftlich wahr sei, ist, daß es eine wissenschaftliche Aussage ist. Mit dem Begriff der Natur geschieht ähnliches. Da der Beobachter keine kognitive Aussage über irgend etwas machen kann, ohne von seinem Funktionieren als einem lebenden System abhängig zu sein, kann sich der Begriff der Natur grundsätzlich nur auf das beziehen, was der Beobachter (in Sprache) als Mensch tut, indem er seine/ihre Erfahrungen als solche erklärt, und daher kann sich der Naturbegriff nicht auf etwas beziehen, das als unabhängig von dem betrachtet wird, was der Beobachter tut (siehe Maturana 1988). Natur ist eine Erklärungshypothese unserer Erfahrung mit Hilfe von Elementen unserer Erfahrung. Tatsächlich konstituieren wir Menschen mit unserem Erklären

Natur, und mit unserem wissenschaftlichen Erklären konstituieren wir Natur als den Bereich, in dem wir als Menschen (bzw. sprachhandelnde lebende Systeme) existieren. Wissenschaftliche Erklärungen und Aussagen werden nicht durch eine Bezugnahme auf die Natur validiert, sondern die Natur wird operational konstituiert (gewußt) und ausgeweitet, wenn wir sie durch unsere wissenschaftliche Erklärung unserer Erfahrung mit Hilfe von Elementen unserer Erfahrung als unseren Erfahrungsbereich als lebende Systeme konstituieren. Im Einklang mit unserem Bewußtsein unseres ständigen Konstituierens der Natur durch unsere Erklärungen unserer Erfahrung zu handeln, falls wir uns der konstitutiven Natur der Natur bewußt sind, ist unsere größte Verantwortung als Menschen im allgemeinen und als Wissenschaftler im besonderen.

9. Wissenschaft als ein kognitiver Bereich verändert sich, sobald sich die Fragen, die der Standard-Beobachter stellt, und die Erklärungen, die er oder sie akzeptiert, verändern, und diese verändern sich, sobald sich sein/ihr Erfahrungsbereich im Fluß seiner/ihrer Lebenspraxis verändert. Da Sprache im Bereich konsensueller Koordinationen von konsensuellen Koordinationen von Handlungen stattfindet und diese über die körperlichen Begegnungen der daran Teilnehmenden stattfinden, verändert sich die Körperlichkeit der Benutzer von Sprache entsprechend dem Fluß ihres Sprachhandelns, und der Fluß ihres Sprachhandelns verändert sich in Abhängigkeit von den Veränderungen ihrer Körperlichkeit. Aufgrund dieser rekursiven Verflechtung von körperlichen Veränderungen und konsensuellen Koordinationen von Handlungen in Sprache findet alles, was der Beobachter als Mensch tut, auf der Ebene seiner/ihrer operationalen Verwirklichung in seiner/ihrer Körperlichkeit in ein und demselben Bereich statt, nämlich im Bereich der senso-motorischen Korrelationen, über den alles, was wir Menschen tun, stattfindet. Unter diesen Umständen sind menschliche Aktivitäten, die in den Konversationsbereichen, in denen sie als menschliche Aktivitäten wie theoretische und praktische Handlungen unterschieden werden, völlig verschieden voneinander, in ihrer faktischen Verwirklichung durch die Körperlichkeit der handelnden Menschen sind sie dies nicht (siehe Maturana 1988). Mit anderen Worten: das Resultat der Verflechtung von Körperlichkeit und

konsensuellen Koordinationen von Handlungen ist, daß sich der praktische und der theoretische kognitive Bereich als zwei unterschiedliche, aber sich wechselseitig bedingende Aspekte der konsensuellen Koordinationen von Handlungen der Beobachter herausstellen, und was sich im theoretischen Bereich ergibt, löst grundsätzlich angemessene Handlungen in einem praktischen Bereich aus, den es bedingt, und umgekehrt. Unsere einzige Schwierigkeit als Beobachter mit dem Theoretischen und dem Praktischen ist, daß wir uns nicht immer bewußt sind, auf welchem Gebiet unseres Erfahrungsbereichs die sich wechselseitig bedingenden praktischen und theoretischen Bereiche in jedem einzelnen Fall angesiedelt sind, wenn wir anfangen, irgendein praktisches oder theoretisches Verhalten in Betracht zu ziehen. Die Folge ist, daß wir als Beobachter unserer Erfahrungen in unseren Reflexionen in Sprache, Erfahrungen in einem Bereich unserer Erfahrungen erwarten können, die zu einem anderen gehören.

10. Kreativität ist eine Bewertung, die von einem Beobachter gemacht wird, der beim Hinhören auf die Aktivitäten, Operationen oder Unterscheidungen eines anderen Beobachters, der auch er oder sie selbst sein könnte, Neuheit konstatiert, wenn ihm oder ihr diese Aktivitäten, Unterscheidungen oder Operationen als unerwartete erscheinen. Dasselbe gilt, wenn wir von Kreativität oder Neuheit in irgendeinem Bereich von Wissenschaft sprechen. Solche Erfahrungen ereignen sich in uns ohne jede Anstrengung, sie geschehen mit uns als etwas Selbstverständliches: das ist der Grund, warum wir blind für ihren Ursprung sind und Erklärungen erfinden müssen, wenn wir uns darüber Rechenschaft geben wollen. Darüber hinaus geschieht uns das alles als Unterscheidungen in Sprache, die wir in den Konversationen treffen, die wir leben, blind für die Dynamik von Zuständen unserer Körperlichkeit, durch die sie entstehen. Die Folge ist, daß, je komplexer und reicher unsere Dynamik von Zuständen (natürlich einschließlich der Dynamik von Zuständen unseres Nervensystems) ist, desto unerwarteter wird unser Anteil an den unterschiedlichen Konversationen, in die wir eingebunden sind, sein, und desto kreativer werden wir in den Augen des überraschten Betrachters sein. Und je komplexer und multidimensionaler unser Leben ist, desto neuer, seltsamer oder unerwarteter

werden unsere Handlungen und sprachlichen Unterscheidungen denjenigen erscheinen, mit denen wir zusammenleben, ohne alle unsere Konversationen mit ihnen zu teilen. Dasselbe geschieht in der Praxis wissenschaftlicher Konversationen. Neuheiten, Veränderungen oder begriffliche Revolutionen ereignen sich in der Wissenschaft, wenn ein Standard-Beobachter als Resultat seines/ihres rekursiven Wirkens in seinem/ihrem Erfahrungsbereich durch Konversationen außerhalb des akzeptierten Bereichs wissenschaftlicher Reflexionen und im Kontext der ständigen strukturellen Veränderungen, die er oder sie zwangsläufig in ihnen durchmacht, irgendeine unerwartete Konfiguration operationaler Kohärenzen hervorbringt, und zwar als Selbstverständlichkeit, die für die wissenschaftliche Gemeinschaft akzeptabel ist. Neuheiten in der Wissenschaft konstituieren somit neue Dimensionen operationaler Kohärenzen im Erfahrungsbereich der Standard-Beobachter, aber sie enthüllen nicht irgendeine verborgene, unabhängige Realität.

11. Aufgrund der Art ihrer Konstituierung ist Wissenschaft als kognitiver Bereich ein Bereich, in dem der Beobachter Existenz in seinem eigenen Existenzbereich als jenem Bereich hervorbringt, in dem er oder sie sich als ein lebendes System unterscheidet. In diesem Sinn ist Wissenschaft ein Bereich letzter Erklärungen, nicht weil sich wissenschaftliche Erklärungen nicht ändern oder objektiv oder in einem transzendentalen Sinn wahr sind, sondern weil sie in jenem Bereich entstehen und verbleiben, der uns als lebende Systeme konstituiert.

Zusammenfassung

Wissenschaft ist der Bereich wissenschaftlicher Erklärungen und Aussagen, die wir Wissenschaftler durch die Anwendung des Kriteriums der Validierung wissenschaftlicher Erklärungen hervorbringen. Wir Wissenschaftler beschäftigen uns in der Wissenschaft mit der Erklärung und dem Verstehen unserer menschlichen Erfahrung (unseres menschlichen Lebens) und nicht mit der Erklärung und dem Verstehen der Natur oder der Realität, als ob diese objektive Existenzbereiche wären, unabhängig von unserem Tun. Menschliche Erfahrung ist inhaltsfrei. In unserer

Erfahrung begegnen wir nicht Dingen, Objekten oder der Natur als unabhängigen Entitäten, wie uns das in der Naivität des täglichen Lebens erscheint; wir leben in der Erfahrung, in der Lebenspraxis menschlicher Wesen im Fluß unseres Seins als des Seins lebender Systeme in Sprache, aufgefaßt als etwas, das in uns und mit uns geschieht, während wir es zur Sprache bringen. Dies ist der Grund, warum wir, während wir als Wissenschaftler unsere Erfahrung als Menschen erklären, indem wir sie mit Hilfe von Elementen unserer Erfahrungen durch die Anwendung des Kriteriums der Validierung wissenschaftlicher Erklärungen neuformulieren, feststellen, daß wir Wissenschaft als einen kognitiven Bereich hervorbringen, der uns nicht aus der Erfahrung herausführt und der uns in der Sprache hält. Wir Menschen existieren in Sprache, und unsere Erfahrung als Menschen vollzieht sich in Sprache in einem Fluß konsensueller Koordinationen von konsensuellen Koordinationen von Handlungen, die wir in Sprache hervorbringen. Objekte, Bewußtsein, Selbstreflexion, Selbst, Natur, Realität... alles, was wir Menschen tun und sind, findet statt in Sprache, als Unterscheidungen oder Erklärungen in Sprache von unserem Dasein in Sprache. Erfahrung findet also in Sprache statt, Wissenschaft findet in Sprache statt, da wir Sprache benutzen, um sie hervorzubringen, aber nicht als eine Abstraktion oder einen bloßen Diskurs, sondern als etwas, das ebenso konkret ist wie jede Operation im Fluß konsensueller Koordinationen von Handlungen, in denen wir entstehen und existieren. Daß wir in Sprache existieren und grundsätzlich nicht außerhalb davon existieren können, weil wir darin konstituiert sind, und daß wir durch unsere Existenz in Sprache nur Erfahrungen in Sprache hervorbringen, ist keine Beschränkung in uns, sondern im Gegenteil, es ist die Voraussetzung, die Wissenschaft als einen Erklärungsbereich der Art ermöglicht, daß alles, was wir darin hervorbringen, Bestandteil unseres Existierens als Menschen wird. Daß unser Erfahrungsbereich durch sein Existieren in Sprache ein geschlossener Bereich ist, dem wir nicht entrinnen und nicht entrinnen können, erscheint tatsächlich nur dann als eine Beschränkung, wenn wir glauben, daß wir imstande sein sollten, auf eine unabhängige Realität Bezug zu nehmen.

Ich habe oben gesagt, daß ein zentraler Aspekt der Ausübung von Wissenschaft mit unserer Suche nach dem Verstehen unserer

Erfahrung als Menschen zu tun hat. Und ich meine mit Verstehen die Erfahrung, uns eine Operationalität der Reflexion in Sprache anzueignen, mit deren Hilfe wir wissen können, was wir unter ihren Umständen der Konstitution in Sprache wissen. Um zu reflektieren, müssen wir das loslassen, was wir in unseren Unterscheidungen als ein Objekt unserer Reflexion konstituieren, damit wir darüber nachdenken können, aber wir müssen das ohne Furcht davor tun, das zu verlieren, was wir loslassen, damit wir es betrachten können, ohne es durch unsere Bindung daran zu verdunkeln. Darüber hinaus müssen wir über ein Verfahren verfügen, das uns, falls richtig angewandt, gestattet, bei unseren Reflexionen so zu operieren, als hätten wir es tatsächlich mit etwas zu tun, das unabhängig von dem, was wir tun, existiert, so daß wir zur Kontemplation fähig sind. Das Kriterium der Validierung wissenschaftlicher Erklärungen liefert uns dieses Verfahren in einer Weise, wie es kein anderer methodologischer Ansatz leisten könnte, weil es keine Annahme über den Ursprung unserer Fähigkeiten als Beobachter erfordert, so daß diese ebenfalls Gegenstand unserer Nachforschungen darin sein können. Mit anderen Worten: Die Tatsache, daß das Kriterium der Validierung wissenschaftlicher Erklärungen aus einem System von Operationen des Standard-Beobachters in seinem/ihrem Erfahrungsbereich besteht, löst in ihm/ihr weitere Operationen darin aus, ohne irgendeine Annahme über den Ursprung seiner/ihrer Fähigkeiten nach sich zu ziehen, was dem Standard-Beobachter gestattet, jedweden Aspekt seines/ihres Erfahrungsbereichs einschließlich seiner/ihrer Fähigkeiten als Beobachter, als Gegenstand seiner/ihrer wissenschaftlichen Forschung zu behandeln (siehe Maturana 1970, 1978 und 1988).

In einer wissenschaftlichen Erklärung postuliert ein Standard-Beobachter einen Ad-hoc-Mechanismus, der durch sein Wirken die Erfahrung hervorbringen wird, die er oder sie erklären möchte. Mit anderen Worten: Der generative Mechanismus, der in einer wissenschaftlichen Erklärung postuliert wird, ist willkürlich und könnte irgendeiner sein, solange er im Hinblick auf die zu erklärende Erfahrung als solcher funktioniert. Unter diesen Umständen ist das einzige, was wissenschaftliche Erklärungen in unserer menschlichen Lebenspraxis operational effektiv macht, daß sie als Operation darin entstehen, die weitere Operationen darin nach sich ziehen und nicht eine unmögliche Bezugnahme auf irgend etwas wie einen unabhängigen, objektiven Bereich der Realität. Gleichzeitig ist dies der Grund, weshalb Wissenschaft ein operationaler Bereich ist, in dem der Standard-Beobachter rekursiv Erkenntnis in seiner/ihrer Lebenspraxis hervorbringt. Tatsächlich ist es gleichgültig, wie sonderbar oder verrückt uns ein bestimmter generativer Mechanismus erscheinen mag, der als eine Neuformulierung unserer Erfahrungen vorgeschlagen wird. Falls dieser Mechanismus durch das Kriterium der Validierung wissenschaftlicher Erklärungen validiert wird, geschieht dies in unserer rekursiven Operation in Sprache mit den operationalen Kohärenzen unseres Erfahrungsbereichs und wird auf diese Weise zu einer Quelle angemessener Handlungen in unserer Lebenspraxis in dem Teilbereich unseres Erfahrungsbereichs, in dem er gültig ist. Unsere operationale Kreativität durch die Ausübung von Wissenschaft bedarf keiner anderen Erklärung, sie ereignet sich in unserem Handeln als Standard-Beobachter; doch daß dies so ist, macht uns Wissenschaftler voll verantwortlich für alles, was wir durch die Ausübung von Wissenschaft hervorbringen. Während wir unsere Erfahrung wissenschaftlich erklären, wird sie auf diese Weise zu der Welt, die wir leben. Wir können keine Unschuld mehr für uns in Anspruch nehmen.

In unserer modernen westlichen Kultur sprechen wir von Wissenschaft und Technologie als Quellen menschlichen Wohlbefindens. Gewöhnlich ist es jedoch nicht das menschliche Wohl, was uns veranlaßt, Wissenschaft und Technik hoch zu schätzen, sondern vielmehr die Möglichkeiten der Herrschaft, der Kontrolle über die Natur und des unbegrenzten Reichtums, die sie zu bieten scheinen. Wir geben vor, eine feindselige Natur zu bekämpfen, und wir suchen nach wissenschaftlicher Erkenntnis wie nach einem Instrument, das uns gestatten wird, sie zu beherrschen und zu manipulieren und nicht, sie zu verstehen. Wir sprechen auch vom Fortschritt in Wissenschaft und Technik in Begriffen der Kontrolle und Herrschaft und nicht in Begriffen des Verstehens und der verantwortlichen Koexistenz. Die Begriffe von Kontrolle und Herrschaft haben die Negation dessen zur Folge, was kontrolliert und beherrscht wird, und sie postulieren es als etwas von einem selbst Verschiedenes und Unabhängiges. Ich glaube, daß dies die Grundeinstellung ist, die unsere Möglichkeit beschränkt, angstfrei unsere grundsätzliche Beteiligung an der Hervorbringung der Welt zu erfassen, die wir durch Wissenschaft leben. Was auch immer wir unterscheiden, wir unterscheiden es in Sprache, was auch immer wir erfahren, wir erfahren es, wenn wir unsere Erfahrung in Sprache umsetzen. Daß dies so sein sollte, ist jedoch kein Problem für uns in unserem Leben, es geschieht einfach in uns und mit uns, wenn wir unsere Erfahrungen unterscheiden. Erfahrung, das Geschehen des Lebens, ist kein Problem für uns; unsere Probleme entstehen mit unseren Erklärungen unserer Erfahrungen und den Forderungen, die sie uns und den Menschen, mit denen wir zusammenleben, auferlegen. Wir Menschen leben eine Welt von sprachlichen Erklärungen und Beschreibungen unserer Erfahrungen, wenn wir sie in Sprache umsetzen, und wir töten einander sogar bei der Verteidigung unserer Erklärungen, wenn wir über sie uneinig sind. Da Erklärungen Neuformulierungen von Erfahrungen mit Hilfe von Elementen von Erfahrungen in den operationalen Kohärenzen von Erfahrungen sind, leben wir darüber hinaus verschiedene Welten, wenn wir in unserer Lebenspraxis unterschiedliche operationale Kohärenzen hervorbringen, während wir uns in unserem Leben unterschiedliche Erklärungssysteme zu eigen machen. Dies ist keine nichtssagende Behauptung, weil Sprache sich als ein Bereich konsensueller Koordinationen von Handlungen in den Bereichen der operationalen Kohärenzen der Beobachter konstituiert, und wenn zwei Beobachter unterschiedliche Erklärungen akzeptieren, dann leben sie unterschiedliche Teilbereiche operationaler Kohärenzen in ihren Erfahrungsbereichen. Leben geschieht uns, Erfahrung geschieht uns, die Welten, die wir leben, geschehen uns, während wir sie in unseren Erklärungen hervorbringen. Da jedes System beziehungsweise jeder Mechanismus nur dann funktioniert, wenn den operationalen Kohärenzen, die es/er zur Folge hat, Genüge getan wird, geschehen uns das Leben und die Erfahrung darüber hinaus, wie sie uns geschehen, nur in dem Maße, wie den operationalen Kohärenzen, die sie konstituieren, Genüge getan wird. Da wir Menschen in Sprache existieren, sind unsere Körper Knotenpunkte einer operationalen Überschneidung all der operationalen Kohärenzen, die wir als Beobachter in unserer Erklärung unseres Wirkens hervorbringen, und wir leben sie, indem wir sie in unserem Diskurs erfassen, als ob sie in einem einzigen operationalen Bereich stattfänden. Solange wir uns dessen nicht bewußt sind, verwechseln wir operationale Bereiche und erwarten, daß ein bestimmtes System oder ein Mechanismus in einem anderen Bereich operationaler Kohärenzen funktionieren sollte als in jenem, in dem er stattfindet. Wenn wir uns dessen nicht bewußt sind, werden wir auch nicht imstande sein zu erkennen, daß der Wert der Wissenschaft für das menschliche Leben in den Möglichkeiten liegt, die sie uns eröffnet, es zu verstehen, indem sie uns gestattet, in unserem Erfahrungsbereich durch die Anwendung der Operationalität des Kriteriums der Validierung wissenschaftlicher Erklärungen als Bestandteil unseres täglichen Wirkens in unserem Erfahrungsbereich in rekursive Reflexionen einzutreten.

Wir Wissenschaftler fordern häufig einen Sonderstatus für die Wissenschaft als kognitiven Bereich und beanspruchen eine spezielle Freiheit und Achtung für unsere Ausübung wissenschaftlicher Forschung, indem wir behaupten, wissenschaftliche Erkenntnis verdiene aufgrund ihrer objektiven, faktischen Natur besondere Achtung. Uns Wissenschaftlern gehe es um objektive Fakten, erklären wir, und deshalb seien unsere Aussagen und Erklärungen frei von Fanatismus und Vorurteilen. Wie wir gesehen haben, ist dies nur zum Teil wahr. Der Wert und die operationale Effektivität wissenschaftlicher Aussagen und Erklärungen beruhen auf der Tatsache, daß sie die operationalen Kohärenzen unserer Lebenspraxis betreffen, und dafür verdient die Wissenschaft keinen Sonderstatus. Dennoch verdient die Wissenschaft einen Sonderstatus, weil das Kriterium der Validierung, das sie konstituiert, die Operationalität einer reflektiven Dynamik zur Folge hat, die, falls sie vom Standard-Beobachter entsprechend gelernt und praktiziert wird, ihm oder ihr gestattet, ein Beobachter aller seiner/ihrer Umstände zu bleiben, ohne sich an sie zu binden. Letzteres geschieht jedoch nicht immer. Womit uns die Wissenschaft und die Ausbildung zum Wissenschaftler nicht ausstatten, ist Weisheit. Moderne Wissenschaft ist in einer Kultur entstanden, die Inbesitznahme und Reichtum hoch schätzt, die Erkenntnis als eine Quelle der Macht behandelt, die Wachstum und Kontrolle würdigt, die Hierarchien der Herrschaft respektiert, die Äußerlichkeiten und Erfolge für wertvoll hält und die Weisheit aus dem Blick verloren hat und sie nicht zu kultivieren versteht. Wir Wissenschaftler fallen in unserem Bestreben, das zu tun, was wir am liebsten tun, nämlich wissenschaftlich forschen, oft den Leidenschaften, Begierden und Zielen unserer Kultur zum Opfer und denken, daß die Ausweitung der Wissenschaft alles rechtfertige; wir werden blind für Weisheit und dafür, wie sie erlernt wird. Weisheit entsteht aus der Achtung der anderen, aus der Erkenntnis, daß Macht auf Unterwerfung und Verlust an Würde beruht, aus der Erkenntnis, daß Liebe die Emotion ist, die soziale Koexistenz, Ehrlichkeit und Vertrauenswürdigkeit begründet, und aus der Erkenntnis, daß die Welt, in der wir leben, immer und unvermeidlich unser Produkt ist. Aber wenn uns die Wissenschaft und wissenschaftliche Erkenntnis auch nicht mit Weisheit ausstatten, so leugnen sie diese zumindest nicht, und die Erkenntnis dessen eröffnet denjenigen, die dem Streben nach Erfolg und dem Wunsch nach Kontrolle und Manipulation entgehen, die Möglichkeit, Weisheit zu erlernen, indem wir in Weisheit leben.

Überblick

Wenn wir akzeptieren, daß Wissenschaft als kognitiver Bereich durch die Anwendung des Kriteriums der Validierung wissenschaftlicher Erklärungen konstituiert wird, daß sie sich nicht mit Wahrheit oder Realität in einem transzendentalen Sinn beschäftigt, sondern nur mit der Erklärung menschlicher Erfahrung im Bereich menschlicher Erfahrung, verschwinden viele Fragen oder verändern vollständig ihren Charakter, und neue Einsichten werden möglich. Benennen wir einige davon:

– Wahrheit hört auf, ein Argument zu sein, das ohne Spezifizierung der Bedingungen ihrer Konstitution und Validierung benutzt werden kann, und der Beobachter hat die Möglichkeit, auf seinen/ihren Anspruch zu verzichten, in ihrem Besitz zu sein.

– Die Natur hört auf, ein autonomer Bereich unabhängiger Entitäten zu sein, der als kontroverser Bezugsrahmen für die Annahme oder Ablehnung einer bestimmten Erklärung als wissenschaftliche Erklärung benutzt werden kann, und wird etwas, das durch das sprachliche Wirken eines Beobachters in seinem/ihrem Erfahrungsbereich entsteht.

– Zu lernen, ein Wissenschaftler zu werden, wird für den Beobachter, der dies wünscht, zu einem Lernprozeß, wie das Kriterium der Validierung wissenschaftlicher Erklärungen anzuwenden ist, wie ein bestimmtes Gebiet seines/ihres Erfahrungsbereichs auszudehnen ist und wie eine totale persönliche Verpflichtung erreicht werden kann, sich ehrlich und operational einwandfrei der Hervorbringung wissenschaftlicher Erklärungen und Aussagen zu widmen und letzten Endes sein tägliches Leben auf diese Weise zu leben.

– Emotionen werden achtenswert und offenbar, und es wird möglich zu erkennen, daß verantwortungsvolles Handeln für einen Beobachter bedeutet, in dem Bewußtsein zu handeln, ob er oder sie die Konsequenzen seiner Handlungen tragen will oder nicht tragen will.

– Die Anwendung des Kriteriums der Validierung wissenschaftlicher Erklärungen als Lebensweise, gleichgültig, ob dies in einem bestimmten Fall zu Ende geführt wird oder nicht, eröffnet dem Beobachter die Möglichkeit, systematisch in einer rekursiven Reflexion seiner oder ihrer Umstände zu operieren und damit im Hinblick auf seine/ihre Handlungen verantwortlich zu werden.

– Das Verständnis des Kriteriums der Validierung wissenschaftlicher Erklärungen entsteht als Systematisierung der normalen operationalen Art und Weise der Validierung unseres Wirkens im täglichen Leben, im Bedachtsein darauf, Erfahrungsbereiche nicht zu verwechseln, und gestattet uns Wissenschaftlern, uns bewußt zu werden, daß das einzige Besondere an uns unsere Leidenschaft für wissenschaftliches Erklären ist.

Ich halte es für die größte spirituelle Gefahr, mit der ein Mensch in seinem Leben konfrontiert ist, zu glauben, daß er oder sie der Besitzer einer Wahrheit oder der legitime Verteidiger eines Prinzips oder der Besitzer einer transzendentalen Erkenntnis oder der rechtmäßige Eigentümer irgendeiner Entität oder der verdienstvolle Träger irgendeiner Auszeichnung sei ... weil er oder sie sofort blind für seine/ihre Umstände wird und in die Sackgasse des Fanatismus gerät. Die zweitgrößte spirituelle Gefahr, mit der ein Mensch in seinem Leben konfrontiert ist, erscheint mir, auf die eine oder andere Weise zu glauben, daß er/sie nicht immer völlig verantwortlich für seine/ihre Handlungen beziehungsweise für sein/ihr Wünschen oder Nichtwünschen der Konsequenzen seiner/ihrer Handlungen ist. Schließlich betrachte ich als das größte Geschenk, das uns die Wissenschaft bietet, die Möglichkeit, frei von Fanatismus – und wenn wir es wollen – zu lernen, wie wir durch rekursive Reflexionen über unsere Umstände immer verantwortlich für unsere Handlungen bleiben.

(Aus dem Spanischen übersetzt von Gerda Verden-Zöllner)

Diese Arbeit wurde durch die großzügige Unterstützung der »Foundation for the study of human cognition INC.« ermöglicht.

Ontologie des Konversierens

1. Einleitung

Es wird uns häufig gesagt, daß wir unsere Emotionen kontrollieren und uns vernünftig benehmen sollen, vor allem dann, wenn wir Kinder oder Frauen sind, und der, der zu uns spricht, wünscht, daß wir uns nach einer Norm seiner Wahl verhalten. Wir leben eine Kultur, die Emotionen der Vernunft entgegenstellt, als ob es sich um antagonistische Dimensionen des Psychischen handle. Wir sprechen so, als ob das Emotionale das Rationale auslöschen und das Rationale das Menschliche bestimmen würde.

Zugleich wissen wir aber, daß wir in uns selbst und in anderen Menschen Leiden erzeugen, wenn wir unsere Emotionen vernachlässigen, Leiden, das keine Vernunft beseitigen kann. Schließlich sagen wir angesichts auftretender Meinungsverschiedenheiten, noch im Klirren des Zorns, daß wir unsere Uneinigkeit überwinden müssen im Konversieren, im Miteinander-Sprechen. Im Prozeß des Miteinander-Sprechens verändern sich unsere Emotionen. Die Uneinigkeit verschwindet, bzw. sie verwandelt sich – mit oder ohne Kampf – in einen akzeptablen Widerspruch. Was geschieht hier? Ich denke, daß – auch wenn es das Rationale ist, das uns von den Tieren unterscheidet – das Menschliche erst durch das Auftreten der Sprache begründet wird, d. h. wenn eine spezifische Art der Vernetzung des Emotionalen mit dem Rationalen als Lebensart bewahrt wird, die auch in unserer Fähigkeit zum Ausdruck kommt, unsere emotionalen und rationalen Zwistigkeiten durch Konversieren zu schlichten. Deshalb halte ich es für fundamental im Hinblick auf das Verständnis des Menschlichen, die Beteiligung der Sprache und der Emotionen an der Entstehung gesunder, aber auch psychisch und somatisch leidvoller Zustände aus dem Prozeß des Miteinander-Sprechens, des Konversierens zu verstehen.

Der Begriff Konversieren – conversar im Spanischen – geht auf die Verbindung zweier lateinischer Wurzeln zurück: cum – mit – und versare – umgehen, verkehren. Er bedeutet seinem Ursprung nach »mit dem anderen verkehren, mit dem anderen umgehen«. In diesem Sinne lautet meine Frage in diesem Essay: Was geschieht im »Miteinander-Umgehen«, und welche Rolle spielen dabei Emotionen, Sprache und Vernunft?

2. Sprache und Linguieren, Sprache-Hervorbringen im Miteinander-Sprechen[1]

Als biologisches Phänomen besteht die Sprache aus einem Fließen in immer wiederkehrenden Interaktionen, welche ein System konsensueller Verhaltenskoordinationen von konsensuellen Verhaltenskoordinationen ausbilden (s. Maturana 1978, 1988). Daraus ergibt sich, daß die Sprache als Prozeß nicht im Körper (Nervensystem) der an ihr Teilnehmenden stattfindet, sondern in jenem Bereich konsensueller Verhaltenskoordinationen, die sich im Fließen ihrer wiederholten körperlichen Begegnungen ausdrückt. Kein Verhalten, keine Gestik oder Körperhaltung begründet an sich allein ein Element der Sprache, sondern sie sind in dem Maße ein Teil der Sprache, als sie zum rekursiven Fließen von konsensuellen Verhaltenskoordinationen gehören. Somit sind nur solche Gesten, Töne, Verhaltensweisen und Körperhaltungen Worte, die als konsensuelle Elemente an jenem die Sprache erzeugenden rekursiven Fließen konsensueller Verhaltenskoordinationen teilhaben. Worte sind somit Schnittstellen konsensueller Verhaltenskoordinationen. Aus diesem Grund ist das, was ein Beobachter tut, wenn er Gesten, Tönen, Verhaltensweisen und Körperhaltungen Bedeutung zuweist und sie so als Worte unterscheidet, ein Konnotieren bzw. Bezugnehmen auf die Relationen zwischen konsensuellen Verhaltenskoordinationen, an welchen er sieht, daß jene Gesten, Töne, Verhaltensweisen oder Körperhaltungen teilnehmen. Demzufolge liegt das, was ein Beobachter als den Inhalt eines besonderen Linguierens betrachtet, im Verlauf derjenigen Verhaltenskoordinationen, die von diesem Linguieren einbezogen werden – und zwar jeweils auf den Zeitpunkt der Interaktionsgeschichte bezogen, innerhalb deren diese Verhaltenskoordinatio-

1 Spanischer Neologismus: »lenguajear«; englisch: to language.

nen stattfinden. Gleichzeitig lösen die Teilnehmer an der Sprache untereinander – genauso wie in ihren körperlichen Begegnungen – gegenseitige strukturelle Veränderungen aus, welche ihre jeweiligen strukturellen Dynamiken modulieren. Diese strukturellen Veränderungen verlaufen wiederum parallel zu jenen, welche die wiederholt ablaufenden Interaktionen der am Linguieren Beteiligten verfolgen. Mit anderen Worten: Das, was wir als Worte unterscheiden, führt zu Operationen im Existenzbereich der an der Sprache Teilnehmenden, und zwar in ihrer Eigenart als Lebewesen. Diese Operationen resultieren daraus, daß das Fließen der körperlichen Veränderungen, Haltungen und Emotionen dieser Teilnehmer mit dem Inhalt ihres Linguierens zu tun hat. Alles in allem hat das, was wir im Linguieren tun, Konsequenzen für unsere körperliche Dynamik, und das, was in unserer körperlichen Dynamik geschieht, hat Konsequenzen für unser Linguieren.
Wie die Lebewesen im allgemeinen und wir Menschen im besonderen sind wir in unserer strukturellen Beziehungsdynamik multidimensional. In unserer Körperlichkeit leben wir die Überschneidung vieler Interaktionsbereiche, die in ihr strukturelle Veränderungen auslösen und verschiedenen operationalen Verläufen angehören. Daraus ergibt sich, daß unser Linguieren in jedem Moment gemeinsam mit vielen Dimensionen unserer Interaktionsdynamik verlaufen kann, die nicht unmittelbar mit dem zu tun haben, was im Linguieren selbst geschieht. Hieraus ergibt sich umgekehrt, daß unsere Interaktionen außerhalb des Bereiches unseres Linguierens jederzeit mit dem Verlauf unseres Linguierens verbunden sind.

3. Rationales Denken und das Rationale

Im Alltag und in vielen philosophischen Systemen sprechen wir so, als ob Vernunft und Logik des rationalen Denkens eine transzendentale Grundlage hätten und als ob diese Grundlage unseren rationalen Argumenten universelle Gültigkeit verleihen würde. Wenn wir unser Operieren als Lebewesen in Sprache verstehen, können wir jedoch sehen, daß das, was geschieht, etwas anderes ist.

Was wir im täglichen Leben als rationales Denken bezeichnen, ist die Aufstellung von Argumenten, die wir beim Verketten von Worten und Begriffen, aus denen sie bestehen, konstruieren, je nach ihren Bedeutungen als operationale Knoten des besonderen Bereiches von konsensuellen Verhaltenskoordinationen, denen sie angehören. Deshalb ist das, was ein Beobachter tut, wenn er von der Logik des rationalen Denkens als universellem Phänomen spricht, in der Tat das Unterscheiden der operationalen Regelmäßigkeiten, die dem Operieren in Sprache, im Linguieren, zugrunde liegen. Zudem ist das von uns im täglichen Leben als rationales Verhalten Unterschiedene ein Operieren im Diskurs, in Erklärungen oder im Verhalten, das wir im Diskurs anhand von Erklärungen und Argumenten rechtfertigen können, die wir unter Erhaltung der Logik des rationalen Denkens konstruieren. Zusammengefaßt: Die Logik des rationalen Denkens und daher auch das Rationale gehören dem Bereich der operationalen Kohärenzen der konsensuellen Verhaltenskoordinationen an, die die Sprache aufbauen. Sie haben in letzter Konsequenz ihre Grundlage in den operationalen Kohärenzen des Lebens. Schließlich geht aus dem bisher Gesagten hervor, daß die Logik des rationalen Denkens unabhängig vom jeweils verflochtenen Argument ist. Sie findet auf alle Erfahrungsbereiche Anwendung, die der Beobachter durch Erklären hervorbringen kann. Weil das Rationale dem Bereich operationaler Kohärenzen angehört, in dem sich die Sprache durch konsensuelle Verhaltenskoordinationen ausbildet, entsteht jedes rationale System als ein System von konsensuellen Verhaltenskoordinationen. Es entsteht dadurch, daß irgendeine Grundmenge konsensueller Verhaltenskoordinationen zu wiederholter und rekursiver Anwendung kommt und fortan als Menge der Grundprämissen wirkt. Gleichzeitig unterscheiden sich verschiedene rationale Systeme darin, daß sie auf unterschiedliche Grundmengen von Prämissen zurückzuführen sind.

4. Das Emotionieren[2]

Im Alltagsleben unterscheiden wir die verschiedenen Emotionen, indem wir die Handlungen und Körperhaltungen oder Körperstellungen des anderen (oder unsere eigenen) wahrnehmen. Dieser andere kann eine Person oder ein nichtmenschliches Wesen sein. Darüber hinaus wissen wir auch im Alltagsleben, daß jede Emotion impliziert, daß für die Person oder das Tier, die sie ausdrücken, nur bestimmte Handlungen möglich sind. Aus diesem Grund sage ich, daß das, was wir als Emotionen unterscheiden, oder das, was wir mit dem Wort Emotion konnotieren, körperliche Dispositionen sind, in denen sich ein Wesen, menschlich oder nichtmenschlich, befindet; weiter, daß das Emotionieren, ebenso wie das Fließen von der einen zur anderen Emotion, ein Fließen von dem einen zum anderen Handlungsbereich ist. Die Küchenschabe, die langsam die Küche durchquert und die angesichts unseres geräuschvollen Eintretens und Andrehens des Lichts plötzlich in Richtung auf eine dunkle Ecke zu laufen beginnt, hat eine emotionale Veränderung erfahren, und im Fließen ihrer Emotionen ist sie von einem Handlungsbereich zum anderen übergewechselt. Das erkennen wir auch im täglichen Leben, wenn wir sagen, daß die Küchenschabe vom Zustand der Ruhe zum Zustand der Angst übergewechselt ist. Indem wir in diesem Fall dieselben Begriffe verwenden, die wir gebrauchen, um uns auf menschliches Emotionieren zu beziehen, anthropomorphisieren wir das, was mit der Küchenschabe geschieht, nicht, sondern wir erkennen, daß das Emotionieren ein fundamentaler Aspekt tierischen Operierens ist. Die Aussage, daß das Emotionale in uns mit dem Animalischen zusammenhängt, ist an sich nichts Neues; ich füge jedoch hinzu, daß die menschliche Existenz in der Sprache und im Rationalen ausgehend vom Emotionalen verwirklicht wird. Ich lade ein, zu erkennen, daß Emotionen körperliche Dispositionen sind, die Handlungsbereiche spezifizieren, und daß die verschiedenen Emotionen gerade dadurch unterschieden werden, daß sie verschiedene Handlungsbereiche spezifizieren. Damit wird auch deutlich, daß alle menschlichen Handlungen ohne Ausnahme auf

2 Spanischer Neologismus »emocionar«.

dem Emotionalen gründen, weil sie in einem von einer Emotion spezifizierten Handlungsbereich stattfinden. Dies gilt auch für das rationale Denken.
Jedes rationale System und – in der Tat – jedes rationale Denken findet als ein Operieren innerhalb der Kohärenz der Sprache statt. Es geht von einer Grundmenge von Handlungskoordinationen aus, die implizit oder explizit als angenommene oder übernommene *a-priori*-Prämissen gelten. Mit anderen Worten: Jedes rationale System ist emotional begründet. Deshalb kann kein rationales Argument jemanden überzeugen, der nicht die zugrundeliegenden *a-priori*-Prämissen akzeptiert hat und daher von vornherein überzeugt ist.

5. Verhalten und Handlungen

Jedes Operieren bzw. jede Veränderung im Operieren eines Organismus im Hinblick auf seine Umgebung ist in jedem Bereich, in dem der Beobachter dieses Operieren oder die Veränderung des Operierens unterscheidet, ein Verhalten oder eine Handlung in diesem Bereich. Gleichzeitig erleben wir Menschen jeden Verhaltens- oder Handlungsbereich als Erfahrungsbereich in der Sprache, indem wir uns in ihr in der Rekursion jener sie begründenden Verhaltens- bzw. Handlungskoordinationen bewegen, von denen ausgehend wir die Sprache hervorbringen. Das ist möglich, da alle Bereiche menschlicher Handlungen und menschlichen Verhaltens sich wegen der operationalen Geschlossenheit des Nervensystems (s. Maturana 1983) im Nervensystem als Bereich interner Korrelationen realisieren, die in den Unterscheidungen des Beobachters als sensomotorische Korrelationen in einem Bereich körperlicher Relationen erscheinen. So wird das Linguieren, auch wenn es aus der Dynamik der internen Korrelationen der Nervensysteme der Beteiligten resultiert, vom Beobachter als ein Fließen konsensueller Verhaltenskoordinationen gesehen, welches sich aus der kongruenten Vernetzung der individuellen sensomotorischen Korrelationen dieser Beteiligten ergibt. D. h. daß die verschiedenen Bereiche menschlicher Erfahrung verschiedene Bereiche interner Korrelationen sind, die im Bereich der Unterscheidungen des Beobachters als ver-

schiedene Bereiche sensomotorischer Korrelationen erscheinen, welche in der Sprache verschiedene Systeme von Verhaltenskoordinationen bilden.
Ich habe die Worte »Verhalten« und »Handlung«, bezogen auf die Sprache, als Äquivalent benützt, da sie es in Hinblick auf die Sprache sind. Dennoch haben diese Worte auf andere Aspekte bezogen auch andere Konnotationen. So blicken wir gewöhnlich auf die Wirkung einer Tätigkeit, wenn wir von Handlungen sprechen, und auf die Beziehung von Handelnden, wenn wir von Verhalten sprechen. Für die Zwecke dieses Essays sind diese Unterschiede unwesentlich. Es interessiert uns nur zu wissen, daß wir vom Linguieren sowohl als Operieren im Bereich konsensueller Verhaltenskoordinationen als auch als Operieren im Bereich konsensueller Handlungskoordinationen reden können.

6. Das Konversieren

Im Prozeß ihres Heranwachsens leben der kleine Junge oder das kleine Mädchen eingebunden in das Linguieren und Emotionieren der Mutter und der anderen Erwachsenen und Kinder, die während der Schwangerschaft und nach der Geburt ihre mitmenschliche Umgebung bilden. Das Ergebnis ist, daß das menschliche Wesen als Embryo, als Fötus, Kind oder Erwachsener sein Emotionieren im kongruenten Leben mit dem Emotionieren der anderen, menschlichen oder nichtmenschlichen Wesen, mit denen es zusammenlebt, erwirbt. D. h. der kleine Junge oder das kleine Mädchen lernt, sich in der einen oder anderen Weise emotional anzuregen im Zusammenhang mit dem Emotionieren der Erwachsenen und Kinder (und Tiere), die seine menschliche und nichtmenschliche Umgebung bilden. Das Kind wird sich freuen, gerührt sein oder sich schämen, zornig werden usw., jeweils den Umständen entsprechend, unter denen sich die anderen freuen, gerührt werden, sich schämen, zornig werden. Dieser Prozeß ereignet sich in jedem neuen menschlichen Wesen gemeinsam mit der Konstitution und der Expansion der Bereiche der konsensuellen Verhaltenskoordinationen, an denen es erst einmal – bis diese rekursiv werden – teilnimmt. Dann tritt es in das sprachliche Operieren ein, wodurch es infolge der Expansion desselben sein Leben erweitert und dieses zunehmend komplexer wird. Dabei verflechten sich das Linguieren und das Emotionieren, sich gegenseitig modulierend, als einfaches Ergebnis des Zusammenlebens mit anderen und des damit verbundenen Verlaufs des Linguierens und Emotionierens. Indem wir uns in sprachlichen Interaktionen mit anderen bewegen, verändern sich unsere Emotionen als Folge unserer gelebten Geschichte emotionaler Interaktionen, in der unser Emotionieren als ein Aspekt unseres Zusammenlebens mit anderen inner- und außerhalb des Linguierens entstanden ist. Gleichzeitig wechseln wir Handlungsbereiche infolge des Fließens unseres Emotionierens in Bahnen, die sich aus unserer Geschichte des Zusammenlebens inner- und außerhalb der Sprache ergeben; dabei ändert sich der Verlauf sowohl unseres Linguierens als auch unseres rationalen Denkens. Dieses verflochtene Fließen des Linguierens und des Emotionierens nenne ich Konversieren, und ich nenne Konversation das Fließen im Konversieren, im Miteinander-Umgehen in einem besonderen Netz des Linguierens und Emotionierens.

7. Das Menschliche

Das Menschliche entsteht in der Geschichte der Evolution der Hominidengattung, der wir angehören, beim Entstehen der Sprache. Bevor ich darauf näher eingehe, möchte ich zunächst beschreiben, was im evolutiven Prozeß geschieht.
Im biologischen Bereich weist sich eine Gattung oder ein System von Gattungen dadurch aus, daß über mehrere Generationen eine besondere Lebensweise in der Reproduktionsgeschichte einer Abfolge von Organismen erhalten wird. Da jedes Lebewesen als dynamisches System in kontinuierlichem Strukturwandel existiert, erweist sich die Lebensweise, die eine Art, eine Gattung oder ein System von Gattungen definiert, als eine dynamische Konfiguration von Relationen zwischen dem Lebewesen und der Umwelt, die sich über seine Ontogenese erstreckt, von seiner Zeugung bis zu seinem Tod. Die Lebensweise bzw. die dynamische Konfiguration ontogenetischer Relationen zwischen Lebewesen und Umwelt, die eine Gattung oder ein System von

Gattungen ausmacht, indem sie über die Generationen hinweg in der Abfolge von Organismen erhalten wird, und die ihre Identität als solche definiert, nenne ich den ontogenetischen Phänotypus. Der ontogenetische Phänotypus ist nicht genetisch determiniert, weil er als Lebensweise, die sich in der Ontogenese bzw. individuellen Geschichte eines Organismus entfaltet, notwendigerweise in epigenetischer Form vorkommt. Was durch die genetische Konstitution eines Organismus im Moment seiner Zeugung determiniert wird, ist ein Bereich möglicher Ontogenesen, von denen eine im Verlauf seiner Geschichte von Interaktionen mit der Umgebung im Prozeß der Epigenese verwirklicht wird. Indem sich eine Gattung oder ein System von Gattungen herausbildet, bleibt der Genotypus, d. h. die genetische Konstitution der zugrundeliegenden Organismen, losgelöst und kann variieren, solange diese Variationen in die Erhaltung des die Gattung oder das System von Gattungen definierenden ontogenetischen Phänotypus nicht eingreifen. Aus demselben Grund verändert sich die Identität der Gattung, oder es entsteht eine neue Gattung als neue Form von Organismen, wenn sich in einem Moment der Reproduktionsgeschichte einer Gattung der ontogenetische Phänotypus verändert und ab dem Zeitpunkt erhalten wird. Um zu verstehen, was in der Geschichte der Evolution einer Klasse von Organismen geschieht, ist es unter diesen Umständen notwendig, den ontogenetischen Phänotypus zu finden, der beibehalten wird und um den herum solche Veränderungen vollzogen werden. Um die Evolutionsgeschichte dessen, was den Ursprung des Menschlichen bildet, zu verstehen, ist es zuerst notwendig, die Lebensweise in Betracht zu ziehen, welche sich im System der Hominiden-Gattungen nicht verändert und so die Entstehung der Sprache möglich macht. Danach muß man die neue Lebensweise betrachten, die durch ihr Beibehalten diejenige Gattung begründet, der wir als moderne menschliche Wesen angehören.

Verweilen wir einen Moment bei diesem Gedanken. Der Ursprung der Sprache als Bereich konsensueller Verhaltenskoordinationen von konsensuellen Verhaltenskoordinationen verlangt nach einem ausreichend intensiven und wiederholt aufgesuchten Raum des Wiederbegegnens in gegenseitiger Akzeptanz (s. Maturana 1978, 1988). Unsere Kenntnis von unseren Vorfahren, die vor dreieinhalb Millionen Jahren in Afrika lebten, weist darauf hin, daß ihre Lebensweise auf das Sammeln der Nahrung, das Teilen der Nahrung, das Zusammenspiel von Männern und Frauen bei der Aufzucht der Kinder, auf ein sinnenhaftes nahes Zusammenleben und auf eine Sexualität von Angesicht zu Angesicht ausgerichtet war, und zwar im Umkreis kleiner, durch wenige Erwachsene, Jugendliche und Kinder zusammengesetzter Gruppen. Diese Lebensweise, die wir uns im wesentlichen erhalten haben, beinhaltet alles, was für die Entstehung der Sprache nötig war, und war auch dafür verantwortlich, daß sich, sobald die Sprache etabliert war, der ontogenetische Phänotypus des Konversierens, als ein anderes in der Lebensweise zu erhaltendes Element, herausbildete, welcher das Gattungssystem definiert, dem wir moderne Menschen angehören. Daß sich Schimpansen und Gorillas von heute durch das Zusammenleben mit ihnen im AMESLAN (american sign language) in die Sprache eingliedern lassen, suggeriert, daß das Gehirn unserer Vorfahren vor drei Millionen Jahren schon dafür geeignet gewesen sein muß. Was die menschliche Gattung von anderen Primatengattungen unterscheidet, ist eine Lebensweise, in der das Teilen der Nahrung und die damit einhergehende Nähe, gegenseitige Akzeptanz und Handlungskoordinationen im Weitergeben der Dinge vom einen zum anderen eine zentrale Rolle spielen. Es ist die menschliche Lebensweise, die die Sprache möglich macht, und es ist die Liebe als diejenige Emotion, die den Handlungsraum der Akzeptanz des anderen als eines legitimen Anderen im nahen Zusammenleben aufbaut, die zentrale Emotion in der Evolutionsgeschichte, die unseren Ursprung ermöglicht. Daß dies so ist, zeigt sich in der Tatsache, daß der größte Teil menschlicher Krankheiten, ob somatisch oder psychisch, entsteht, weil die fundamentale menschliche Liebesbiologie gestört worden ist. Die eigentliche menschliche Lebensweise bildet sich heraus, wenn das Konversieren zur menschlichen Lebensweise hinzukommt und damit begonnen wird, das Linguieren in seiner Verflechtung mit dem Emotionieren als Teil des uns kennzeichnenden ontogenetischen Phänotyps beizubehalten. Mit dem Entstehen der eigentlich menschlichen Lebensweise gehört das Konversieren als Handlung dem emotionalen Bereich an, in dem das Linguieren als eine Art des Seins in den Handlungskoordinationen der Intimität sinnenhaften und erotischen Zusammenlebens entsteht. Daß dies so ist, zeigt sich auf verschiedene Art und Weise: a) in den taktilen Bildern, die wir benutzen, wenn wir uns auf das beziehen, was mit unseren Stimmen beim Sprechen geschieht (so sagen wir z. B., daß eine Stimme mild, zärtlich oder hart sein kann); b) in den physiologisch hormonellen Veränderungen, die wir beim Sprechen gegenseitig in uns auslösen; und c) in der Lust, die uns das Konversieren und das Miteinander-Umgehen im Linguieren bereitet.

Wann hat das wohl begonnen in der Geschichte unserer Evolution? Die riesige strukturelle Verflechtung unseres aktuellen Nervensystems, unseres Kehlkopfes, unseres Gesichts sowie anderer Teile unseres Körpers mit dem Sprechen als grundlegendster Form unseres »In-Sprache-Seins« weist darauf hin, daß das klangvolle Linguieren schon vor einigen Millionen Jahren angefangen haben muß; meiner Meinung nach vor zwei bis drei Millionen Jahren.

Kurzum: Das Menschliche entsteht in jener Evolutionsgeschichte, der wir angehören, als Sprache. Es zeigt sich aber als solches im Aufrechterhalten einer besonderen Lebensweise, welche auf das Teilen der Nahrung, die Kooperation von Mann und Frau bei der Aufzucht der Kinder, auf die individualisierte, wiederholte sinnenhafte Begegnung, auf das Konversieren und auf die Lust am Konversieren ausgerichtet ist. Deshalb vollzieht sich jedes menschliche Tun in Sprache, und das, was im Leben menschlicher Wesen nicht in Sprache vollzogen wird, ist kein menschliches Tun. Gleichzeitig, da jedes menschliche Tun in einer Emotion seinen Ursprung hat, kann Menschliches nicht außerhalb der Verflechtung von Linguieren und Emotionieren geschehen; daher lebt das Menschliche stets im Konversieren. Schließlich zentriert sich das Emotionieren, auf dessen Bewahrung sich das Menschliche mit der Entstehung der Sprache gründet, um die Lust des Zusammenlebens im Akzeptieren des anderen neben einem, d. h. um die Liebe, welche die Emotion ist, die den Handlungsraum schafft, in dem wir die Nähe des anderen im Zusammenleben akzeptieren. Weil die Liebe die Emotion ist, der im Ursprung des Menschlichen die uns charakterisierende Lust am Konversieren zugrundeliegt, hängen sowohl unser Wohlbefinden als auch unser Leiden von unserem Konversieren ab.

8. Folgerungen

Schauen wir uns nun einige der Konsequenzen an, die sich daraus ergeben, daß jedes menschliche Tun einem Konversationstyp angehört und in ihm in Erscheinung tritt.

1. Daß jedes menschliche Tun im Konversieren geschieht, besagt, daß sich jedes menschliche Tun als ein Fließen konsensueller Verhaltenskoordinationen von konsensuellen Verhaltenskoordinationen vollzieht, und zwar in einer konsensuellen Verflechtung mit dem emotionalen Fließen, das auch konsensuell sein kann, unabhängig davon, in welchem Erlebnisbereich es stattfindet. Die möglichen Erlebnisbereiche reichen vom physischen bis zum mystischen Bereich. Wir unterscheiden die verschiedenen Tätigkeiten sowohl hinsichtlich des Erlebnisbereiches, in dem die ihnen zugrundeliegenden Handlungen stattfinden, als auch hinsichtlich des emotionalen Fließens. Sie ereignen sich im Zusammenleben in der Form verschiedener Konversationsnetze.

2. Das menschliche Emotionieren geht auf das Emotionieren der Säugetiere im allgemeinen und der Primaten im besonderen zurück. Daher läßt es menschliches Emotionieren zu, daß nicht nur der Verlauf sprachlicher und nichtsprachlicher Verhaltenskoordinationen konsensuell moduliert wird, sondern auch, daß das Fließen unserer Emotionen Wendungen und spontane Veränderungen erfährt, die nicht aus der Geschichte unseres konsensuellen Zusammenlebens zu stammen scheinen. Da jede emotionale Veränderung eine Veränderung des Handlungsbereiches und deshalb auch des rationalen Bereiches ist, ergibt sich gleichzeitig – bewirkt durch unser nichtkonsensuelles emotionales Fließen oder unser emotionales Fließen außerhalb der Sprache –, daß unser Diskurs und unser rationales Denken sich in einer Weise verändern, die uns fremd vorkommt im Verlauf, den unser Konversieren noch vor einem Moment einnahm. Wir befinden uns dann in einem Emotionieren und rationalen Denken, die uns auch in der nachträglichen Reflexion unerwartet erscheinen. Ein Beobachter kann solche Veränderungen als ein Ergebnis der

unbewußten emotionalen Dynamik beschreiben, da sie außerhalb der Konsensualität des Konversierens und deshalb auch außerhalb der Operationalität seines konsensuellen Ursprungs entstehen, der der unmittelbaren Reflexion zugänglich ist. Zusammengefaßt heißt das, daß in unserem Alltagsleben die Verflechtung unseres Emotionierens mit unserem Leben und Zusammenleben, sei dies konsensuell oder auch nicht, sich daraus ergibt, daß unser Emotionieren einen Verlauf hat, der sowohl mit unserem Konversieren als auch mit unserer inneren Dynamik und unseren Interaktionen außerhalb der Sprache verbunden ist, den man aber im allgemeinen durch Reflexion in das Konversieren einbringen kann.

3. Es gibt so viele Konversationstypen wie immer wiederkehrende Arten des Fließens in der Verflechtung des Emotionierens und des Linguierens. Sie kommen in den verschiedenen Aspekten des täglichen Lebens vor. Deshalb äußern sich unsere unterschiedlichen Seinsweisen als menschliche Wesen sowohl in der individuellen Einsamkeit als auch in der Gemeinschaft des Zusammenlebens als unterschiedliche Konversationstypen, je nach den beteiligten Emotionen, den koordinierten Handlungen und dem operationalen Bereich der Lebenspraxis, in denen diese Konversationstypen stattfinden. Durch die Multidimensionalität der menschlichen Beziehungswelt in der Sprache begründen die verschiedenen operationalen Räume, die sich in der Rekursivität der konsensuellen Verhaltenskoordinationen ausdrücken, gleichzeitig emotionale Bereiche, die in einer anderen Form nicht existieren. So sind Emotionen wie das Schamgefühl, der Ekel, der Ehrgeiz u. a. dem Operieren in Beziehungsräumen eigen, die in der Sprache entstanden sind, weil sie als Ablehnung oder Wunsch in einem Rahmen vorkommen, der durch die Reflexion über das eigene Tun oder das Tun der anderen aufgebaut wird. Die Konversationen beinhalten somit ein mit dem Linguieren verflochtenes konsensuelles Emotionieren, in dem Klassen von Emotionen vorkommen, die im Emotionieren des Säugetieres außerhalb der Rekursivität der konsensuellen Verhaltenskoordinationen des Linguierens nicht vorhanden sind. Betrachten wir einige dieser Konversationstypen:

a) Eine Kultur ist ein Netz von Konversationen, die eine Lebensweise definieren, eine Weise zu existieren, im menschlichen wie im nichtmenschlichen Bereich. Sie beinhaltet eine Art zu handeln, eine Art zu emotionieren und eine Art des Heranwachsens im Handeln und Emotionieren. Man wächst in einer Kultur dadurch heran, daß man in ihr als besondere Art menschlichen Wesens im Netz der Konversation lebt, das sie definiert. Deshalb erleben die Mitglieder einer Kultur das Netz der Konversationen, welche diese Kultur ausmachen, ohne Anstrengung als natürlichen und spontanen Hintergrund, als das Gegebene, worin man sich durch die alleinige Tatsache des Seins befindet, und zwar unabhängig von den sozialen und nichtsozialen Systemen, denen man in ihr angehört.

b) Die verschiedenen Systeme, die wir im täglichen Leben hervorbringen, unterscheiden sich hinsichtlich der Emotion, die den grundlegenden Handlungsraum spezifiziert, in dem unsere Beziehungen mit anderen und mit uns selbst vorkommen. So haben wir:

(i) Soziale Systeme, die sich als Systeme des Zusammenlebens auf der Basis der Emotion der Liebe herausbilden. Das ist die Emotion, die den Handlungsraum der Akzeptanz des anderen im Zusammenleben aufbaut. So sind Systeme des Zusammenlebens, die auf anderen Emotionen als der der Liebe gründen, keine sozialen Systeme.

(ii) Arbeitssysteme, die sich als Systeme des Zusammenlebens über die Emotion der Verpflichtung herausbilden. Diese Emotion erzeugt den Handlungsraum der Annahme eines Vertrages zwecks Ausführung einer Aufgabe. So sind Systeme von Arbeitsbeziehungen keine sozialen Systeme.

(iii) Hierarchische oder Machtsysteme, die sich als Systeme des Zusammenlebens auf der Basis derjenigen Emotion herausbilden, die Handlungen der Selbstverleugnung oder Negation des anderen in der Akzeptanz der eigenen Unterordnung oder der Unterordnung des anderen in eine Dynamik von Ordnung und Gehorsam bringt. So sind hierarchische Systeme, keine sozialen Systeme.

Freilich gibt es noch andere Systeme des Zusammenlebens, die auf anderen Emotionen gründen. Es ist aber hervorzuheben, daß jedes von ihnen, von einer bestimmenden Grundemotion ausgehend, ein eigenes Konversationsnetz begründet, das eine eigene Weise des Emotionierens bildet.

4. Es gibt Konversationen, die eigene emotionale Dynamiken stabilisieren, und zwar als Ergebnis der besonderen Art der Verflechtung zwischen dem Linguieren und dem Emotionieren. Einige dieser Konversationen erzeugen immer wieder ablaufende emotionale Dynamiken, die in dem Sinne Bereiche sich widersprechender Handlungen hervorbringen, als die sie begründenden Handlungen sich gegenseitig negieren. Betrachten wir drei Fälle dieser Konversationen (s. Mendez, Caddou und Maturana 1988):

a) Konversationen, in denen wir implizit den anderen, dessen Gemeinschaft wir wünschen, beschuldigen, Versprechungen nicht einzuhalten, die er nie gemacht hat. Wenn so etwas geschieht, wird der Beschuldigte zornig und geht in Abwehrstellung. Wenn ein solcher Konversationstyp gelegentlich vorkommt und Reflexion und Entschuldigung möglich sind, dann hat diese Konversation für die Geschichte der Emotionen der Teilnehmer keine Folgen. Wenn sich diese Konversation jedoch immer wieder in solchen Fällen wiederholt, in denen der Beschuldigte seinen Ärger nicht ausdrücken möchte, weil er die Gemeinschaft des anderen will und Reflexion und Entschuldigung keinen Platz haben, oder wenn sich trotzdem die Konversation wiederholt, dann entsteht Leiden. Das heißt, daß sich die Beteiligten in einem fortwährenden Balanceakt zwischen sich widersprechenden Handlungsbereichen bewegen: dem gegenseitiger Akzeptanz und dem gegenseitiger Ablehnung.

b) Konversationen der Selbstentwertung, die wir in unserer reflexiven Intimität oder in unseren Begegnungen mit anderen führen. Diese kommen z. B. vor, wenn wir im Verlauf einer Konversation – mit jemand anderem oder mit uns selbst – sagen: »Ich bin ungeschickt, und ich mache immer alles falsch.« Mit einer solchen Aussage begeben wir uns notwendigerweise in ein ineinandergreifendes Fließen von Emotionieren und Linguieren, das uns in Bereiche widersprüchlicher Handlungen führt. Diese wirken sich auf die Qualität unseres Tuns aus, welches auch immer der operationale Bereich ist, in dem wir uns befinden. Wenn dies geschieht, scheint das Ergebnis unseres Tuns unsere Selbstentwertung zu bestätigen. Wenn wir den beschriebenen Konversationstyp immer und immer wieder leben, stabilisieren wir jene Dynamik des Linguierens und Emotionierens, die unsere negative Selbstbewertung fortwährend bestätigen. Wir leben in dem Leiden, uns gleichzeitig zu lieben und abzulehnen in Anbetracht der Unmöglichkeit, unsere wesentliche konstitutive Veranlagung zu verändern. Auch hier entsteht kein Leiden, wenn diese Konversation nur gelegentlich stattfindet.

c) Konversationen des Seinsollens. Im Fließen dieser Konversationen mit anderen oder in der Reflexion zeigen wir uns selbst unsere Schuld im Nichterfüllen oder ungenügenden Erfüllen eines Wertes oder einer kulturellen Norm. Das Ergebnis ist das Emotionieren in der Frustration, die uns einen Handlungsbereich zuspielt, in dem das Erfüllen dieses Wertes oder jener Norm unmöglich ist. Wenn wir diese Konversation gelegentlich leben, ist ihr Vorkommen unwesentlich, aber wenn wir sie immer wieder leben, dann leben wir im Leiden.

5. Wir menschliche Wesen sind multidimensional in unseren interaktionellen Bereichen und in unserer inneren Dynamik. Deshalb nehmen wir immer an vielen Konversationen teil, die sich in unserer körperlichen Dynamik gleichzeitig und nacheinander überschneiden. Daraus folgt, daß das Emotionieren in einer Konversation das Emotionieren in einer anderen betrifft, so daß Veränderungen im Verlauf der sich überschneidenden Konversationen auftreten, die ihren Ursprung nicht in jenem Bereich von Beziehungen haben, in dem sie stattfinden. Wenn so etwas geschieht, scheinen die Veränderungen im Handeln und/oder im rationalen Denken, die in den verschiedenen operationalen Bereichen entstehen, in denen die verschiedenen Konversationen auftreten, sowohl für den Handelnden als auch für den Beobachter unerwartet und ungerechtfertigt zu sein. Sie können von ihnen als originelle, kreative, willkürliche oder verrückte Handlungen aufgefaßt werden, je nach dem jeweiligen Erlebnishintergrund des Handelnden oder Beobachtenden und je nach der Erklärung, die er sich für den Ursprung der Veränderungen gibt. Gleichzeitig kann es als Ergebnis des Sichüberschneidens im Emotionieren der verschiedenen Konversationen auch geschehen, daß einige wiederholt auftreten und damit Leiden oder Versagen in der Verwirklichung mancher Aufgaben erzeugen. So kann ich z. B., wenn ich bei der Realisierung einer Aufgabe bin und

bemerke, daß mich jemand beobachtet, in zwei Konversationen eintreten, deren emotionale Dynamiken sich überschneiden. Eine Konversation kann sein: »Ich will das machen, aber es muß vorsichtig und aufmerksam gemacht werden, damit es gelingt«; die andere Konversation könnte sein: »Ich will nicht, daß man mich beobachtet, wenn ich etwas mache.« Wenn das letztere geschieht, dann erfülle ich meine Aufgabe mit einem Gefühl der Unlust, d.h. mit der Frustration, die mit dem Wunsch einhergeht, woanders zu sein, bzw. mit der Erwartung, die dem Wunsch entspricht, ein Ergebnis der Handlung zu haben, ehe ich dieselbe fertiggestellt habe. Da wir nicht merken, daß in diesem Moment unser Emotionieren aus der Überschneidung zweier Konversationen entsteht, und wir den Ursprung nicht in unserer Tätigkeit sehen, schreiben wir unsere Enttäuschung oder unseren Widerwillen den Umständen zu, unter denen diese Tätigkeit stattfindet, und wir machen sie für die Störung unserer Tätigkeit verantwortlich.
6. Die meisten unserer Leiden entstehen aus immer wieder ablaufenden Konversationen oder aus der Überschneidung von Konversationen, die uns wiederholt zum Operieren in widersprüchlichen Handlungsbereichen bringen. Genau dies macht jedoch die »Konversationstherapie«, die in der Psychologie ausgeübt wird, möglich. In demselben Maß, in dem das Leiden aus dem dauernden Leben in widersprüchlichen Handlungsbereichen entsteht, die fortwährend im Emotionieren sich wiederholender Konversationen oder in der Überschneidung von Konversationen hervorgebracht werden, ist es möglich, das Leiden mittels Konversationen aufzulösen, die mit der Wiederkehr oder der Überschneidung jener Konversationen interferieren. Das heißt mit anderen Worten, daß die Effektivität der Psychotherapie, ob individuell oder familiär, darauf gründet, daß im emotionalen Fließen, das sie notwendigerweise in sich trägt, der Therapeut und der Klient in einen Raum des Zusammenlebens driften können, von dem aus der alltägliche Konversationsraum des Klienten sich verändern kann. Zur Zeit gibt es viele unterschiedliche Methoden, die in verschiedener Weise mittels der Interaktionen von Therapeuten und Klienten dasselbe erreichen. Meines Erachtens machen alle diese unterschiedlichen Praxisformen dasselbe. Sie sind dennoch nicht austauschbar, zumal der Unter-

schied ihrer Effektivität je vom operationalen Bereich, in dem die verschiedenen, zu Leiden führenden Konversationsweisen stattfinden, herrührt.

9. Schlußfolgerungen

Festzustellen, daß wir menschliche Wesen in der Überschneidung von vielen Konversationen in vielen unterschiedlichen Operationsbereichen existieren, die viele unterschiedliche Realitätsbereiche darstellen, ist in spezieller Weise bedeutsam: Es erlaubt uns, das Emotionale als fundamentalen Bereich unseres menschlichen Seins wiederzuerlangen. In der Geschichte der Evolution bildet sich das Menschliche mittels des Konversierens heraus, wenn die Sprache als rekursives Operieren in den konsensuellen Verhaltenskoordinationen entsteht, das im Rahmen einer besonderen Lebensweise im Fließen des gemeinsamen Emotionierens der Mitglieder einer besonderen Primatengruppe auftritt. Deshalb bleibt das Menschliche nach der Entstehung des Konversierens infolge der Entstehung der Sprache in unentwirrbarer Weise an die Grundbeteiligung des Emotionierens gebunden. In der Lebensweise der patriarchalen Kultur, der wir im Abendland angehören und die sich jetzt auf alle Länder der Erde auszubreiten scheint, sind Emotionen zugunsten der Vernunft entwertet worden, so als ob die Vernunft unabhängig oder im Gegensatz zu den Emotionen existieren könnte. Anzuerkennen, daß das Menschliche in der durch die Sprache entstehenden Überschneidung des Linguierens mit dem Emotionieren verwirklicht wird, gibt uns die Möglichkeit, uns in diesen zwei Dimensionen wieder zu integrieren, allerdings mit einem größeren Verständnis der Prozesse, die uns in unserem täglichen Sein definieren. Zudem gibt es uns die Möglichkeit, diese zwei Aspekte unseres Seins in ihrer Legitimität zu respektieren. Als Kinder sagt man uns schon, daß wir unsere Emotionen verleugnen oder kontrollieren sollen, weil sie die Willkür des Nicht-Rationalen erzeugen. Jetzt wissen wir, daß es nicht so sein darf. Im Konversieren entsteht auch das Rationale, als eine Seinsart im Fließen der operationalen Kohärenzen des Linguierens im Linguieren. Dennoch macht uns die Wirksamkeit des rationalen

Denkens beim Lenken der Handlungskoordinationen in Ausführungen technischer Tätigkeiten blind für die nichtrationale Grundlage jedes rationalen Bereiches. Das rationale Denken verwandelt – indem es vorgibt, nicht willkürlich zu sein – jede rationale Behauptung in ein Verlangen nach Gehorsam beim anderen. Dies schränkt unsere Reflexionsmöglichkeiten ein, weil es verhindert, uns in der emotionalen Dynamik des Konversierens zu erkennen.

Wir erkennen den wahren Wert der Vernunft im Verständnis des Menschlichen, wenn wir die Teilnahme der Emotionen als Grundlage jedes rationalen Systems im Fließen des Konversierens anerkennen. Und das ist so, weil wir jetzt wissen, daß wir auf unsere Emotionen achten und sie in ihrem Fließen kennen müssen, wenn wir wollen, daß unser Verhalten – ausgehend von unserem Verständnis des Rationalen – wirklich rational ist.

Schließlich liefert die Feststellung, daß jedes Konversieren und somit jedes menschliche Tun eine Verflechtung des Emotionierens mit dem Linguieren ist, die Grundlage für das Verständnis zweier zusätzlicher Dimensionen des Menschlichen, nämlich Verantwortung und Freiheit: a) Wir sind verantwortlich in dem Moment, in dem wir in unserer Reflexion feststellen, ob wir die Konsequenzen unserer Handlungen wollen oder nicht wollen; b) wir sind frei in dem Moment, in dem wir in unseren Reflexionen über unser Tun feststellen, ob wir unser Wollen oder Nichtwollen der Konsequenzen dieses Tuns wollen oder nicht wollen. Somit nehmen wir auf uns, daß unser Wollen oder Nichtwollen unser Wollen oder Nichtwollen verändern kann.

Unter diesen Umständen ist das Erhellendste dieser Reflexion über die Ontologie des Konversierens vielleicht die Feststellung, daß das rationale Verständnis des Grundlegendsten im menschlichen Leben – das ist Verantwortung und Freiheit – aus der Reflexion über das Emotionieren entsteht, welche uns die nichtrationale Grundlage des Rationalen zeigt.

(Aus dem Spanischen übersetzt von Gerda Verden-Zöller)

Literaturverzeichnis

Ashby, W. Ross (1960), *Design for a Brain. The Origin of Adaptive Behaviour*, second edition, New York: Wiley.

Berkeley, George (1709), *An Essay towards a New Theory of Vision.*

– (1710), *Treatise Concerning the Principles of Human Understanding.*

Bernal, J. D. (1965), »Molecular Matrices for Living Systems«, in: *The origins of Prebiological Systems and of Their Molecular Matrices*, New York: Academic Press.

von Bertalanffy, Ludwig (1960), *Problems of Life: An Evaluation of Modern Biological and Scientific Thought*, Harper Torchbooks (1. Aufl. New York, Wiley 1952).

Chomsky, Noam (1968), *Language and Mind*, New York: Harcourt, Brace and World.

Commoner, B. (1965), »Biochemical, Biological and Atmospheric Evolution«, *Proc. of the National Academy of Science*, vol. 53. 1183-1194.

Edelman, G. M. (1975), »Molecular recognition in the immune and nervous systems«, in: F. G. Worden/J. P. Swazey/G. Adelman (eds.); *The neurosciences: paths of discovery*. Cambridge: MIT Press.

Gardner, R. A./Gardner, B. T. (1969), »Teaching Sign Language to a Chimpanze«, *Science*, vol. 165, 664-672.

Gazzaniga, M. S./Boden, J. E./Sperry, R. W. (1965), »Obsèrvations on Visual Perception after Disconnection of the Cerebral Hemispheres in Man«, *Brain*, vol. 88, part. 2, 221-236.

Geschwind, N. (1964), »The Development of the Brain and the Evolution of Language«, *Monograph Series on Languages and Linguistics*, vol. 17, 155-169.

– (1965), »Disconnection Syndromes in Animals and Man«, *Brain*, vol. 88, part I, 237-294; part II, 587-664.

Gibson, J. J. (1950), *The Perception of the Visual World*, London/New York: Allen and Unwin/Houghton-Mifflin.

Held, R./Hein, A. (1963), Movement-Produced Stimulation in the Development of Visually-Guided Behavior«, *J. Comp. and Phys. Psychol.*, vol. 58, No 5, 872-876.

Jay, C. P. (ed.) (1968), *Primates Studies in Adaption and Variability*, New York: Holt, Rinehart and Winston.

Kilmer, W. L./McCulloch, W. S./Blum, J. (1968), »Toward a Theory of Reticular Formation«, in: *The Mind: Biological Approaches to Its Function* (ed. W. C. Corning/J. Balaban), New York: Wiley.

Kohler, Ivo (1962), »Experiments with Goggles«, *Scientific American*, vol. 206, no. 5, 62-72.

Kuhn, Thomas S., 1962. »The structure of scientific revolutions« University of Chicago Press, Chicago & London.

Lilly, J. G. (1967), *The Mind of the Dolphin,* New York: Doubleday and Company.

Lindauer, M. (1967), *Communication among Social Bees,* Cambridge/Mass.: Harvard University Press.

Linden, E. (1976), *Apes, Men and Language,* Penguin Books.

Lorenz, Konrad Z. (1966), *Evolution and Modification of Behaviour,* London: Methuen.

Margulis, Lynn (1981), *Symbiosis in Cell Evolution,* San Francisco: Freeman.

Maturana, Humberto R. (1965), »Especificidad versus Ambiguedad en la Retina de los Vertebrados«, *Biologica,* vol. 36, 69-81.

– (1970), *Biology of Cognition,* Report 9.0, Biological Computer Laboratory, Department of Electrical Engineering, University of Illinois. Urbana-Champaign/Illinois, USA, 1970.

– (1972), »Cognitive Strategies«; veröff. französisch als »Strategies cognitives«, in: E. Morin/M. Piatelli-Palmarini (eds.), *L'unité de l'homme,* Paris 1974, 418-442 (deutsche Fassung »Kognitive Strategien«, in: Maturana 1982, 287-318).

– (1975), »The Organization of the Living: A Theory of the Living Organization«, *The International Journal of Man-Machine Studies,* New York, 7, 313-332 (deutsche Fassung »Die Organisation des Lebendigen: eine Theorie der lebendigen Organisation«, in: Maturana 1982, 138-156).

– (1978a), »Biology of language: epistemology of reality«, in *Psychology and Biology of Language and Thought,* hrsg. von G. A. Miller und Elizabeth Lenneberg.

– (1978b), »Cognition«, in *Wahrnehmung und Kommunikation,* S. 29-49. Hrsg. von Peter H. Hejl, Wolfram K. und Gerhard Roth, Frankfurt/ Main–New York.

– (1980), »Autopoiesis: reproduction, heredity and evolution«, in: *Autopoiesis, Dissipative Structues and Spontaneous Social Orders* (ed. Milan Zeleny), Boulder: Westview Press.

– (1982), *Erkennen: Die Organisation und Verkörperung von Wirklichkeit. Ausgewählte Arbeiten zur biologischen Epistemologie,* Braunschweig/ Wiesbaden: Vieweg.

– (1983), »What is it to see?«, in: *Archivos de Biologia y Medicina Experimentales* (Santiago/Chile), vol. 16, 255-269.

– (1985a), »Reflexionen über Liebe«, *Z. system. Therapie,* vol. 3 (3), 129-131.

– (1985b), »The mind is not in the head«. *J. of Social and Biol. Struct.,* vol. 8 (4), 308-311.

– (1988), »Reality: the search for objectivity; or the quest for a compelling argument.« *The Irish Journal of Psychology* 9 (1); S. 25-82.

– /Frenk, S. (1963), »Directional Movement and Horizontal Edge Detectors in the Pigeon Retina«, *Sience,* vol. 142, 977-979.
– /Uribe, G./Frenk, S. (1968), »A Biological Theory of Relativistic Colour Coding in the Primate Retina«, *Archivos de Biologia y Medicina Experimentales,* Supplemento no. 1, Santiago: Universidad de Chile (deutsche Fassung »Eine biologische Theorie der relativistischen Farbkodierung in der Primatenretina«, in: Maturana 1982, 88-137).
– /F. J. Varela (1973), *De maquinas y seres vivos.* Santiago/Chile; englische Fassung: *Autopoietic Systems. A characterization of the living organization,* Report 9.4, Biological Computer Laboratory, Department of Electrical Engineering, University of Illinois, Urbana-Champaign/Illinois, USA, 1975; wieder veröffentlicht in: ders./F. J. Varela 1979 (deutsche Fassung: »Autopoietische Systeme: Eine Bestimmung der lebendigen Organisation«, in: Maturana 1982, 170-235).
– /F. J. Varela (1979), *Autopoiesis and Cognition, The Realization of the Living,* Boston: D. Reidel (deutsche Fassung – ohne »Introduction« – in: Maturana 1982).
– /F. J. Varela (1987), *The Tree of Knowledge,* Boston: New Science Library (deutsch: *Der Baum der Erkenntnis,* Bern/München/Wien: Scherz 1987).
– /G. Verden-Zöller, *Liebe und Spiel, die vergessenen Grundlagen des Menschseins,* Carl-Auer-Systeme-Verlag, Heidelberg, 1993.
Mendez, C. L./F. Coddou/H. R. Maturana (1988), »The bringing forth of pathology«, in: *The Irish J. of Psychology* 9, 144.
Monod, Jacques (1970), *Le hasard et la nécessité,* Paris: Editions du Seuil.
Morell, F. (1967), »Electrical Signs of Sensory Coding«, in: *The Neurosciences. A Study Program* (ed. G. C. Quarton/Th. Melnedivk/F. O. Schmitt), New York: The Rockefeller University Press, 452-468.
Nagel, Ernest (1961), »The structure of Science«. Harcourt, Brace and World, Inc.
Popper, Karl R. (1959), »The Logic of Scientific Discovery«, Hutchinson, London.
Premack, D. (1974), »Le langage et sa construction logique chez l'homme et chez le chimpanze«, in: E. Morin/M. Piatelli-Palmarini (eds.), *L'unité de l'homme,* Paris: Editions du Seuil.
Segundo, J. P./Perkel, H. D. (1969), »The Nerve Cells as Analyzers of Spikes«, *The Interneuron* (ed. M. A. B. Brazier), Berkeley and Los Angeles: University of California Press.
Varela, F. J./Maturana, Humberto R./Uribe, R. (1975), »Autopoiesis: The organization of living systems, its characterization and a model«, *Biosystems* vol. 5, no. 4, 187-196 (deutsche Fassung: »Autopoiese: Die Organisation lebender Systeme, ihre nähere Bestimmung und ein Modell«, in: Maturana 1982, 157-169).

Wittgenstein, Ludwig (1922), *Tractatus Logico-Philosophicus,* London: Routledge & Kegan, Paul.

Young, J. Z. (1967), »On the Organization of Living Memory Systems«, *Journeys in Science: Small Steps, Great Strides* (ed. D. L. Arm), The Twelfth A.F.D.S.R. Science Seminar.

Inhaltsübersicht

Suhrkamp Verlag GmbH
Torstraße 44, 10119 Berlin
info@suhrkamp.de
www.suhrkamp.de